国家骨干高职院校建设项目成果

客房前厅服务与管理

刘锋华　张　涛　主　编
秦　丹　杨少军　副主编

经济科学出版社

图书在版编目（CIP）数据

客房前厅服务与管理／刘锋华，张涛主编．—北京：经济科学出版社，2012.12
 ISBN 978-7-5141-2854-3

Ⅰ．①客… Ⅱ．①刘…②张… Ⅲ．①饭店－商业服务 ②饭店－商业管理 Ⅳ．①F719.2

中国版本图书馆 CIP 数据核字（2012）第 314082 号

责任编辑：侯晓霞
责任校对：刘　昕
责任印制：李　鹏

客房前厅服务与管理

刘锋华　张　涛　主　编
秦　丹　杨少军　副主编

经济科学出版社出版、发行　新华书店经销
社址：北京市海淀区阜成路甲 28 号　邮编：100142
教材分社电话：88191345　发行部电话：88191537
网址：www.esp.com.cn
电子邮件：houxiaoxia@esp.com.cn
北京密兴印刷有限公司印装
787×1092　16 开　22.5 印张　550000 字
2012 年 12 月第 1 版　2012 年 12 月第 1 次印刷
ISBN 978-7-5141-2854-3　定价：45.00 元
（图书出现印装问题，本社负责调换。电话：88191502）
（版权所有　翻印必究）

前言

随着中国经济飞速发展，中国旅游业和饭店行业均出现了快速发展的趋势。经过多年的发展，中国饭店业的竞争状况已逐步从过去的"拼设施、比装修"的硬件竞争，慢慢向"软实力"的竞争转变。以人为本，提高人性化、精细化服务的水平，满足消费者的个性化需求，注重对员工进行职业生涯规划等饭店"软件"建设，成为每一家饭店管理者必须要处理好的核心问题。

饭店的前厅与客房是饭店的两个重要就业和服务部门。尤其是前厅对员工的要求是比较高的，它不仅需要熟练的各项操作技能，还需要较为宽泛的知识面、较强的亲和力和语言表达能力、善于协调并妥善处理应急、问题、懂得营销及基层管理；而客房从现状及发展趋势来看，则更需要高职学生去充当基层乃至中层管理者。《客房前厅服务与管理》是酒店管理专业教学内容的重要组成部分。

本教材以就业为导向，紧紧围绕"十二五"时期中国高职高专教育新型人才培养目标，依照"原理先行、实务跟进、案例同步、实训到位"的原则编写。全书以饭店前厅客房的对客服务与管理活动为主线，将饭店服务技巧与管理的理论融为一体，以实例和实物为素材，进行了新的尝试。系统全面地介绍了饭店前厅客房服务与管理的理论与方法。主要内容包括前厅预订业务、前厅迎宾服务业务、前厅接待服务业务、前厅其他服务业务、宾客关系管理业务、客房服务业务、收银服务与送客服务业务等项目，图文并茂、通俗易懂、信息量大、时代感强、可操作性强。另外，每章还设有知识链接及案例分析，每章结尾处还附设了实训操作，从而能更好地拓宽学生的知识面，提高学生的动手能力，方便教师的课堂教学。

本教材以创建"职业化课程"为目标，组建专兼职教师队伍，对客房与前厅服务与管理课程进行职业化教学设计，按照"模块教学、工学结合、校企共编"的理念将内容分解成若干项教学任务，每项任务都采用典型任务引入、任务分析、相关知识、任务实施和习题与实践等环节，强化学生的职业能力培养和职业素养的养成。

　　本教材编者由高职院校多年从事酒店管理教学的教师和企业行家组成。本书由刘锋华、张涛（庐山鑫源宾馆总经理）担任主编，秦丹、杨少军（宁波东港喜来登大酒店房务副总监）担任副主编，柴国伟（宁波华侨豪生大酒店人力资源部总监）、徐敏（江西财经职业学院培训中心经理）、李丽（上犹县旅游局）、张颖、崔晓慧参加编写。本书编写过程中，参阅了大量的相关文献资料，限于篇幅只列出了主要参考书目，在此，谨向有关作者表示真诚的感谢！

　　本教材在编写过程中，得到了学院领导的细心指导和有关部门的协助并得到了庐山鑫源宾馆、江西锦绣宾馆、井冈山南湖宾馆、九江市饭店协会、九江远洲国际大酒店、宁波东港喜来登大酒店、学院培训中心等合作单位的大力支持，他们为教材的编写提供了大量的素材，在此对他们表示感谢！

　　本教材内容简明，设计新颖，案例丰富，训练多样，考核全面，功能齐全，融通俗性、可读性、应用性于一体，力求体现"教、学、做、评"合一和"以学生为主体，以教师为引导"的高职高专教育教学改革新思路。既可作为高等职业院校、高等专科院校以及成人高等院校的旅游、饭店管理专业学生的学习用书；也可作为饭店管理人员、旅游管理部门工作人员的自学教材。

编　者
2012 年 12 月

目录

第一部分 前厅服务与管理

模块一 认知篇 / 3
  项目一 前厅服务的认知 / 3
    任务1 前厅部属性与前厅布局环境 / 4
    任务2 前厅部机构设置与业务特点 / 12
    任务3 前厅部沟通概述 / 19
    任务4 前厅部服务人员的素质要求 / 24

模块二 技能篇 / 36
  项目二 客房预订服务 / 36
    任务1 预订程序 / 37
    任务2 预订控制与客人抵店前的准备工作 / 44
    任务3 超额预订及问题处理 / 51
  项目三 接待服务 / 61
    任务1 接待服务 / 61
    任务2 行李服务 / 63
    任务3 入住登记与个性化接待 / 68
    任务4 门厅送别 / 78
  项目四 前厅综合服务 / 83
    任务1 问询服务 / 83
    任务2 总机服务 / 89
    任务3 委托代办服务 / 91
    任务4 商务服务 / 100

模块三 管理篇 / 105
  项目五 客账管理 / 105
    任务1 收银服务 / 106
    任务2 外币及贵重物品服务 / 110

任务3　夜审及营业报表编制　/　112
项目六　前厅销售管理　/　120
　　任务1　前厅销售　/　121
　　任务2　房态控制　/　125
　　任务3　客房定价　/　130
项目七　前厅服务质量控制　/　135
　　任务1　前厅服务质量控制概述　/　136
　　任务2　投诉处理　/　144
　　任务3　客史档案　/　150

第二部分　客房服务与管理

模块一　认知篇　/　161
项目一　客房部认知　/　161
　　任务1　客房部的地位及其主要任务　/　162
　　任务2　客房部组织机构的设置　/　164
　　任务3　客房部的岗位职责及素质要求　/　166
　　任务4　客房部与其他部门的沟通　/　170
项目二　客房产品的设计布置　/　174
　　任务1　客房的类型　/　174
　　任务2　特殊客房楼层的配置　/　177
　　任务3　客房功能布局与布置　/　180
　　任务4　主题客房　/　184

模块二　技能篇　/　191
项目三　客房的清洁保养　/　191
　　任务1　客房清洁保养的标准　/　192
　　任务2　客房日常清洁整理的工作程序　/　193
　　任务3　客房计划卫生　/　208
项目四　客房与公共区域的清洁保养　/　219
　　任务1　公共区域清洁保养　/　219
　　任务2　清洁设备与清洁剂　/　222
　　任务3　面层材料的清洁保养　/　226
项目五　客房服务管理　/　236
　　任务1　客房服务项目及内容　/　237
　　任务2　客房服务模式　/　243
　　任务3　客房综合服务　/　247

模块三　管理篇　/ 261

　项目六　客房物资设备管理　/ 261
　　任务1　客房设备用品的分类和保养　/ 262
　　任务2　客房布草的管理和控制　/ 268
　　任务3　客用品管理　/ 272
　　任务4　洗衣房设备的分类和保养　/ 275
　项目七　客房部安全管理　/ 282
　　任务1　客房部安全管理概述　/ 283
　　任务2　客房防火与防盗工作　/ 286
　　任务3　客房部意外事故的防范　/ 292
　项目八　客房部人力资源管理　/ 299
　　任务1　客房人员编制　/ 300
　　任务2　客房部员工招聘与培训　/ 306
　　任务3　客房部员工业绩考核与评估　/ 314

附录　/ 323

　附录一　与客账账户相关的常用术语　/ 323
　附录二　前厅服务常用英文专业术语解释　/ 325
　附录三　饭店客房常用英语　/ 329
　附录四　不同星级饭店客房的基本要求　/ 332
　附录五　星级饭店客房客用品质量与配备要求　/ 336

主要参考文献　/ 348

第一部分

前厅服务与管理

模块一

认 知 篇

项目一　前厅服务的认知

案例导入

一位常住的外国客人从饭店外面回来,当他走到服务台时,还没有等他开口,问讯员就主动微笑地把钥匙递上,并轻声称呼他的名字,这位客人大为吃惊,由于饭店对他留有印象,使他产生一种强烈的亲切感,旧地重游如回家一样。

还有一位客人在服务台高峰时进店,服务台问讯小姐突然准确地叫出:"王先生,服务台有您一个电话。"这位客人又惊又喜,感到自己受到了重视,受到了特殊的待遇,不禁添了一份自豪感。

另外一位外国客人第一次前往住店,前台接待员从登记卡上看到客人的名字,迅速称呼他以表欢迎,客人先是一惊,而后作客他乡的陌生感顿时消失,显出非常高兴的样子。简单的问候迅速缩短了彼此间的距离。

此外,一位VIP(非常重要的客人——贵宾)随带陪同人员来到前台登记,服务人员通过接机人员的暗示,得悉其身份,马上称呼客人的名字,并递上打印好的登记卡请他签字,使客人感到自己的地位不同,由于受到超凡的尊重而感到格外开心。

案例评析

马斯洛的需要层次理论认为,人们最高的需求是得到社会的尊重。当自己的名字为他人所知晓就是对这种需求的一种很好地满足。

前厅,位于饭店门厅处,是包括饭店大门、大堂、总服务台在内的为客人提供综合服务的区域。前厅是现代饭店对客服务的开始和最终完成的场所,也是客人对饭店产生第一印象和最后印象的地方,人们习惯把前厅喻为饭店的"门面"、"橱窗",因此,前厅的服务与管理水平直接关系到饭店的经营命脉。

任务1　前厅部属性与前厅布局环境

实训目标

了解前厅部的地位和作用；
掌握前厅部的工作目标、重要任务及前厅设施布局规范。

【实训方法】
参观饭店；观看录像；总结报告。

【实训准备】
纸；笔。

知识探究

前厅部任务、功能与地位；前厅布局环境。

一、前厅部目标任务与地位作用

（一）前厅部的主要任务

1. 销售客房。前厅部的首要工作任务就是销售客房。大多数饭店中，客房是主要产品，通常客房收入能达到饭店总收入的50%～60%，甚至70%～80%，前厅部工作的好坏不仅影响客房出租率和经济收入，而且反映出一家饭店的工作效率、服务质量和管理水平的整体面貌。在参与饭店的市场调研与市场预测、参与房价及促销计划制订的基础上，配合销售部进行宣传促销活动，主要是负责开展客房预订业务，掌握并控制客房出租状况，为宾客办理登记入住手续，安排住房并确定房价，在饭店总体销售计划的指导和管理下，具体完成未预订客房的销售和已预订散客的实际销售手续。

2. 提供各类综合服务。前厅是对客服务集中的地方，担负着为宾客服务的各项工作，如门厅迎送服务、问询服务、投诉处理、为客人提供行李搬运、出租车服务、邮电服务等。

3. 搭建沟通饭店与客户的桥梁。前厅是饭店的"代言人"和业务调度中心，它根据客人的要求，联络和协调对客服务，保持与饭店各部门之间的有效联系以及密切配合，及时传输有关客务信息，协调涉及多个部门的宾客事务，保证对客服务的准确、高效，为饭店树立良好形象。

4. 管理客账。前厅部还是饭店业务运行过程中的财务处理中心，主要是要做好宾客账单的管理工作。一般来说，前厅需为住店客户分别建立账户，根据各营业部门转来的客账资料，及时记录宾客在住店期间的各项用款，且进行每日核计、累加，保持账目的准确，以求在宾客离店前为其顺畅地办理结账事宜。

5. 控制房态。前厅部一方面要协调客房销售与客房管理工作，另一方面还要能够在任何时候正确地反映客房状况。正确反映并掌握客房状况是做好客房销售工作的先决条件，也是前厅部管理的重要目标之一。要做好这项工作，除了实现控制系统电脑化和配置先进的通信联络设备等设施外，还必须建立和健全完善的、行之有效的管理规章制度，以保障前厅与相关部门之间的有效沟通及合作。

6. 建立客史档案。前厅部为更好地发挥信息集散和协调服务的作用，一般都要为住店一次以上的客人建立客史档案。无论采用电脑自动记载、统计还是采用手工整理统计等方法。建立客史档案时，一般都要将客人的姓氏、身份、公司、抵/离店日期、消费记录及特殊要求作为主要内容予以记载，作为饭店提供周到、细致、有针对性服务的依据。这也是寻求和分析客源市场，研究市场走势，调整营销策略、产品策略的重要信息来源。

7. 把握信息枢纽。前厅是宾客活动的中心，因而也是各类信息的集散地，包括外部市场和内部管理等各类信息，大到旅游业发展状况、世界经济信息、客源市场信息，小至产品销售、营业收入、客人意见、客人的住店及离店、预订情况等，前厅部不仅要收集这类信息，而且要对其进行加工、整理，及时将整理后的信息向饭店决策管理机构汇报，并与有关部门协调沟通，采取对策。前厅部管理人员还经常参与客房营销分析和预测活动，进行月、季和年度的销售统计分析，提出改进工作和提高服务水平的有关建议。

（二）前厅部的功能与地位

前厅部的工作内容与工作性质决定了其在饭店管理系统中的功能与地位。

1. 前厅是饭店树立对外形象的窗口。宾客对饭店的第一印象和最终印象都在前厅形成，饭店的整体服务质量、服务水平在前厅得到集中体现，前厅服务质量与形象的好坏，直接影响到宾客对饭店的整体印象与评价。因此，前厅是饭店展示自己服务水平、星级档次的一扇窗口。

2. 前厅是饭店综合管理的中心。如前所述，前厅是饭店的信息中心，又是一个十分重要的协调部门，它既负责收集、整理各类信息为饭店的决策管理做出参考，又必须在各部门之间传递信息，做好沟通、协调工作，共同搞好服务，塑造饭店的形象。在整个过程中，前厅起到过渡的作用，其地位是不可或缺、无法替代的，所以说前厅是一个综合管理的中心。

【小拓展】

前厅部发展趋势

目前饭店前厅部的发展趋势有以下几个方面：

1. 手续简单，服务快捷

订房手续将更为简单。如提供身份证扫描并存档，可以加快客人登记速度，也可使客人信息更加准确。退房、换房、钥匙分发、电话总机服务、行李服务等将更加快捷。

2. 程序简化，强调规范

各项服务程序将简化，更强调在规范、标准、程序化服务基础上的超常、灵活、个性化服务。

3. 培训重点转移

前厅培训的重点将转向服务概念、意识、素质和能力的培训；专业培训更细、更有针对性，同时将更加注重前厅员工职业道德、思想品德方面的教育和引导。

4. 追求零缺陷服务

管理方式较活，要求较高，追求零缺陷服务。当然，对前厅服务员的素质要求也会越来越高，员工的待遇也会有所提高。

5. 人数少而精，工种趋于减少

前厅部员工人数少而精，工种趋于减少。以三星级饭店为例：100间以下的三星级饭店，前厅部员工数（含经理等所有人员）与客房数之比大致为 1∶4～1∶9 为宜；100～300 间的以 1∶6～1∶12 为宜，同时，兼职人员和实习生的使用人数及使用率也会提高；饭店与饭店之间前厅部的组织机构和岗位设置区别越来越明显，越来越有利于饭店提供特色服务、超常服务及个性化服务。

二、前厅布局

（一）前厅布局规范

1. 前厅布局平面认知。前厅设计布局的主要内容（见图 1-1-1）因饭店档次、饭店类型及经营理念、管理模式和文化背景等不同因素的影响，前厅设施及其布局在一定程度上会有所不同。

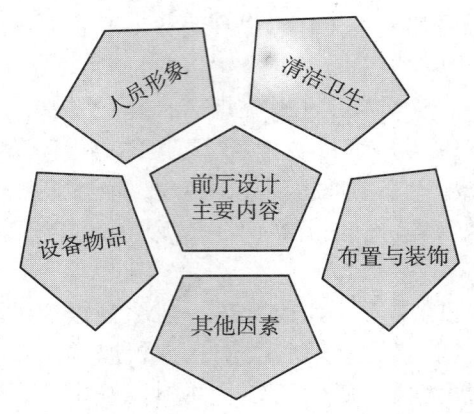

图 1-1-1　前厅设计布局的主要内容

2. 前厅设计的原则。

（1）安全与舒适原则。安全的原则是客人和员工在饭店进行各种活动时最重要的需求，前厅设施布局首要考虑的就是安全因素并采取一定的措施，例如大厅的各个通道应纳入员工的视线范围以内，饭店标识幕墙、各台阶、各高低不平处、进出口及障碍处应有明显的标志，在总服务台后面的地面上铺设加有胶垫的地毯等。舒适的原则主要是指每个细节的设计都要尽可能地符合人体舒适的需要。这样，既便于员工的服务，提高工作效率，又有利于保证宾客人身和财产的安全；既让客人感到舒适，又要让员工感到舒适。

（2）分区与渐变分区原则。这是指前厅设施布局时要考虑各类设施在功能方面的相同或相类，并在陈设时要自然而明显地加以区分。渐变的原则是指在设计布局时，随着功能区的不同，设计的风格应有所变化，但风格变化应缓慢转换而又不露痕迹。

（3）美观与方便原则。大厅的设计应美观、典雅，设施的布局应显得庄重、有规矩，同时各类设施应讲究规范、科学，既要让人百看不厌，又不易让人动手触摸；既对客人和服务人员双方适用、实用，又便于服务人员提高工作效率。

（4）效率与效益相统一原则。如果电梯过多，可能方便客人，但浪费电力；如果大厅很大，可能显得气派，但需要太多的清洁工维护；如果安排外驻单位过多，可能给客人带来较多的便利，但容易引发更多的矛盾。所以，前厅设施的配置不能一味地追求奢华、全面，应考虑投资效益、控制成本、便于管理及充分利用空间、便于客人往来等因素。

(5) 特色与绿色原则。成熟的饭店都有自己的特色和风格。前厅布局设计时应展示出饭店的等级、规模、类别，以及饭店所处的地域文化、民俗文化、企业文化等，还要考虑降低能耗和污染，符合现代社会环保的理念和要求。

3. 前厅设计的依据。

(1) 饭店的形象定位。20 世纪 70 年代盛行以塑造和传播饭店形象为宗旨的 CI（Corporation Identity）定位以及 90 年代后以客人满意为宗旨的 CS（Consumer Satisfaction）定位，突出了饭店整体形象，为许多饭店培养了一批忠实的客人，并使得这些客人成为饭店的整体消费群，维系和保持了饭店的基本营业销售额，进而影响和带动了更多的潜在客人光顾饭店；于是，以建立客人忠诚的 CL（Customer Loyalty）战略定位便应运而生。前厅设计要依据 CI、CS、CL 的理论和方法，完成饭店形象的定位和品牌的创建，使客人更加青睐饭店。

(2) 饭店的投资规模及建筑结构。在确定前厅设计方案时，应考虑饭店的投资规模和大堂的面积。根据饭店所拥有的客房数量的多少以及饭店设施规模大小，饭店可分为大、中、小型三类。目前，旅游行业内通常将 300 间以下的饭店认为是小型饭店，300~600 间为中型，600 间以上为大型。根据中国旅游统计年鉴，把饭店的规模分为五类，即 500 间以上、300~499 间、200~299 间、100~199 间、99 间以下。饭店的建筑结构不仅关系到大堂空间的适度、各功能设施的布局、内外景观再现等，还关系到前厅的能耗、消防、人流方向、特色氛围等。

(3) 饭店的经营理念及特色前厅设计效果应充分显示和烘托饭店的经营理念和管理特色，除理性的分析外，还可以借助于形象思维，如在标准面积中设置饭店的商业销售功能区等，力求显示自己的风格。只有这样，才能充分展示本饭店的竞争优势。

4. 前厅布局的规范。

(1) 大门的正门与边门功能有别。正门是客人的主要进出口，一般外观高大、新颖、有特色，装饰用材档次较高，配件华丽，能对客人产生较强的吸引力。正门往往为直面、两扇玻璃门，或为旋转玻璃门，一般选用厚度、强度、颜色适当的玻璃制作。玻璃安装牢固，不易脱落，门扇开启或旋转性能可靠。玻璃门上有醒目的中外文文字及图形标识，饭店的店名及店徽和星级标志应醒目、美观，不会被往来的车辆挡住。两扇正门便于客人进出和门卫为客人提供开门服务，也便于根据客流量大小进行调控。多数饭店正门的左右两侧各开 1~2 扇边门，以便于团队客人及行李和部分员工的进出。正门安装自动感应器的，还应同时开设手动边门，以防感应门失灵时客人无法正常进出饭店。

有的饭店还设置了内、外双道门（两道有一定间距的门），内道门开启时外道门关闭，外道门开启时内道门自然关闭，这样可以防尘、保温、隔音、节省能源。

(2) 厅堂面积和门外空间合乎星级评定标准。按饭店星级评定标准，大厅的建筑风格、面积必须与饭店的规模、星级相适应。前厅公共面积（不包括任何营业区域，如商场、商务中心、咖啡厅等）与饭店的客房间数要符合一定的比例标准，一般应达到 0.8 平方米×客房总数或者更大的标准，如饭店拥有客房 500 间，则其厅堂面积就不得小于 400 平方米（500×0.8）。前厅中有足够的空间供客人活动，如大厅的非经营区应有供客人休息的场所，供客人休息的沙发座椅不少于 20 座。大厅内公共电话的摆放应低一些。大门外应有停车场，车道与车场分开，停车位置应用画线固定，车位数不少于客房总数的

15%等。

（3）公共设施设备齐全质优。前厅应风格独特，气势豪华，大厅规划布局合理。有与饭店规模、星级相适应的总服务台，有饭店设施布局示意图。大厅各服务区设施设备应齐全，设备的完好率不低于95%，分区摆设整齐、无尘、美观、舒适，功能一目了然。灯光气氛、墙面处理、色彩选用、艺术品（包括盆栽、盆景、挂毯、壁画等）摆放布置要与装饰风格相协调。公共电话设施配备多部内线电话、投币电话、磁卡电话或IC卡电话等，还应提供出售电话卡、兑换硬币及足够用的纸、笔、黄页电话簿等配套服务。有的饭店还安装供客人免费使用的触摸式多媒体查询电脑等，以减少总台服务员的工作量并方便客人。厅堂内要设有宽敞的男女客用洗手间，各种洁具用品配备齐全且卫生、无异味，并设有身体有障碍者厕位。档次高的饭店还专门设有为宴会、展览会等集会服务的衣帽间。

（4）人员流向通道设计合理。前厅是饭店客流汇集的中心区域，通行要方便，分布流向应合理，符合客人活动规律。客人活动区域、店外单位驻办点工作区域及员工通道、员工洗手间、操作区域、货用电梯等尽量隔离区分，避免交叉、串行，以避免阻碍客人活动和加大服务与管理的难度。

（5）大门的外部区域布局有方。饭店的正门外一般建有雨篷，大门前有上下车的车道、空间及回车道、停车场。车道宽度一般不小于4.5米，人行道、回车道、停车场及划定范围内无车辆乱放，以保障客人进出安全、方便。正门前台阶旁还应设立专供身体有障碍者轮椅出入的坡道，轮椅坡道宽度应不少于1.2米，坡度不超过12°。通常在大门口地面铺设一块地毯，供客人擦干净鞋底进入大厅，保持大厅清洁，也为了防止湿鞋的水滴使客人滑倒。正门或边门一侧设立雨伞架，供客人存放雨伞。

有的饭店大门外的空旷处，通常还设置旗杆，一般为3根，中间一根悬挂饭店所在国的国旗，两边分别悬挂饭店的店旗和在饭店下榻的外国国家元首所在国的国旗。有些饭店正门前还设计了小型花园和喷泉，为饭店增添了许多雅趣，也给客人留下了美好的第一印象。

（6）公共信息图形及标志规范醒目。饭店内外应配置或设立醒目的、带有中外文文字（主要是客源来向国文字）的图形、标志牌、路标、提示牌等，图形标志及文字使用必须符合国家相关标准设计规范及行业管理规定。

（二）总台功能标准及管理方式

1. 总台功能与位置。总服务台（Front Office，简称总台）是为客人提供入住登记、问讯接待、查询服务、离店结账、外币兑换、联系协调等前厅服务的代表接待机构。为了方便客人，总台一般都设在饭店首层前厅。总台的中轴线一般与客人进出饭店大门的直线通道垂直或平行。这样陈设的目的是为了使客人容易找到总台，也是为了使不能随意离开总台的服务员及时观察到整个前厅出入口、电梯、大堂咖啡厅、客人休息区等处的客人活动以及门外车辆的进出停靠情况，便于迎送客人、接待服务和协调业务。

2. 总台型制与规格标准。总台常见的型制有中心长台型、侧向长台型和分立圆台型3种，形状有直线型、折线型、半圆型、椭圆型等（如图1-1-2示例）。中心长台型一般设置在前厅中后部，正对大门出口处，呈半"口"或直线状；侧向长台型，多呈"L"、"W"、"H"、"门"等状，一般设置在大门出口一侧，位置也很醒目；分立圆台型一般设置在前厅正对门出口处，设立多个圆形台，位置突出。中心长台型、侧向长台型的总台服务功能划分清楚，使用和管理方便，而分立圆台型的总台则有可以同时接待多批客人、减少相互干扰的特点，但对接待和服务人员的素质要求较高，管理难度较大。总台的大小，应根据饭店前厅面积的大小、客房数量的多少及饭店接待工作的需要来确定。总台高度一般为 1.2 米~1.3 米，台面宽度为 0.45 米~0.6 米左右。总台内侧设有工作台，其高度一般为 0.75 米~0.85 米，台面宽度为 0.6 米左右。总台内侧与墙面之间，通常有 1.2 米~1.8 米的距离，用于接待人员通行。总台的长度通常受到饭店规模和等级影响。一般是按床位数量计算的。在欧洲国家，按每个床位需要 0.25 米来推算。美国又有如下的推算标准，见表 1-1-1：

半圆型　　　直线型　　　L型

图 1-1-2　总台的外观示例

表 1-1-1　　　　　　　　　　前厅长度推算表

客房数（间）	柜台长度（米）	服务台与办公面积（平方米）
50	3.0	5.5
100	4.5	9.5
200	7.5	18.5
400	10.5	30.0

此外，饭店大堂的面积也和客房的数量有密切的关系。一般情况下，饭店的主前厅或大堂（包括前厅）的面积按每间客房 0.8 平方米~1.0 平方米计算。总之，前厅的设置是前厅业务运转的基础，而且，前厅一旦落成就很难改变，因此在设置前一定要进行可行性研究。

各饭店的类型、位置不同，在建筑格局、客源结构、管理体制以及文化特色等许多方面存在差异，因此，总服务台的管理方式也有所不同。一般而言，有以下 3 种：

（1）功能分设式。总台典型的管理方式是将其基本服务功能划分为 4 部分：问询、接待、外币兑换、结账。这 4 个部分在总台区域内是明确分开的，一般由前厅部和财务部分别管辖。由于功能划分明确，因此岗位设置也要求符合这一原则，分别设问询员、接待员（由前厅部管辖）、外币兑换员和账务员（由财务部管辖）。

这种管理方式的特点是任务明确、职责范围清楚，但也存在设岗较多、人工成本较高、人员业务单一、工作中容易产生推诿现象等不足之处。

（2）功能组合式。这种方式摒弃了以往传统格局的弊端。总台的基本服务功能仍为 4 个主要部分，但在管理上除外币兑换、贵重物品保管、夜审、信贷、应收款仍需由财务部门负责外，其他 3 个基本服务功能（问询、接待、结账）统一划归前厅部管辖。采用功能组合式管理方式进行管理，可以降低人工成本，但对人员的各方面素质要求比较高，人员的业务综合性强，劳动强度较大，劳动效率也较高。

（3）综合式。小型饭店、旅馆、公寓及内部招待所多采纳这种管理方式。它的特点是业务量小，服务功能单一，服务内容简单。因此，岗位人数设置少，人工成本低，在行政隶属关系上一般划归客房部管辖。

近几年，有些国内饭店在设计时为突出饭店的经营特色，提高服务档次，模仿国外一些著名饭店的"座式前台"的理念，一改常见的站立式前台服务模式，让客人坐下来，同时前台服务员也采用坐式提供服务，显得颇有亲切感。但是，应该注意：

"座式前台"一般适合于大型休闲度假饭店、城市饭店或高级公寓式饭店，尤其是有信用卡自动结算功能的饭店。

"座式前台"的数量、大小、位置、角度都与饭店的性质、规模、风格有关。

"座式前台"是一个完整的工作单元，由接待、服务、客位、等候休息、资料保管等部分组成，不是简单的"桌椅组合"。

"座式前台"设计与大堂规划密切相关，对前台、财务室、结账台、客人休息区、贵重物品保管室的布局都会产生影响，须统一布置。

"座式前台"对前台接待人员的操作技能、职业素养以及办理入住和结算的速度、计算机的配置等要求很高，一般适用于由专业饭店管理公司管理的饭店。

三、前厅环境与服务氛围

（一）环境设置

1. 光线。前厅内要有适宜的光线，使客人在良好的光线下活动，使员工在适当的光照下工作。前厅内最好能有一定数量的自然光线，同时配备层次、类型不相同的灯光，以保证良好的光照效果。过于明亮的光线，会使人的眼睛过分紧张，产生头晕目眩等不舒适的感觉，影响前厅员工的工作效率；过于昏暗的光线，不易使员工和客人彼此看清对方的脸部，也不利于准确地填写表格。客人从大门外进入大厅，是从光线明亮处来到光线昏暗处，如果这个转折过快，客人会很不适应。所以，在设计安装上，灯光的强弱应逐渐变化，可采用不同种类、不同亮度、不同层次、不同照明方式的灯光，配合自然光线，达到使每位客人的眼睛都能逐渐适应光线明暗变化的要求。总服务台上方的光线也不能太暗或太亮，不能直接照在客人或服务员的脸上，使他们睁不开眼睛，也不能把阴影留在服务员的脸上，造成服务员工作不便或微笑服务变形。

2. 色彩。前厅环境的好坏，还受到前厅内色彩搭配的影响。前厅内客人主要活动区域的地面、墙面、吊灯等应以暖色调为主，以烘托出豪华热烈的气氛。色彩搭配应与前厅的服务环境相协调。在客人休息的沙发附近，色彩应略冷些，使人能有一种宁静、平和的心境。总之，前厅内的色彩搭配应能适应服务员工作和客人休息对环境的要求，创造出前厅特有的安静、轻松的气氛。

3. 温度、湿度与通风。前厅要有适当的温度和湿度。饭店通过单个空调机或中央空调，一般都可以把大厅温度维持在人体所需的最佳状态，一般是22℃～24℃，再配以适当的湿度（40%～60%），整个环境就比较宜人了。前厅内人员集中，密度大，耗氧量大，如通风不畅，会使人感到气闷、压抑，因此，使用性能良好的通风设备及空气清新剂等以改善大厅内的空气质量，使之适合人体的要求。通常高星级饭店大厅内风速应保持在0.1米/秒～0.3米/秒，大厅内新风量一般不低于160立方米/人·小时。大厅内的废气和污染物的控制标准是：一氧化碳浓度不超过5毫克/立方米；二氧化碳浓度不超过0.1%；可吸纳颗粒物不超过0.1毫克/立方米；细菌总数不超过3 000个/立方米。

4. 声音。前厅离饭店大门外的闹市区或停车场较近，人员活动频繁，车辆噪音不断，加之大厅内的说话声、电话铃声等，声源杂、音量大，噪音超过人体感觉舒适的限度，使人烦躁不安，易于激动、争吵、出错，降低效率。因而在建造前厅时，应考虑使用隔音板等材料以降低噪音。饭店员工工作交谈时声音应尽量轻些，有时甚至可以使用一些体态语言，代替说话进行沟通（如用手势招呼远处的同事）。要尽量提高工作效率，使客人在高峰时间不致长久滞留于大厅，破坏大厅安静的气氛。对来店参观、开会、购物、用餐的客人，必要时也应劝告他们说话低声些。饭店应尽可能播放轻松、动听的背景音乐，以减少噪音对客人的骚扰。

（二）氛围营造

前厅要努力营造雅而不俗、井然有序、温馨愉悦的氛围。具体表现在：

1. 装饰艺术应突出饭店文化。

大堂装饰设计主题要富于创意，装饰格调高雅，讲究工艺，还要借助于各种艺术手法，为前厅服务提供与饭店经营风格和谐一致、相得益彰的环境条件。

2. 前厅服务员应举止文明。

前厅服务员穿戴制服整洁、大方、庄重，站姿、坐姿、行姿规范，操作轻、准、快，说话轻声细语，敬语不离口。

3. 前厅服务员应始终微笑待客。

微笑是最重要的体态语言，微笑最具沟通性。前厅服务员要让客人时时处处感受到亲切和热情，而微笑是最基本的服务要求。

4. 前厅服务员应注重服务效率。

前厅服务员应该有求必应、有问必答，要主动观察，注意揣摩客人心理，做到真诚待客，言而有信，对客人的每一次承诺都要全力兑现。

另外，配合前厅的建筑设计特色和装饰艺术风格，随着季节、气候变化和活动需要适时调换花卉品种，以及配置适当的工艺摆件、挂件，烘托出服务氛围的整体感和艺术感。

【小链接】

北京港澳中心瑞士饭店的"无障碍"设施

北京港澳中心瑞士饭店充分考虑残障人士的需要，实施无障碍设计，与东四十条地铁站的残疾人坡道遥相呼应的残障人士专用坡道方便下榻饭店的残障人士的进出，饭店正门的坡道两侧各有一个明显的残障人士专署停车标志，它显示着此停车位的专用性，即专为残疾人泊车方便而空置。紧邻此停车位的是两条通往饭店正门的坡道，残障人士在此下车后即可在饭店服务生的协助下或自行从坡道进入饭店。饭店旋转门上安装有明显的"残障人士通过专用"按钮，它可使旋转门的转速转慢，使行动不变的残障人士便于进入饭店。前台两侧专供残障人士办理入住手续的接待台。同时饭店问讯处还配备有轮椅，免费供残障人士使用。在饭店大堂纵深处设有一排高矮不一的公用电话，其伸手可及的位置专为残障人士或行动不便的人士设计。

饭店为了方便使用轮椅的残障人士，饭店的1~3层同样也设有无障碍出入的专用卫生间。卫生间的门扩大了尺寸，并在厕位两侧配有70厘米左右的水平方向扶手。饭店通往客房的6部电梯内均配有扶手栏杆，其楼层按钮的面板也均设置成可供普通人士及残障人士的两个独立面板。电梯的所有按钮均配有盲文和独特的声音提示可提醒来自各个国家的盲人，为其提供方便。

饭店四层为"无障碍"楼层,共有 40 间客房。楼层通道两侧均设有扶手栏杆,门上分别装有两个高矮不一的门镜,低位防盗链,大面积的卫生间,淋浴花洒装有一个滑动调节喷淋器,并配有加长金属软管,这些是专为残障人士设计的。饭店更在厕位及浴缸边侧的墙体上各装有一个与地面垂直方向的扶手,这些扶手完全可以拆卸的,不仅满足残障人士使用,也不会引起非残障客人的反感;同时,客房门户将原有的门扩宽,方便普通及电动的轮椅无障碍的出入;卫生间的门也由内推门改为推拉门,并扩宽尺寸,入口为无落差出入设计,方便普通及电动的轮椅无障碍的出入;马桶的高度比正常人使用的马桶高出 10 厘米;洗面台台面的高度也相对降低,洗面台下有特别设计的不影响残疾车行动的预留空间;镜子的角度可以根据坐轮椅客人的需求,调整镜子的倾斜度,方便他们使用,也可以调整成平面,方便一般客人使用。

任务 2 前厅部机构设置与业务特点

实训目标

了解前厅部的业务特点;
熟悉不同规模的饭店前厅部的机构设置;
理解前厅设计和组织机构设置的原则及前厅环境氛围要求。
【实训方法】
参观饭店;观看录像;总结报告。
【实训准备】
纸;笔。

知识探究

前厅部组织机构的设置;业务特点。

一、前厅部机构设置的原则

（一）设置合理

前厅部核心系统（见图 1-1-3）主要有预订、礼宾、接待、收银、夜审、报表、问询和宾客关系等组成。前厅部组织机构的设置、岗位职责的划分、人员的配备等应结合饭店自身的特点,如饭店的性质、规模、等级、经营管理方式等来确定。例如:规模小的饭店前台接待员可以同时承担接待和问讯两个工作岗位的职责,员工可以身兼数职;前厅部还可以并入房务部（或旅馆部）,不再单独设置。

（二）精简高效

前厅部在设置机构时,应遵循"因事设岗"的组织编制原则,既防止机构臃肿、人浮于事的现象,又要避免出现职能空缺的问题。同时,还要处理好分工与合作的关系,做到机构设置科学、合理,工作效率高。

（三）分工明确,统一指挥

前厅部各岗位、各员工的职责、权利和任务及上下级隶属关系要明确和具体,保证内部

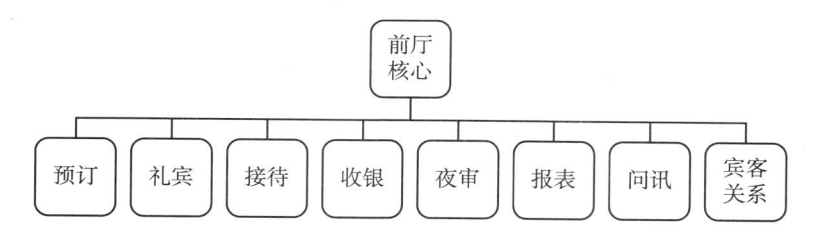

图 1-1-3 前厅部核心系统

信息沟通渠道畅通,权责分明。既能做到统一指挥,又能充分发挥员工工作的积极性、主动性和创造性,从而提高工作效率。

（四）便于协作

前厅部组织机构的设置不仅要便于前厅各岗位、各环节之间的沟通协作,同时还要利于与其他相关部门的业务协调与合作,真正发挥饭店"神经中枢"的作用。

（五）责权一致

责任是权利的基础,权利是责任的保证。前厅部应明确每个岗位的责任,同时赋予员工相应的权利,使员工能够在自己的权责范围内顺利完成任务。权责不清将使工作发生重复、遗漏和推诿扯皮现象,容易使员工产生挫折感。

二、前厅部各机构的主要职能

因饭店规模、档次的差异,分为大型饭店前厅机构设置、中型饭店前厅机构设置和小型饭店前厅机构设置（见图 1-1-4、图 1-1-5 和图 1-1-6）。前厅部业务分工也不同,但一般设有以下主要机构：

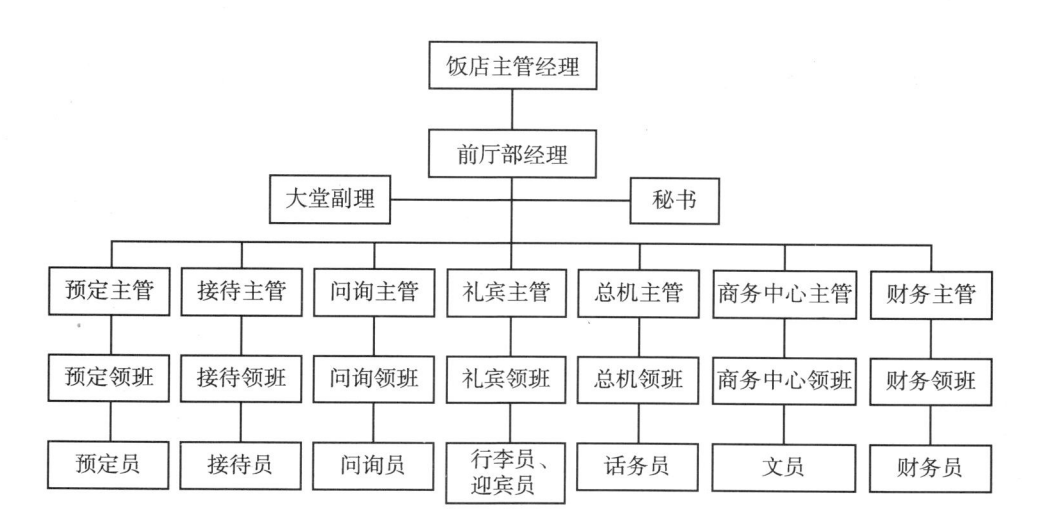

图 1-1-4 大型饭店前厅机构图

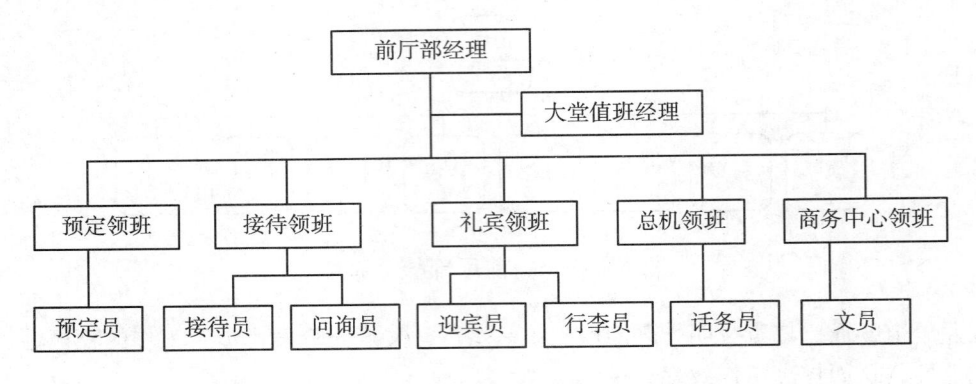

图 1－1－5　中型饭店前厅机构图

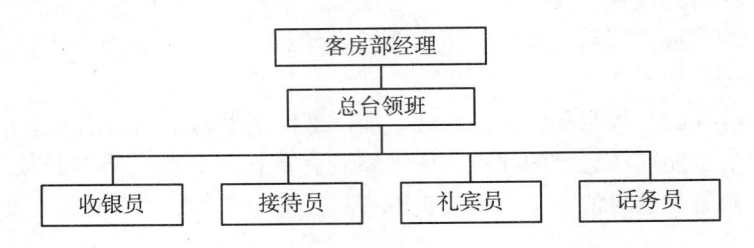

图 1－1－6　小型饭店前厅机构图

（一）预订处（Reservation）

接受、确认和调整来自各个渠道的房间预订，办理订房手续，制作预订报表，对预订进行计划、安排和控制；掌握并控制客房出租状况；负责对外宣传和联络客源；定期进行房间销售预测并向上级提供预订分析报告。

（二）接待处（Reception）

负责接待抵店投宿的客人，包括散客、团体、长住客、非预期抵店以及无预订客人；办理客人住店手续，分配房间；与预订处、客房部保持联系，及时掌握客房出租变化，准确显示房态；制作客房销售情况报表，掌握住房客人动态及信息资料等。

（三）问讯处（Information）

负责回答客人的询问，提供各种有关饭店内部和外部的信息；提供收发、传达、会客等应接服务；负责保管所有客房钥匙。现代饭店的问讯处已不单独设立，而是由接待处完成此职能。

（四）礼宾部（Concierge）

负责饭店门口或机场、车站、码头迎送客人；调度门前车辆，维持门前秩序；代客卸送行李，陪客进房，介绍客房设备和服务，并为客人提供行李寄存和托运服务；分送客人邮件、报纸、转送留言、物品；代办客人各项委托事务。高星级饭店提供"金钥匙"服务。"金钥匙"是前厅部下设的一个岗位，归前厅部经理直接管理。"金钥匙"的全称是"国际饭店金钥匙组织"（UICH），是国际性的饭店服务专业组织。

（五）电话总机（Telephone Switch Board）

负责转接饭店内外电话，承办传统电话回答客人的电话询问；提供电话找人、留言服务；叫醒服务；播放背景音乐；充当饭店出现紧急情况时的指挥中心。

（六）商务中心（Business Centre）

为客人提供打字、翻译、复印、传真、长话及其他商务服务，另外，还可根据需要为客人提供秘书服务，其中的服务人员一般由主管和服务员组成。但也有一些小型饭店的商务中心，因为没有必要，就不设主管。

（七）收银处（Cashier）

负责饭店客人所有消费的收款业务，包括客房餐厅、酒吧、长途电话等各项服务费用；同饭店一切有客人消费的部门的收银员和服务员联系，催收核实账单；及时催收长住客人和公司超过结账日期、长期拖欠的账款；夜间统计当日营业收益，制作报表。

（八）客务关系部（Guest Relations Department）与大堂副理（Assistant Manager）

现在，不少高档饭店在前厅设有客务关系部，其主要职责是代表总经理负责前厅服务协调、贵宾接待、投诉处理等服务工作。在不设客务关系部的饭店，这些职责由大堂副理负责，大堂副理还负责大堂环境、大堂秩序的维护等事项。

（九）车队（Car Service）

大型饭店一般在其前厅部设立车队，接受前厅部的派遣，负责接送重要宾客或有预订的客人，或者是有特殊需求的客人，同时，为客人提供出租车服务。

（十）票务处（Ticket Service）

票务处主要负责为宾客解决返程车票的问题，本着方便客人的宗旨，为其预订飞机、火车、轮船等各类票。

三、前厅部各岗位的职责

（一）前厅部经理主要职责

1. 主持部门全面工作，贯彻执行总经理下达的营业和管理目标，根据饭店总体计划制定前厅部的各项业务指标和规划。并对各分部主管下达工作任务，定期进行检查落实。

2. 组织召开部门主管工作例会，听取汇报，布置工作，解决难题。

3. 负责将客房营业日报表报送客务总监和总经理。

4. 检查督促前厅部所有员工的工作，确保饭店及部门规章制度、服务质量标准得到执行。每月审阅各部门主管提供的员工出勤情况，对前厅部员工进行定期评估，并按照奖惩条例进行奖惩。

5. 做好与饭店其他部门的沟通与协调工作，包括与销售部、客房部等部门的协调工作。

6. 协助总经理处理发生在大堂的突发事件。

7. 定期批阅由大堂副理提交的客人投诉记录及汇总表，亲自处理贵宾的投诉和客人提出的疑难问题。

8. 负责前厅部员工的招聘和培训工作。

9. 检查 VIP 客人接待工作，亲自查房、迎送。

10. 保持与客人的密切联系，经常向客人征求意见、了解情况，并及时反馈给有关领导，定期提出有关改进工作的意见供上级参考。

（二）前厅部副经理主要职责

1. 协助前厅部经理管理前台的各项日常工作，前厅部经理不在时代行其职。
2. 检查前厅部各部门工作，特别是对 VIP 客人的接待工作要给予关注。确认客人的各项特殊需求是否已得到满足，如有差错，应及时通知有关部门立即予以纠正。
3. 处理客人的投诉并进行反馈。处理其他一些疑难问题。
4. 记录并向前厅部经理及有关领导报告饭店内的一切异常情况。
5. 亲自培训员工。
6. 执行前厅部经理或有关领导交办的工作。

（三）大堂副理主要职责

1. 代表饭店迎送 VIP 客人，处理主要事件及记录特别贵宾、值得注意的客人有关事项。做 VIP 客人离店记录。
2. 处理关于客人结账时的问题及其他询问。
3. 决定是否受理客人支票。
4. 迎接及带领 VIP 客人到他们的房间，介绍房间设施。
5. 检查房间是否达到饭店质量标准。
6. 处理换锁、换钥匙并做记录。
7. 处理客房部房态表上与接待处有出入的房间及重锁房间。
8. 处理客人投诉，用个人对饭店之认识及针对客人心理，解决问题。
9. 替客人安排医护或送院事宜。
10. 在紧急事件发生时，必须（但没有上司可请示时）主动、决断指示。必要时可指挥其他部门人员工作。
11. 与保安部及接待处联系，取得资料做出"意外"、"病客"报告及残疾客报告。
12. 尽量参与接待工作，了解当天及以后之房间走势。
13. 巡视饭店内外部保证各项功能运行正常，及时排除可防范的问题。
14. 与客人谈话时可适当推广饭店设施。
15. 服从管理人员如总经理、副总、助总及直属上司指派的工作。
16. 与保安人员及工程人员一同检视发出警报的房间、区域。
17. 与财务部人员配合，追收仍在住宿的客人欠账。
18. 向管理层反映有关员工表现、客人意见。
19. 被寻获贵重物品遗失的处理。
20. 检查前堂范围内需维修项目，跟紧维修单。

（四）前台主管主要职责

1. 协助前厅经理督促、控制前厅的工作，对接待和问询等日常工作予以全面负责。
2. 每天检查员工工作。对员工进行定期评估并组织培训。
3. 随时处理客人的投诉和各种要求，保证有特殊要求的顾客能及时得到满足。
4. 每日与预订处核对当日及次日的房间状况。
5. 主持前厅工作例会，上传下达，同时要做好与相关部门的协调沟通工作。
6. 及时制作、报送有关报表；及时申领各种物品，并协助大堂副理搞好卫生等其他方面的工作。

（五）前台领班主要职责

1. 协助前台主管搞好日常工作。检查、督促员工严格遵循各项服务程序和标准，为客人提供优质服务。
2. 尽最大努力满足顾客需求，认真处理客人的投诉，遇到不能解决的问题要及时向上级汇报。
3. 确保入住登记符合有关规定，做到详细、准确、清晰。每天定时检查，准确控制房间状态。遇到有换房、特殊安排房等情况要及时通知有关部门。
4. 每天定期检查邮件、留言，确保其发送、存放、记录准确无误。
5. 完成上级分派的其他工作。

（六）迎宾岗位主要职责

前厅迎宾工作虽然简单，但要求极高，所以非常有必要对其岗位职责予以规范。一般情况下，其职责如下：

1. 指挥和疏导门前车辆，做好宾客迎送工作。
2. 面带笑容，为客人打开车门，躬身向客人致意，并用手挡住车门上沿，以免客人碰头。对孩子、老人或是行动不便的客人，要主动提供帮助，搀扶下车。
3. 帮助客人装卸行李，并请客人清点、检查有无物品遗失。如果客人是离店，应在车辆开动后向客人挥手致意。注意在开关车门时不要夹住客人的衣裙及物件。
4. 观察出入门厅人员的动向，注意做好防爆、防窃工作，并协助保卫人员做好宾客抵达与离开时的保卫工作。

（七）接待员岗位主要职责

1. 细致热情地接受订房和团体开房。在开房时向客人详细介绍房间情况，讲清房价，避免引起误解。
2. 做好开房登记和有关验证客人身份的工作。熟悉当天抵店的客人身份、房号及抵离时间。
3. 熟悉当天散客及旅行团的开房情况，掌握当天的房间状况。
4. 办理加床和换房时要向客人讲明情况，并要登记和说明，以便查询。
5. 夜班当班员工，要负责制作当日报表，反映房间情况，并搞好班组卫生。
6. 严格遵守各项制度和服务程序。

（八）预订员岗位主要职责

随着经济的发展，现代的工作和生活节奏明显加快，许多事项都需要超前安排，如饮食居住等。这就需要前厅预订员去积极应对。预订员的职责通常如下：

1. 根据客人的要求，为其提供相应的客房。
2. 全天24小时为客人提供预订服务，及时处理客人的订房要求。
3. 及时记录和存储预订资料。
4. 做好客人抵达前的准备工作。

（九）行李员岗位主要职责

行李员的主要工作是为客人提运行李，行李寄存，保障客人行李安全等。具体职责如下：

1. 按规定位置站立，站姿要端正，并密切注意客人动态，准备随时为客人提供帮助。

2. 时刻注意接待员的召唤，热情为客人带路，敏捷地为客人运送行李，并主动为客人介绍饭店的各项服务设施。

3. 要注意确保客人行李的安全，并及时准确地帮助客人把行李运送到指定的地点。

4. 回答客人关于寄存的问询，向客人说明饭店有关寄存的规定。为客人提供行李寄存和领取服务。

5. 寄存领取手续要清楚，登记要准确，力争不出差错，万一出错则应立即向有关领导汇报。

6. 做好交接班工作，各项手续要清楚。

7. 严格遵守有关制度及各项服务操作程序。

（十）收银员岗位主要职责

收银员承担着整个前厅服务的账上往来工作，收银员的岗位职责有：

1. 严格遵守各项财务制度和操作程序。准确地收点客人的现金或是支票。准确地填写发票。

2. 做好交接班工作，钱物一定要交割清楚。

3. 按规定及时结清客人或团体的各种费用。

（十一）话务员岗位主要职责

1. 负责接听一切外来电话，连接饭店各部门及客人的一切电话。

2. 转达客人的投诉，通知有关部门采取补救措施。

3. 负责为客人提供叫醒服务。

4. 负责将客人的一切要求通过电话转达给有关部门或个人。

5. 明确在接到紧急电话时应采取的措施和行动。

（十二）问询员岗位主要职责

1. 掌握本饭店的一切设施及饭店所在城市的其他大饭店、娱乐场所、游览胜地的一些情况。

2. 管理好客房钥匙，做好保管和收发工作。

3. 熟悉电脑查询操作。

4. 帮助客人安排会客。将来访者的姓名等情况传达给客人，再根据客人的意见安排会面事宜。

5. 负责办理客人委托的相关事宜。为客人办理订房、购买机票和车（船）票、办签证、取送物品、购物等各项事情。

（十三）票务员岗位主要职责

1. 满足客人的需要，及时为其购买机票、车（船）票。并做好购票及分发票的登记工作，确保无误。

2. 按规定收取购票手续费，并及时结清账目。

3. 严格遵守有关制度和服务操作规定。

任务3 前厅部沟通概述

实训目标

了解前厅部沟通的重要性及其主要内容；
掌握前厅部沟通的技巧。

【实训方法】
参观饭店；观看录像；总结报告。

【实训准备】
纸；笔。

知识探究

前厅信息沟通的工作标准；前厅内部沟通；前厅部与其他部门的沟通。

一、前厅信息沟通的工作标准

（一）前厅信息管理的内容

1. 收集客源市场信息。市场信息包括：客源构成、宾客流量、宾客的意见和要求、国家政策、经济形势、社会时尚对饭店产品销售的影响等。

2. 建立信息收集、传递、处理制度，建立并完善前厅信息管理系统。信息管理从手工操作到使用计算机单机到计算机联网，逐步建立并健全综合管理信息中心。

3. 从原始数据管理做起，收集前厅及饭店其他部门信息。如宾客登记表、客房预订单、订房预测报表、营业报表、客房统计表、收银报表、夜间稽核报表等。

4. 建立客户档案，并分析客户档案。把 VIP 客户和团体资料收集起来；进行分类和统计分析，找出饭店和客源市场联系的切入点，提高服务质量，增加回头客。

5. 搞好前厅部内部之间和本部门与其他部门之间的协调工作。

（二）前厅信息管理的基本要求

1. 信息沟通的目的明确。
（1）保证信息内容容易被对方接受。
（2）理解对方，了解对方的确切意见。
（3）得到承认，意见被对方接受。
（4）让对方明晰要做什么、何时做、为什么要做及怎么去做。

2. 信息内容准确无语。信息要准确，这是信息管理的基本要求。

3. 信息传递迅速。信息具有很强的时效性，因此信息传递要及时。

4. 信息沟通管道要通畅。前厅信息沟通管道，包括前厅内部信息沟通、前厅与客人信息沟通、前厅与饭店部门之间信息沟通等三种管道。各部门员工要清楚信息沟通的目的、方法、方向及如何将这些信息进行妥善处理，保证信息管道畅通。

5. 信息沟通方法适当。根据信息来向的性质，来选择适当的信息沟通方法。

6. 信息沟通要着眼全局、沟通网络明确。为进行有效的信息沟通，各部门、各环节必须以全局利益为重。加强对员工的培训，让员工熟悉饭店的运转程序，饭店在可能的情况下有必要对员工进行交流培训，增进员工对其他部门工作的了解；组织员工集体活动，增进员工之间的相互了解，加强团结。

（三）信息沟通的方法

1. 计算机系统。现代饭店计算机联网已成为信息管理的重要手段。计算机信息管理系统的最大特点是信息沟通准确、迅速，沟通的中间环节少。前厅计算机信息管理系统包括：订房系统、入住登记系统、电话管理系统、收银系统、客房管理系统、综合分析管理系统等。

2. 报表、报告和备忘录。前厅部内外沟通多采用报表、报告和备忘录方法。报表包括：营业统计报表、营业情况分析报表、内部运行表格。报告包括：按饭店组织机构管理层次逐级呈交的季度、月度工作报告。备忘录是饭店上下级、部门间沟通、协调的一种有效形式，包括工作请示、指示、汇报、建议、批示等。

3. 日志、记事簿。日志、记事簿是饭店各部门主管、领班之间相互联系的纽带，主要用来记录本班组工会中发生的问题、尚未完成需下一班组续办的事宜。前厅部各环节、各班组均需建立此制度。现代饭店的交接班均采用此方法。

4. 例会。例会，是信息交流、沟通联络并及时传递信息、指令的一个主要手段。常见的例会有饭店高层的行政例会、部门班组的班前班后例会。

5. 员工团体活动。丰富多彩的团体活动，是消除各部门、各班组之间误解、隔阂，加强交流的较为理想的方法，应提倡饭店定期、不定期地举办各类团体活动，来加强沟通。

二、前厅内部沟通

前厅内部沟通是指前厅内部各环节之间的相互沟通，主要包括客房预订、入住接待、问讯、前台收银（有些饭店已实行四合一）、礼宾行李服务、商务中心以及电话总机等部门之间的沟通。饭店的服务经常涉及多个部门，部门之间的沟通与协调非常重要，在服务规程中应有明确的规定，否则难以提供令客人满意的服务。饭店的优质服务是整体性的，需靠每一部门、每一环节、每一岗位人员的协同努力才能令客人满意；而作为饭店"神经中枢"的前厅部，其内、外沟通尤为重要。

前厅内部的信息沟通，是指前厅各所属环节间的相互沟通与协调（见图1-1-7）。它主要包括：客房预订、入住登记、问讯、结账退房、礼宾服务、电话总机、商务中心等。上述服务部门既应按照各自的对客服务程序正常运转，又应密切配合、沟通协调，共同承担对客服务的任务。

（一）接待处与订房处的沟通

前厅接待处应每天将实际抵店、实际离店、提前离店、延期离店等用房数以及临时取消客房数、预订但未抵店客房数和换房数及时输入计算机系统内，或采用表格形式递送给客房预订处，以便预订员修改预订信息，确保预订信息的准确性；而客房预订处也应每天将已延期抵店、实际取消以及次日抵店用房数等及时输入计算机内或采用表格形式递交接待处，以便前厅接待处最大限度地销售客房。

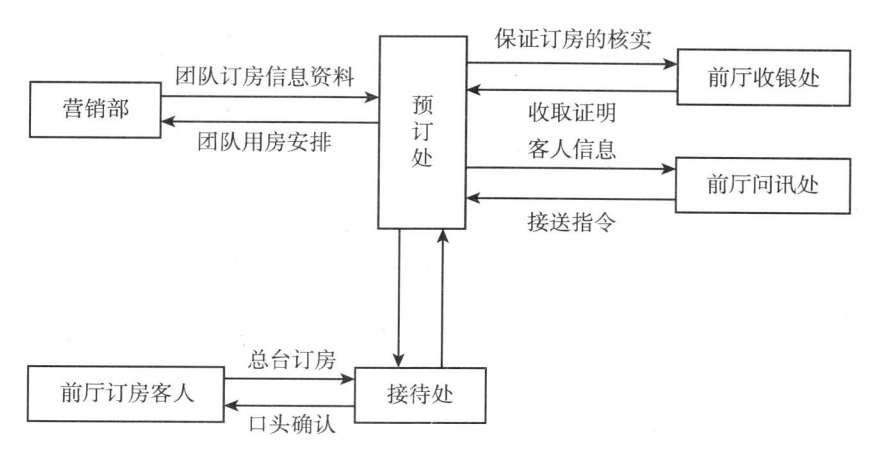

图 1-1-7 前厅内部沟通

（二）接待处与前台收银处的沟通

前厅接待员应及时为入住客人建立账单，以便收银员开立账户及累计客账；同时，应就换房所产生的房价变动以及客房营业情况互通信息。接待处在给宾客办理入住手续时，如果宾客以现金方式付款，现金应由收银处处理。前厅收银处还应将客人已结账信息及时通知接待处，以便迅速调整房态，并通知客房中心清扫整理客房，以利于再次销售。宾客在住宿过程中如换房或出现房价变更，接待处应该以书面的形式通知收银处。宾客退房时，收银员应收回客房钥匙，并交回接待处，特别是磁卡钥匙。每天晚上，双方都应将白天的收入认真细致的核对，确保正确显示当天的营业收入。

（三）接待处与问讯处的沟通

接待处应及时将入住宾客情况通知问讯处，以便查询。信息沟通以手工操作为主的饭店通常以"入住单"的形式来沟通。如住客要求保密，则接待处与订房处要互通信息。

（四）接待处与礼宾部的沟通

前厅接待员在给宾客办理手续后，通知行李员运送行李，并带宾客退房间。行李员替接待处传递"换房通知单"和"入住单"。

（五）接待处与总机的沟通

接待处将"入住单"由行李员传递给总机，方便总机转接房间电话。如住客要求保密，接待处必须以书面形式通知总机；如团体宾客要求叫醒服务，则应以书面形式通知总机。

（六）订房处与收银处的沟通

如宾客以预付押金形式保证订房，现金则由收银处进行处理。

（七）订房处与礼宾部的沟通

订房处将接车名单交礼宾部，由礼宾部安排车辆，并通知饭店代表迎接。

（八）问讯处与礼宾部的沟通

有关住宿客人的留言、邮件，都由礼宾部的行李员传递。

（九）商务中心与问讯处的沟通

商务中心接收到住客的电传、传真等，一般都交由问讯处处理。

三、前厅部与其他部门的沟通

（一）与总经理室的沟通协调

由于前厅部与总经理室的工作联系较多，所以不少饭店总台的位置靠近总经理办公室。前厅部除了应向总经理请示汇报对客服务过程中的重大事件，平时还应与总经理室沟通以下信息：

1. 通报每天的客情信息及营业情况。如营业日报表、营业情况对照表、在店名单等。
2. 前厅部应转交邮件、留言、信件及各种表格。
3. 定期呈报客情预测等资料及各类客源分析表。
4. 了解当天值班经理的姓名、联系电话及去向，以便有事及时通知值班经理。
5. 报告已预订客房的VIP客人的情况，递交VIP客人接待规格审批表及房租折扣申报表等，供总经理阅批。
6. 前厅部应及时向总经理室请示、汇报前厅部对客服务过程中发生的重大事件。
7. 与营销部配合，草拟饭店的客房营销政策（房价的调整、信用政策、折扣权限、订金政策等），呈报总经理审批，并就执行过程中的问题及时汇报，以便调整。

（二）与客房部的沟通协调

许多饭店的前厅部与客房部同属于房务部。这两个部门被看做不可分割的整体，因为它们之间的联系最密切，信息沟通也最频繁。因此，这两个部门之间保持良好的沟通具有非常重要的意义。

1. 每天在规定的时间前把必要的宾客信息以书面方式通知客房部，如：一周客情预测表、贵宾接待通知单、次日预计抵店宾客名单、团队会议接待单、住店宾客名单等。如前厅部电脑已与客房部电脑联网，则上述资料可以根据各饭店电脑系统的设置，不传递或少传递。
2. 及时通报宾客入住、结账离店、延期退房、预付款不足等情况。
3. 发送客房状况报告、客房状况差异表等，或双方在电脑上直接核对差异，以协调好前厅柜台客房销售（柜台销售属于前厅部）与客房管理（客房部职责）的关系。
4. 发送特殊要求通知单给客房部，以便做好准备，满足宾客的个性化要求。
5. 发送换房及房价变更通知单给客房部，使其了解用房变动情况。
6. 团队会议宾客抵达前，要发送团队会议分房表，以对客房进行准备和控制。
7. 大堂副理等前厅部人员应根据饭店的授权，参与客房卫生及维修保养状况的检查。
8. 客房部应及时将住客遗留物品情况通知总台，以方便宾客找回物品。
9. 客房部应安排服务员协助行李员完成行李的运送、收集等服务。
10. 客房部应及时向总台通报客房的异常情况，如双锁客房、紧急维修、在外过夜等。
11. 客房部应根据电话总机房的要求，派服务员探视对叫醒无反应的客房。
12. 前厅部与客房部员工应相互接受交叉培训，以加强了解、促进沟通。

（三）与营销部的沟通协调

前厅部与营销部都对饭店的客房销售工作负有责任。营销部不但对眼前的客房销售负有责任，更重要的是对饭店长期的、整体的销售，尤其是对团队、会议的客房销售负责，所以不少饭店负责接待团队宾客的团队联络员隶属于营销部。前厅部对零星散客，尤其是当天的客房销售工作负有更直接的责任。前厅部与营销部之间必须加强信息沟通，避免由于部门利益或个人利益竞相杀价，损害了饭店整体利益，特别是在节假日用房紧张时期，更应根据饭店政策做好沟通协调工作，只有这样才能圆满完成客房销售及接待任务。

1. 接待处以书面形式向营销部通报有关客情信息。如下达每周客情预测表、旅游团及会议团用房分配表、次日预计抵店宾客一览表、次日预计离店宾客一览表、贵宾接待通知单、房价及预订情况分析表、客源分析表等表格。

2. 对饭店超额订房的情况进行分析，一旦发生已订房宾客入住时饭店无房的情况，饭店能够以有效应急措施做好补救工作。

3. 进行来年客房销售预测前，双方磋商并研究决定饭店团队、会议宾客与散客的接待比例。

4. 营销部把已获批准的各种订房合同复印件，以及饭店有关房价规定的文件转前厅部妥善保存并执行。

5. 营销部应将旅游团和会议团的详细订房情况，以书面形式报送预订处，以预留客房。

6. 营销部应将旅游团和会议团的用房变动情况及日程安排情况，通报总台，以便前厅部做出相应的变更及解答宾客的问题。

（四）与财务部的沟通协调

前厅是饭店业务运行过程中的财务处理中心，主要是做好顾客账单的管理，及时记录顾客在住店期间的各项用款，进行每日核计、累加，保证账目的准确，以求在顾客离店前为其顺畅地办理结账事宜。所以，为了保证对客服务的质量及客房销售的经济效益，前厅部应加强与财务部（包括前台收银处）之间的信息沟通。

1. 接待处在宾客入住后，应立即递交已制定的散客账单、入住登记表的第一联及刷好卡号（最好签过名）的信用卡签购单等给前厅收银处，以便及时、准确地为宾客建立账户，累计客账。

2. 接待处在宾客入住后，应立即递交已制定的团队主账单，供前厅收银处签收并累计客账。

3. 前厅部与财务部应就信用限额、预付款、超时房费的收取，以及结账后再次发生费用等情况进行有效的沟通，以防止漏账及逃账。相互通报客情信息（如抵、离店、延期退房等），以便及时、准确地收取营业款并正确显示客房状况。

4. 接待处应把住店客人的换房信息（涉及房费变化的）及时、准确地以书面形式通报前厅收银处，以便及时准确地为宾客累计客账。

5. 双方应就每天的客房营业情况进行仔细核对，尽量做到准确无误。

（五）与餐饮部沟通协调

"食"、"宿"是住店宾客最基本的需求，也是饭店的两大主要收入来源。前厅部必须重视与餐饮部的信息沟通。

1. 预订工作。

（1）每月送交客情预报表。

（2）每日送交抵店客人名单和贵宾接待通知单等。

（3）书面通知订房客人的用餐要求及房间布置要求。

2. 接待工作。

（1）书面通知房内的布置要求，如房内布置水果、点心等。

（2）发放团队宾客的用餐券。

（3）每日送交"在店宾客/团队会议人员表"、"在店宾客名单"和"预期离店宾客名单"。

3. 问讯工作。

（1）每日从餐饮部的宴会预订处取得宴会及会议活动安排表。

（2）向客人散发餐饮活动宣传材料。

（3）随时掌握餐饮部各营业点的服务内容、营业时间及收费标准的变动情况等。

4. 礼宾服务。更新每日宴会/会议、饮食推广活动的布告牌，协助餐饮部进行促销，解答宾客有关餐饮方面的问讯等。

5. 总机。随时掌握餐饮部各营业点的服务内容、营业时间及收费标准的变动情况等。

（六）与其他部门的沟通协调

1. 与人事部、培训部沟通协调，做好前厅部新员工的招聘录用以及岗前培训工作。

2. 与工程部、保安部沟通协调，保障饭店各类服务设施的正常运转和客人的人身财物安全。

3. 与康乐部等其他业务部门互相传递有关信息，满足客人住店期间的多种服务需要。

任务 4 前厅部服务人员的素质要求

实训目标

了解前厅部服务人员的素质要求、工作特点及要求；

熟悉前厅接待人员的礼仪要求、工作人员的能力和技能要求。

【实训方法】

参观饭店；教师示范；分组练习；考评测试。

【实训准备】

纸；笔。

知识探究

前厅服务的工作特点及要求；前厅接待人员的素质、仪表与礼节；礼貌用语；职业能力和技能要求。

一、前厅服务的工作特点及要求

（一）前厅部的工作特点

1. 工作内容庞杂。前厅部的工作范围较广，项目多，通常包括销售、寄存、接待、收银、问询、票务、预订等一系列内容，并且每项工作都有相应的规范与要求，在具体的操作过程中必须严格遵守，才能使宾客满意。

2. 工作涉及面宽。前厅在整个饭店的管理过程中负有协调功能，必然与各个相关部门发生联系，有时不仅需要熟悉本身的业务，还要了解其他部门的情况，才能帮助顾客解决问题。

3. 专业要求高。随着时代的进步，现代科技不断引入到各行各业的管理中，饭店前厅也都实行了电脑管理，员工必须经过专业培训才能上岗操作，另外，在帮助宾客解决困难，回答其提出的问题时，也需要员工具备相应的能力与业务知识背景，这就对员工的素质、专业技术水平、业务水平提出了较高的要求。

（二）前厅部的工作要求

前厅部特定的工作内容对其员工提出了特定的工作要求，具体要求如下：

1. 员工必须具备良好的服务意识。前厅是饭店的门面，前厅服务质量的好坏，具有深远的意义。西方饭店认为，服务就是 SERVICE（英文本意亦是服务），其每个字母都有着丰富的含义：

S——Smile（微笑）：其含义是服务员应该对每一位宾客提供微笑服务。

E——Excellent（出色）：其含义是服务员应将每一个服务程序、每一个微小服务工作都做得很出色。

R——Ready（准备好）：其含义是服务员应该随时准备好为宾客服务。

V——Viewing（看待）：其含义是服务员应该将每一位宾客都看做是需要提供优质服务的贵宾。

I——Inviting（邀请）：其含义是服务员在每一次接待服务结束时，都应该显示出诚意和敬意，主动邀请宾客再次光临。

C——Creating（创造）：其含义是每一位服务员应该想方设法精心创造出使宾客能享受其热情服务的氛围。

E——Eye（眼光）：其含义是每一位服务员始终应该以热情友好的眼光关注宾客，适应宾客心理，预测宾客要求，及时提供有效的服务，使宾客时刻感受到服务员在关心自己。

因此，前厅的员工要格外强化自身的服务意识，力求做到热情、细致、周到。员工还要落落大方、彬彬有礼、笑容可掬，把顾客的烦恼当成自己的烦恼，认识到自己的一言一行就代表了饭店的形象，自己的表现可能给饭店带来利益，也可能使饭店蒙受损失，从而进一步约束自己的言行，爱岗敬业，认真负责地做好本职工作。

2. 员工必须有勤奋好学、探索求知的精神，不断提高自己的素质，拓宽自己的知识面，以求更好地为顾客服务。前厅遇到的工作情况千变万化，往往是随着顾客的变化而变化，因此，员工为了适应不断出现的新情况，必须努力学习新的知识，完善自己，厚积薄发，把工作做得更出色。

3. 员工必须有良好的语言理解、表达能力及交流能力。前厅员工接触宾客的机会是较多的，要向顾客解释问题，同时也要回答顾客提出的问题，而顾客往往又是天南海北，各色人等都有，为了顺利地与对方交流，员工必须有相当的理解能力，另外，最好是能掌握一些方言，能熟练运用一两门外语。

4. 员工必须有良好的仪态，言谈举止要得体。为了让顾客有宾至如归的感觉，员工必须要练好基本功，注意仪表，按饭店规定着装，做到干净整齐、仪态大方，给人亲切感。

5. 员工必须机智灵活，具备较强的应变能力。前厅是饭店的神经中枢，事务繁杂，每天必须妥善处理各种各样的人和事，因此，要求前厅员工发挥自己的聪明才智，随机应变。

【小提示】

前厅员工应注意的事项

前厅员工在工作中有一些具体的事项需要注意：

（1）注意使用礼貌用语，如"请"、"您"、"对不起"、"先生"、"女士"等。

（2）时刻提醒自己要脸带微笑。微笑是一种联络情感的最自然、最直接的方式，同时也最有效，能将一切误会与不快驱散，建立起愉快和谐的氛围。

（3）要善于在工作中控制自己的情绪。一旦遇到专横无理的客人，要耐心说服劝导，决不能随着客人的情绪走，要坚决避免与客人发生争吵乃至冲突。

（4）学会婉拒。在前厅工作，经常会碰到这样一些情况：如客人提出了不符合饭店有关规定，或者是难以帮助其实现的要求，那么员工该如何处理呢？违反规定去满足客人的要求当然是不可能的，敷衍了事地答应客人，而后又不真正兑现承诺就更不应该。所以，员工不能轻易地答应客人，同样也不能直接生硬地拒绝客人，正确的做法是向客人耐心地说明有关情况，委婉地表明自己爱莫能助，请客人谅解。在一般情况下，客人都是通情达理、能够给予理解的，这样就妥善处理了难题，避免了误会与冲突。

二、前厅接待人员的仪表与礼节

中国素有"礼仪之邦"的美称，有着自己优良的历史文化传统及道德规范，现代社会里又融合了国际礼仪的精髓。作为一个现代化饭店的工作人员，除了思想、业务等方面应达到的本岗位所要求的规范外，礼节礼貌也是非常重要的。它体现着饭店的等级、服务水平和管理水平。服务员的热情、微笑和快速敏捷的礼仪接待，就是承认、欢迎客人的到来。而客人的最大满足和对饭店的第一美好印象，就是饭店服务员漂亮的仪表、良好的修养、快捷的接待和面带微笑的服务。

前厅服务人员，特别是门厅迎接人员不同于饭店的其他工作人员，无论严冬酷暑都要站在室外迎接客人。所以前厅迎接员要挑选仪容端正大方、体格健壮、精神饱满、接待经验丰富的人来担任，并且在姿势、服装、仪容等方面均应与前厅宽敞、优美的环境协调一致，这样迎送客人，会给宾客的自尊心带来满足。

（一）站立姿势

门厅迎接员站立的位置是饭店的正门前，与门前保安员、行李员相互配合，维持迎客、送客的正常进行，站立是其所采用的主要姿势之一。

哲学家培根有句名言："相貌的美高于色泽的美，而秀雅合适的动作美又高于相貌的美，这是美的精华。"举止是展示自己才华和修养的重要的外在形态，恰到好处的举止，能够帮助一个人走向成功。因此，饭店前厅服务人员的站立姿态应能给人以第一美感。站姿是生活静力造型的动作，优美而典雅的造型，是优雅举止的基础。正确的站姿是：头要正，双目平视，嘴唇微闭，下颌微收，面容平和自然；双肩放松，稍向下沉，人体有向上的感觉；躯干挺直，做到挺胸、收腹、立腰；双手要自然下垂于身体两则，中指贴拢裤缝；双腿应直立，并拢，脚跟相靠，两脚成60°角。

此外，男女的站立姿势有所不同：男士应身体立直，右手搭在左手上，两腿分开，两脚平行，比肩宽略窄些；女士则身体正直，双臂下垂，右手搭在左手上，贴在腹部，两腿并拢，脚跟靠紧，两脚前后略分开或分开呈"V"字形。以上站姿是饭店前厅服务人员一般应采取的站姿，倘若有重要宾客抵达时，根据礼宾接待规格，迎接人员有时也需要采取肃立的姿势以示尊重程度。肃立的姿态应当是身体立直，双手置于身体两侧，双腿自然并拢，脚跟靠紧，脚掌分开呈"V"字形。

以上站姿，应严格训练，养成习惯。站立时不要过于随便，不要探脖、塌腰、耸肩、双腿弯曲或不停地颤抖。在庄重场合，双手不可放在衣兜里或插在腰间，这些站姿会给人留下不好的印象。在非正式场合下，如果累了可以适当调节一下姿态，如：可以将一条腿向前跨半步或是问后撤半步，身体重心轮流放在两条腿上，或是轻轻依靠在某物上，但不可以东倒西歪，如果这些姿态掌握得好，则既可防止疲劳，又不失风度美。

（二）着装要求

服装，是一种文化，它反映着一个民族的文化素养、精神面貌和物质文明发展的程度。服装又是一种"语言"，它能反映出一个人的职业、文化修养、审美意识，也能表现出一个人对自己、对他人以至对生活和工作的态度。因此，饭店前厅工作人员作为整个机构的"门面"，其着装则具有公关意识上的"外包装"的意义，能够给客人以极强烈的印象。为此，为了树立饭店的形象，必须对服务工作人员有严格的着装要求。

前厅的工作人员根据各自不同的职务着装。门厅迎接员应身着镶有金线的醒目服装与华丽的前厅环境相协调一致。工作人员在工作时间应穿着规定的制服（工作服），并且要烫平显得整齐笔挺，要保持袖口、领口和腰身部分清洁，做到经常换洗；应将所有的纽扣扣好，保证纽扣齐全。扣子掉了要立即钉上相同式样的；制服磨破或开线处要缝补好再穿，上班时不许佩戴项链、腕链、戒指、耳环、胸花或其他饰物，制服里的衬衣不要露在外面；不要卷裤挽袖；不能将领带、领结系歪；工作时间不戴有色眼镜，服务标志牌必须戴在左胸部，一般在上衣兜下方，注意戴正。

正统服装除工作服外，还有礼服。中国在较正式的场合，需要穿礼服的时候，男士一般着中山装或西服套装配好领带；女士则穿旗袍、套装或单色连衣裙等。男女服装都要整洁，男士穿西装，裤线应该挺直，女士衣裙亦应挺括平整。不论男士还是女士，服装的颜色不宜过多，一般不超过3种为好。

【小技巧】

前厅员工仪容要求

男员工

（1）头发：不可漂染；保持头发清洁，无头皮屑；头发后不盖领、侧不遮耳；可使用发胶，但不可过于油腻或潮湿。

（2）面容：清洁，不准留胡须且必须每天剃须；经常留意及修剪鼻毛，使其不外露。

（3）手/指甲：保持洁净，不可有吸烟留下的污渍；定期修剪指甲，长度仅能遮盖指尖；不涂指甲油。

（4）牙齿洁白，口腔清新无异味（上班前不应吃带有刺激性的食物，如大蒜、洋葱、韭菜等）。

（5）服装：着饭店规定的制服，且必须保持干净、整洁；冷天时，所穿的保暖内衣需保持不露在制服外，在衣袋中不放与工作无关的物品。

（6）鞋：黑色皮鞋或布鞋，皮鞋擦拭光亮，保持洁净无破损。

（7）袜：穿深色无鲜艳花纹的袜子，勤换洗，保持无异味。

（8）饰物：只可佩戴简单、大众款式的手表；已婚人士还允许佩戴一枚戒指（厨房员工除外）。

（9）名牌：须端正地佩戴在最外面的制服左胸区域，并保持光亮无破损。

女员工

（1）头发：不可漂染颜色艳丽的发色；保持头发清洁，无头皮屑；长发必须束起，不佩戴色彩艳丽的饰物，发夹须为黑色或深色。

（2）面容：保持清洁，不油，不干，无皮屑。

（3）牙齿洁白，口腔清新无异味（上班前不应吃带有刺激性的食物，如大蒜、洋葱、韭菜等）。

（4）手、指甲：干净，修剪整齐，不涂带颜色的指甲油（餐厅服务员禁止涂指甲油）。

（5）服装：着饭店规定的制服，且必须保持干净、整洁；天冷时，所穿的保暖内衣需保持不露在制服外；裙装所配长袜袜口不得露出裙装。

（6）鞋：黑色皮鞋或布鞋；皮鞋擦拭光亮，保持洁净无破损。

（7）长袜：着肤色的袜子，必须无花纹，不可抽丝或是网状的。

（8）饰物：只可佩戴简单款式的手表及一串项链（项链不可露出制服外）；已婚人士还允许佩戴一枚戒指（厨房员工除外）。

（9）名牌：须端正地佩戴在最外面的制服左胸区域，并保持光亮无破损。

（10）化妆：须化淡妆；化妆应在上班前完成；不使用假眼睫毛；不喷洒刺鼻的香水，身体无异味。

（三）前厅工作人员的礼节

为了更好地提供周到个性的服务，做到彬彬有礼待客至上，前厅工作人员首先应从自身的仪容仪表和礼节礼貌做起，以提高饭店的服务质量。具体注意事项如下：

1. 坐姿。

（1）上身保持正直，两腿自然弯曲，双脚齐平，双膝并拢，坐在椅面的1/3处为宜，落座时应轻缓，不跷二郎腿、抖腿，不左顾右盼、东拉西扯。

（2）男子双腿可稍分开与肩同宽，双手平放于膝上或将小臂平放于扶手上。

（3）女子入座时应抚裙摆，确保裙子平整再坐下，双膝并拢或交叉，做到自然美观。

2. 走姿。

（1）行走时上身正直、抬头挺胸、双肩平稳、摆臂自然、两眼平视，能留意到周围的事情，充分显示自信的魅力。

（2）脚步敏捷，步伐轻盈，不大摇大摆、左摇右晃，不将手插在口袋，两人行走时不拉手，不勾肩搭背，多人不要横排行走；见到客人主动打招呼，行走靠右，遇急事可加快步伐，如需超过客人时应微笑致歉，不可慌张奔跑。

（3）使用电梯时，在无专人按电梯时，应"先进后出"控制电梯，有专人时应"后进后出"照顾进出电梯的客人。

3. 蹲姿。

（1）在捡拾物品或给予客人帮助时会用到蹲姿，分为半蹲式和半跪式，在下蹲时应注意不要突然下蹲，不要毫无掩饰地下蹲，尤其是穿短裙的女士。

（2）上身保持正直，轻快敏捷地下蹲。

（3）注意周围的人或环境，确定是否要蹲下。

4. 手势。

（1）面向客人指引方向时，五指并拢、手心微向上指向目标，手势应利落。

（2）递送物品时应双手递接，主动递送到对方手上。

（3）递接名片时，应双手将名片字面朝对主递给对方，并报上姓名。接名片时，应双手接过并迅速看一遍。

（4）握手时，通常站立在距对方约一步远的地方，伸出右手上身稍向前倾，四指并拢拇指张开，微微抖动三四次，双目注视对方，微笑致意（一般由主人、老者、身份高者、女士先伸手）。

5. 微笑。微笑是自信的象征，是礼仪修养的充分体现，是友好的表现。饭店员工在接待客人时，如果笑脸相迎、彬彬有礼，那么生意成功的可能性就大。这就告诉我们，诚招天下客，客从笑中来。微笑是最能打动客人心弦的美好的语言之一。当然，笑也要掌握分寸，不注意场合发出笑声会使对方感到疑惑，甚至认为你是在取笑他。这显然很失礼，所以我们应该更好地运用微笑的魅力为工作带来生动的肢体语言。

（四）行为举止

世界著名科学家富兰克林说过：一个好的习惯好比存在银行里的一笔钱，不断地收到利息；一个坏的习惯好比欠了一笔债，是要不断付出利息的。这句话讲得很有道理，在生活与交际中保持良好的生活习惯是很有必要的。我们要养成良好的习惯，表现出最佳形象。与人相处、交谈时应意到如下几点：

1. 不要总是摸后脑勺，这会让人觉得你不成熟，没有社会经验。

2. 在交谈时不要把玩手上的东西，这样会被认为是不尊重的行为，有些人讲话时总是喜欢拍打对方来引起注意，其实这种动作很轻浮会令对方反感。

3. 坐着时不要抖脚或两条腿不停地摆动，特别是脚尖不停地打着节奏，这会使人对你产生很高傲、不可接近的感受，同时也被认为是一种缺乏社会修养的行为，让人反感。

4. 避免一些不雅的脸部动作，无论是坐着、站立或是与人交谈时，不能当着客人的面或背着做鬼脸、挖鼻子、掏耳朵等不雅动作。这样会被人认为心神不宁，处于某种不安的状态。

5. 讲话时举止应大方，不要越讲越往对方靠近，有时甚至与对方身体接触到，或与对方交谈时距离越来越远，当对方一有不同意见时就摇头晃脑，会使人误认为你很不友好，这显然是违反了社会交往礼仪的原则，非常得不礼貌。靠得太近或离得太远都是不可取的，如果靠得太近稍有不甚就可能把口沫溅到别人脸上，如果对方是异性这样就会引起对方的厌恶。

6. 不要过分地关心别人的信息，尤其是别人不愿意透露的信息，更不能到处打听，会让对方对你不满。

7. 交谈时不要过多表现自己的想法，在人多的情况下不要什么事都以自己为中心，又打手势又指挥别人，甚至用手拍拍说话人让自己先说，都是不礼貌的。

8. 在交谈时不要谈别人忌讳的事情，每个人都有自己的生活方式，喜欢与忌讳的事情自然也有，对别人忌讳的话题要自然地避开，不经意间触犯了要马上回避并致歉。

9. 交谈时不要只顾自己的观点与话题，完全不在意对方的感受，不管其喜不喜欢，一味地推崇自己的观点，像放机关枪一样不给对方说话的机会，这会让人讨厌而且让人认为蛮不讲理。

10. 在与人交谈时不要随意打断别人抢话题，还没有等人说到点子上就把别人的话题打断，这样往往容易打断别人的思路。不同的人有不同的表达方式，有人先讲观点再论证，但有的人更喜欢先论证再引出观点，所以我们应该先等别人把话说完再发表自己的观点。

11. 交谈时不要轻率地下断言，双方交谈的问题较为复杂，各自都有一定的想法时，先听对方所谈问题的观点看看对方反应，再阐述自己的观点和解释，不能还没等对方说完就为对方的观点下定论，这样是不对的、不尊重别人的。

三、礼貌用语

饭店服务离不开语言，语言离不开礼貌。服务用语是一种对客人表示友善和尊重的礼貌用语方式。现在饭店行业有不少服务员没有认识到服务用语的交际、服务和创效功能的重要性，在为客人服务时没有服务用语，结果被人称为"哑巴服务"，致使饭店服务形象欠佳，影响了饭店的声誉。

（一）服务用语的要素

1. 以宾客为中心，即在服务过程中要将宾客的需求放在第一位。

2. 热情诚恳的态度，设身处地为宾客着想。我们热诚待遇客，要学会将心比心，常常假设自己是一位顾客来提醒自己。

3. 热爱本职工作。"言为心声"，只有我们做到做一行爱一行，敬业乐业，服务态度才能做到诚恳，服务用语才能悦耳入心。

4. 精确通俗的用语。要求语句精练、语义清晰、用词准确、修辞得当，不要说空话、废话。表达自己观点时尽量通俗易懂，不要使用难懂的名词术语，特别是介绍商品时更要把话说得易懂、易了解。

5. 清晰柔和的表达方式。礼貌语言的准则：得体、慷慨、谦逊、赞誉、一致、同情，语气柔和清晰，语速适中，语音洪亮自信。

（二）常用礼貌用语

1. 10字文明用语："您好"、"请"、"谢谢"、"对不起"、"再见"，这是旅游饭店从业人员必须掌握的常用语言。

2. 称呼语：小姐、夫人、太太、女士、先生等。

3. 欢迎语：欢迎光临，欢迎您入住我们饭店，一路辛苦了，祝您入住愉快等。

4. 问候语：早上好、上午好、中午好、下午好、晚上好、您好等。

5. 祝贺语：恭喜、祝您节日快乐、生日快乐等。

6. 告别语：再见、晚安、明天见、祝您旅途愉快、祝您一路平安、欢迎下次光临等。

7. 道歉语：对不起、请原谅、打扰您了、失礼了等。
8. 道谢语：谢谢、非常感谢、麻烦了等。
9. 答应语：是的、好的、明白了、谢谢你的好意、不要客气、没关系、这是我应该做的等。
10. 征询语：请问您有什么事？我能为您做点什么吗？需要我帮忙吗？您还有别的吩咐吗？您看这样行吗等。
11. 礼貌常用词：

初次见面说：久仰　　　等候客人说：恭候
客人到来说：光临　　　起身离开说：告辞
请人勿送说：留步　　　求人解答说：请问
向人祝贺说：恭喜　　　赞人见解说：高见
请人帮忙说：劳驾　　　托人办事说：拜托
麻烦别人说：打扰　　　物归原主说：奉还
请人谅解说：包涵

这些礼貌用语使用广泛，成为尊重他人和表示敬意的固定用语，我们应该好好掌握。

（三）电话礼仪

1. 接电话时响铃三声内接听，问好并报出自己的部门和姓名。
2. 接打电话时应尽可能地简单地讲清楚事情，并对重要的信息进行重复确认。
3. 准备好纸笔，随时记录重要的信息。
4. 挂电话前应确定对方传递的信息，并再次询问是否有其他事情须要帮忙，待对方挂线后再用手按住叉簧。

四、职业能力和技能要求

按照国家人力资源和社会保障部的初级、中级和高级前厅服务员标准，前厅服务人员的职业能力和技能要求是：

（一）前厅服务员职业守则

- 热情友好，宾客至上。
- 真诚公道，信誉第一。
- 文明礼貌，优质服务。
- 以客为尊，一视同仁。
- 团结协作，顾全大局。
- 遵纪守法，廉洁奉公。
- 钻研业务，提高技能。

（二）职业能力和技能要求

国家人力资源和社会保障部设定的标准对初级、中级、高级的技能要求依次递进，高级别包括低级别的要求。表1-1-2以高级前厅服务员为标准，对职业能力和技能要求进行具体描述。

表1-1-2　　　　　　　　高级前厅服务员的职业能力和技能要求

职业功能	工作内容	技能要求	相关知识
客房预订	一、接受和处理订房要求	1. 能用英语通过电话或当面洽谈的方式了解和处理客人的订房要求 2. 能接受和处理"超额预订"	1. 常用旅游接待英语 2. "超额预订"的目的及处理方式
	二、记录和存储预订资料	1. 能设计制作《预订单》 2. 能设计制作适用于不同种类饭店的《房情预订表》	1.《预订单》的内容 2. 各种《房情预订表》的适用范围及内容、形式
	三、检查和控制预订过程	1. 能设计制作《预订确认书》 2. 能控制"超额预订"的数量 3. 能调整预留房的数量 4. 能处理有特殊要求的订房事宜	1.《预订确认书》内容 2. 预订未抵店、提前离店、延期离店、未预订直接抵店客人用房百分比的计算公式
	四、客人抵店前准备工作	能审核《一周客情预报表》、《贵宾接待规格审批表》、《鲜花、水果篮通知单》和《团队/会议接待单》	1. 相关表、单的内容及应用知识 2. 各类折扣房价的政策 3. 客情通知可采用的方式
	五、报表制作	能设计预订处使用的各类报表	预订处使用的各类报表的形式
住宿登记	一、为散客办理入住登记	能处理散客入住登记中常见的疑难问题	1. 外事接待礼仪 2. 住宿登记表的内容、形式 3. 前厅服务心理学
	二、违约行为处理	能处理客人已获得饭店书面确认或保证为其预订,但现在无法提供客房的情况	饭店违约时国际惯例的处理方法
	三、显示和控制客房状况	1. 能分析未出租客房造成损失的原因 2. 能提供营业潜力方面的建议	影响客房状况的原因及分析方法
问讯服务	一、查询服务	能为有保密要求的住客做好保密工作	提供住客保密服务的程序
	二、客用钥匙的控制	1. 能了解客人钥匙的丢失原因,并做好住客钥匙丢失后的工作 2. 能选择适用于本饭店的客用钥匙分发模式	1. 住客钥匙丢失后的处理方法 2. 各种客用钥匙分发模式的特点及利弊 3. 新型客房钥匙系统 4. 饭店钥匙管理体系

续表

职业功能	工作内容	技能要求	相关知识
行李服务	礼宾服务	1. 能随时为客人办理委托代办的服务 2. 善于倾听客人的意见，能应变和处理各种事件 3. 能与相关服务行业建立工作关系 4. 能为VIP客人（贵宾）提供迎送服务 5. 能为残疾客人提供迎送服务	1. 各服务性行业的有关规章 2. 国际礼仪规范
公关与推销	一、把握客人特点	能主动与客人沟通，判断客人身份、地位	消除客人心理紧张的方法
	二、介绍产品	1. 能描述给予客人的便利条件 2. 能正确引导客人购买	顾客消费需求常识
	三、洽谈价格	1. 能营造和谐的销售气氛 2. 能判断客体的支付能力，使客人接受较高价格的客房	影响客人购买行为的各种因素
	四、展示产品	能陈列、布置饭店产品宣传册、广告宣传资料架、图片	室内装饰美学常识
	五、促进交易	1. 能在客人犹豫时多提建议 2. 能掌握客人的购买决策过程，准确把握成交时机	客人购买决策过程常识
沟通与协调	一、部门内的沟通协调	能掌握前厅部内部需要沟通协调的内容及方式	
	二、部门间的沟通协调	能掌握前厅部与饭店其他各部门需要沟通协调的内容及方式	
	三、与客人的沟通协调	1. 能主动征求客人意见，并做好记录 2. 能正确处理客人的疑难投诉 3. 能定期对客人投诉意见进行统计、分析、归类 4. 能针对客人反映的问题提出（采取）改进措施	1. 投诉的类型 2. 处理涉及客人个人利益和影响面巨大的投诉的方法 3. 国际上和主要客源地常用的投诉处理方法 4. 主要客源地的风土人情习俗
	四、英语服务	能制定前厅部内部需要沟通协调的内容及方式	

【项目小结】

前厅部是饭店的"窗口"和门面，是饭店信息的枢纽和对客服务的智慧中心，本部分主要介绍了前厅部的工作任务和作用、组织机构、主要岗位职责和内容、部际沟通以及前厅部从业人员的基本要求，主要是对前厅部概括性的初步认识，使学习中能对现代饭店前厅部有一个基本了解。

实训测评

测评一   **前厅部感知**

测评形式	测评要点
参观饭店报告书	1. 大型和小型饭店前厅部的组织机构图 2. 认识前厅部的重要性和目标任务 3. 熟悉前厅部各部门及其工作内容 4. 熟悉前厅部工作人员的素质要求 5. 客房部与其他部门沟通的重要性

测评二   **接待人员仪表测评表**

测评项目	测评要点
头发	男士：后不盖领，侧不盖耳
	女士：后不垂肩，前不盖眼
面部	男士：胡子干净
	女士：淡妆
服装衣裤	1. 干净，无污渍
	2. 熨烫平整
	3. 扣子整齐
	4. 合体（不松不紧）
鞋袜	1. 黑鞋
	2. 男深女浅（袜）
	3. 无破损成形
饰物	1. 不戴饰物
	2. 左胸前佩戴工号牌
表情	1. 微笑
	2. 目光平视
	3. 自然
形体	1. 形象良好
	2. 站势重心向上，双肩水平一致
	3. 无小动作，行走不摇摆，不僵直

测评项目	测评要点
礼貌	1. 礼貌用语
	2. 不插话，不打断话
	3. 尊重司仪及裁判
	4. 语气、语调平和、自然

学以致用

1. 书面或口头分析参观过的饭店前厅印象。
2. 前厅部的地位和作用是什么？
3. 前厅部的主要岗位及其分工是怎样的？
4. 前厅的布局规范包括哪些内容？
5. 前厅与客房部的沟通协调如何进行？
6. 讨论怎样才能创造出温馨愉悦、自然和谐的前厅服务环境？
7. 案例分析：

夏日，南京某饭店大堂，两位国外宾客向大堂经理值班台走来，大堂倪经理立即起身，面带微笑地以敬语文化、让入座位后，两位宾客忧虑地讲起他们心中的苦闷："我们从英国来，在这负责一项工程，大约3个月，可是离开了翻译我们就成了睁眼瞎，有什么办法能让我们尽快解除这种陌生感？"倪经理微笑着用英语答道："感谢两位先生光临我店，使我店蓬荜增辉。这座历史悠久的城市欢迎两位先生的光临。你们在街头散步的英国绅士风度也一定会博得市民的赞赏。"熟悉的英语所表达的亲切情谊，一下子拉近了彼此的距离，气氛变得活跃起来。于是，外宾更加广泛地询问了当地的生活环境、城市景观和风土人情。从长江大桥到六朝古迹，从秦淮风情到地方风味，倪经理一一细说。外宾中一位叫马斯的先生还兴致勃勃地谈道："早就听说中国的生肖十分有趣，我是1958年8月4日出生的，参加过马岛战争，大难不死，一定是命中属相助佑。"

说者无心，听者有意，两天后就是8月4日，谈话结束之后，倪经理立即在备忘录上做了记录。8月4日那天，倪经理买了鲜花，并代表饭店在早就准备好的生日卡上填好英语贺词，请服务员将鲜花和生日贺卡送到马斯先生的房间。马斯先生从生日贺卡中获得意外的惊喜，激动不已，连声答道："谢谢贵店对我的关心！我深深体会到贺卡和鲜花中隐含的许多难以用语言表达的情谊。我们在南京逗留期间再也不会感到寂寞了。"

讨论：

（1）请进行案例分析，分析大堂倪经理处理问题的方式是否恰当？为什么？

（2）请结合上述材料，探讨饭店前厅服务人员应具备哪些素质要求。

模块二

技　能　篇

项目二　客房预订服务

📇 案例导入

9月25日，王先生打电话到某饭店订房处，"我是你们饭店的一名常客，我姓王，想预订10月1日至10月4日的标准间3天。"预订员小马查阅了10月1日至10月4日的预订情况，表示饭店将给他预留3210房间至10月1日下午18：00。

10月1日下午13：00，王先生来到前厅，看到公告牌上显示饭店标准间客满，还是不慌不忙地出示证件，要求办理入住手续，并说明自己办理了预订。接待员小何查阅了预订后抱歉地说："对不起，王先生，你没有预订啊？""怎么可能，我明明在9月25日预订了3210房间。""对不起，我已经查阅了，3210房间已经出租，入住的是一位黄先生，请问您是不是搞错了？""不可能，我预订好的房间，你们也答应了，为什么不讲信誉？"

接待员小何一听，赶紧核查预订才发现，原来预订员一时粗心，把"王"与"黄"输入错误。而正好有一位黄先生入住时，小何认为就是预订人，随手就安排黄先生入住了3210房间。于是小何抱歉地说："王先生，实在抱歉，本饭店标准间已经客满，请您和您的朋友就入住4230号豪华间，八折优惠，虽价格是要高些，但还是物有所值。"王先生不同意，并且很生气，认为饭店有意欺骗他，立即向大堂副理投诉。

🔍 案例评析

电话预订是较为普遍的预订方式，它的特点是速度快、方便，而且便于客人与饭店之间的沟通，以便客人能够根据饭店客房的实际情况，及时调整其预订要求，订到满意的客房。但由于语言障碍、电话的清晰度以及受话人的听力水平等影响，电话订房容易出错。因此，预订员在接受电话预订时必须将客人的预订要求认真记录，并在记录完毕后，向对方复述一遍，以得到客人的确认。

本案例中，预订员在接受电话预订客房时疏忽大意，没有按电话预订操作要求，致使客人抵店不能顺利入住，而受到投诉。作为饭店的服务窗口和神经中枢的接待部门应吸取的教训是：在接受电话预订时，对关键性的语句要逐字核实，不能有半点马虎。

在接受电话预订时，还要注意不能让对方久等。因此，预订员必须熟悉本月、本季可提供的客房情况。如因某种原因不能马上答复客人，则要请客人留下电话号码和姓名，待查清预订情况后，再通知客人是否可以接受预订。

客房预订是饭店前厅部的一项重要业务内容，积极有效地开展预订业务，是饭店开拓市场，稳定客源，提高客房出租率的有效手段，还能够掌握客源动态，预测饭店未来业务，同时对于协调饭店各部门业务，提高工作效率和服务质量也有着积极意义。因此，对于饭店来说，开展客房预订业务非常重要。

任务1 预订程序

实训目标

了解饭店客房预订的渠道及方式；
掌握各种方式客房预订的程序和操作；
掌握客房预订表格的填写要求。
【实训方法】
教师示范；分组练习；考评测试。
【实训准备】
教室；电脑；电话；纸；笔；预订表格。

知识探究

预订渠道；预订方式；预订种类；预订程序。

客房预订是指客人在抵店前要求饭店为其在某一时间段保留客房而履行的订约手续，又称订房。预订部是饭店实施销售计划的一个组成部分，通过预订可以使客人具有安全感，同时使饭店能够确保稳定的客源有利于客房销售计划的实现（稳定的预订系统能保证30%的客源），饭店还能够有效控制房态，对未来客房销售实施有效控制。进一步来说，饭店还能在客人入住时掌握较为准确的接待资料。所以饭店对预订部人员进行必要的销售技能培训；同时预订部具有一定的销售任务（如平均房价、出租率、营业收入等）。

一、预订的渠道、方式及种类

（一）预定的渠道

客房预订的渠道主要有直接渠道和间接渠道两种。

1. 直接渠道。客房预订的直接渠道是客人或客户不经过任何中间环节直接向饭店订房。客人通过直接渠道订房，饭店所耗成本相对较低，且能对订房过程进行直接有效的控制与管理。

直接渠道的订房大致有下列几类：
（1）客人本人或委托他人或委托接待单位直接向饭店预订客房。

(2)旅游团体或会议组织者直接向饭店预订客房。

(3)旅游中间商作为饭店直接客户向饭店批量预订客房。

2. 间接渠道。对饭店来说，总是希望将自己的产品和服务直接销售给消费者。但是由于人力、资金、时间等的限制，往往无法进行规模化的有效销售活动，因而饭店往往利用中间商与客源市场的联系及影响力，利用其专业特长、经营规模等方面优势，通过间接销售渠道，将饭店的产品和服务更规范、更顺畅、更快速地销售给客人。

间接的预订方式大致有下列几类：旅行社订房、航空公司订房、连锁饭店或合作饭店订房、饭店代理商订房、公司旅游部订房。

(二) 预订的方式

1. 面谈。客人或其委托人直接来到饭店，与预订员面对面地洽谈预订事宜。

2. 传真预订。这是饭店与客人进行预订联系的最理想的通信手段之一。其特点是传递迅速。

3. 信函预订。信函预订是客人或其委托人在离预期抵店日期尚有较长时间的情况下采取的一种传统而正式的预订方式。

4. 互联网预订。通过互联网进行预订是目前最先进的预订方式，能提高工作效率，广泛争取客源。

5. 电话预订。客人或其委托他人使用电话预订，电话预订程序和标准见表1-2-1。

表1-2-1　　　　　　　　受理电话预订的程序与标准

程序	标准
1. 接电话	铃响三声以内
2. 问候客人	问候语：早上好，中午好，晚上好 报部门：预订部
3. 聆听客人预订要求	1. 确定客人预订日期 2. 查看计算机及客房预订显示架
4. 询问客人姓名	1. 询问客人姓名及英文拼写 2. 复述确认
5. 推销客房	1. 介绍房间种类和房价，从高价房到低价房 2. 询问客人公司名称 3. 查询计算机，确认是否属于合同单位，便于确定优惠价
6. 询问付款方式	1. 询问客人的付款方式，在预订单上注明 2. 公司或者旅行社承担费用者，要求在客人抵达前电传书面信函，做付款担保

续表

程序	标准
7. 询问客人抵达情况	1. 询问抵达航班及时间 2. 向客人说明，无明确抵达时间和航班，饭店将保留房间到入住当天 18：00 3. 如果客人预订的抵达时间超过 18：00，要求客人告知信用卡号码作担保预订
8. 询问特殊要求	1. 询问客人特殊要求，是否需要接机服务等 2. 对有特殊要求者，详细记录并复述
9. 询问预订代理人情况	1. 预订代理人姓名、单位、电话号码 2. 对上述情况做好记录
10. 复述预订内容	1. 日期，航班 2. 房间种类、房价 3. 客人姓名 4. 特殊要求 5. 付款方式 6. 代理人情况
11. 完成预订	致谢

（三）预定的种类

1. 临时性预订（Advanced Reservation）。临时性预订是指客人在即将抵达饭店前很短的时间内或在到达的当天联系预订。这种订房具有时间短（一般是当天抵达的预订），进行口头确认和说明留房时限（一般为当天下午 18：00），需要确认房价和付款方式的特点；临时性预订常常由前台来处理，预订时要注意电话礼节，注意确认同音字。

2. 确认性预订（Confirmed Reservation）。确认性预订是指饭店答应为预订的客人保留房间至某一事先声明的规定时间。通常，确认性预订的方式有两种：口头确认和书面确认。这种订房一般应发书面确认书；安全、守约，允许赊销（不付定金）；确认书的设计（包括是否满足客人的订房要求、房价说明、付款方式、饭店取消预订的规定、对客人的选择表示感谢）。

3. 保证性预订（Guaranteed Reservation）。这种订房关系牢固、无风险，在销售旺季或著名饭店或对信誉度不好的客人都采取此方法，保证饭店和客人双方的利益。

（1）预付款担保，是指客人通过交纳预付款而获得饭店的预订保证。对饭店最理想的方式是预付款，一般收取的预付款为：房价/日 × 间晚 × 服务费，客人入住结账时一并结算。

（2）信用卡担保，是指客人使用信用卡来担保所预订的饭店客房。客人要将自己信用卡的种类、号码、失效期以及持卡人姓名告诉饭店记录，客人如未在规定时间抵达，饭店可通过信用卡公司获得房费收入的补偿。

（3）合同担保，是指饭店同经常使用饭店设施的客户单位签订合同以担保预订。此类预订可留房到第二天中午 12：00，并视情况收取客户一天房费。

(四) 客房预订的操作形式

1. 手工操作预订系统。在饭店规模小、预订量少的前厅部，常借助手工制作的各种客房预订表单。

2. 半自动操作预订系统。半自动操作预订系统是能根据客人预订要求自动建立预订记录和预订卡。

3. 计算机操作预订系统。利用先进的计算机技术，将饭店、旅行社、航空公司、海外旅游公司等机构的计算机联网预订，旨在加快预订速度、延长预订期限、互通客人"个性化"要求和有效保存预订资料。

二、预订程序

为了保证客房预订工作的高效运行，前厅部必须建立健全客房预订的程序。通常，可以概括为七个阶段，详细的前厅部预订工作流程见表1-2-2。

表1-2-2　　　　　　　　前厅部预订工作流程

班次	预订工作流程
早班	1. 按要求检查自己的仪表，并准时到岗。 2. 认真查阅交班内容，并在交班本上签名。交接本岗卫生检查表。 3. 前厅主管负责分析当天及近期的房间预订情况，将需控制接受订房的日期在黑板上注明。 4. 打印客房流量预测（一周），并交给前厅部经理和有关部门。 5. 检查当日抵店的预定单，确认VIP房内布置单和客人预订及饭店确认的来往书面资料一并交接待问讯组。 6. 负责将隔天抵店的客人名单和搭乘航班，告知礼宾处，礼宾处将按其接送的客人情况，填写接送通知单，交前厅主管。 7. 整理昨晚进来的传真预订，按轻重缓急，首先处理紧急的来电。 8. 接受电话预订和处理各种书面预订，并将预订信息输入电脑。 9. 检查核对后天将抵店的预订资料，确保其准确齐全。 10. 制作前一天团体及散客应到未到客人报表，报至前厅部经理。 11. 将未能及时完成的工作做好交接班记录，待下一班完成。
中班	1. 按要求检查自己的仪表，并准时上岗。 2. 查阅交班内容，并在交班本上签名，继续处理和完成上一班留下的工作，交接本岗卫生检查表。 3. 掌握当天及近期的房间预订，明确可接受预定的日期和房类。 4. 接受电话预订和处理各类书面预订的确认回复，并将预订信息输入电脑。 5. 核对明天抵店的客人中要求接送客人的名单和搭航班，如有补充或变动，及时修正接送通知单，并通知机场代表和驾驶班调度员。 6. 将当天接受的预订资料存档。 7. 处理电脑客史资料的补充及更新工作。

续表

班　次	预订工作流程
每月一次工作	1. 统计上月公司合同客户和各旅行社的客源及订房情况。 2. 统计网络订房情况。 3. 将上月的预订资料装订成册，存放在指定地方。 4. 清理一年内未来店住宿的电脑客史记录。

（一）通信联系

客人往往通过以电话、面谈、传真、信函、互联网等方式向饭店前厅部客房预订处提出预订要求。

（二）明确客源要求

预订员应主动向客人询问，以获悉客人的住宿要求，并将其所需要预订信息填入客房预订单。

（三）受理预订或婉拒预订

预订员通过查看预订总表或计算机终端，以判断客人的预订要求是否与饭店的实际提供能力相吻合。其因素主要包括以下四个方面：抵店日期、客房种类、用房数量和住店夜次。

（四）确认预订

确认预订不但使饭店进一步明确客人的预订要求，而且在饭店与客人之间就房价、付款方式、取消条款等声明达成了正式的协议，尤其是书面确认（见表1-2-3）。

表1-2-3　　　　　　　　　　预订确认函

_____饭店 地址：_____ 电话：_____ 您对：_____ _____ 的预订已确认。	客房类型、数量：____ 房价：____ 预订日期：____ 抵达日期：____ 抵达时间：____ 逗留天数：____ 离店日期：____ 结账方式：____ 订金：____ 客户地址：____ 客户姓名：____ 电话：____

本饭店愉快地确认了您的订房。由于客人离店后，需要有一定时间整理房间，因此，下午三点以前恐不能安排入住，请谅。另外，未付订金或无担保的订房只保留到下午六时。

预订员：_____

（五）预订资料记录储存

当预订确认书发出后，预订资料（包括预订单据，见表1-2-4、表1-2-5）必须及时、正确地予以记录和储存，以防疏漏。将有关客人的预订资料装订在一起，最新的资料在最上面，依次类推，利于查阅。

1. 按客人所订抵店日期顺序储存。
2. 按客人姓氏字母顺序储存。

（六）修改预订

预订客人在实际抵店前，因种种原因可能对其原有预订进行更改或取消，预订员应耐心、高效地对客服务。

（七）抵店准备

预订客人在实际抵店前，预订人员需要核对次日抵店客人预订内容，做好预分排房和VIP接待通知等客人抵店前的各项准备工作。

表 1-2-4　　　　　　　　　客房预订单样单

客房预订单

×××　HOTEL　RESERVATION FORM

新预订　□
改预订　□

客人姓名 NAME OF GUST（S）　　　账号 A/C NO.　　　房号 ROOM NO.
抵达日期＿＿＿＿＿＿　　　班次＿＿＿＿＿＿　　　时间＿＿＿＿＿＿
ARR DATE　　　　　　　　CARRIER　　　　　　　ETA
离店日期＿＿＿＿＿＿　　　班次＿＿＿＿＿＿　　　时间＿＿＿＿＿＿
DEP DATE　　　　　　　　CARRIER　　　　　　　ETD
人数＿＿＿＿＿＿　　　　　成人＿＿＿＿＿＿　　　小孩＿＿＿＿＿＿
GUESTS　　　　　　　　　ADULT　　　　　　　　CHILDREN

房数 ROOM	房类 TYPE	房价 RATE	理由 REASON

付款方式
MATHOD OF PAYMENT ＿＿＿＿＿＿＿＿＿＿＿＿＿＿＿＿＿＿＿＿＿＿＿
特殊服务
SPECIAL SERVICE ＿＿＿＿＿＿＿＿＿＿＿＿＿＿＿＿＿＿＿＿＿＿＿＿＿
备注
REMARKS ＿＿＿＿＿＿＿＿＿＿＿＿＿＿＿＿＿＿＿＿＿＿＿＿＿＿＿＿＿

预订人　　　　　　　　　　　　　　　单位
BOOKED BY ＿＿＿＿＿＿＿＿＿＿＿　　FIRM ＿＿＿＿＿＿＿＿＿＿＿＿
电话　　　　　　　　　　　　　　　　地址
TELEPHONE ＿＿＿＿＿＿＿＿＿＿＿　ADDRESS ＿＿＿＿＿＿＿＿＿＿＿

接受预订者＿＿＿＿　输入预订者＿＿＿＿　修改预订者＿＿＿＿　取消预订者＿＿＿＿
日　　期　　　　　　日　　期　　　　　　日　　期　　　　　　日　　期

表 1-2-5　　　　　　　　　　　　　　饭店客户预定表

单　位			联系人		联系电话		人数	
抵店时间			离店时间		接单人		联系电话	
定　金			结账方式		消费金额		财务确认	
餐饮	早餐	标准						
		地点						
	午餐	标准						
		地点						
	晚餐	标准						
		地点						
客房	单人间							
	标准间							
	商务套房							
	豪华套房							
	别墅							
	第一会议室							
	第二会议室							
	第三会议室							
休闲	恒温游泳							
	保健							
	浴足							
生态茶坊	棋牌室							
	茶房							
	烧烤吧							
	其他		篮球/羽毛球/乒乓球/钓鱼					
歌城								
其他事项								
下单时间			总经理确认		备　注			
部门确认								
部门确认	总经办		餐饮部		客房部		生态茶坊	
	休闲中心		歌城		保安部		工程部	
	财务部		营销部		采供部		质检部	

任务2　预订控制与客人抵店前的准备工作

▌任务目标

熟悉客房预订的控制方法；
掌握客人抵达前准备工作的主要内容及程序。
【实训方法】
教师示范；分组练习；考评测试。
【实训准备】
前厅实训室；电脑；电话；纸；笔；预订单；预订房态表；更改印章；房态变更单；更改预订函。

知识探究

预订控制；客人抵店前的准备工作。

一、预订控制

（一）预订变更

预订的变更（Amendment）是指客人在抵达之前临时改变预计的日期、人数、要求、期限、姓名和交通工具等。

【小拓展】

在预订变更时，预订员首先应该查看电脑，看是否能够满足客人的变更要求。如能够满足，则予以确认，同时填写"预订更改表"，修订有关的预订记录，并将这一新信息通知已经通知过的有关部门；如不能满足客人的变更要求，预订员应根据具体情况与客人协商解决。

1. 接收更改信息。
（1）询问要求，更改预订客人的姓名及原始到达日期和离店日期。
（2）询问客人需要更改的日期。
2. 确认更改预订。
（1）在确认新的日期之前，先要查询客房出租情况。
（2）在有空房的情况下，可以为客人确认更改预订，并填写预订更改单，记录更改预订的代理人姓名及联系电话。
3. 将更改单存档。
（1）找出原始预订单，将更改的预订单放置在上面订在一起。
（2）按日期、客人姓名存档。
4. 处理未确认预订。
（1）如果客人需要更改日期，而饭店客房已订满，应及时向客人解释。
（2）告知客人预订暂放在等候名单里，如果饭店有空房时，及时与客人联系。

5. 完成更改预订。

感谢客人及时通知，感谢客人的理解与支持。

（二）预订取消

1. 接收预订信息：询问要求取消预订客人的姓名、到达日期和离店日期。
2. 确认取消预订：记录取消预订代理人的姓名及联系电话，提供取消预订号。
3. 处理取消预订：
（1）感谢预订人将取消要求及时通知饭店，询问客人是否要做下一个阶段的预订。
（2）将取消预订的信息输入计算机。
4. 存档并通知：
（1）查询原始预订单，将取消预订单放置在原始预订单之上，订在一起。
（2）按日期将取消单放置在档案夹最后一页，将取消的信息通知有关部门。

【小提示】

客人取消预订（Cancellation）后，预订员应该对其预订资料进行有效处理；在预订单上盖上取消预订的印章，并在备注栏内注明取消日期、原因、人数等，然后存档；如果客人的预订信息已经通知到相关部门，则应将客人取消预订的这一新信息通知相关部门。当客人在原订抵店日未能到店，则由总台接待员办理有关事宜（仅限预订一天的客人）。如果是取消预订，同样要通知有关部门，必要时可以为客人保留房间至约定时间（一天以上的转预订员处理）。

（三）预订过程的检查和控制

为保证预订受理、记录、变更、资料储存及预测过程顺畅无误，必须对预订全过程进行检查，发现差错及时纠正。

1. 检查、纠正错误。
（1）检查有无将订房人误认为住宿人。
（2）检查有无将抵、离店日期写错。
（3）检查是否准确把握对影响预计出租率变化的数据，如预订而未到的房数等。
2. 及时处理"等候名单"。
（1）每天检查预订状况时，若发现"等候名单"中的客人抵店前有可租房，应立即通知客人，经确认后，将其从"等候名单"中取消，列入预抵店客人名单。
（2）对房情预订总表或计算机预订控制系统进行相应的修改。

二、客人抵店前的准备工作

（一）核对次日抵店客人预订内容

1. 核对散客预订主要内容。
（1）预抵店客人姓名、单位（公司）、国籍（地区）。
（2）预订房间种类、价格、间数。
（3）预抵店日期、时间和预离店日期、时间。
（4）预订种类（是否保证性预订等）。
（5）付款方式及预付定金。
（6）联系单位（公司）及电话、传真等。

(7) 是否有安排接送等特殊要求。

2. 核对团队/会议预订主要内容。

(1) 预抵店团队/会议团号、单位（旅行社等）。

(2) 预订房间种类、价格、间数、人数。

(3) 预抵店日期、时间和预离店日期、时间。

(4) 付款方式及接待单位（旅行社）承担付款范围和项目。

(5) 团队/会议客人中是否有夫妇、儿童等。

(6) 接待单位（旅行社）及电话、传真等。

(7) 是否有加床等特殊要求。

(8) 用餐安排、取送行李安排等。

3. 填写、使用和审核相关表单。

(1) 填写/打印次日抵店客人名单、团队接待通知单、会议接待通知单（如表1-2-6所示流程）。

(2) 审核：所选报表是否正确，填写项目是否齐全，文字表述是否清楚，日期、时间、数量等是否准确，呈报批复手续是否完备。主管审核无误后，按前厅服务管理规定的时间和方式分送至各个相关部门。

表1-2-6　　　　　　　　　登记卡准备流程及标准

程　序	标　　准
打印登记卡	1. 按照固定格式打印第二天所有抵店散客登记卡； 2. 检查已打印好的登记卡，是否有模糊、缺行、遗漏； 3. 将有问题的登记卡重新打印一份。
找出备份（BACK UP）	1. 到预订部档案柜中，找出所有有BACK UP（转账证明、担保证明、信用卡复印件等）的预订； 2. 将所有的BACK UP复印件，订在相应客人的登记卡后。
找出VIP登记卡	1. 将第二天抵店客人中的VIP登记卡找出，放在指定位置； 2. 待下班时，与早班接待问讯员交接。
插入抵达（ARR）客人登记卡栏	1. 按照客人姓氏字母顺序，将登记卡插入接待问讯处柜台上的ARR客人登记卡栏中； 2. 到指定处找出给ARR客人的留言/信件，和该客人的登记卡订在一起，放入相应栏中。

【小技巧】

◇ 散客中既有已办理预订的客人，也有未办预订、直接抵店的客人；团队客人几乎都是预先办理客房预订。

◇ 发现预订有更改记录，须将原始订房单与变更单相关内容进行核对，或与相关记录进行核对；发现预订被取消，须与预订取消记录簿的相关内容进行核对，或与计算机记录进行核对。

◇ 由于更改或取消预订的时间与客人抵店时间间隔很短，再做补充预订已来不及，所以应立即将更改内容或取消预订的通知传达至前台。

（二）预分排房

客房分配应根据饭店的空房类型、数量及客人的预订要求和客人的具体情况进行。在客人到达前一天晚上，要检查预订客人的房间是否已准备好，避免出现遗漏或差错。为此，分房工作人员应事先做好相应的准备工作。编排住客房间一般是由总台接待员负责，在进行分房操作时，为了提高客人的满意度及提高饭店的住房率，分房时应讲究一定的技巧。

1. 分房准备（见表1-2-7）。

（1）核对客房销售状况：

$$当天可销售的客房数 = 可供出租客房数 - 昨日占用房数 + 今日离店房间数 - 预订房间数 - 维修房数$$

当然还要针对实际的变化情况进行调整，如延期离店等。

（2）了解房态：住客房、走客房、空房、长住房、待修房等。

（3）确定分房顺序：团队客人→重要客人→已付定金等保证类预订客人→要求延期离店客人→普通预订客人（并有准确航班号或抵达时间）→常住客人→无预订散客。

2. 团队房间的分配。

（1）分配团队房间：首先，根据团队抵达航班分配房间；其次，要仔细查阅团队订房单，根据单上的要求安排房间。

（2）排房信息沟通：每一团队的房间分配完毕，打印5份团队分房表单分别传至：①客房部：通知打扫房间，保证在团队到达前房间均已打扫干净；②礼宾部：保证团队行李迅速、准确送至客人房间；③团队领队：详知团队团员住房情况，以便联系、沟通、协调；④团队联络员：以便准确地与客人及各部门保持联系；⑤前台：接待处留档。

（3）在房卡架（ROOM RACK）指示上标明，该房间已被编排，不能再作其他用途。

3. 散客房间的分配。

（1）查询特殊要求报告：①打印当天入住散客报表；②查询特殊要求报表，以了解客人的特殊要求；③查清客人历史是否有其他特别要求。

（2）分配房间：①检查VIP客人房间是否完全准备完毕；②按特殊要求报告上所显示的内容，先为有特殊要求的客人分房；③分配早航班客人的房间，使其入住时能迅速顺利进房；④保证所有散客抵店前，其房间已分配完毕且打扫干净。

（3）报表存档：①打印一份当天已分配完毕房间的预抵散客报表，送客房部，请客房部准备好干净的房间；②前台接待处将此报表存档，以便于查询。

【小技巧】

◇ 团体客人或会议客人应尽量安排在同一楼层或相近的楼层。

◇ 行动不方便或带小孩的客人应尽量安排在离电梯和服务台较近的房间。

◇ 内、外宾不宜安排在同一楼层。

◇ 对VIP客人应安排在同类客房中最好的房间。

◇ 常客和有特殊要求的客人应给予特殊的照顾。

◇ 相互敌对国家的客人不应安排在同一楼层或相近的房间。

4. 核对预订单。核对次日到达饭店的客人预订单，通常在前一天的下午由预订员按客人姓氏字母顺序整理并移交给接待员，再由接待员或夜间值班员将预订单按房间类型和住房费的不同分别核对每位客人预订的客房数。

5. 整理空房卡。
（1）按房间类型、住房费的不同分别整理，并放在空房卡卡片箱中保管。
（2）核对房卡架、检查客人的预抵店日期。
（3）核对插在房卡架上的抵达登记卡与离店日期。
（4）对照已预订的客房与可出租的客房数目。
（5）根据预订单，按客房类型和费用，计算出已被预订了的客房数目，另外再根据空房卡，按客房类型和费用，计算出可以出租的客房数目。

【小技巧】
◇ 注意房间号码的忌讳。
◇ 经营淡季可集中使用几个楼层的房间。
◇ 客房分配一般在客人到达前一天进行，有时也在客人办理住宿手续时进行。
◇ 计算出已被预订了的客房数目和可以出租的客房数目，是为了在确保已被预订的客房的同时明确当日可以出租的客房类型的数目，同时还可以发现有无超订现象（如有，则须尽快想办法解决）。

表1-2-7　　　　　　　团队、会议用房分房表

年　　月　　日

团队名称＿＿＿＿＿＿＿　团　　号＿＿＿＿＿＿＿　人　　数＿＿＿＿＿＿＿
订　　房＿＿＿＿＿＿＿　联系人＿＿＿＿＿＿＿　　电　　话＿＿＿＿＿＿＿
领　　队＿＿＿＿＿＿＿　全　　陪＿＿＿＿＿＿＿　地　　陪＿＿＿＿＿＿＿
抵达日期＿＿＿＿＿＿＿　离店日期＿＿＿＿＿＿＿　付款方式＿＿＿＿＿＿＿

分房情况	陪同房号：　　　　　会议组房号：	房价
叫早时间		
订餐情况		
用餐时间	早餐：　　中餐：　　晚餐：	用餐地点：
行李时间		

接待员＿＿＿＿＿＿＿　　　　　　　收银员＿＿＿＿＿＿＿
总　机＿＿＿＿＿＿＿　　　　　　　礼宾处＿＿＿＿＿＿＿
服务中心＿＿＿＿＿＿＿　　　　　　陪　同＿＿＿＿＿＿＿

6. VIP 客人接待准备（见图 1-2-1、表 1-2-8～表 1-2-10）。

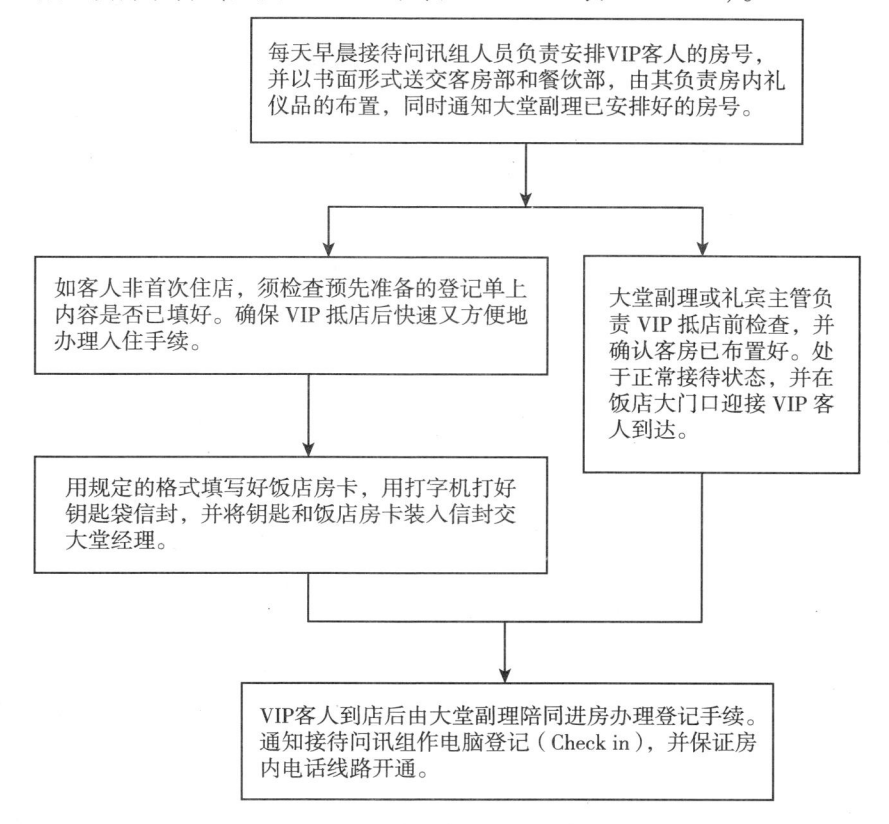

```
        ┌─────────────────────────────┐
        │ 每天早晨接待问讯组人员负责安排VIP客人的房号，│
        │ 并以书面形式送交客房部和餐饮部，由其负责房内礼│
        │ 仪品的布置，同时通知大堂副理已安排好的房号。 │
        └──────────────┬──────────────┘
           ┌───────────┴───────────┐
           ▼                       ▼
┌────────────────────┐   ┌────────────────────┐
│如客人非首次住店，须检│   │大堂副理或礼宾主管负│
│查预先准备的登记单上 │   │责 VIP 抵店前检查，并│
│内容是否已填好。确保 │   │确认客房已布置好。处│
│VIP 抵店后快速又方便地│   │于正常接待状态，并在│
│办理入住手续。       │   │饭店大门口迎接 VIP 客│
│                    │   │人到达。            │
└─────────┬──────────┘   └──────────┬─────────┘
          ▼                         │
┌────────────────────┐              │
│用规定的格式填写好饭 │              │
│店房卡，用打字机打好 │              │
│钥匙袋信封，并将钥匙 │              │
│和饭店房卡装入信封交 │              │
│大堂经理。           │              │
└─────────┬──────────┘              │
          └────────────┬─────────────┘
                       ▼
        ┌─────────────────────────────┐
        │VIP客人到店后由大堂副理陪同进房办理登记手续。│
        │通知接待问讯组作电脑登记（Check in），并保证房│
        │内电话线路开通。                             │
        └─────────────────────────────┘
```

图 1-2-1　前厅部 VIP 接待流程图

表 1-2-8　　　　　　　　重点宾客（VIP）呈报表　　　　　　　　月　　日

房号	姓名	身份	接待单位	抵店日期	离店日期	客房种类 T	客房种类 S	房租 T	房租 S	备注
小计										

送：总经理室、大堂经理、公关销售部、餐饮部、客房部、保安部、前厅部、大厅、总机、客房用膳部

（1）提前一周或数周通过分发客情预报表、制订接待计划、召开协调会议等方式将客人到达信息通知各个相关部门。

（2）将具体接待安排通知各个部门：如VIP接待呈报单、派车通知单、次日客人抵店表、鲜花礼品申请表。

（3）与接待处联系将客人情况转交，由接待处提前为客人排房。

表1-2-9　　　　　　　　重点宾客（VIP）接待规格呈报表

团队名称 贵宾情况	
情况简介	
审批内容	1. 房费：A. 全免 B. 赠送会客室一间 C. 房费按_____折收 D. 按_____元收费 2. 用膳：在_____餐厅用餐，标准_____元/人（含/不含饮料） 3. 房内要求：A. 鲜花 B. 小盆景 C. 水果 D. 果盘 E. 葡萄酒及酒杯 F. 欢迎信 G. _____名片 H. 礼卡 I. 饭店宣传册 4. 迎送规格：A. 由_____总经理迎送 B. 由_____部总经理迎送 C. 锣鼓迎送 D. 欢迎队伍 5. 其他
呈报部门	经办人　　　　部门经理
总经理批署	

表1-2-10　　　　　　　　鲜花、水果篮通知单　　　　　　___月___日

姓　　名_____　房号_____
送达日期_____　时间_____
具体要求_____
付款客人姓名_____　序号_____
　备注_____。

在实际工作中，服务人员又必须根据实际情况对工作流程进行调整和处理。例如，根据订房中心或订房网络双方的协议和规定，实施如下操作流程（见图1-2-2）。

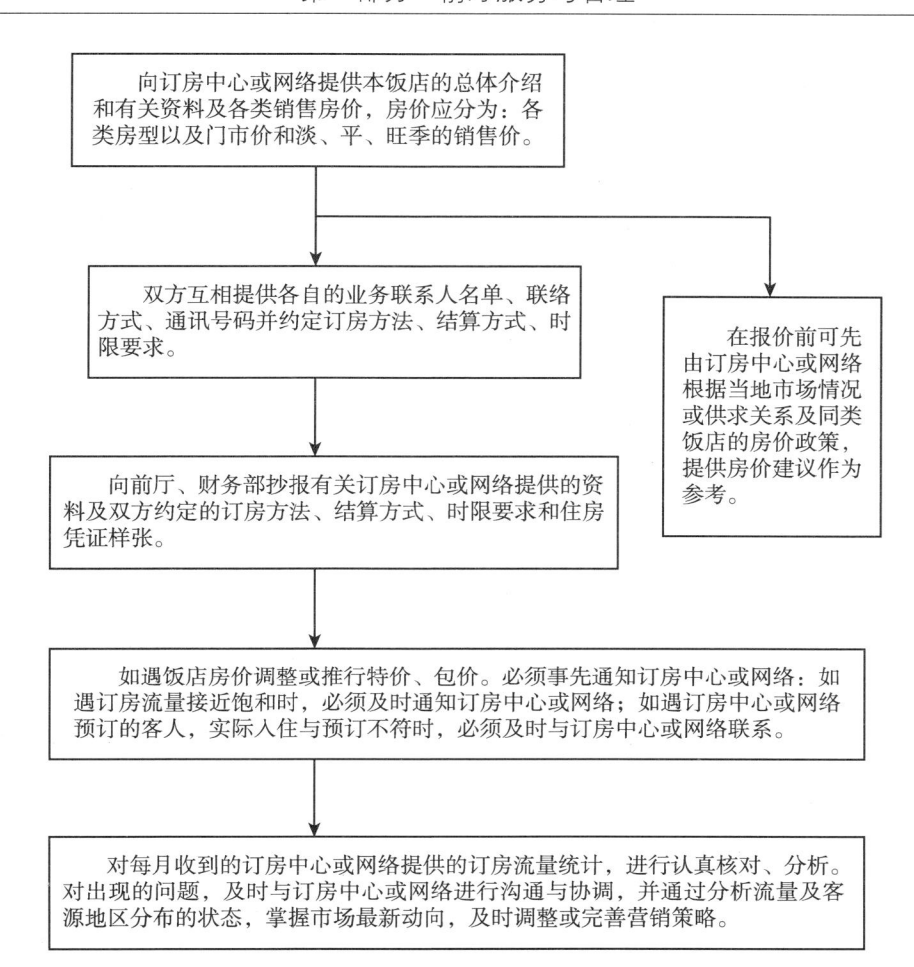

```
┌─────────────────────────────┐
│ 向订房中心或网络提供本饭店的总体介绍 │
│ 和有关资料及各类销售房价，房价应分为：各 │
│ 类房型以及门市价和淡、平、旺季的销售价。 │
└──────────────┬──────────────┘
               │
   ┌───────────┴───────────┐
   ▼                       ▼
┌──────────────────────┐ ┌──────────────┐
│ 双方互相提供各自的业务 │ │ 在报价前可先 │
│ 联系人名单、联络方式、 │ │ 由订房中心或 │
│ 通讯号码并约定订房方法、│ │ 网络根据当地 │
│ 结算方式、时限要求。   │ │ 市场情况或供 │
└──────────┬───────────┘ │ 求关系及同类 │
           │             │ 饭店的房价政 │
           ▼             │ 策，提供房价 │
┌──────────────────────┐ │ 建议作为参考。│
│ 向前厅、财务部抄报有关 │ └──────────────┘
│ 订房中心或网络提供的资 │
│ 料及双方约定的订房方法、│
│ 结算方式、时限要求和住房│
│ 凭证样张。            │
└──────────┬───────────┘
```

（流程图续）如遇饭店房价调整或推行特价、包价，必须事先通知订房中心或网络；如遇订房流量接近饱和时，必须及时通知订房中心或网络；如遇订房中心或网络预订的客人，实际入住与预订不符时，必须及时与订房中心或网络联系。

对每月收到的订房中心或网络提供的订房流量统计，进行认真核对、分析。对出现的问题，及时与订房中心或网络进行沟通与协调，并通过分析流量及客源地区分布的状态，掌握市场最新动向，及时调整或完善营销策略。

图 1-2-2　中介订房处理流程

任务3　超额预订及问题处理

■任务目标

熟悉超额预订的基础知识和计算方式；
掌握预订失约行为的处理程序。
【实训方法】
教师示范；分组练习；考评测试。
【实训准备】
前厅实训室；预订单；房态表；笔。

知识探究

超额预订；失约行为及其处理。

一、超额预订

（一）超额预订的含义

超额预订（Over Booking）是指在饭店预订已满的情况下，在适度增加预订的数量，以弥补少数客人临时取消预订而出现的客房闲置的一种预订现象。其目的是充分利用饭店客房，提高开房率。超额预订应该有个"度"的限制，以免出现因"过渡超额"而不能使客人入住，或"超额不足"而使部分客房闲置。

（二）超额预订的影响因素

通常，饭店接受超额预订的比例应控制在 10%～20% 之间，具体而言，各饭店应根据各自的实际情况，合理掌握超额预订的"度"。因此，做好超额预订的预测工作需要考虑下列因素：

1. 团体订房和散客订房的比例。团体预订的可信度较高，预订不到或临时取消的可能性很小。散客预订一般支付定金不多或根本无定金，随意性大。因此，若某段时期内，团体预订多，散客预订少，则超额预订比例不可过大；反之，则不可过小。

2. 掌握预订类别的比例。某段时间内，若契约性预订多而意向性预订少，则饭店超额预订比例不易过大；反之，则不可过小。

3. 通过以往的经验预测比例。饭店应针对性地统计不同客人所占的比例。按抵店类型分，客人可分为以下几种：预订未到者；临时取消者；提前离店者；延期住店者；提前抵店者。

4. 根据预订情况分析订房动态。

（1）预测当日超额订房的房间数。

（2）反复核查当日预抵店客人名单，在确认保证类订房的基础上，在非保证性订房或下午 6:00 以后抵店的客人中，排查可能会出现的预订未到客人的用房数。

（3）核查当日延期房间数量，并向要求办理延期续住的客人进行必要的解释。

（4）核查维修房恢复状况，对无法进行维修且故障小的房间，提前征求客人意见，适当给予折让，一旦有合适的房间，尽快办理换房手续。

（5）核查团队、会议订房，有否可能将两人两间房合并为一间，并及时与订房单位协商和确认。

5. 本地区有无同档次饭店。

（三）超额预订的测算

超额预订数要受预订取消率、预订而未到客人之比率提前退房率以及延期住店率等因素的影响。

假设，X = 超额预订房数；A = 饭店客房部数；C = 续住房数；r_1 = 预订取消率；r_2 = 预订而未到率；D = 预期离店房数；f_1 = 提前退房率；f_2 = 延期住店率，则：

$$X(A-C+X) \cdot r_1 + (A-C+X) \cdot r_2 + C \cdot f_1 - D \cdot F_2$$

$$X = \frac{C \cdot f_2 + (A-C)(r_1+r_2)}{1-(r_1+r_2)}$$

设超额预订率为 R，则：

$$R = \frac{X}{A-C} \times 100\%$$

$$= \frac{C \cdot f_1 - D \cdot f_2 + (A-C)(r_1+r_2)}{(A-C)[1-(r_1+r_2)]} \times 100\%$$

例如,某饭店有标准客房600间,未来4月5日续住房数为200间,预期离店房数为100间,该饭店预订取消率通常为8%,预订而未到率为5%,提前退房率为4%,延期住店率为6%,试问,就4月5日而言,该饭店:

1. 应该接受多少超额订房数?
2. 超额预订率多少为最佳?
3. 总共应该接受多少订房?

解:

1. 该饭店应该接受的超额订房数为:

$$X = \frac{C \cdot f_1 - D \cdot f_2 + (A-C)(r_1+r_2)}{1-(r_1+r_2)}$$

$$= \frac{200 \times 4\% - 100 \times 6\% + (600-200) \times (8\%+5\%)}{1-(8\%+5\%)}$$

$$= 62 \text{(间)}$$

2. 超额预订率为:

$$R = \frac{X}{A-C} \times 100\%$$

$$= \frac{62}{600-200} \times 100\%$$

$$= 15.5\%$$

3. 该饭店共应该接受的客房预订数为:

$$A - C + X$$
$$= 600 - 200 + 62$$
$$= 462 \text{(间)}$$

答:就4月5日而言,该饭店应该接受62间超额订房;超额预订率最佳为15.5%;总共应该接受的订房数为462间。

(四) 超额预订处理程序

如果因超额预订而不能使客人入住,按照国际惯例,饭店方面应该做到:

1. 当客人到达时,总台接待员应立即通知值班经理或总台主任。
2. 值班经理处理问题时,应与客人远离总台,如在总台处理,接待员亦应停止替其他来客办理入住手续(请来客稍坐),以免令值班经理尴尬。
3. 诚恳地向客人道歉,和客人解释客满情况,请求客人谅解。有技巧地着重强调饭店已替他做出了安排,避免提及不能提供的事情。
4. 立即与另一家相同等级的饭店联系,请求援助,同时,派车将客人免费送往这家饭店。如是要转移到别的饭店住，则用电话订好附近同级饭店房间，并为客人取得最理想之房价。

5. 如客人是在别的饭店暂住，其后要搬回本饭店住的，应记录好进住日期及时间以便安排饭店汽车接送（饭店负担费用）。

6. 转移客人时，应用饭店专车。

7. 在记录本记下客人归来的日期时间，当天应小心安排其住房。

8. 如客人只住别的饭店一天，可提议他寄存一些大型行李于行李室，以待第二天入住时领取。

9. 清楚向客人解释账目上的问题。

10. 客人第二天入住时，应安排较好的房间，并赠送一些饭店小礼品和饭店道歉字条。

11. 如属连住，则店内一有空房，在客人愿意的情况下，再把客人接回来，并对其表示欢迎（可由大堂副理出面迎接，或在客房内摆放花束等）。

12. 对提供了援助的饭店表示感谢。

如客人属于保证类预订，则除了采取以上措施以外，还应视具体情况，为客人提供以下帮助：

（1）支付其在其他饭店住宿期间的第一夜房费，或客人搬回饭店后可享受一天免费房的待遇。

（2）免费为客人提供一次长途电话费或传真费，以便客人能够将临时改变地址的情况通知有关方面。

（3）次日排房时，首先考虑此类客人的用房安排。大堂副理应在大堂迎候客人，并陪同客人办理入住手续。

二、失约行为及其处理

由此，我们看出，客房预订会出现一些情况。那么，针对这些出现的问题，我们应该采取什么方法解决呢？下面我们就来学习预订失约行为及其处理。

（一）预订失约行为产生的原因

1. 未能准确地掌握可售房的数量。
2. 预订过程中出现差错。
3. 未能真正领会客人要求。
4. 部际间沟通协调不畅。
5. 预订员对销售政策缺乏了解。
6. 未能精确统计信息数据及实施超额预订过"度"。

（二）常见问题

1. 客人订房时无房。

（1）首先应向客人道歉，说明原因。

（2）用商量的口气询问是否有变动的可能，如果客人表示否定，则预订员应询问客人是否愿意将其列入候补订房客人名单内，如若愿意，则应将客人的姓名、电话号码或地址、订房要求等资料依次列入候补名单，并向客人说明饭店会按照客人留下的电话号码及候补名单的顺序通知客人前来办理预订手续。

（3）如果客人不愿意，则预订员可以婉拒客人或向客人提供其他信息并建议客人到其他饭店预订。

2. 已预订客人要求增加房间的数量。

（1）预订员首先应问清客人的有关信息，如客人的姓名、单位或抵达、离店日期等，根据客人所提供的资料查找客人的预订单，核对无误后再行操作。

（2）查看电脑中饭店预订信息情况，判断是否接受客人的要求，若不能满足，则应向客人推销其他类型的房间或婉言谢绝客人的要求。

（3）再次向客人复述当前客人预订房间数以及其他信息，并根据实际情况收取一定的保证金。

（4）更改预订单，并将已修改的预订单发送到有关部门与班组。

3. 客人指定房型、楼层、房号。

（1）预订员应根据客人的预订日期，查看电脑预订情况而判断是否接受客人的指定性预订。

（2）若有空房，则应立即办理预订手续，把需要的房号预留起来并输入电脑；若没有空房，则应向客人说明情况后推销其他房间，或建议其他入住方案（如先请客人入住其他类型的房间后再更换等）。

（3）最后向客人说明如果出现不能满足要求的情况，则请客人谅解并做换房处理。

4. 客人在预订房间时嫌房价太贵。

（1）先肯定房价高，后向客人详细介绍本饭店的客房结构及配套设施设备等。

（2）若客人还未下结论，则不妨采用对比法，将客人所预订的房间与其他饭店的进行比较，建议客人先入住尝试，为客人办理预订手续。

5. 客人更改预订日期时无房。

（1）首先向客人道歉，并简单说明原因，以尽量得到客人的谅解。

（2）向客人询问是否可以改变日期或建议预订其他类型的房间等；若客人不同意，则建议将客人暂时列入预订候补名单内。

（3）问清客人联系电话，以便于及时跟客人取得联系。

（4）取消或更改原来的预订单，及时发送到各相关部门或班组。

6. 订房员接到饭店内部订房。

（1）仔细审查订房单是否完整、正确，是否有负责人的亲笔签名，核实所给予的优惠幅度是否在该负责人的权限范围内。

（2）如预订房价的优惠幅度超越权限或协议范围，或者订单不完整，订房员应拒绝接受并报告主管。

（三）失约的预防

1. 培训预订员。

（1）严格对预订员进行专业技能的培训，熟悉工作流程。

（2）向客人解释饭店的政策和惯例，解释饭店专用术语的确切含义。

2. 反复审阅。

（1）在客人办理完预订手续后一定要进行复述，与客人进行有关预订的核对和确认。

（2）管理人员应对客房预订工作中使用的表格进行审查，看是否能满足饭店经营变化的需要，并反复审阅预订存档。

3. 密切联系。

（1）预订处应与饭店的市场营销部、接待处密切联系，及时准确地掌握可售房信息。

（2）建立相应的审查制度，在预订资料输入电脑、存档以前，应交当值领班或主管审查，确认无误后方可进行下一步的工作。

（四）预订中的其他问题以及处理

1. 预订记录中出错：客人姓名、抵店离店时间、将预订人当做住店客人。

2. 误解专业术语：留房时间、相邻房（被理解成连通房）、大床间（被客人理解成两张大床）。

3. 没有记录客人的特殊要求，导致客人对饭店提供的客房不满意。应尽量按照客人的要求安排房间，加强对预订员及其他有关人员的培训教育，提高其工作责任心和业务素质。

4. 客人预订后，饭店情况有变。应对订房的变更及取消预订的受理工作予以重视，及时与客人沟通。

5. 预订中介与饭店之间信息脱节，导致客人到店后没有客房。应加强与预订中心、订房代理处的沟通；诚恳地向其解释原因并致歉意；征得客人同意后，将客人安排到其他同类型的饭店，并负责提供交通工具和第一夜的房费；如客人同意次日搬回本饭店，应做好次日的预订并将搬回的时间告诉客人；免费提供 1~2 次长话费或传真费，以便客人能将临时改变住宿地址的消息通知有关方面；临时保留客人的有关信息，以便向客人提供邮件及查询服务；做好客人搬回本饭店时的接待工作，如大堂值班经理欢迎、房内放致歉信、赠送鲜花水果等；向订房委托人发致歉信，对造成的不便表示歉意，并希望客人以后有机会再次光临；事后向提供援助的饭店致谢。对其他预订种类的客人届时无房提供时，应热情礼貌地向客人说明，帮助推荐其他饭店，并欢迎其今后入住本饭店。

知识链接

网络订房，多快好省

多

目前，国内正式注册的订房网站 100 多家，其中运作比较成功的有：e 龙、携程、中国统 e 订房、北京金色世纪等。携程可以提供 5000 余家饭店查询服务、2000 多家饭店用户预订服务，这些饭店遍及国内 200 多个城市和海外主要商旅城市。旅客网上可查看饭店概况、房间设施和当日房价等海量信息。

快

轻敲键盘，进入饭店预订界面，首先填写检索信息，包括入住和离店的日期、饭店所在的城市等，就可以看到饭店查询结果。根据自己的需求，锁定合适的目标饭店之后，就可以免费注册（已经是会员的直接登录即可），直接预订。网站一般会在 10 分钟之内最终确认预订结果。

好

目前，与订房网站建立合作关系的饭店，基本上都是星级饭店，服务设施和周边环境相对较好。此外，订房网站除提供网上订房服务外，还推出一系列"出行关怀服务"，比如机票、车票送票上门，旅店所在城市重点商铺打折等。

省

网上订房，通常都可以享受到比饭店门市价更优惠的打折价格，让你省在明处。为鼓励网上订房，订房网站一般都会给预订者以积分优惠。积分到了一定程度，将会赠送小礼物、早餐甚至客房。一饭店人士给记者举例说，他们饭店标准间门市价为 200 美金/天，网上订房价格只有 698 元人民币，相当于门市价的 4 折，而一些网络订房则甚至打出 2~3 折的优惠。

【项目小结】

客房预订是前厅部对客服务的一个重要环节，预订人员服务的效率和准确性将会影响预订客人的满意程度。同时，预订人员需要掌握好预订程序、预订失约行为以及订房控制与预测等订房环节，达到饭店规定的对客服务质量标准。

实训测评

测评一　　　　　　　　　　客人抵店前准备

实训步骤	实训主要内容	测评要点
准备	将整理好的预订资料按日期排好，将重点宾客、大型团队、会议接待、客满等信息通知各部门	仔细、不得遗漏
传达信息	提前一周，向各部门分发各类预报表，如十天客情预测表、VIP 呈报表、VIP 接待规格呈报表等	主要客情，简明扼要
送资料	宾客抵店前夕，将客情及具体的接待安排以书面形式通知相关部门，表格有：次日抵店宾客一览表、鲜花水果篮通知单、特殊要求通知单等	准备工作要具体
预分房	宾客抵店的当天，前厅接待员应根据宾客预订的具体要求提前排房，并将有关接待细节通知相关部门，共同完成宾客抵店前的各项准备工作	提前排房

测评二　　　　　　　　　　会议团队电话预订

实训步骤	实训主要内容	测评要点
接电话	铃响三声以内接听	铃响三声以内接听。如超过三声，要对客人说声"对不起，让您久等了"
问候客人	1. 问候语：早上好/下午好/晚上好 2. 报部门：××饭店预订部 例如：早上好，国际饭店预订部，请问您有何要求？	注意使用礼貌用语，语音、语调运用要婉转，口齿要清晰，语言要简明而言
聆听客人自报单位	确认公司名称	准确填写单位名称
聆听客人预订要求	1. 确认会议名称 2. 确认会议天数 3. 确认人数、房间数	仔细确认会议名称、会议日期、天数、房间数

续表

实训步骤	实训主要内容	测评要点
介绍推销房间	1. 查看计算机或客房预订控制板 2. 根据房况向客人推销房间	仔细查阅房态
确认预订或重新推销客房，或婉拒	1. 客人接受推销，确认预订 2. 客人对所推销的房间不满意，提供其他选择 3. 尽量满足客人要求，如无法满足其要求，则婉拒	仔细查阅房态，确定预订
确认预订	根据实情准确填写预订单	
确定价格	1. 按照会议团体报出房价 2. 在规定的范围内给予一定的折扣 3. 确定价格后，填写在预订单上	根据规定确定优惠价格
确定付款方式	1. 一般采用支票结账 2. 请客人在抵店前支付饭店一张空白支票 3. 将付款方式填写在预订单上	1. 确定付款方式 2. 团队客人统一结账
请客人抵店前将有关资料书面传真	传真一份客人资料以备分房	1. 担保手续完整 2. 准确的客人资料
询问会议所用会议室的规模、布置等情况	1. 根据会议性质安排会议室，并报费用 2. 将会议布置的情况确认下来，并填写在预订单上	准确报出会议室费用
询问三餐标准	1. 确定一日三餐标准，并记录 2. 确定每餐费用，并记录 3. 确定三餐用餐地点，并记录	准确记录计价方式、用餐标准、有无清真餐等特殊要求
询问客人抵店情况	1. 询问抵店时间和所用交通工具 2. 询问是否需接机（车、船）服务 3. 将情况写在预订单上	准确记录航班班车的时间、车型
询问预订代理人情况	1. 询问预订代理人姓名、电话号码 2. 对上述情况做好记录	记录代理人姓名、联系方式
复述预订内容	1. 抵店时间、交通工具 2. 房间种类、数量、房价 3. 预住天数 4. 会议名称，所用会议室时间、地点及费用 5. 用餐标准及费用 6. 付款方式 7. 接站车型及数量 8. 代理人情况	复述一遍预订内容及代理人情况；要简明扼要、清晰
完成预订	向客人致谢	

测评三   **散客预订更改**

实训步骤	实训主要内容	测评要点
接受客人更改预订信息	1. 询问要更改预订客人的姓名及原始到达日期和离店日期 2. 询问客人需要更改的内容	询问更改内容
确认更改预订	1. 在确认新的预订情况前，先要查询客房出租和预订情况 2. 在有空房的情况下，可以为客人更改预订，并填写预订单	确认新预订
未确认预订的处理	1. 如果客人需要更改的内容，饭店无法满足，应及时向客人解释 2. 告知客人预订暂放在候补名单上 3. 如果饭店有空房，及时与客人联系	无法满足要求时，要合理解释
更改预订完成	1. 感谢客人，即时通知 2. 感谢客人的理解与支持（未确认时）	及时通知

测评四   **预订失约行为的一般处理**

实训步骤	实训主要内容	测评要点
核实失约情况	失约发生时，及时核对预订记录和客人手中的预订函	认真核实
查找原因	查看预订抵达时间，是否更改，是否办理过取消	仔细查找
分析	1. 饭店方面的原因 2. 客人本身的原因	分清责任
及时解决	1. 客人本身的原因，一般情况下只要饭店有客房就要尽量给予解决，如果饭店实在没有空房，只好建议客人改住其他饭店 2. 如果是客人原因，第二天还回来住，本饭店可以将其接回	妥善安排

学以致用

1. 预订的方式与种类有哪些？受理电话预订的程序和标准是什么？
2. 什么是超额预订？如何做好超额预订推销工作？如何进行预订确认？
3. 预订控制需要做好哪些方面的工作？
4. 要制作一份订房记录，预订员需要获取哪些信息？
5. 如何处理客人预订中的失约行为？预订常见的问题有哪些？如何处理？
6. 请思考一下如何婉拒预订？
7. 客人抵店前应做好哪些准备工作？
8. 饭店有客房1000间，未来12月1日续住房间数为400间，预计离店数为200间，该饭店预订取消率通常为10%，预订未到率为5%，提前退房率为5%，延期住店率为8%，试问，就12月1日而言，该饭店：（1）应该接受多少超额预订？（2）超额预订率多少为最佳？（3）一共应该接受多少预订？

案例分析：

预订部接到一日本团队住宿的预订，在确定了客房类型和安排在10楼同一楼层后，销售公关部开具了"来客委托书"，交给了总台石小姐。由于石小姐工作疏忽，错输了电脑，而且与此同时，又接到一位台湾石姓客人的来电预订。因为双方都姓石，石先生又是饭店的常客并与石小姐相识，石小姐便把10楼1015客房许诺订给了这位台湾客人。

当发现客房被重复预订之后，总台的石小姐受到了严厉的处分。但是饭店仍处于潜在的被动地位。台湾石先生如期来到饭店，当得知因有日本客人到来使自己不能如愿时，表现了极大的不满。坚决不同意换客房，无论总台怎么解释和赔礼，这位台湾客人仍指责饭店背信弃义，崇洋媚外。"东洋人有什么了不起，我先预订，我先住店，这间客房非我莫属。"预订部王经理向石先生再三致歉，并道出了事情经过原委和对总台失职的石小姐的处罚，还转告了饭店总经理的态度，一定要使石先生这样的饭店常客最终满意。

通过交谈，了解到石先生对10楼楼号及客房的陈设、布置、色调、家具的喜爱，经协商，最终王经理以调换相同的家具到8楼客房的做法终于打动石先生，石先生同意更换楼层。利用饭店的客史档案记载，石先生酷爱保龄球，在王经理的提议和陪同下共同去打保龄球，而饭店则以最快的速度调房换得石先生的完全满意。

讨论：

（1）总台石小姐在接受预订时的失误之处是什么？
（2）本案例中王经理业务处理的成功之处何在？
（3）假如此项业务由你来处理，你对处理重复预订有何建议？

项目三 接待服务

案例导入

某天深夜,一位客人来到某三星级饭店总台要求住宿。总台接待员礼貌地按常规问他:"您好,先生,欢迎光临。请问您需要什么样的房间?"

"随便。"客人答道。"请问先生一个人吗?那我为你准备一个豪华单人间吧,房价是480元/间·天。"接待员依然热情地说。"行,快点。"客人不耐烦地说。"您住一天吗?""是,就一晚。"客人说着扔出了身份证,让总台接待员帮他登记,随即快速地交了押金,拿了房卡便去了房间。谁知,总台刚刚完成通知客房中心该房入住、开通该房电话、检查完该客人的登记单并输入电脑、放入客史资料袋等一系列工作,就听到客梯"叮咚"一声,刚才的那位客人又下来了,并且来到总台要求退房。理由是他不满意该饭店的客房,不想住了,并且说他没动过房间,所以饭店不应收取任何费用。

案例评析

对于大多数客人来说,在前台办理入住登记是其本人第一次与饭店员工面对面接触的机会;对饭店前厅部来说,入住登记是对客服务全过程的一个关键阶段,这一阶段的工作效果将直接影响到前厅的销售客房、提供信息、协调对客服务、建立客账与客史档案等各项功能的发挥;办理入住登记手续也是饭店与客人之间建立正式的合法关系最根本的一步。对本案例中这半小时住房,前厅接待员应如何处理呢?接待员究竟该怎样做才能为其提供个性化、针对性服务而使客人满意?

前厅接待服务与管理是饭店的中枢神经。前厅接待的服务质量不仅关系到饭店的形象和声誉,同时也关系到前厅各岗位能否正常运转,它在前厅服务中起着举足轻重的作用。作为前厅部机场代表、门童、行李员、接待员、收银员等工作人员协调对客服务全过程中的一个关键阶段,入住接待是前厅工作一个非常重要的环节。

任务1 接待服务

实训目标

熟悉迎送服务的服务流程;
能够掌握迎宾中常见问题的处理流程和技巧。

【实训方法】
教师示范;分组练习;考评测试。

【实训准备】
前厅实训室、饭店制服;按饭店服务工作流程要求准备仪容、仪表及仪态。

知识探究

机场、车站迎送服务；潜在客源销售；店门接送服务。

一、机场、车站迎接服务

（一）准备工作

1. 掌握预抵店客人名单（Expected Arrival List，EA），向预订处索取"宾客接车通知单"，了解客人的姓名、航班（车次）、到达时间、车辆要求及接待规格等情况。
2. 安排好车辆。
3. 备好接机牌，正面刻有饭店的中、英文名称，反面是客人的姓名，牌子手把的长度在 0.5 米左右。

（二）到达车站（机场或码头）迎接客人

1. 站立在显眼位置举牌等候、主动问好、介绍自己、代表饭店欢迎客人。
2. 根据预抵店客人名单予以确认。
3. 帮客人搬运行李并确认行李件数，挂好行李牌，引领客人前往接站车前。

（三）送客人上车

1. 开车前 10 分钟应将客人送到开车地点，引导客人上车，协助将行李装上车。
2. 然后向客人道别，开车时站在车前的右前方 2 米左右，微笑着挥手向客人道别。

（四）通知客人抵店信息

电话通知大厅值班台客人到店的有关信息：客人姓名、所乘车号、离开车站时间、用房有无变化等。

二、潜在客源销售

（一）推销准备

1. 准确掌握当日和近期客房出租情况。
2. 熟悉饭店餐饮、会议等服务特色和标准。
3. 熟悉饭店周围环境，包括交通、购物、旅游、区位优势等。

（二）确定潜在客人

1. 首先使用观察法，在接待中寻找潜在客人，并将其作为产品销售的重要对象，注意捕捉客人对饭店主要服务项目的价格、种类、优惠附加值等信息的敏感程度。
2. 采用连锁介绍法，将饭店其他相关服务项目连带介绍，尽量吸引客人的兴趣和注意力。

（三）倾听回答

1. 热情、耐心地回答每一位客人的咨询。
2. 认真倾听客人的要求，恰当地提出建议供客人参考和选择。
3. 根据客人的年龄、职业、身份等特点，有针对性地介绍和推销饭店服务产品特色。

（四）办理手续

1. 及时、迅速地办理预订手续。
2. 安排车辆，主动扶老携幼，提拿行李，引领客人上车；通知饭店总台做好接待准备。

三、店门接送服务

门厅应接员是饭店形象的具体表现，一般安排身材高大、英俊、目光敏锐、经验丰富的青年男性担任，但也可用气质、风度好的女性担任。门厅应接员通常要穿着高级华丽、有醒目标志的制服，一般由军礼服式样演变而成。上岗时精神饱满、热情有礼、动作迅速。工作时通常站于大门一侧或台阶下、车道边，站立时应挺胸、手自然下垂或下握，两脚与肩同宽，其主要承担迎送客人、调车、协助保安员和行李员等人员工作的任务。

四、常见问题处理

（一）机场代表按客人预订时所报的航班去接客人，但是客人一直没有出现

1. 确认该航班是否抵达，有无其他特殊情况而引起的晚到。若已抵达，则应请民航有关部门了解客人是否乘该航班到达。若查明确有该客人，则应询问客人是否因某原因在机场内受阻。

2. 联系前台接待处，看客人是否已经到店。若客人还未到店，则应请订房中心员工根据客人留下的联系方式与客人取得联系，以确认客人是否改变行程。

（二）已订房客人要求接机员先将其行李送回饭店

1. 了解行李情况，提醒客人贵重物品或现金请客人自己携带，并向客人询问是否有易碎物品。

2. 检查行李的破损情况，并向客人说明；填写行李寄存卡，寄存联挂在行李上，提取联交给客人；提醒客人妥善保管行李提取联，凭行李提取联提取行李。

3. 将行李运回饭店寄存，并做好交接。

（三）填写接机单时，发现航班号与时刻表不符

1. 查询机场问询处，核实是否有此航班及抵达时间。

2. 与客人联系，请其再次确认所乘的航班；如与客人联系不上，应根据其可能乘坐的航班派车到机场等候。

（四）客人的航班临时更改又未通知饭店，造成接机接空

1. 由于天气等不可抗拒因素造成航班无法正点抵达，接机费用由饭店承担。

2. 如客人自己临时更改航班，又未及时通知饭店而造成接机接空，费用由客人承担。

3. 客人抵店时，通知大堂副理，由其出面向客人索取接机费用。

任务2　行李服务

实训目标

掌握散客或团队客人办理行李和寄存服务的流程；
掌握行李破损、送错、丢失等的处理方法。
【实训方法】
教师示范；分组练习；考评测试。

【实训准备】

前厅实训室；饭店制服；行李。

知识探究

散客行李服务；团队行李服务；行李寄存；换房行李转送。

饭店的行李服务是由前厅部的行李员（Baggage Handler）提供的。行李员在欧美国家又称"Bellboy"、"Bellman"、"Bellhop"和"Porter"，其工作岗位是位于饭店大堂一侧的礼宾部（行李服务处）。礼宾部主管（或"金钥匙"）在此指挥、调度行李服务及其他大厅服务。

行李员还是饭店与客人之间联系的桥梁，通过他们的工作使客人感受到饭店的热情好客，因此，对于管理得好的饭店而言，行李员是饭店的宝贵资产。

一、散客行李服务（流程见图1-3-1）

（一）迎接客人

行李员应主动问候客人。

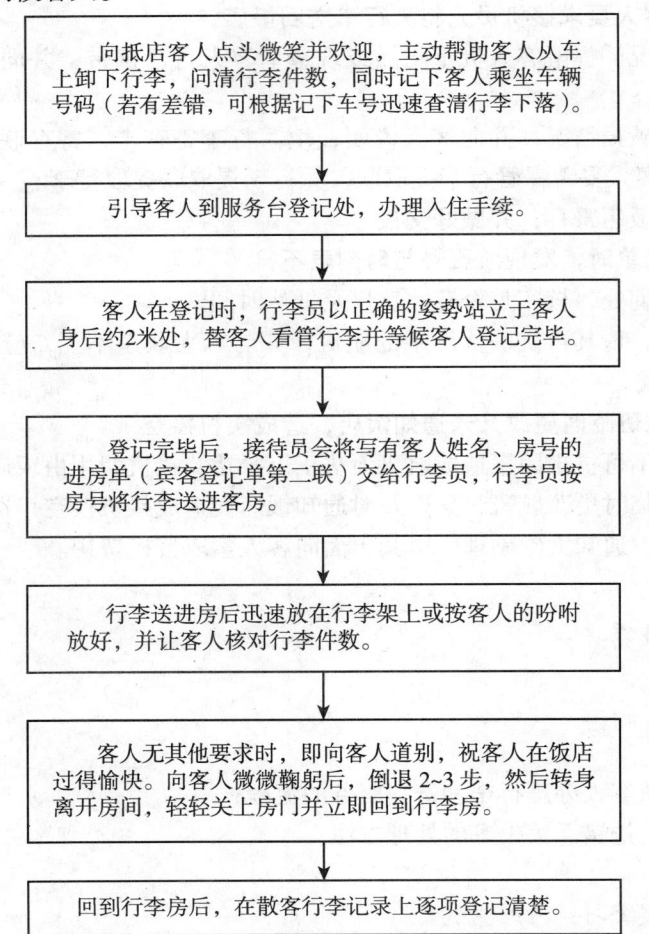

```
┌─────────────────────────────────────────┐
│ 向抵店客人点头微笑并欢迎，主动帮助客人从车 │
│ 上卸下行李，问清行李件数，同时记下客人乘坐车辆 │
│ 号码（若有差错，可根据记下车号迅速查清行李下落）。│
└─────────────────────────────────────────┘
                    ↓
┌─────────────────────────────────────────┐
│ 引导客人到服务台登记处，办理入住手续。      │
└─────────────────────────────────────────┘
                    ↓
┌─────────────────────────────────────────┐
│ 客人在登记时，行李员以正确的姿势站立于客人 │
│ 身后约2米处，替客人看管行李并等候客人登记完毕。│
└─────────────────────────────────────────┘
                    ↓
┌─────────────────────────────────────────┐
│ 登记完毕后，接待员会将写有客人姓名、房号的 │
│ 进房单（宾客登记单第二联）交给行李员，行李员按 │
│ 房号将行李送进客房。                       │
└─────────────────────────────────────────┘
                    ↓
┌─────────────────────────────────────────┐
│ 行李送进房后迅速放在行李架上或按客人的吩咐 │
│ 放好，并让客人核对行李件数。               │
└─────────────────────────────────────────┘
                    ↓
┌─────────────────────────────────────────┐
│ 客人无其他要求时，即向客人道别，祝客人在饭店 │
│ 过得愉快。向客人微微鞠躬后，倒退2~3步，然后转身 │
│ 离开房间，轻轻关上房门并立即回到行李房。    │
└─────────────────────────────────────────┘
                    ↓
┌─────────────────────────────────────────┐
│ 回到行李房后，在散客行李记录上逐项登记清楚。│
└─────────────────────────────────────────┘
```

图1-3-1　抵店散客行李运送流程

（二）卸放行李

检查、清点行李有无破损和缺少，大件行李装行李车，贵重及易碎物品应让客人自己拿好。

（三）引领客人至总台

1. 引领客人时，应走在客人的左前方两三步远处，随着客人的脚步走，在拐弯和人多时应回头招呼客人。
2. 途中可视情况询问客人姓名、有无预订、是否初次到达本店。

（四）看管行李

1. 客人在总台办理入住登记时，行李员站于客人身后2米左右处看管行李。
2. 眼睛注视着接待员，并随时听从接待员的提示。

（五）引领客人至客房

1. 当客人登记完毕后，应主动上前接过钥匙，引领客人前往客房；
2. 引领途中走在客人侧前方两三步远处，搭乘电梯时请客人先上先下，适时向客人介绍饭店的特色、新增服务项目、特别推广活动等。
3. 房间到时知会客人，按"敲门——通报"房程序将房门打开，立于一侧，请客人先进。
4. 将行李放在行李架上，介绍房内设施设备及其使用方法。

（六）道别、返回大厅

1. 询问客人是否还有其他需要，如果没有则应祝客人入住愉快。
2. 离开房间，退后一两步，然后再转身走出，面朝房内轻轻将房门关上，再迅速离开。
3. 从员工通道返回礼宾台，在"散客行李入住记录"上逐项填写并签名。

二、团队行李服务

（一）准备应接

根据团队抵店时间安排好行李员，提前填好进店行李牌，注明团队名称和进店日期。

（二）分拣行李

1. 领班与团队负责人一道清点行李件数、检查破损情况等，然后填写"团队行李进出店登记表"，请团队负责人签名。
2. 将行李拴上填好房号的行李牌，以便准确地分送到客人房间，如暂不分送，应码放整齐，加盖网罩。

（三）分送行李

1. 将行李装上行李车，走专用通道到指定楼层，"敲门——通报"。
2. 进房后将行李放在行李架上，请客人清点及检查行李，无异议后道别（如客人不在房间，应先将行李放于行李架上，个别无房号的暂存楼层，与团队负责人协商解决）。

（四）行李登记

分送完行李后，应在"团队行李进出店登记表"上记录并签名，按登记表上的时间存档。

三、行李寄存

（一）礼貌应接
客人前来寄存行李时，行李员应热情接待，礼貌服务。

（二）弄清情况
1. 弄清客人的行李是否属于饭店不予寄存的范围。
2. 问清行李件数、寄存时间、宾客姓名及房号。
3. 填写"行李寄存单"，并请客人签名，上联附挂在行李上，下联交给客人留存，告知客人下联是领取行李的凭证。

（三）进行登记
1. 经办人须及时在"行李寄存记录本"上进行登记，并注明行李存放的件数、位置及存取日期等情况。
2. 如属非住客寄存、住客领取的寄存行李，应通知住客前来领取。

（四）行李寄存时的注意事项
1. 确认客人身份。
2. 检查行李。
3. 如客人丢失寄存卡，行李员一定要凭借足以证实客人身份的证件放行李，并要求客人写出行李已取的证明。
4. 行李员在为客人办理行李的寄存和提取业务时，一定要求按规定的手续进行，决不可因为与客人"熟"而省必要的行李寄存手续，以免引起不必要的纠纷，或为客人造成损失或带来不必要的麻烦。
5. 将半天、一天、短期存放的行李放置于方便搬运的地方；如一位客人有多种行李，要用绳系在一起，以免错拿。

【小提示】
➢ 饭店及行李房不得寄存易燃、易爆、易腐烂或有腐蚀性的物品；不得存放易变质食品及易碎物品。如客人坚持要寄存，则应向客人说明饭店不承担赔偿责任，并做好记录，同时在易碎物品上挂上"小心轻放"的标牌。
➢ 如发现枪支、弹药、毒品等危险物品，要及时报告保安部和大堂副理，并保护现场，防止发生意外。
➢ 提示客人行李上锁，对未上锁的小件行李须在客人面前用封条封好。

四、换房行李转送

（一）问清房号
接到总台客人换房通知后，问清客人的房间号，并确认客人是否在房内。

（二）敲门入房
到达客人房门口时，按程序"敲门——通报"，经客人允许后方可进入。

（三）点装行李
请客人清点要搬运的行李及其他物品，并将它们小心地装上行李车。

（四）进行换房

带客人进入新的房间后，帮助客人将行李重新放好，然后收回客人的原房间钥匙和住房卡，将新房间的钥匙和住房卡交给客人；向客人礼貌道别，离开房间。

（五）交还钥匙

将客人的原房间钥匙和住房卡交回接待处，并做好换房行李记录。

五、常见问题处理

（一）行李破损

1. 在饭店签收前发现破损的行李，饭店不负任何责任，但必须在团体行李进店登记簿上登记。
2. 签收后，在运往客房的途中，或从客房送至饭店大门的途中破损，应由饭店负责；首先应尽力修复，如果实在无法修复，则应与导游或领队及客人协调赔偿事宜（赔钱或物）。

（二）团队的个别房间行李搞错

1. 向客人了解行李的大小、形状、颜色等特征，与陪同的最新排房名表核对，查是否有增房。如有，查对增加房间的行李，检查客人不在的房间，务必尽快将行李调整；若没有，请陪同人员协助查找客人所在的房间，予以调整，做好记录。
2. 同批团体行李中多一件或几件行李，应把多余的行李存放在行李房中，同一批多余的行李应放在同一格内。用行李标签写一份简短的说明，注明到店时间及与哪个团体行李一起送来，然后等候旅行社来查找。同批团体行李中少了一件或几件行李，亦应在签收单上加以说明，同时与旅行社取得联系，尽快追回。
3. 行李错送的处理应把非本团行李挂上行李标签，做一个简短的说明后，存放于行李房的一格中，等候别的旅行团来换回行李，或通过旅行社联系换回行李事宜。

（三）行李丢失

1. 行李到店前丢失，由旅行社或行李押运人员负责；如果饭店押运的行李，是在去饭店的途中丢失的，饭店应负责任。但因客人尚未办理入住手续，还不是饭店的正式客人，饭店的赔偿责任，应轻于住店客人的行李丢失情况；已订房客人的行李，如果由饭店的行李员负责接送，在运往饭店的途中行李丢失，其处理方法同上。未订房客人的行李，饭店原则上不予运送，可暂时看管（指在饭店大门口以外的范围），如果客人再三要求，饭店人员可以答应为其运送或暂时看管行李，但必须再三声明，如果丢失饭店不负责任。
2. 客人到达饭店后，在办理入住登记手续之前，或办理退房手续之后丢失的行李，饭店原则上不必赔偿。因为未入住或已离店的客人，不是饭店的正式客人，饭店没有义务负责其行李的安全。但为了饭店的长远利益，遇到此类情况，饭店也可以酌情适量予以赔偿。
3. 已寄存的行李丢失，饭店应予以赔偿，但赔偿应有一个限额（应在寄存行李前声明）。

（四）多位客人需要提供行李服务

1. 行李员请客人先办理入住登记手续；手续办完后，请每位客人逐件确认行李。
2. 迅速在行李牌上写清客人的房间号，告诉客人请在房间等候。
3. 迅速将行李送入客人房间。

（五）客人早到，暂无房间

1. 行李员首先应询问接待员何时能为客人安排房间。

2. 若所需时间较长，则行李员首先请客人在大堂吧休息或请客人有事的话先办事情，建议客人先将行李寄存，待客人入住后再送行李；办理客人行李寄存时必须在行李牌上注明"入店未知房号"字样；行李员要时刻关注该客人的入住情况，以便及时将行李送到客人的房间。

3. 若所需时间较短，则应将行李放在行李台旁代客人保管，并注明"入店"字样，待客人房间安排好后再送入房间。

（六）行李上没有名字，无法标上房号

1. 先清点行李件数，集中在大堂指定位置，请团队陪同人员核对行李，通知客人前来认领；待客人前来认领后，主动帮客人将行李送进房间。

2. 做好记录，以备查核。

任务3 入住登记与个性化接待

▌实训目标

掌握散客或团队客人入住登记的服务流程；

能够妥善处理入住接待中出现的问题；

掌握VIP客人、商务客人及长住客的入住接待流程及特殊问题的处理技巧。

【实训方法】

教师示范；分组练习；考评测试。

【实训准备】

前厅实训室；住客登记表格；电子钥匙；房卡；房态表；换房单；电话；文具。

▌知识探究

散客与团队入住登记办理；个性化入住接待（VIP、商务楼层、长住客人等）。

一、散客与团队入住登记办理（见图1-3-2）

（一）有预订散客（VIP除外）入住登记

1. 询问查看。

（1）微笑问候，询问客人是否有预订。

（2）查看订房情况。

2. 填表核对。

（1）请客人填写登记表（见表1-3-1、表1-3-2），如客人已有登记资料的，需客人签名确认。

（2）检查登记卡，核对证件，如使用第二代身份证阅卡器，请客人将所有项目都填齐全（服务员将验证的各项内容也应填齐全）。

（3）再次确认房价、房间种类、离店日期及付款方式。

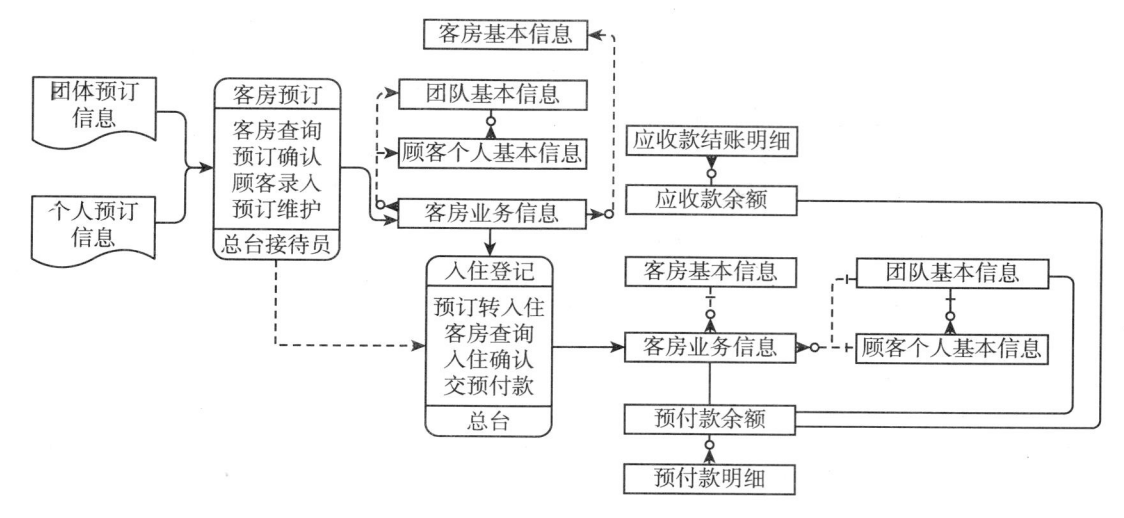

图 1-3-2　客房入住接待流程

3. 制作钥匙。

制作钥匙，预先开启房间的国际直拨长途电话（IDD）。

4. 填写房卡。

（1）拿出预先准备好的住房卡，填写齐全后请客人签名，并介绍其用途和用法。

（2）将钥匙交给行李员，由行李员带客人进房，祝愿客人住得开心。

表 1-3-1　　　　　　　　　　　住客登记样表

国内旅客临时住宿登记表 No.0000888

请将贵重物品寄存在前台，否则如有遗失，恕饭店概不负责。

房号：

姓名	性别	年龄	职业	常住地址	从何处来
有效证件名称	证件号码		工作单位		到何处去
来宿日期	年	月	日	时间	退宿日期	年	月	日	时间
偕同幼年儿童					• 退房时间为中午 12：00，延时退房加收房租 • 有无贵重物品保管：有□　无□ 宾客签名：
以下由接待员填写：
房价		付款方式		预付款		同行房号	
备注	

第三联：客户

接待员签名：　　　　　　　收银员签名：

表 1-3-2　　　　　　　　　　　**住客登记样表**

境外人员临时住宿登记表

REGISTEATION FORM OF TEMOPORARY RESIDENCE FOR VISITORS

（请用正楷字填写）	房号：
IN BLOCK LETIERS	ROOM NO.

姓名：(SURNAME:)	(FIRST NAME:)	(MIDDLE NAME:)
国籍或地区： NATIONALITY OR AREA:	性别： SEX:	出生日期： DATE OF BIRTH:	停留事由： OBJECT OF STAY:	拟住天数： DURATION OF STAY:

国（境）外住址：
HOME ADDRESS：

以下由服务员或公安派出所填写　　FOR CLERK USE

护照或证件名称：	号码：	签证种类：	号码：	有效期：
签证签发机关：	入境日期：		口岸：	
入住日期：	离开日期：		接待单位： 或留宿人：	
备注：	留宿单位（章） 或留宿人地址：			

值班员签名：

5. 整理资料。

（1）在登记卡上打时。

（2）整理客人的入住登记资料，将第一联的登记资料输入电脑，然后交问讯处。

【小提示】

登记验证应做到"三清三核对"：

（1）"三清"：字迹清、登记项目清、证件查验清。

（2）"三核对"：核对客人本人与证件是否相符、核对登记年龄与证件年龄是否相符、核对证件印章和使用年限是否有效。

（二）无预订散客（VIP 除外）入住登记

1. 询问查看。
（1）微笑问好，询问客人是否有预订。
（2）查看订房情况。
2. 确认房价等。
（1）热情、有针对性地介绍饭店现有的可供出租的房间类型及价格，正确使用报价方式。
（2）确认房价、折扣、房间种类及离店日期。
3. 填写登记表。请客人填写入住登记表并检查相关证件；确认付款方式。
4. 制作钥匙。
（1）制作钥匙，开启 IDD，填写住房卡，请客人签名并介绍其用途、用法。
（2）将钥匙交给行李员带客人进房，并祝客人入住愉快。
5. 整理资料。
（1）在登记卡上打时。
（2）整理客人的入住登记资料，将第一联的登记资料输入电脑，然后交问讯处。

（三）团队入住登记

1. 准备工作。
（1）根据团队接待任务通知单中的用房、用餐及其他要求，在客人抵店前与计算机核准，进行预排房并确认。
（2）提前准备团队钥匙、欢迎卡、餐券、宣传品等，并装入信封内。
（3）在计算机中输入相关信息，控制已经预排好的房间。
（4）将旅行社等接待单位提供的客人名单按房号予以分配，并将团队客人登记表交给团队陪同。
（5）将团队用餐安排提前通知餐饮部或有关餐厅。
2. 主动迎客。
（1）团队客人抵达时，主动上前招呼、问好，大堂经理致欢迎词，并简单介绍饭店情况。
（2）总台接待人员应主动与领队或陪同取得联系，向他们询问该团的人数、预订的房间数、用餐情况及叫醒和出行等事宜，协助领队分房。
3. 重新检查房号。
（1）请领队、陪同分配房间，并呈上致领队、陪同的有关注意事项，在领队分房的同时，与陪同落实该团的住宿计划，如确定叫醒时间、出行李时间、用餐时间、有无特别要求及领队房间号码等。
（2）请地陪在团体资料上签名，若该团有全陪，要安排全陪入住，分完房拿到分房名单后方可给予房间钥匙，安排客人进房休息。
4. 要回住宿登记表（见图 1-3-2）。向领队、陪同要回团体客人住宿登记表。如是台湾客人，表内应有台胞证号码、签注号码、有效期、客人姓名、性别、出生年月日、永久地址等项目；如是港澳客人，表内应有回乡证号码、回乡证有效期；如是外国客人，表内应有团体入境签证印章，如无团体签证，则要每个客人填写一份外国人临时住宿登记表。完成接待工作后，接待员要将该团全部资料集中在一起，将团体接待单、更改通知单、特殊要求通知单、客人分房名单等资料尽快分送有关部门，将该团全部资料交给财务部前台收银处。

5. 制作总账单。制作团体总账单，将团体客人资料分类整理好。

（四）常见问题处理

1. 客人等候办理入住手续的时间过久而引起抱怨。

（1）客人抵店前，接待员应熟悉订房资料，检查各项准备工作。

（2）根据客情，合理安排人手，客流高峰到来时，保证有足够的接待人员。

（3）繁忙时刻保持镇静，不要打算在同一时间内完成好几件事。

（4）保持正确、整洁的记录。

2. 客人不愿翔实登记。有些客人为减少麻烦、出于保密或为了显示自己特殊身份和地位等目的，住店时不愿登记或登记时有些项目不愿填写。

（1）耐心地向客人解释填写住宿登记表的必要性。

（2）若客人出于怕麻烦或填写有困难，则可代其填写，只要求客人签名确认即可。

（3）若客人出于某种顾虑，担心住店期间被打扰，则可以告诉客人，饭店的计算机电话系统有"DND"（请勿打扰）功能，并通知有关接待人员，保证客人不被打扰。

（4）若客人为了显示其身份地位，饭店也应努力改进服务，满足客人需求。比如充分利用已建立起的客史档案系统，提前为客人填妥登记表中的有关内容，进行预先登记，在客人抵店时，只需签名即可入住。对于常客、商务客人及 VIP 客人，可先请客人在大堂休息，为其送上一杯茶（或咖啡），然后前去为客人办理登记手续，甚至可让其在客房内办理手续，以显示对客人的重视和体贴。

3. 遇到有不良记录的客人。接待员在遇到有不良记录的客人光顾饭店时，凭以往经验或客史档案，要认真、机智、灵活地予以处理。

（1）对于信用程度低的客人，通过确立信用关系、仔细核验、刷验信用卡、收取预付款等方式，确保饭店利益不受损失，并及时汇报有关处理的情况。

（2）对于曾有劣迹、可能对饭店造成危害的客人，则应以"房间已全部预订"等委婉的说法，巧妙地拒绝其入住。

4. 饭店提供的客房类型、价格与客人的要求不符。接待员在接待订房客人时，应复述其订房要求，以获得客人的确认，避免客人误解。房卡上填写的房价应与订房资料一致，并向客人口头报价。如果出现无法向订房客人提供所确认的房间，则应向客人提供一间价格高于原客房的房间，按原先商定的价格出售，并向客人说明情况，请客人谅解。

5. 在房间紧张的情况下，客人要求延住。

（1）可以先向已住客人解释饭店的困难，征求其意见，是否愿意搬到其他饭店延住。

（2）如果客人不愿意，则应尽快通知预订处，为即将来店的客人另寻房间，或是联系其他饭店。

6. 客人要求用一个证件同时开两间客房。

（1）与客人商量是否可以请其朋友出示证件办理入住登记；若客人表示其朋友要随后到达饭店，则应请客人先开一间房，另一间作保证类预订处理。

（2）若客人坚持要办理入住手续，则应请客人提供其朋友的有关信息，查看客史档案，办理入住；若没有客人的档案，为客人办理入住手续后，钥匙保留在总台，提醒客人请其朋友来后到总台取钥匙或通知接待员送到房间并补办手续。

（3）对客人表示感谢，并做好跟进服务工作。

7. 住店客人要求保密。

（1）确认客人的保密程度，例如，是只接长途电话、只有某位客人可以来访，还是来访者一律不见、来电话一律不接听等。

（2）在值班日志（LOG BOOK）上做好记录，记下客人姓名、房号及保密程度。

（3）当有人来访问要求保密的客人时，一般以客人没有入住或暂时没有入住为理由予以拒绝。

（4）通知电话总机做好客人的保密工作。例如来电话查询要求保密的客人时，电话总机室的接线员应告诉来电话者该客人未住店。

8. "未抵达"业务处理。要严格按照饭店相应的规定妥善处理。将订房未抵客人的订房资料和预登记表集中起来，按规定仔细查阅；将预订资料在电脑中根据客人信息进行逐一核对；检查未到客人是否有特殊要求，如订票、订车、留言、物品转交等特殊要求，并与有关部门或班组联系，严格按照饭店规定处理；对未抵店的旅行社订房资料，在做加收房租处理后，登记在账单本上送收款处签收。

二、个性化入住接待

（一）VIP 接待

VIP 是 Very Important Person 的简称。VIP 是饭店给予在政治、经济以及社会各领域有一定成就、影响和号召力的人士的荣誉。

1. 准备工作。

（1）从预订处或销售部接到 VIP 通知单或每天预计到店名单中获知贵宾的姓名、到达时间、职务等资料后，应立即报告总经理，填写 VIP 申请单（即重点客人呈报表），请示饭店是否派管理人员来接待及接待规格等。

（2）根据接待规格安排适当的房间，提前准备好房间钥匙、欢迎卡和住宿登记单及有关客人信件等。

（3）VIP 客人到达饭店前要将装有房卡、钥匙等的欢迎信封及登记卡放至大堂经理处，同时要通知有关部门按照接待规格做好准备。

（4）大堂经理在客人到达前 1 小时检查房间；客人抵达前半小时，大堂副理应准备好客房门卡、欢迎卡及住宿登记单，在门厅迎候客人抵店。

2. 办理入住手续。

（1）准确掌握当天预抵 VIP 客人姓名；以客人姓名称呼客人，对不同级别的 VIP 客人，相应地通知饭店总经理、驻店经理、前厅部经理及大堂经理等亲自迎接。

（2）不同级别的管理人员分别将不同级别的 VIP 客人亲自送至房间，并向客人介绍饭店设施和服务项目。

3. 储存信息。

（1）总台接待人员复核有关 VIP 客人资料，并准确输入电脑；在电脑中注明"VIP"以提示其他各部门或人员注意。

（2）为 VIP 客人建立客史档案，并注明身份，以备查询。

（二）商务行政楼层接待与服务

商务楼层一般处于饭店大厦的最上部两层，房间多数为 70～100 间，设有专门的接待大厅，英文名为 Lounge，又叫超级沙龙（Executive Salon）。入口处设有接待吧台，由专职服务人员负责登记开房、结账退房、信息咨询、侍从陪护（Escort）；另外还提供办公设备出租。在专用大厅（Executive Salon），早晨提供欧陆风情早餐（Continental Breakfast），下午3：00～5：00 提供茶点服务，6：00～7：00 提供鸡尾酒服务。

1. 鲜花、水果服务。

（1）依据确认的抵店客人名单准备好总经理欢迎卡、商务行政楼层欢迎卡。

（2）将需要补充鲜花、水果的房间在住店客人名单上做好标记，见表 1-2-10。

（3）将鲜花、水果、刀叉和餐巾备好，装上手推车送入客房，并按规定位置摆放好。

（4）做好记录，根据次日预抵店名单填写申请单，以备用。

2. 客人入住接待。

（1）客人在大堂副理或客务关系主任（GR）陪同下走出电梯来到商务楼层服务台后，行政楼层经理或主管应微笑站立迎客并自我介绍，请客人在接待台前坐下。

（2）将已准备好的登记表取出，请客人签名认可，注意检查并确认客人护照、付款方式、离店日期与时间等内容。

（3）将已经准备好的欢迎信及印有客人姓名的烫金私人信封呈交给客人，并递送欢迎茶，整个服务过程不超过 5 分钟。

（4）主动介绍商务楼层设施与服务项目，包括早餐时间、下午茶时间、鸡尾酒时间、图书报刊赠阅、会议室租用服务、商务中心服务、免费熨衣服务、委托代办以及擦鞋服务等。

（5）走在客人左前方或右前方引领客人进房间；告诉客人如何使用钥匙卡，同时将欢迎卡交给客人；介绍房内设施，预祝客人居住愉快。

（6）通知礼宾部行李员，10 分钟内将行李送至客人房间。

3. 欢迎茶服务。客人登记入住时，接待员为客人提供欢迎茶。

（1）事先准备茶壶、带垫碟的茶杯、一盘干果或巧克力糖果饼干和两块热毛巾。

（2）称呼客人的姓名，表示问候并介绍自己；同时，将热毛巾和茶水送到客人面前。

（3）如果客人是回头客，应欢迎客人再次光临。

4. 早餐服务。

（1）称呼客人姓名并礼貌地招呼客人；引领客人至餐桌前，为客人拉椅子、让座；将口布打开递给客人；礼貌地询问客人是用茶还是用咖啡。

（2）礼貌地询问客人在结账处结账还是将账单送至收银台。

（3）客人用完餐离开时，应称呼客人姓名并礼貌地告别。

（4）统计早餐用餐人数，做好收尾工作；配合客房部服务员做好场地清理工作。

5. 下午茶服务。

（1）提前 10 分钟按要求准备好下午茶台，包括茶、饮料和小点心等。

（2）微笑、主动地招呼客人；引领客人至餐台前，为客人拉椅子、让座，并询问房号，请客人随意饮用。

（3）注意观察，客人杯中饮料不足 1/3 时，要及时询问、续添，将用过的杯盘及时撤走。

（4）在 17：00 下午茶结束 5 分钟前，通知客人免费服务即将结束。

（5）客人离开时应向其表示感谢，并与客人道别。

（6）填写记录表，如客人消费超过了免费时间，将费用记在客人账户上，账单由客人签字后记在客人账户上。

6. 鸡尾酒会服务。

（1）提前 10 分钟做好全部准备工作，在桌上放置服务员名片。

（2）微笑、礼貌地招呼客人，引台、为客人拉椅子、让座。

（3）客人离开时应向其表示感谢，并与客人道别。

（4）将客人朋友的消费账单记入客人账目中。

（5）填写记录表，下班前应统计酒水，在盘点表上做好记录并根据标准库存填写申领单。

7. 退房结账服务。

（1）提前一天确认客人结账日期和时间。

（2）询问客人结账相关事宜，如在何地结账、用何种付款方式、行李数量、是否代订交通工具，并及时检查酒水。

（3）将装有客人账单明细的信封交给客人；请客人在账单上签字，将第一联呈交客人；询问客人结账方式，如果付外币，请客人到前厅外币兑换处办理，如需刷卡，则使用刷卡机。

（4）通知行李员取行李，代订出租车。

（5）询问是否需要做"返回预订"。

（6）感谢客人入住并与之告别。

（三）长住客人接待

长住客人与饭店签有合同，且留住饭店至少要 1 个月。

1. 入住接待。

（1）长住客人到达时，按照 VIP 客人接待程序和标准进行接待。

（2）将所有信息输入电脑，并注明"长住户"，为客人建立两份账单，一份为房费单，一份为杂项账目单；确认信息无误后，为客人建档。

2. 账目处理。

（1）总台相关人员每月结算 1 次长住客人账目，汇总所有餐厅及其他消费账单连同房费单一起转交计财部。

（2）计财部检查无误后，发给客人一张总账单，请其结清当月账目。

（3）客人检查账目准确无误后，携带所有账单到总台结账，总台将其已付清账单转交财务部存档。

（四）常见问题处理

1. VIP 要求变更房号。

（1）首先判断要求变更房号的时间，若在 VIP 客人抵达饭店前，则应首先记录更改人的姓名、工作单位、日期、时间、经手人，检查是否已报房号给接待单位。如果已报，则应及时通知有关接待单位（特别是营销部），并做好电脑更改。

（2）若在客人抵达后，则需要通知接待单位和 VIP 单发至的所有部门，并做电脑房号更改。

2. VIP 要求换房。
(1) 客人未到达时要求换房，由预订处更改客人的入住信息后及时将房间变更单分发至各个部门。
(2) 客人入住后要求换房，除按散客换房处理外，必须通知大堂副理或部门管理人员，以确保服务周到。
3. 团队客人提前一天到达。
(1) 查看当天客情，确定是否可以安排，通知饭店该旅行团的负责人做好接待。
(2) 若本饭店无法安排该团队入住，则应先到就近的其他同等级或以上级的饭店订房，安排团队客人入住，费用由旅行社负责；若本饭店可以安排，则按一般散客接待入住，房价由上级领导决定。
4. 团队到达时，要求减少房间数量。
(1) 首先通知销售部该团队实际订房数量，以便销售部通知收银员为准备结账做好准备。
(2) 在团队单上注明取消的房号，取出钥匙，及时更改房态；通知客房中心、礼宾部、总机取消的房号及餐饮具体的用餐人数。
5. 团体客人提出一些特殊要求。
(1) 客人如果提出要使用关闭的设施设备，如直拨程控电话、客房内设置的小酒吧等，接待员应请客人先交一定数量的押金或单立账项（最后一次性结账），然后通知客房部打开小酒吧，通知电话总机室打开长途直拨电话供客人使用。
(2) 当客人提出需要叫醒服务时，接待员应准确无误地记下客人的房号及叫醒的具体时间，随后正确地将叫醒服务的时间和房号报给总机，然后请总机复述一遍，并记下对方的姓名或工号。如果是团体客人入住时间超过两天以上的，则要求把叫醒服务内容记录在交班本上。
(3) 当客人提出留言、物品转交、寄存服务或信件邮寄服务时，则应按照饭店相关规定妥善处理。
6. 团体客人离团后要求续住的处理。
(1) 查看房间出租情况，向客人说明房价的不同。
(2) 请客人按散客重新登记，查验证件，确认付款方式，更改有关资料和门匙，将电脑资料改为散客。
(3) 通知楼层台班及行李组，并记下对方工号。

前厅接待处需给每位登记入住的客人设立一个账户，供收银处登录该客人在饭店居住期间内的房租及其他各项花费（临时用现金结算的费用除外）。它是饭店编制各类营业报表的资料来源之一，也是客人离店结算的依据。一般情况下，饭店为散客设立个人账户，为团体客人设立团体账户。团体客人除综合服务费标准外，准备自行消费的，也可设立个人账户。无论是个人账户还是团队账户，户头必须清楚、准确，尽可能详细，切忌混乱不清，特别是姓名、团名（号）、房号必须与住宿登记表内容保持一致。账户要分类归档，取用方便。

三、住店客人账户核收

（一）散客账户核收

1. 设立账户。散客登记入住后，收银员以"入住登记表"的收银联作为依据，将押金单的其中一联与其订在一起,按照房号为住客设立账户。

2. 检查账单。检查账单各项内容如客人姓名、房号、房型、房价、抵店和离店日期、付款方式等是否填写齐全、正确;如有异议,应立即与接待员核实。

3. 核准付款方式。如填写的是使用信用卡支付账款,则检查账单中所附的信用卡签购单是否压印齐全,查验信用卡有效期,对照信用卡公司或银行机构所发"黑名单"(注销名单)予以核实等。

4. 检查有关附件。如入住登记表、免费/折扣通知单、预付款收据等是否齐全。

5. 存放账单。将客人的账单连同相关附件放入标有相应房号的分户账夹内,存入住店客人账单架中。

(二)团队账户核收

(1)签单检查签收团队总账单,检查总账单中团队名称、团号、人数、用房总数、房价、付款方式、付款范围等项目是否填写齐全、正确;查看是否有换房、加房、减房、加床等变更通知单。

(2)账目处理将团队总账单按编号顺序放入相应的团队账夹内,存入住店团队账单架中。

(三)常见问题处理

1. 计算机入账。通过主处理器,有些费用可通过计算机入账,如房租。客人在饭店的消费,可以通过设置在各营业点的计算机输入,然后进入前厅收款处的客人账户。如餐厅的收银机与前厅收银处计算机联网后,无论客人在哪个餐厅消费,在收银机操作时,就能输入到客人的消费账户中去。但并不是饭店的所有地方都能与前厅收银处电脑联网(如代付款等),遇到无法联网的情况,就只能通过凭单送到前厅收银处直接入账。通过计算机入账,快捷而准确,同时还可以通过计算机编制营业报表。

2. 客人表示不愿意交付押金。

(1)首先前厅收银员有必要了解客人不愿意交付押金的具体原因,若此时客人表示现金不够,收银员可建议客人选择预付定金等其他方式。

(2)若客人不愿意接受有关预收押金的比例额度,前厅收银员应耐心地向客人解释饭店的有关规定,同时向客人说明,饭店收取一定押金的目的是确保客人在住店期间消费方便,告诉客人可以凭房卡在饭店的任何营业点进行消费,并向客人申明饭店对客人的押金"多退少补"。

(3)如果此时客人还不能接受,收银员应及时请管理人员在客人入住登记单上签署意见,并在备注栏内注明,以提示其他员工注意并做好押金的跟催工作。

3. 客人押金数额不足。

(1)应请示上级做出处理,如让客人入住,签发的房卡为钥匙卡(不能签单消费)。

(2)应通知总机关闭长途线路、通知客房楼层锁上小酒吧(一定要在客人进房前做好)。

(3)客人入住后,客房楼层服务员对该房间要多加留意。

4. 客人对押金数额高出房费有异议。

(1)礼貌地向客人解释这是为了方便客人在饭店内消费签单,同时说明,除了房费外,还有其他不确定的费用,如电话费、酒水费等,饭店是根据客人的最终实际消费进行结算的。

(2) 建议客人出押房费的现金，其余可刷信用卡结算。

5. 无法对客人的信用卡进行授权。

(1) 前厅收银员应查明不能授权的原因，同时向客人表示歉意并请客人稍候，再次确认是否由于自己操作失误所造成。

(2) 如确认不是，应及时跟信用卡授权中心联系。若是由于信用卡授权中心线路出现故障或较忙等原因，则前厅收银员应问清线路恢复使用的正常时间，以便于向客人解释。

(3) 若由于客人消费额超过有效限额的原因，应立即通知信用卡授权中心，申请授权号码，所批准的授权号码应写在信用卡单据的右上角。

6. 客人出现欠款情况。

(1) 如果客人在入住登记时交纳的押金已经用完而继续消费时，收银员应及时通知客人补缴，防止出现逃账现象。

(2) 催款时应注意语言艺术和方式方法，可以用电话或书面形式通知客人。

(3) 遇到欠款较多又拒绝付账者要及时报告主管处理，在发催款通知单前也应让主管审阅，以免得罪一些特殊客人。

7. 他人代付房费。他人代付房费时，最好有客人或代付单位的书面授权，并且就代付的具体范围跟客人明确，以免出现纠纷。

任务4 门厅送别

实训目标

能够在协调前厅部门调车；
能够协助保安员与行李员的相关工作；
掌握散客和团队送别的内容和程序。
【实训方法】
教师示范；分组练习；考评测试。
【实训准备】
前厅实训室；行李车。

知识探究

门厅送别服务；VIP送别；散客送别；团队送别。
门厅送别服务大致分为三种：VIP送别、散客送别、团队送别。

一、VIP送别

(一) 调好车辆

1. 准确掌握VIP客人离店时间，事先调好车辆等候客人；但需要注意控制车辆的等候时间不能过长，以免影响其他客人进出饭店。

2. 把调来的汽车引导到便于客人上车及上行李的地方（若遇到下雨天，要控制上车的位置不能积水）。

（二）清点行李

客人的行李若是跟车走，请陪同人员或礼宾人员当着客人的面点清行李件数后再请客人上车。行李多时，门卫要协助将行李搬上车。

（三）开门护顶

1. 客人上车时，门厅服务员要帮助客人拉开车门，并为客人护顶（护顶时要考虑佛教和穆斯林的宗教习惯）；对年老体弱客人和身体有障碍者，要给予特别照顾。

2. 待客人坐稳、确认客人的衣角（裙角）没有露在车外后，向客人致祝愿语，欢迎客人再次光临，轻轻将车门关实。

（四）致意告别

车门关好后，门厅服务员要马上走到车的斜前方2米左右处，引导司机将车慢慢开出；车启动后，面带微笑，挥手致意，直到车子离开。

二、散客送别（若散客乘车离店，服务方式同送别VIP）

（一）门童致意

散客离开，门童要主动点头致意、微笑。如果客人暂时外出，可以说"一会儿见"；如果客人已结账欲离去，则向客人致祝愿语，欢迎客人再次光临。

（二）调好车辆

特别是人多的时候，要调好车辆，按先后顺序排列，让客人有序地离开；在车辆和客人发生冲突时，首先要考虑把客人调开。

（三）开门护顶

【小提示】

若散客乘车离店而又对饭店周围环境不熟悉，门童应热情、耐心地问清客人所去目的地，然后告诉司机，填写"服务指南卡"，记下车号、日期、时间及目的地，然后将卡交给客人留存。在用车高峰期或下雨天时，应主动为客人调度、联系出租车，并协助保安人员及时疏导车辆。

三、团队送别

（一）门童致意

1. 协助行李员再次清点行李件数后再装上汽车。

2. 客人上车时，站在车门一侧，要一直把住车门，一边点头致意，一边注意客人上车过程，要主动协助行动不方便者上车。

（二）目送告别

1. 如果是自动门，在客人全部上车后松手即可。

2. 车门关好后，站到车的斜前门1~1.5米处，向客人挥手道别，目送客人离店。

【项目小结】

通过本章学习，培养学生形成顾客至上的观念，提高个人礼节礼貌素养，提高与宾客打交道的职业素养，培养为宾客提供针对性服务的职业素质。同时，使学生正确理解前厅接待工作的意义和在饭店经营中的作用，掌握前厅接待工作程序，为客人提供好个性化接待服务。

实训测评

测评一　　　　　　　　　驻机场代表迎接

实训步骤	实训主要内容	测评要点
准备工作	1. 在预订客人抵达前一天，领取要接机的客人名单。核对客人姓名、人数和所乘航班等 2. 根据接机预测报告，向车队下达出车安排指令 3. 客人抵达当日，根据所定航班时间、提前做好接机准备 4. 注意航班时间有无变化。若飞机延误，及时与管理人员联系，做出适当调整	1. 熟知当日客情 2. 适当安排车辆 3. 充分做好接待准备
迎接客人	1. 手举招示牌，接到客人后，主动问候，表示欢迎，介绍自己的身份和任务，并帮助提取行李，引导客人上车，告知客人先抵店 例："王先生，行李已经放到车上了，您看还有问题吗？如果没有其他问题，我们的司机张师傅会送您去饭店，路上大概需要 30 分钟。祝您旅途愉快。再见。" 2. 根据客人住房号开立账单，将车费记入客人账目或由司机收费 3. 电话通知大厅总台客人抵店信息，包括客人姓名、所乘车号、离开机场时间和用房有无变化等 4. 一旦出现误接或机场找不到客人，应立即与饭店取得联系，查找客人是否已乘车抵店	1. 主动热情接待 2. 注意风俗习惯、礼仪 3. 尽快引导客人上车 4. 将客人信息及时通知前厅 5. 如果发生误接，及时与饭店联系、核查 6. 返回饭店后，及时与前厅确认，不可不了了之
送别客人	1. 客人离店时，驻机场代表与行李组及车队取得联系，安排离店服务 2. 弄清所乘航班号、离店具体时间、行李件数及其他要求，帮助客人托运行李和办理报关手续 3. 与客人告别，感谢客人下榻本饭店，并欢迎客人再次光临	1. 熟知客人离店情况 2. 及时安排接送车辆 3. 致谢，欢迎再来

测评二　　　　　　　　　团队进店的行李服务

实训步骤	实训主要内容	测评要点
接收行李	1. 当团队行李送到饭店时，由领班向团队行李员问清行李件数、团队人数，并请团队行李员在入店登记表上登记姓名和行李车牌号等 2. 由领班指派行李员卸下全部行李，并清点行李件数，检查行李有无破损，如有破损，须请团队行李员签字证实，并通知团队陪同及领队 3. 整齐排放行李，全部系上有本饭店标志的行李牌，并用网子罩住，以防止丢失、拿错	1. 分清团队、人数 2. 分清行李件数 3. 系好行李牌

实训步骤	实训主要内容	测评要点
分拣行李	1. 根据前台分配的房间号码分拣行李，并将分好的房间号码清晰地写在行李牌上 2. 与前台分房处联系，问明分配的房间是否有变动，如有变动，需及时更改 3. 及时将已知房间号码的行李送至房间 4. 如遇行李姓名卡丢失，行李应由领队帮助确认	1. 分送行李要准确 2. 同房间同车，同楼层同车 3. 不同团队的行李分车送
送行李到房间	1. 将行李平稳摆放在行李上，在推车入店时，注意不要损坏客人物品和饭店设施 2. 在进入楼层后，应将行李放在门左侧，轻轻敲三下门，报出"Bell Service"的名称 3. 客人进门后，主动向客人问好，固定房门，把行李送入房间，待客人确认后方可离开。如果客人的行李出现缺件、漏件等问题，应让客人稍候并及时联系领班 4. 对于破损和无人认领的行李，要与领队或陪同及时取得联系，以便尽快找到行李的主人	1. 运送行李动作要文明 2. 按规定敲门
行李登记	1. 送完行李后，应将送入每个房间的行李件数准确登记在团队入店登记单上 2. 如果是开门直接送入，则应注明"开门"字样，并核实总数是否与刚入店时一致	及时记录

测评三	有预订散客入住接待	
实训步骤	实训主要内容	测评要点
接待有预订散客到达饭店	1. 客人抵达饭店时表示欢迎，问清并称呼姓名 2. 如果正在忙碌，示意客人不会久等，如若客人等候多时，则向客人致歉 3. 确认客人有预订，查看是否有客人的留言及特殊要求	仔细查看预订单
为客人办理入住手续	1. 请客人填写入住的登记卡，并问清付款方式，请客人签字 2. 核对一切有关证件，包括护照、身份证、签证的有效期、信用卡签证的真实性 3. 分配房间，确认房价和离店日期。填写房卡、制作钥匙	1. 准确、迅速地为客人办理登记手续 2. 仔细核对有关证件
提供其他帮助	1. 通知行李员，引客入房 2. 告知电梯位置，祝客人居住愉快	尽量满足客人的需求
信息储存	1. 将所有信息输入计算机 2. 核查信息的正确性，并输入客史档案中 3. 将登记卡存放在客人入住档案中，以便查询	1. 完成相关手续 2. 准确存放资料

测评四		散客团队行李离店服务	
实训步骤	实训主要内容		测评要点
接到通知，收取客人行李	当客人离店前打电话要求收取行李时，行李员必须问清客人的房间号码、行李件数和收取行李时间		问清要求
登记	行李员在离店登记单上填写房间号码、时间、行李件数，并根据房间号码迅速去取客人行李		准确登记
收取客人行李	1. 在3分钟内到达客人房间，轻敲三下，并告知客人"Bell Service"或待客人开门后，向客人问候 2. 和客人一起确认好行李件数，并帮助客人检查是否有遗漏物品。如发现遗留物品，应直接还给客人或交给行李部经理 3. 行李放置在行李台旁边，并告知领班客人的房间号，站在一旁等候客人		1. 礼貌敲门 2. 确认是否有遗漏
帮助客人离店	1. 确定客人已付清全部房费，办完离店手续后，引导客人出店，帮助客人将行李放入出租车内 2. 为客人打开车门，请客人上车并做好护顶 3. 向客人礼貌告别		礼貌告别

学以致用

1. 应接服务有哪些常见问题？如何处理？
2. 散客抵店行李服务应注意些什么？
3. 办理入住登记手续的意义是什么？
4. 散客入住登记的工作程序是怎样的？
5. 入住登记的质量如何控制？
6. 对入住商务楼层的客人需要做哪些工作？
7. 如何进行客账（建账/入账）控制？
8. 客人表示不愿意交付押金时怎么办？
9. 前厅部如何做好VIP接待的准备工作？
10. 一外宾订了你饭店一间房，计划住一个星期，并已付清全部房费。客人入住三天后因故回国，但他要求不退房，说他公司的另外一位同事会于今天续住此房，你将如何处理？

项目四 前厅综合服务

案例导入

某天,两位外宾来饭店前厅,要求协助查找一位叫斯密斯的美国客人,想知道他是否在此下榻,并想尽快见到他。接待员立即进行查询,果然有位叫斯密斯的先生。接待员于是接通客人房间电话,但长时间没有应答。接待员便告诉来访客人,确有这位先生住宿本店,但此刻不在房间,也没有他的留言,请来访者在大堂休息等候或另行约定。

这两位来访者对接待员的答复不太满意,并一再说明他们与斯密斯先生是相识多年的朋友,要求接待员告诉他斯密斯的房间号码。接待员和颜悦色地向他们解释:"为了住店客人的安全,本店立有规定,在未征得住店客人同意之前,不便将房号告诉他人。两位先生远道而来,正巧斯密斯先生不在房间,建议您可以给斯密斯先生留言,或随时与我们联系,我们乐意随时为您服务。"来访客人听了接待员这一席话,便写了一封信留下来。

晚上,斯密斯先生回到饭店,接待员将来访者留下的信交给他,并说明为安全起见和不打扰他休息的原因,接待员没有将房号告诉来访者,敬请他原谅。斯密斯先生当即表示予以理解,并表示这条规定有助于维护住店客人的权益,值得赞赏。

案例评析

客人在住店期间,"为住店客人保密"是饭店的原则,关键在于要处理得当。这位接待员始终礼貌待客,耐心向来访者解释,并及时提出合理建议。由于解释中肯、态度和蔼,使来访者提不出异议,反而对我们饭店严格的管理留下深刻印象。从这个意义上讲,维护住店客人的切身利益,以安全为重,使客人放心,正是饭店的一种无形的特殊服务。

客人住店期间,其身份、目的、居留期限、健康状况、业务往来、人际关系、支付能力、心理状态、喜好追求千差万别,饭店本身"硬件"的设施设备和"软件"的服务质量及管理水平,以及社会、经济、政治等因素都会对饭店经营产生种种意想不到的个性需求,其重要意义显得尤其明显和突出,是对客服务全过程的"重中之重"。这一阶段,前厅部对客服务的主要工作集中在问询服务、总机服务、委托代办服务和商务服务等服务项目。

任务1 问询服务

实训目标

了解问询服务的内容;
掌握查询、留言、函件服务、客房钥匙控制的流程及相关问题处理技巧。

【实训方法】

教师示范；分组练习；考评测试。

【实训准备】

实训室；电脑；电话；纸；笔。

知识探究

查询服务；留言服务；函件服务；客房钥匙控制。

一、查询服务

（一）访客查询住客信息

1. 仔细聆听。记录要点，给予答复。
2. 确定是否住店。
（1）查当天抵店客人的订房表或当天预计抵店客人名单。
（2）查当天结账客人名单。
（3）从客史档案中查找，看客人是否曾入住或已离店。
（4）从订房表中查找，看客人是否将会入住。
3. 酌情处理。
（1）住客尚未抵店的，请访客在住客预计到达日期再来询问。
（2）住客已退房的，向访客说明情况，若住客有留言，查看住客委托事项或留言，告知访客住客离店后的去向和地址。
（3）住客仍在店的，询问访客姓名，打电话给住客，征询住客意见，确定住客是否接听；或将电话转入房间，或婉言回拒。
（4）查不到住客信息的，向查询者解释或提供其他线索帮助查找。

【小提示】

有关住客的房号、活动情况如住客无委托或留言，则对住客行踪予以保密。访客执意询问住客房号时，首先向访客致歉，请其理解饭店的规定；若还不行，则请访客报出住客姓名，然后迅速查找，再致电询问住客是否可告知房号。

（二）住客电话查询

1. 仔细聆听。接到查询电话，仔细聆听，给予答复，并边听边做有关记录。
2. 酌情处理。
（1）对熟悉的情况，随问随答。
（2）对不清楚的问题，请客人稍等，查询后给予答复。
（3）对不清楚又一时查不到的信息，向客人说明，请客人谅解，或转交大堂经理处理，或记下客人姓名等，待查询后回复客人。
（4）经查询后仍无法解答的问题，回复客人并向客人道歉。

【小提示】

回答客人问题不能使用模棱两可的语言，更不能直接回答"不知道"，应做到热情、耐心、快速，有问必答，百问不厌；同时，要讲究接待与服务的语言艺术。问讯员应具有广博的知识，普通话及外语流利；熟悉饭店各部门情况，熟悉饭店所在城市风光、交通情况；懂得交际礼仪及各国、各民族风土人情和风俗习惯。

（三）提供交通和旅游信息

1. 熟悉交通状况。通过各种途径，了解和掌握以下信息：国内国际民航及铁路、长短途汽车、轮船最新时刻表和票价，市内公交车主要线路、到达目的地所需时间及票价；交通部门关于购票、退票、行李大小与重量的详细规定等。

2. 熟悉旅游景区（点）情况。尽可能多地熟悉饭店所在地的主要旅游景区（点）简介、文化特色、地址、开放时间等。

【小提示】

要掌握国际标准时制度，懂得时区的划分，了解时差及其计算方法。注意更新有关信息；问讯处可为客人准备一种向导卡（分别用中、英、日等多种文字标明饭店名称、地址、电话号码及客人要去的地方），以方便客人。

二、留言服务

（一）访客留言

访客留言服务程序见图 1-4-1。

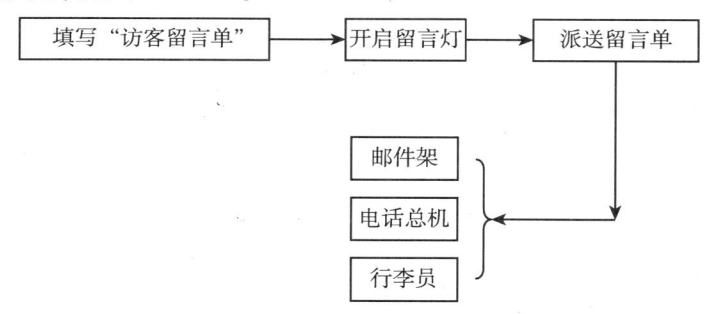

```
填写"访客留言单" → 开启留言灯 → 派送留言单
                                      ↓
                              邮件架
                              电话总机
                              行李员
```

图 1-4-1　访客留言服务流程

1. 填写留言单。由访客填写留言单（VISITORS MESSAGE），问讯员签名；或由访客口述，问讯员记录，然后由访客确认签字。

2. 分送留言单。留言单一式三联，第一联放在钥匙/邮件架上；第二联送达总机，由总机开启客房电话机上的留言指示灯；第三联由行李员送入客房（见表 1-4-1）。

表 1-4-1　　　　　　　　　　住客留言单

日期：_____	
女士或先生：_____	房号：_____
我将在_____时间回店	我在_____
	□饭店内
	□饭店外　电话_____
留言：	
经手人：	客人签字：

【小提示】

被访住客不在饭店或不方便接待时,主要建议访客留言(如本节导入案例);各班次交接班时应对上一班次和本班次留言处理情况交代清楚;留言传递要做到迅速、准确;楼面客房服务员予以配合,在住客回房间时提醒有关访客留言事宜。问讯员在确认住客已取到留言单后,要及时关闭留言灯。

(二) 住客留言

1. 填写留言单。由住客填写留言单,问讯员签名;由住客口述,问讯员填单,然后由住客签字确认。

2. 分送留言单。住客留言单一式两联,问讯处、电话总机各存一联。

3. 告知访客。访客来访,告知留言内容。

【小提示】

接受住客电话留言时,要听清住客留言内容,准确记录,经复述,被住客确认无误后再填写留言单,然后按留言服务程序办理。交接班时将留言受理情况交代清楚;住客留言单上已标明留言内容的有效期限,即过了有效期来访客人仍未取走,也未接到留言者最近的通知,饭店才可以将留言单按作废处理。

(三) 常见问题处理

1. 有来访客人询问尚未抵店或已离店客人。

(1) 查当天抵店客人的订房表,或当日预订抵店客人的名单。

(2) 查当天结账客人的名单。

(3) 从饭店保存的客史档案卡查找,看此客是否曾住店,但已离店。

(4) 从以后的订房表(由订房处保存)中查找,看该客人是否将会入住。

(5) 如果查明客人尚未到达,则请对方在客人预订到达的日期再来询问;如果查明客人已退房,则向对方说明情况。

(6) 除已退房客人有委托外,一般不把住店客人离店后的去向和地址告诉来访者(公安机关执行公务的情况例外)。

2. 晚上客人打电话到总台,要求服务员陪其聊天。

(1) 晚上值班若遇到客人打电话要求陪其聊天,服务员要委婉而严肃地告诉客人,当班时间要做很多工作,若不能按时完成,会影响对客服务质量。

(2) 告诉客人,聊天会长久地占用饭店的营业电话,招致其他客人的投诉。

(3) 可向客人介绍饭店或饭店附近的各类康乐场所。

3. 客人结账离店后才发现某些物品遗留在客房内,打电话到总台请求查找。

(1) 问清客人遗留物品的种类、形状、特征,请客人稍后再打或留下电话号码,立即通知客房部帮助查找。

(2) 若确有其物,可告诉客人饭店会将东西保存,直至客人来取。

(3) 若客人委托他人来领取,应出具委托书,领取时收取委托书,复印来人证件并核对。

4. 遇已委托旅行社订房的客人询问房价。

(1) 告诉客人其房费由旅行社代付,房价可向旅行社询问。

(2) 若客人固执己见,可将饭店门市房价报给客人,切不可将饭店与旅行社的协议房价告诉客人。

5. 如何正确、迅速地传递留言。

（1）核查电脑资料，防止误投。

（2）认真填写留言单，若是访客留言，请来访者自己填写；若是来电留言，要认真倾听记录后向客人重复一遍留言内容。

（3）发送留言单，一联用信封封口后由行李员送到客房，一联放于钥匙格中待客人抵达时面交客人，一联留存总台备查。

三、函件服务

（一）处理进店邮件

1. 接收邮件。当收到邮局送来的邮件时，问讯员应仔细清点件数并在邮递员的收件簿上签字，并向邮递员致谢。

2. 分类登记。

（1）按下列顺序分类：客人邮件→租用饭店场所的单位邮件→饭店邮件→员工邮件。

（2）在有邮戳的邮件上打上收到日期，并在"客人邮件收发簿"上登记。

3. 分发签收。分类完毕即分发，并请收件人签收。

（二）处理普通邮件

1. 核对资料。收到邮件后立即同电脑上的资料核对，查看邮件是否与住店客人的姓名和房号吻合；没有电脑的，可在客人花名册中查找。

2. 酌情处理。

（1）邮件上只有姓名无房号的，先从电脑中找出相应房号，然后在邮件上注明；电话通知客人来取邮件。

（2）客人不在房间的，将邮件放入客人钥匙格内，待客人取钥匙时交给客人；钥匙由客人自己保管的，可通知总机亮起房内留言灯，客人回来后就可到前台领取邮件。

【小提示】

邮件递送之前，根据邮件姓名、房号一一打电话，确认客人是否在房间，按照从高层到低层的顺序送达；客人不在房间时则从门缝塞进。设置楼层服务员的饭店，可由楼层服务员将邮件送进客人房内，放在客房写字台上。

（三）处理特殊邮件

1. 核对资料。

（1）收到挂号信、包裹单、汇款单、EMS邮政特快专递等邮件的，立即同电脑上的资料核对，查看邮件是否与住店客人的姓名和房号吻合，没有电脑的，可在客人花名册中查找。

（2）邮件上只有姓名无房号的，先从电脑中找出相应房号，然后在邮件上注明。

2. 酌情处理。

（1）立即用电话通知客人到前台领取邮件。

（2）如客人不在房内，则发一份"邮件通知单"，并在信件记录本上做好记录；也可以通过电话总机，在客人房内电话机上亮起红灯，表明有留言，客人一回来，即可领取邮件。

四、客房钥匙控制

饭店钥匙的分发与控制既是一项服务，又是一种保证安全的手段，为了保证客人的人身和财产安全，越来越多的饭店采用最先进的科学技术成果，完善饭店的钥匙性能，如电子暗码锁、IC卡锁及电子磁卡钥匙的使用。

在进行客房钥匙服务时应注意以下几点：

1. 客人外出回来未随身携带房卡，问询员应该询问客人的姓名，然后请客人稍候，从记录或计算机上核对，确认无误后将钥匙交给宾客，此时客人应有能证明身份的证件。

2. 对已遗失房卡的住客，且房卡与磁卡钥匙一体，必须核实确认，方可补办。同时做好记录，以备结算时核实按规定赔偿。

3. 客人结算离店时，问询员应提醒宾客归还钥匙，团队房客钥匙则由前厅负责收回，可请陪同或领队协助完成。

五、问题处理

（一）给有预订的客人留言

1. 查出客人的预订单。
2. 将留言单订在预订单后面，在订单上注明"有留言"字样。

（二）来访者查询住客

1. 从各种途径帮助客人查找房号；问清来访者的姓名。
2. 不能轻易地将住客的房号告诉外人。要征得住客的同意后方可。一般应先打电话给住客，告诉其有生人来访，是否愿意接见，若住客说可以，则将房号告之。

（三）来访者留言要求在很短时间内传给客人

这种留言一般情况下可以不受理，或者向来访者说明，饭店可以尽量寻找住客，但是否在规定时间内找到住客，饭店不承担责任。

（四）访客来饭店给住客留言

1. 问清住客姓名，查找是否有此住客。
2. 若有，则填写房客留言单。

（五）房客留下物品委托饭店转交住客

1. 首先问清客人姓名、性别、国籍等，查看本店是否有此住客，若有预订客人，找出订单，同时填写待客领取单，将有关信息记录在订单上，将物品按抵店日期妥善存放，每天与住店客人名单查对，到时将物品交给客人。

2. 若是住客不在房间时，可写一份留言，送入客房，告诉客人到某处领取物品即可；若客人已离店，一般不接受此项任务，并将客人已离店消息告诉对方。

（六）客人离店时留下物品委托服务人员转交亲友

一般情况下不代转交，但情况特殊，价值不大的小件物品可代为转交，接办时请客人打开检查（有否易燃易爆物等），请客人填写待客领取单（两联），一联附在物品上；另一联存底，同时向客人说明领取时，应核对领取人的证件及其姓名是否相符，物品交给来人时，请对方在待客领取单上签字备查。

（七）客人已离店仍有他的信件

一般情况应交给邮局处理，若客人离店时留下地址要求代为转递的，应写上转寄地址交由邮局转递。

（八）来访客人要在房间留宿

来访客人要在房间留宿时一定要请客人办理留宿手续，否则应劝说访客在晚上11点以前离开房间。

（九）客人外出时吩咐可以让来访者进入房间

1. 来访客人姓名、性别、大致年龄、与客人的关系及何时来，服务员应向客人问清楚，以便根据所讲特征做好接待工作，若相符，请访客办好来访登记手续。

2. 同时应注意来访者进房后，在客人未回来之前是否外出，如发现可疑或带走物品，应上前查问。

（十）客人不在而来访者要求进入客人的房间

1. 不但要做好接待服务工作，还要做好安全保卫工作，确保住客的人身及财产安全，严禁客人不在时让来访者随便要求进入客人的房间。

2. 但也不可对客人无礼，应有礼貌的阻止。比如可这样说："先生/女士对不起，××先生/女士不在，他外出没有吩咐可以让来访客人进入他的房间，还是请您先在大厅稍候或先到花园散散步，稍后再来，如果他知道您来的话，相信他很快会回来的。"

任务2　总机服务

【实训目标】

熟悉电话总机操作的规程；
掌握转接电话、长途电话、叫醒服务和查询留言服务的具体标准和要求。

【实训方法】
教师示范；分组练习；考评测试。

【实训准备】
教室；电脑；电话；纸；笔。

【知识探究】

转接电话；挂接长途电话；叫醒服务；查询留言服务；勿扰服务。

总机处是饭店内外信息沟通、联络的通讯枢纽，又是为客人提供服务的工具。客人对饭店的第一印象，往往是在与话务员的第一次接触中形成的，而这种接触所具有的特点又是热情、快捷、高效的对客服务，只能通过悦耳的嗓音体现出来。因此，总机服务越来越被饭店所重视。

一、转接电话

转接来自店外的电话时，要先报店名并向对方问好，然后咨询需要什么帮助。

在接转来自店内的电话时，要先报总机，然后问好，再转接；对无人接或占线电话，要主动提议是否需要受话者留言或再次打来。如果碰到查找不到受话人姓名或房号的麻烦时，应注意保持冷静，迅速仔细核对查找，切勿急躁。

转接电话时还应注意以下几点：

1. 能够辨别电话的来源，尤其是店内电话能够辨别主要管理人员的声音并给予适当的尊称。
2. 用热情、悦耳的语音和语调向来电者致意问好。
3. 报出饭店名称及岗位名称，必要时还要报出工号。
4. 听清和明确了解来电者的要求，按要求进行下一步操作。
5. 请客人等候时，播放音乐。

二、接挂国际、国内长途电话

饭店所提供的长途电话服务，常分为三种：一是住客在房内直拨的国际长途（IDD）和国内长途（DDD）；二是通过长途电话台挂拨的人工长途；三是由话务员为店内外客人代为直拨的长途。为了方便住店客人，饭店设计了电话服务指南及电话卡，供客人查阅使用，大大减轻了话务员的工作量。另外，注意随时为入住登记的客人开通长途电话服务及为结账离店的客人及时关闭长途电话服务。若团体会议客人入住登记的客人需处理电话费用，则应设立相应分账单。

在总机长途电话的服务中，难以控制的是长途费用的跑账、漏账，部分客人常在结账离店后，仍发生长途电话费用等问题。对此采取的有效措施是：话务员必须掌握当日预计离店客人的结账情况，并主动与前台收银处密切联系。一旦客人结账离店，话务员就应立即关闭客房的长途电话，直至该客房重新出租给新的住客。

三、叫醒服务

通过电脑系统可以自动实施叫醒，但许多饭店仍实施由总台话务员或总机话务员来完成的叫醒服务，原因是客人最喜欢的依然是面对面的服务。

（一）人工叫醒服务的程序

1. 受理客人的叫醒服务预订。
2. 确认房号和叫醒的时间。
3. 填写叫醒记录，再次跟客人复述确认。
4. 使用定时钟定时。
5. 使用电话叫醒客人时，话务员先向客人问好，告之叫醒时间已到。
6. 核对叫醒记录。
7. 若无人应答，隔5分钟再人工叫一次。再次无人应答时，立即通知大堂副理和客房部，查明原因，采取措施。

（二）自动叫醒服务的程序

自动叫醒服务的程序跟人工叫醒服务的程序的前三步一致，不同的是确认客人的叫醒预定后，要输入电脑，并检查屏幕显示与打印机记录是否一致，然后核审当日叫醒记录，并检查设备是否运转正常。注意查看是否有无人应答记录的房间，立即改用人工方式叫醒客人，并通知客房服务中心，做详细记录。

（三）叫醒失误的原因

1. 饭店方面的可能原因：话务员漏叫；话务员做了记录，但忘了输入电脑；记录的太潦草、笔误或误听，输入电脑时输错房号或时间；电脑出了故障。
2. 客人方面的可能原因：客人本身错报房号；电话听筒没放好，无法振铃；睡得太死，电话铃响没听见。

四、查询留言

（一）接听留言

1. 客房电话无人接听，店外客人要求留言。
2. 话务员认真核对店外客人要找的店内客人的房号、姓名是否与饭店信息一致。
3. 准确记录留言者的姓名、联系电话和留言内容。
4. 复述留言内容，并得到店外客人的认可。

（二）输入电脑

1. 用电脑查出店内客人房间，通过固定程序输入留言内容。
2. 核实留言内容无误；在留言内容下方提供留言服务员的姓名。
3. 打印出留言。

（三）开/关留言灯

1. 按客房留言灯开启程序开启留言灯。
2. 每日接班和下班时核对留言和留言灯是否相符。
3. 当客人电话查询时，将访客留言内容准确地告知客人。
4. 关闭留言灯，清除电话留言内容。

五、勿扰服务

1. 话务员将要求提供"勿扰服务"（DND）的客人房号、姓名、时间记录在交接班记录本上。
2. 话务员将电话号码通过话务台关闭。
3. 在勿打扰期间，话务员应按该项服务规程要求，礼貌地通知发话人，并建议其留言或在取消"勿扰"之后再与之联系。
4. 接到客人要求取消"勿扰服务"通知后，话务员应立即通过话务台开通电话，并在交接班记录本上注明取消符号及时间。

任务3　委托代办服务

▌实训目标

了解金钥匙组织的基本情况；
熟悉金钥匙的服务理念及岗位要求；
掌握各项委托代办服务的内容和流程。

【实训方法】
教师示范；分组练习；考评测试。
【实训准备】
教室；电脑；电话；纸；笔；保管箱。

知识探究

"金钥匙"服务；委托代办服务。

一、"金钥匙"

"金钥匙"英文为"concierge"，是一种"委托代办"的服务概念。始创于1929年的法国，原指古代饭店的守门人，负责迎来送往和饭店的钥匙，但随着饭店业的发展，其工作范围在不断扩大，在现代饭店业中，Concierge 已成为客人提供全方位"一条龙"服务的岗位，只要不违反道德和法律，任何事情 Concierge 都尽力办到，以满足客人的要求，其代表人物就是他们的首领"金钥匙"，"金钥匙"会徽和佩戴见图1-4-2、图1-4-3、图1-4-4和图1-4-5。

图1-4-2　国际饭店金钥匙组织联合会会徽

图1-4-3　中国饭店金钥匙组织会徽

图1-4-4　"金钥匙"佩戴

图1-4-5　"金钥匙"的岗位职责

"金钥匙"Les Clefs d' Or [音：lay clay door]，同样是法语词，"金钥匙"通常身着燕尾服，上面别着十字交叉形金钥匙，这是委托代办的国际组织——"国际饭店金钥匙组织联合会"（Union International Concierge Hotel Les Clefs d' Or）会员的标志，系指由为服务行业献身的饭店委托代办金钥匙成员们组成的国际专业组织，它也象征着"Concierge"就如同万能的"金钥匙"一般，可以为客人解决一切难题。

如今"金钥匙"已成为国际性的组织（UICO）。它是由一批优秀的、具有"金钥匙"特色服务的饭店组成，是世界上第一个以服务品牌为纽带的饭店联盟。"金钥匙"尽管不是无所不能，但一定要做到竭尽所能。这就是"金钥匙"的服务哲学。"追求极致，满意加惊喜"是"金钥匙"的服务理念与特色。

（一）"金钥匙"的素质要求

"金钥匙"是以其先进的服务理念、真诚的服务思想，通过其广泛的社会联系和高超的服务技巧，为客人解决各种各样的问题，创造饭店服务的奇迹。因此，"金钥匙"必须具备很高的素质。

1. 能力要求。
（1）交际能力：彬彬有礼、善解人意，乐于和善于与人沟通。
（2）语言表达能力：表达清晰、准确。
（3）身体健康，精力充沛。能适应长时间站立工作和户外工作。
（4）有耐性。
（5）应变能力。
（6）协调能力。

2. 业务知识技能。
（1）熟练掌握本职工作的操作流程。
（2）通晓多种语言。
（3）掌握中英文打字、电脑文字处理等技能。
（4）掌握所在宾馆的详细信息资料，包括饭店历史、服务设施、服务价格等。
（5）熟悉本地区三星级以上饭店的基本情况，包括地点、主要服务设施、特色和价格水平。
（6）熟悉本市主要旅游景点，包括地点、特色、服务时间、业务范围和联系人。
（7）掌握一定数量的本市高、中、低档的餐厅、娱乐场所、酒吧的信息资料，包括地点、特色、服务时间、价格水平、联系人。按照中国饭店金钥匙组织会员入会考核标准，申请者必须掌握本市高、中、低档的餐厅各5个，娱乐场所、酒吧5个（小城市3个）。
（8）能帮助客人购买各种交通票据，了解售票处的服务时间、业务范围和联系人。
（9）能帮助客人安排市内旅游，掌握其线路、花费时间、价格、联系人。
（10）能帮助客人修补物品，包括手表、眼镜、小电器、行李箱、鞋等，掌握这些维修处的地点和服务时间。
（11）能帮助客人邮寄信件、包裹、快件，懂得邮寄事项的要求和手续。
（12）熟悉本市的交通情况，掌握从本饭店到车站、机场、码头、旅游点、主要商业街的路线、路程和出租车价格情况。
（13）能帮助外籍客人解决办理签证延期等问题，掌握有关单位的地点、工作时间、联系电话和手续。

（14）能帮助客人查找航班托运行李的去向，掌握相关部门的联系电话和领取行李的手续等。

（二）"金钥匙"在中国的兴起和发展

国际金钥匙组织是一个国际性的饭店服务专业性组织，于1929年在法国成立，距今已有70年历史。自1951年在瑞士召开的第一届"国际金钥匙组织年会"起，每一届年会的召开都得到承办地政府、旅游管理部门社会各界的大力支持，都把它当成展示所在国旅游质量的机会。同时对承办地的旅游事业及旅游宣传起到了积极的促进作用。另外，与会者都是旅游服务能手，因此给当地旅游业技术交流带来了蓬勃生机。

1999年2月，中国国家局正式批准成立中国饭店金钥匙组织，划归中国旅游饭店协会管辖。国际金钥匙组织执委在第44届国际金钥匙年会决定2000年第47届年会在中国召开，因为广州是中国金钥匙的发源地，所以成为亚洲第二个举行年会的城市，这是广州市的荣誉，也是中国旅游界的盛事。

中国金钥匙组织是国际金钥匙组织第31个成品员国团体会员，同时是中国旅游饭店协会的一个专业委员会。

【知识链接】

中国饭店金钥匙服务项目有：

1. 行李及通讯服务：运送行李、电报、传真、电子邮件等。
2. 问询服务：指路等。
3. 邮寄服务：快递、紧急包裹等。
4. 接送服务：车站、机场接送服务。
5. 旅游服务：个性化旅游服务线路接送。
6. 修理服务：修鞋、修电脑等。
7. 代订：订票、订花、订餐、异地订房等。
8. 出租服务：租车、租房等。
9. 代购服务：商城购物。

其他：美容、按摩、跑腿、看孩子、邮票等。

【小提示】

◇ 金钥匙服务不收服务费，如果需要外出为客人办理业务，将根据路程收取相应的车费。饭店不承担代办事项中所出现的任何问题。

二、委托代办服务

饭店为客人提供委托代办服务范围较广，服务项目因饭店而异。一方面要设置专门的表单，如委托代办登记单、订票委托单等；另一方面要制定委托代办收费制度，一般饭店内的正常服务项目和在饭店内能代办的项目不收取服务费。需付费的委托代办项目，应先填写委托代办书，再请客人签名确认。

（一）呼叫寻人（Paging）

行李员边举牌行走，边敲击牌上安置的铜铃或其他发声装置，以便发现或提醒客人。

1. 问清姓名。当访客来到饭店欲找某一位住店客人而恰好这位客人不在房间，并向礼宾催班员反映时，值班员应先问清住客的姓名。

2. 核对信息。与总台核准住客相关信息。

3. 开始寻找。在前厅等公共区域举着写有这位客人姓名的"寻人牌"呼唤寻找客人。

【小提示】

◇ 应住客的要求，大厅信使可协助其在饭店规定的公共区域内呼叫寻人。

◇ 在店内寻找非住店客人，或在其他营业场所、娱乐区域寻人时，还可通过电话与各营业点值班服务员联系查找。

（二）替客人泊车（Car Park Valet）

事前提示：泊车服务是饭店设专职车辆管理员，负责客人车辆的停放服务。泊车管理员应注意车内有无遗留的贵重物品及其他物品，车辆有无损坏之处，并将停车地点、车位号、车牌号、车型等内容填入工作记录。

1. 递交寄存牌。客人驾车到店时，泊车管理员将车辆钥匙寄存牌（Car Valet Parking Coupon）交给客人。

2. 提醒停放。礼貌地提醒客人保管好随身携带的物品；将客人车辆开往停车场。

3. 交还驾车。客人离店需用车时，出示车辆寄存牌，泊车管理员迅速将客人的车辆开到饭店大门口，交给客人驾车；礼貌地告别客人。事后提醒：泊车服务对管理员素质要求较高，除应受过严格的专业训练并具有优秀的驾车技术和很强的安全意识以外，更应具有高度的责任心。

（三）预订车辆（Booking Taxi）

1. 记录要求。行李员应将客人的订车要求准确记录，替客人联系预订出租车。

2. 讲明情况。当被叫的出租车到达饭店门口时，行李员应向司机讲清客人的姓名、目的地等，解释客人的要求，也可填写一张向导卡给客人，卡上用中文写明客人要去的目的地及饭店的名称、地址等；必要时，前厅接待服务人员应充当客人的翻译。

3. 礼貌告别。

（四）出租自行车

1. 询问情况。客人提出租用自行车，值班员填写自行车租用单，问清客人房号、姓名、国籍、抵/离店时间，向客人说明租金标准及结账方式。

2. 挑选车型。引领客人到自行车停放处，请客人挑选车型并验车。向客人说明自行车使用规定，尤其是对境外客人要说明在分阶段车道骑行、存车收费等规定。

3. 还车结账。客人退还自行车时，记录归还时间，核对车型、车号，并检查车辆是否完好无损。如有损坏，视损坏程度按规定请客人赔付。将客人租用车费记入账单，请客人签字后，及时按规定将账单转入总台。

【小提示】

客人提出租用自行车，值班员将预订要求记录在值班日志上并予以安排；非住店客人要求租用自行车，应视本饭店的具体管理规定是否允许及车辆是否够用而定。自行车除本市（县）统一牌号以外，还应有本饭店的编号；每天各值班员应按制度清点数量和检查完好程度，并做检查记录。

（五）简单的店外修理

1. 询问情况。当客人提出要求时，礼宾台值班员应仔细问清楚所修物品的规格、型号、时限、故障及房号、姓名等情况。

2. 填写工作记录。值班员填写外出送修/取送工作记录后，外出为客人修理物品，应迅速完成送修、取送任务，手续清楚，各项费用、单据齐全，符合规定。

【小提示】

代修范围是箱包、手表、照相机等生活用品。每次外出联系维修、购物等任务完成情况均应填写工作记录。

（六）衣物寄存

饭店有宴会、舞会、文艺演出及大型会议等较大规模活动时，一般由礼宾部安排人员承担客人衣物寄存服务。

1. 提前准备。礼宾部接到提供衣物寄存服务的通知后，提前将存衣处（衣帽间）内的挂衣架、存包架、存衣牌等准备充足。

2. 说明谢绝事项。客人寄存衣物时，服务人员要主动地向客人说明贵重物品等谢绝寄存。

3. 交牌提醒。将存衣牌取下交给客人，并提醒客人妥善保管存衣牌；将衣物上架按顺序放好。

4. 当面确认。客人凭存衣牌取衣物时，首先核准号码，然后将衣物交给客人，并请客人当面确认衣物是否完好无缺后礼貌告别。

（七）转交/快递物品

1. 如果是住客转交/快递物品给来访者，住客要提供来访者的姓名，待来访者认领时，要请其出示有效证件并签名。

2. 如果是来访者转交/快递物品给住客，首先要确认本店有无此住客，若有此住客，一定要认真检查物品，填写留言单通知住客前来领取。

3. 对快递物品首先应了解物品种类、重量及目的地，向客人说明有关违禁物品邮件的限制，然后提供打包和托运一条龙服务，联系快递公司上门收货（联邦快递、DHL和国内的EMS），记录托运单号码，将托运单交给客人并收取费用。

【小提示】

◇ 转交物品，分住客转交物品给访客和访客转交物品给住客两种。

◇ 易燃易爆物品、淫秽物品、毒品、危险品拒绝转交。

◇ 如系国际快递，要向客人说明海关限制和空运限制。

◇ 贵重或易碎物品交由专业运输公司托运。

（八）旅游服务

有些饭店设有专门的旅游部为住客提供旅游服务，礼宾部员工要在获悉客人旅游要求后进行有针对性的旅游接待服务。

1. 礼貌迎客。

2. 登记推介。

（1）登记客人的姓名、房号、日期及人数，掌握客人的基本情况。

（2）向客人推荐有价值的旅游线路。

（3）向旅游公司或旅行社预订，为客人联系声誉较好的旅游公司或旅行社。

3. 告知事项。告知客人乘车地点、准确时间等，并说明旅途注意事项。

（九）订票服务

旅行社组织的团队客人一般是旅行社自行解决，散客和一些会议客人则通常要求为其代购车、船、机票。

1. 问清要求。

（1）住店客人提出预订机票、火车票，或提出修改航班、车次等要求时，礼宾台值班员应询问清楚客人的要求，按饭店规定的受理票务规程办理。

（2）填写订票委托单时，应当面向客人说明，如果不能预订到指定日期的票，可否改买其他日期的航班或车次。

2. 预收票款。预收订票款，并在订票委托单上注明"已收订票款"，必要时请客人出示或留下身份证件、护照。

3. 取票和送票记录。按时取票、送票，并当面将客人的身份证件、票款余额及有关收据等如数交给客人；填写工作记录。

（十）代客订房服务

住店客人有时会要求饭店代订其他城市的客房，对于这类要求，饭店应尽量满足，一般由订房处或礼宾部完成。

1. 问清要求。

（1）登记住客姓名、房号、联系电话。

（2）了解客人要求，如饭店的位置、客房和床的类型、到达和退房日期及有无特殊需要等。

（3）明确客人预订担保条件，以作为客人入住第一晚费用的担保。

2. 订房确认。向客人指定的饭店订房（但须要求对方书面确认）并将书面确认单交给客人。

【小提示】

明确客人预订担保条件，通常要求将客人信用卡的有关信息传递给对方饭店，如信用卡的号码、有效期、持卡人姓名等。

（十一）订餐服务

1. 了解要求。了解客人的订餐要求，如菜式种类、餐厅要求、用餐人数、用餐时间等。

2. 订餐转告。

（1）向有关餐厅（餐馆）预订并告知订餐要求。

（2）记录对方餐厅的名号、地址、订餐电话，并转告住客。

【小提示】

◇ 尽量与客人面谈后再推荐当地有特色的餐厅（餐馆）。

◇ 接受订餐的过程中，一定不要凭主观臆断，轻易地代替有关预订餐厅（餐馆）向住客许诺。

（十二）护照签证服务

1. 迎客验收。

（1）主动迎接客人，介绍服务项目与服务标准。

（2）收齐办理护照签证的有效证件，并向客人介绍服务费的收费标准。

2. 确认收费。

（1）再次检查各有关证件，确定有效、齐全之后，让客人填好相关表格及委托书等。

（2）按规定收取服务费，将各证件材料装入护照签证专用袋（填上姓名、日期、编号等）。

3. 通知领取。等护照签证办妥之后，及时通知客人来领取，并退还有关证件，请客人填好收取确认书。

4. 结账备案。按规定办理结账手续，做好记录备案工作。事后提醒：若是贵宾，在护照签证办妥之后，应派专人送去，并请客人填好收取确认单。

【小提示】

事先向公安局了解护照办理的有关政策、所需时间及程序等，认真负责地向客人提供有关信息和具体服务。

三、代办问题处理

（一）客人提出需要出租车服务

1. 通常情况下，机场代表或门童可以立即转呼饭店出租车队进行出车服务，如果遇到本饭店车队无法提供服务时，则要求员工迅速帮客人叫其他出租车；引导司机选择合适的停车位置，以方便客人上车与装行李。

2. 门童应帮助客人将行李放在汽车后备箱，并让客人确认；给客人出租车卡片（卡片上写明日期、房间号、出租车牌号及目的地等），并祝客人旅途愉快；最后填写出租车登记簿，以便发生问题后检查处理。

（二）代客外出购物时，若商店无法提供发票或收据

1. 立即直接与客人联系，将情况告之；如一时无法与客人联系上，应请商店出示相应证明并盖章、签字。

2. 记下该商店的联系电话号码或其他联络方式；将证明交与客人并说明原因，如客人有异议，可将商店的电话号码告诉客人，请客人直接与商店核实。

（三）客人提出借用雨（阳）伞

1. 请客人交付押金，待客人将伞退还时，将押金还给客人。

2. 在雨（阳）伞出租本上注明客人的姓名、房号、借伞时间、经办人姓名；出借时须向客人申明借用期限，超过期限按丢失处理。

3. 如果客人将雨（阳）伞丢失或超过期限未还，应将押金交前厅收银处，作为客人的赔偿金，并通知客人，同时做好记录。

（四）住客在退房时欲将一包物品寄留，并说其朋友次日来取

1. 了解物品的种类，贵重物品或违禁物品拒绝转交。

2. 请客人写一份委托书，注明物品名称、数量、取物人姓名、联系地址等并签名；核对委托书内容与物品是否一致。

3. 其朋友来取物品时，须出示有效证件，写下收条，必要时须复印证件。

（五）客人委托将客房作新婚之用时

1. 首先要了解客人的结婚日期、举行婚礼的时间和大致程序，同时根据客人的要求布置房间。

2. 通知客房部准备好鲜花，将鲜花与总经理的名片送入客房，新郎、新娘抵店时献上鲜花，代表饭店向新郎、新娘表示祝贺。

（六）电梯故障处理

当电梯出现故障，客人关在电梯内时，一般来说，里面的客人会按警铃。当前厅主管或行李员听到铃声时，应采取下列措施：

1. 通知工程部，立即采取应急措施，设法解救电梯内的客人。
2. 和关在电梯里面的客人谈话，问清楚以下事项：
（1）关在电梯里的人数；
（2）如有可能，问一下姓名；
（3）有无消息要带给（领队/队里的成员）同伴；
（4）值班人员无法解救客人，立即通知总工程师。

（七）保管箱钥匙遗失的处理

如客人遗失保管箱钥匙，饭店通常都要求客人做出经济赔偿，但必须有明文规定。如，可在记录卡正卡上标出，或在寄存处的墙上用布告出示有关赔偿规定，让客人知晓，以减少处理工作中可能出现的不必要的麻烦。当客人将保管箱的钥匙遗失，而又要取物时，必须在客人、当班的收银员以及饭店保安人员在场的情况下，由饭店工程部有关人员强行将该保管箱的锁作破坏性钻开，并做好记录，以备查核。

（八）饭店内外部信息的问讯服务信息收集

由于宾客对饭店外部信息的问讯涉及面非常广，这就要求问讯员在接受客人问询时需要准备充分，必须有较广的知识面，掌握大量的信息。但是，即使是最优秀的问讯员，也不可能完全答出宾客的问题，也不可能把宾客所需的资料全部记忆在脑子里。因此，问讯处还必须准备大量的书面资料，并根据宾客的需求和具体情况的变化，对资料不断地更新补充。主要有以下资料：

☆ 中西餐厅、酒吧商场、商务中心所在的位置及营业时间。
☆ 宴会、会议、展览会举办场所及时间。
☆ 饭店提供的其他服务项目、营业时间及收费标准，如健身服务、娱乐服务、洗衣服务等。
☆ 国内、国际航空线的最新时刻表和票价以及航空公司名称。
☆ 最新铁路时刻表、里程表和票价。
☆ 最新轮船时刻表、里程表和各级舱位的票价。
☆ 出租汽车市内每公里的收费标准。
☆ 饭店所在地至周围主要城市的距离及抵达方式。
☆ 饭店所在地的市内交通情况。
☆ 饭店所在地影剧院、歌舞厅的地址和即日上演的节目及时间。
☆ 饭店所在地展览馆、博物馆的地址、电话号码、开放时间及展览项目。
☆ 饭店所在地主要银行的名称、地址、电话号码。
☆ 饭店所在地主要医院的名称、地址、电话号码。
☆ 饭店所在地政府各部门的地址和电话号码。
☆ 饭店所在地大专院校、科研机构及主要工商企业的地址和电话号码。

☆ 饭店所在地附近的教堂、庙宇的地址和开放时间。
☆ 饭店所在地到近郊著名名胜的距离以及名胜的特色和开放时间。
☆ 饭店所在地各使馆、领事馆的地址和电话号码。
☆ 全国、全省及本市的电话号码簿及邮政编码簿。
☆ 世界地图、中国地图、本省和本市地图。
☆ 中国工商企业名录。
☆ 介绍本地风景名胜的宣传册。

任务4 商务服务

实训目标

了解商务服务相关设备的使用；
掌握打印、传真、Internet、会议室出租等服务的操作流程。
【实训方法】
教师示范；分组练习；考评测试。
【实训准备】
教室；电脑、电话；打印机；复印件；传真机。

知识探究

打印与复印服务；收发传真服务；Internet 服务；会议服务。

一、打印与复印服务

打印与复印，是商务中心常见的服务项目，客人往往要求将写好的文稿用电脑打印成字迹清晰的印刷体文件，或将文件原件复印。

（一）主动迎接客人

当客人到来时，接待员主动向客人礼貌问候，如果自己正在忙碌，则向客人表示歉意，请客人稍等；如果接待员正在接听电话，应向客人点头微笑致意，示意客人在休息处稍候。

（二）了解客人要求

1. 向客人了解文稿打印或复印要求，包括排版要求、稿纸规格、打印或复印数量。
2. 迅速阅读原稿，对文稿中不清楚或不明白的地方，礼貌地向客人了解清楚。

（三）接受打印或复印

1. 告知客人完成打印或复印的最快交件时间，同时向客人介绍收费标准。
2. 当不能在短时间完成时，记录客人的姓名、房号和联系电话，以便及时与客人联系。
3. 正式复印前，要调试好机器，先复印一份，得到客人认可后再按要求数量进行复印。

（四）校对稿件

1. 打字完成后，要认真进行校对。
2. 请客人校审后，再次按客人要求进行校正，直到客人满意为止。

（五）交件收费

1. 将打印或复印文稿进行装订，双手将文稿递给客人。

2. 对打印的原稿，要在征求客人意见后从电脑中删除掉，并将作废的稿件放入碎纸机中。

3. 按规定价格计算费用，办理结账手续。

（六）送别客人

礼貌地向客人致谢、告别。

【小提示】

将作废的稿件放入碎纸机前征求一下客人对稿件的处理意见，若客人同意做粉碎处理再置入粉碎机，并保证处理正常、有效；别忘了把复印的原件在复印完毕后交还给客人。

二、收发传真服务

（一）接收传真

1. 接收。接到对方传真要求，给出可以发送信号，接收传真。

2. 核对传真。认真检查传真是否清楚齐全，核对传真上客人的姓名、房号，填写传真接收记录；将传真装入传真袋。

3. 派送传真。通知客人取件，或派行李员送交传真。

【小提示】

行李员送传真的程序是：将传真和收费单交给行李员，请行李员在传真取件单上签名，由行李员将传真交给客人，请客人付费或在账单上签字。

（二）发送传真

1. 主动迎接客人。了解发送传真的有关信息，问清客人传真发往的国家和地区，认真核对发往国家和地区的电话号码；主动向客人介绍收费标准。

2. 发送传真。首先，认真核对客人交给的文件，将传真稿件装入发送架内。其次，用电话拨通对方号码，听到可以传送的信号后，按"发送"键将文件发出。

3. 结账送客。将原件交还给客人，按规定办理结账手续，礼貌地向客人致谢、告别。

【小提示】

传真文件的份数、收费标准及结账手续容易出错，须特别注意。如果是店外客人，请其先付押金。

三、Internet 服务

随着 Internet 的发展，上网、收发电子邮件的业务越来越普遍。Internet 服务是指为客人收发电子邮件、提供网上电子商务服务，其中发送电子邮件是较常见的服务。

（一）主动迎接客人

当客人来到时，接待员应主动礼貌问候。

（二）了解信息

详细了解收件人的 E-mail 地址、客人发送的信件内容和有无附件以及附件的录入方法；向客人介绍电子邮件的收费标准。

(三) 邮件发送

启动计算机,连接 Internet,打开电子信箱,录入收件人的 E-mail 地址及邮件内容。

(四) 结账道别

按规定办理结账手续;向客人致谢道别。

【小提示】

当信件或附件是客人提供的软盘时,首先需要对客人的软盘进行杀毒。

四、会议服务

(一) 了解会议信息

主动迎接客人,了解洽谈相关服务信息,如会议室使用的时间、参加的人数、服务要求、设备要求等。

(二) 受理出租

1. 主动向客人介绍会议室出租收费标准;当客人确定租用后,按要求办理预订手续。
2. 提前半小时按客人的要求准备好会议室,包括安排好坐席、文具用品、茶具、茶水、点心等;检查会议设施设备是否正常。

(三) 会议服务

1. 主动引领客人到会议室,请客人入座、为客人上茶;会议中每半小时为客人续一次茶。
2. 如客人在会议中提出其他商务服务要求,应尽量满足。

(四) 结账致谢

会议结束后礼貌地送走与会客人,按规定请会议负责人办理结账手续,向客人致谢并道别。

(五) 整理会议室

会议结束后,立即清扫会议室,整理室内物品,恢复室内原貌。

【项目小结】

前厅综合服务在前厅服务人员工作中属于职业素养和职业技能的部分,是前厅部工作中较为琐碎而又十分重要的工作。通过本章学习,我们需要了解问询服务、总机服务、委托代办服务、商务服务等相关工作的技能知识和应用服务技巧,妥善、灵活地处理客人住店期间的常见问题,培养宾客至上的意识。

实训测评

测评一　　　　　　　　　　电话转接服务

实训步骤	实训主要内容	测评要点
转接电话	1. 清晰地问候 2. 听清电话内容 3. 迅速判断分机号码是否正确 4. 准确地转接	准确接转

续表

实训步骤	实训主要内容	测评要点
电话占线情况的处理	1. 礼貌地问候 2. 及时跟客人说明占线情况 3. 请客人稍后再试或留言	跟客人说明占线情况
电话无人接听	1. 向客人说明电话无人接听的情况 2. 主动征询客人是否愿意稍后再接或留言	客人说明电话无人接听的情况
外线寻呼某人，但该人未回复	1. 当被呼叫者两分钟后仍未回复，话务员把该情况通知外线客人 2. 问清客人的电话号码并把它输入呼叫机 3. 在呼叫机上输入被呼者号码 4. 按执行键 5. 输入呼叫者要求应答的电话号码 6. 按执行键	准确用外线寻呼客人

测评二　　叫醒服务

实训步骤	实训主要内容	测评要点
接到客人要求叫早服务的电话	1. 当客人需要叫早服务时，话务员要问清客人的房间号码、客人的姓名及叫早时间 2. 话务员复述一遍客人的要求，以获得客人确认 3. 祝客人晚安	问清叫早时间
输入叫早要求	1. 按机台上的叫早键 2. 输入客人的房间号码 3. 输入叫早时间 4. 按机台执行键	正确输入
填写叫早登记本	当话务员将叫早时间输入机台后，在叫早登记本上填写客人的房间号码、客人叫早时间及话务员姓名	准确登记
叫早没有应答情况的处理	1. 通知客房管理处：客人的房间号码及叫早时间 2. 问明并记下客房管理处人员姓名	人工叫醒

测评三　　会议室服务

实训步骤	实训主要内容	测评要点
预订登记	1. 店内客人预订，须问清客人姓名、房间号，并告诉客人租金。如果店外客人来电话预订，需留下客人的姓名、电话 2. 如果客人来商务中心预订会议室，请客人在会议室预订日记本上签字，并押下信用卡 3. 所有商务中心会议室预订必须在会议室预订日记本上记录	准确办理预订

续表

实训步骤	实训主要内容	测评要点
询问客人有无其他要求	1. 是否需要饮品，如咖啡、茶点等 2. 是否需要投影仪、录像机、信纸、笔等 3. 提前准备特殊用品，并按规定收费	记录会议要求
检查会议室状况	在会议室出租前一个小时检查清洁工作，发现问题立即与有关部门联系	准备要充分
结账	将所有附加费用加在每日租金上，然后入账	日次结清

学以致用

1. 查询和留言服务分别有几种类型？服务的标准是什么？
2. 饭店前厅的函件服务的类型、步骤和标准分别是什么？
3. 客人住店期间，前厅服务员该如何控制房况？
4. 客人住店期间的行李服务有哪些常见问题？怎样处理？
5. 饭店前厅商务服务包括哪些内容？
6. 委托代办的项目有哪些？如何办理？
7. 贵重物品保管的注意事项有哪些？
8. 如果保险柜记录资料和客人记录卡的资料不符怎么办？
9. 在保险柜手续上签字的人病了或去世了将如何处理？
10. 话务服务的项目有哪些？服务的标准分别是什么？
11. 案例分析：

一个雨天，济南某饭店的几位客人，听说下雨时许多原本干枯的泉眼会冒出泉水来，便决定去看看。但是客人没有伞，于是便来到行李房，要求借几把雨伞。行李员在核实了客人的身份后，将雨伞借给了他们。几个小时过去后，那几位客人高兴地回来了。但是在客人归还雨伞时，问题发生了。行李员发现其中一把雨伞的伞骨已经损坏。行李员便按饭店的规定向客人索赔30元人民币，但客人坚持说借到时就已经破损，一时间双方都难以说服对方。争论了许久，客人也厌烦了，最终表示愿意按饭店的规定进行赔偿，但坚持雨伞的破损与自己无关。此时前厅经理正好路过此地，在了解情况后，由于分不清雨伞究竟是何时损坏的，为维护饭店的声誉，争取回头客，前厅经理决定不再要求客人赔偿。

讨论：该饭店前厅经理处理上述问题的方法对不对？为什么？并指出如何避免同类的事件发生。

模块三

管理篇

项目五　客账管理

案例导入

　　某日，两位客人有说有笑地来到某饭店。他们一起登记住宿，一位入住912房，另一位入住916房。登记完毕，总台小姐礼貌地询问："先生，请问你们的账怎么付？"912房客人回答道："一起付。"于是总台小姐填写了预付款单，全额4000元人民币，并在单子上注明"916房客人账由912房客人付。"然后对912房客人说："请签名确认。由于你们两间房统一付款，所以预付款要交4000元，请到结账处办理。"客人签名交钱。

　　两天以后，中午12：00，912房的客人来结账，与总台发生了争执："我没有看到预付单上写有'916房的客人账由912房客人付'字样，一定是我签名以后总台小姐加上的，我们登记时说过各付各的账。"接着说，"我只结自己的账。"（916房的客人已于今早离店，并未结账。）

　　听到争吵，前厅部李经理来到现场，对客人说："您好！我是饭店的前厅部经理，有什么事我会想办法为您解决的。"听了客人讲述和总台小姐讲述，李经理看了看客人的预付账单，对事情的大概有了一个了解。为了安慰客人，李经理转过身对客人说："先生您别急，我们一定会尽快查清，尽量给您满意的答复，您看能否先去用午餐，等用完餐再过来结账。"

　　客人用完午餐来到结账处，不客气地问道："事情怎么样了，我还要赶飞机呢？"同时反问道："别人吃喝玩乐，你来帮他付账？那谁来帮我付账？"又说："我朋友很有钱，他肯定会付账的，不用要我替他付的。"

　　李经理耐心地向客人解释道："先生，我相信您的朋友肯定会付账的，但他未结账就离店，肯定知道你们是一起付款的。按照我们饭店的常规，一间房客人入住1~2天，一般预付1000元~2000元，您的预付款标明4000元，表明总台小姐考虑了两个房间的预付款；另外，总台规定，客人若未替其他客人付账而只是交预付款，是不需要在预付款单上签字的，单子上有客人签名，就说明912房客人付916房客人账，这一点已得到客人认可。"

　　听到这儿，客人不以为然地说："我怎么会知道你们饭店什么规定。"李经理仍然耐心地说："您若不相信我，我可以当场给您看其他交预付款客人的单子，假如您能在上面看到客人签名，您就不用付这笔账了。"

至此，912房的客人不吭声了，却仍硬撑着，李经理笑着道："发生这样不愉快的事情，确实有我们做得不够的地方，既给您添了麻烦，也让我们感到为难，您看我们能否想个两全齐美的办法来解决这个问题呢？"客人马上问道："怎么解决？"

李经理说："我相信您说的，您的朋友肯定会支付这笔账，您能否给我留下他的地址、电话号码，以便联系。同时请您帮个忙，先帮他付这笔账，我们及时与您的朋友联系，由饭店出面追回这笔款项，同时以饭店信誉担保，款一到马上退款给您。您以为如何？"听到这里，客人顺水推舟地回答："算了，我付了。"

案例评析

拒付房费的客人在前厅部李经理耐心的解释和主动"进攻"之后，终于付清了房费。明明知道自己不对，却提出各种无理要求，面对这样的客人，饭店更应该循循诱导，以情以理服人，这样才能真正解决问题，达到预期的效果。

总台结账处亦称前台收银处，每天负责核算和整理各业务部门收银员送来的客人消费账单，为离店客人办理结账收款事宜，编制各种会计报表。与问询、接待紧邻，从业务性质来说，前厅收银处一般情况下直接归饭店财务部，但由于它还处于接待客人的一线岗位上，又需要接受前厅部的指挥。所以前厅客账管理工作的好坏，直接关系到能否保证饭店的经济效益和准确反映饭店经营业务活动的状况，也反映了饭店的服务水平和经营管理效率。

任务1 收银服务

实训目标

了解收银服务的基本要求；
掌握团队和散客结账的服务程序。
【实训方法】
教师示范；分组练习；考评测试。
【实训准备】
电脑；电话；纸；笔；账单；房卡；押金单；信用卡；验钞机。

知识探究

收银服务的基本要求；结账服务的程序；结账时常见问题的处理。

一、收银服务的基本要求

（一）账户清楚

前厅接待处给每位登记入宿的客人设立一份账号，供收银处登录该宾客在饭店居住期间的房租及其他各项花费。

（二）转账迅速

客人在饭店停留时间短，费用项目多，各业务部门必须按规定时间将客人账单送到前厅收银处，防止跑账、漏账、错账发生，保证准时结账、准确无误。

(三) 记账准确

前厅为客人建立客账后，即开始记录客人住店期间的一切费用，客人的所有消费均由客人签字方予以认可，再由各有关部门将其转入前厅收银处，记入客人的账卡。

总之，账单是记录客人费用项目的重要账目。账单的损坏和丢失或以假代真都会给收银工作造成很大的麻烦，因此各饭店都非常重视账单的控制管理工作。

二、结账服务的程序

(一) 散客结账服务程序

1. 当客人到前台结账时，确认客人的姓名是否正确，并随时称呼客人的姓氏。
2. 接待人员主动收取房间钥匙，并问询客人是否发生其他消费。
3. 客人结账同时，前台接待人员要及时与客房服务中心联系，查清客人房间酒水使用情况。
4. 打印出电脑清单，交付客人检查，经其认可在账单上签字，并确认付款方式。具体交易类型如表1-5-1所示。

表1-5-1　　　　　　　　　　客账交易类型

现金交易	应收账交易	应付账交易	现金支出交易
● 客人的现金付账将减少客账的借方余额 ● 若是与前台收银无关的消费，则不影响客账余额	● 增加客账的借方余额 ● 饭店保持、累计记录，待客人将来付款	● 减少客账的借方余额 ● 对于客人，可能是折扣、转账、饭店对客人的欠款等	● 饭店代客人付现金 ● 增加客账的借方余额 ● 饭店等待客人付款

5. 在结账的同时，要清理客人档案栏，取出登记卡、信用卡复印件，以便其他客人重新使用。
6. 客人提前付清账目，但晚些离店时，接待人员要在电脑中注明延迟离店，以便提醒其他部门及人员注意。
7. 在客人结账时，要查看电脑中所注明的特殊注意事项。
8. 客人结账完毕，加盖收讫章及询问客人是否开发票。确认一切手续，在最短时间内完成结账手续。
9. 微笑有礼貌地为客人迅速、准确地办理离店手续，并表示欢迎客人再次光临饭店，祝其旅途愉快。

(二) 团队结账服务程序

1. 在团队离店前一天根据团队要求准备好团队总账。
2. 登记进店和离店日期、团队名称、房间数、房间类型、房价、餐饮安排、预付款收取等内容。
3. 在团队离店前，及时与领队联系，随时沟通团队付账情况；经领队认可在总账单上签字，其余账由客人各自付清，领队要保证全队账目结算清楚后方可离开饭店。
4. 团队总账单由领队签字认可后，转交至财务部。

5. 财务部将与旅行社联系解决有关付款问题，如有特殊情况，旅行社将在团队到达时现付或预先付定金作为保证。

6. 离店团队退房须收取团队全部房间钥匙：

（1）团队离店前一天，接待员须打印出次日离店的团队表单。

（2）离店当日，由早班接待员负责将离店团队的钥匙收回。

（3）如发现钥匙有未退回的，应马上与团队陪同联系，请其协助追回钥匙。

（4）若钥匙丢失，须马上通知收银员、大堂副理，由大堂副理与客人交涉索赔事宜。

（5）团队钥匙全部收回后，通知收银员将钥匙押金退还陪同或领队。

7. 检查团队所有账目已付清；查清账目后，发放行李放行单，作为团队可离店的凭证。

【小提示】

客账累计方法

◇ 按住客分户账记账，离店结账时一并付清。

◇ 核收各经营部门转交的账单，逐笔记录发生的各项费用，日清月结。

◇ 团队结算按协议付账，做到"日清月结"、"一团一结"。

客账管理流程如图 1-5-1 所示。

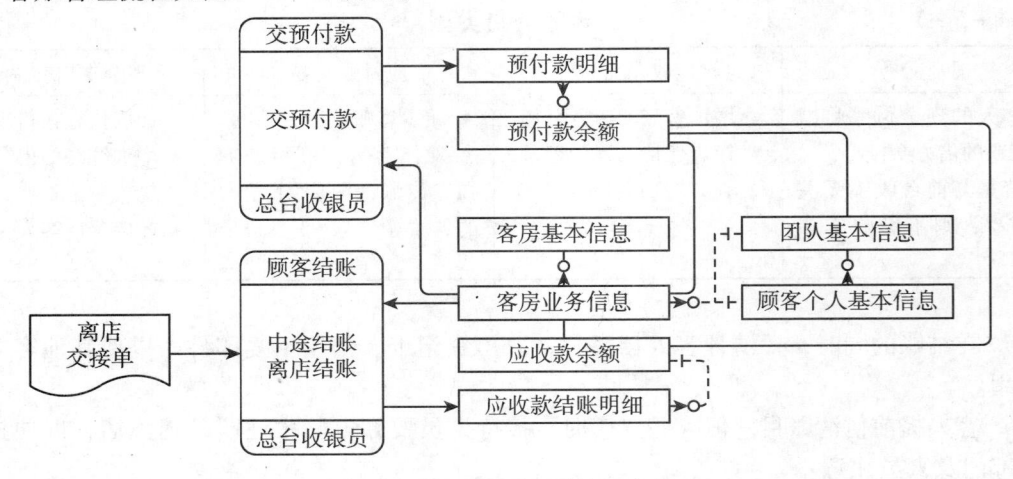

图 1-5-1　客账管理流程

（三）收款员交接班和汇总程序

1. 早、中、晚三班收银员交班时需办理当班及上班营业票、备用金及其他用品的交接，双方核对无误后在交接班记录本登记交接事宜并签字。

2. 各班收银员：早班从凌晨 0：00 开始结账到 8：00，中班从 8：00～16：00；晚班 16：00～24：00，整理当班营业款，填写缴款单。清点缴款单应叫收银领班一起参加清点。确认无误后，装入专用交款袋。封包后加盖印章，放入保险箱。

三、结账时常见问题的处理

（一）快速结账处理

1. 客人房内结账。

（1）饭店利用客房内的电视机，将其与饭店的计算机管理系统对接，客人在离店的前一天晚上根据服务指南中的说明启动房内结账系统,开始结账。

（2）在离店的当天早上,客人就可以在电视屏幕上看到最后的账单情况,并提前通知收银员准备账单,这样就加快了结账速度。

（3）如果客人使用信用卡结账,就不必到前厅收款处办理结账手续;如果客人用现金结账,则必须到前厅结账处结账。因为付现金的客人还没有与饭店建立信用关系,故计算机管理系统控制程序不容许现金付款的客人采取房内结账。

2. 客人填写"快速结账委托书"办理结账手续。对于有良好信用的客人,使用信用卡结账的饭店为其提供快速结账服务;"快速结账委托书"上客人的签名将被视为信用卡"签购单"上的签字,财务部凭信用卡签购单和"快速结账委托书"向银行追款。

（1）客人离店前一天填好"快速结账委托书",允许饭店在客人离店时为其办理结账退房手续。

（2）客人可以在前厅收款处索取"快速结账委托书",将其填好后送至收款处,收银员对其支付方式进行核对。

（3）在客人离店的当天早上,收银员将大致费用告诉客人,在稍微空闲时替客人办理结账手续,并填制好信用卡签购单。

（4）为了方便客人备查,饭店最后将账单寄给客人。

（二）暂时未结账

有的客人退房后,可能会在一两天或一定时期内返回饭店入住,因此,这类客人通常不要求结账,等下次退房时一起付账。对于客人的这种要求,除非饭店的熟客、常客或住宿费用是由公司支付的饭店协议客户,否则不能让客人未结账离店。

客人一旦将行李放入房间或未办理离店手续,即使未在房间内过夜,仍然需计算房费。因此,当客人提出暂时离开先不办理结账时,接待人员应主动提醒客人将行李放于行李寄存处,等回店后再取出,避免给客人造成不必要的房费损失。收银员将客人的账卡放在账卡夹内,等客人回来后继续累积消费账目。在服务工作中应不断改进工作方式,提高服务技巧,才能逐渐地留住客人。

（三）结账时要求优惠

当客人提出给予房价优惠的要求时,收银员应视情况而定,灵活处理。如果客人的要求在饭店的优惠政策范围内,收银员要填写"退房通知单",报前厅部经理或相关人员签字确认,并注明原因,再进行下一步处理。不符合条件的,应委婉拒绝。

（四）逾时离店

客人可能会对加收额外的费用非常不满并拒付。前台员工应平静地处理这种情况,向客人解释饭店制定的延迟结账费用的政策,如15:00以前结账者,加收一天房费的1/3,15:00~18:00结账的,加收一天房费的1/2;18:00以后结账的,则加收全天房费。必要时请前厅经理或大堂副理来与客人说明。

（五）客房内物品破损或遗失

处理时应兼顾饭店与客人双方的利益,尽量保证饭店不受大的经济损失,并能让客人接受,不使客人感觉丢面子。客房内家具、电器等各种设施设备有时会因为客人操作或使用不当而受到不同程度的损失,在退房结账的过程中,往往会因为此类问题发生争执,所以,如何恰当地处理好索赔范畴和标准,让客人能够接受饭店的索赔要求,是一个非常重要的问题。

当然，在客人离店结账的过程中，还会有其他一些意外情况的出现，如客人没有将钥匙交回前台等，因此，饭店可根据自身的特点制定一些有效的预防手段和措施，加强对客服务的监控，让客人来时充满期望，走时留恋难忘。

（六）客人退房时带走房间内的物品

有些客人因为各种原因会在退房时带走本不该带走的物品，如衣架、毛巾、茶杯、烟缸、花瓶、装饰物、浴袍、网线等，给结账工作带来一定的麻烦。在处理此类问题时一定要冷静、用语委婉，学会给客人找台阶下，既挽回损失，又不让客人丢面子。

（七）当一位客人的账由另一位客人支付时

一群人一起旅行时由一个人付款，或者客人甲的账由客人乙支付，但是客人甲已经先行离去，这时候往往容易发生漏收的情况，给饭店带来经济损失。为了防止出现这类情况，应及时拿到客人乙的书面授权，并在交接记录上注明，分别附纸条在两位客人的账单上，或者在电脑中做好记录，这样结账时就不会忘记，接班的人也很容易看到，以免事后发生纠纷。

任务2　外币及贵重物品服务

【实训目标】

熟悉外币兑换业务的程序和流程；
掌握贵重物品保管服务的程序。
【实训方法】
教师示范；分组练习；考评测试。
【实训准备】
纸币；贵重物品保管箱使用登记表；房卡；验钞机。

【知识探究】

外币兑换；贵重物品保管。

一、外币兑换

饭店为方便客人，受中国银行委托，根据国家外汇管理局公布的外汇牌价，代办外币兑换业务。目前，中国银行除收兑外汇现钞外，还办理旅行支票等收兑业务。

（一）外币现钞兑换

目前可在中国银行或指定机构兑换的外币，兑换服务的程序和要求如下。
1. 礼貌问候客人，问清客人的兑换要求，同时请客人出示护照或有效证件。
2. 根据当日国家外汇管理局公布的现钞牌价，当面清点并唱收兑换的外币种类和金额。
3. 使用货币识别机鉴别钞票的真伪，同时核准该币种是否属现行可兑换之列。
4. 填写两联水单，请客人在水单上签名，写上房号或地址。
5. 兑换时按当日牌价，要经收款员核算和复核员审核，以确保兑换数额清点准确。
6. 核准无误后将水单和所兑换现钞付给客人并礼貌道别。

（二）旅行支票兑换

旅行支票是一种有价证券、定额支票，通常由银行、旅行社发行。持有者在国外向发行银行、旅行社分支机构、代理行及规定的兑换点，可按规定手续兑换现金或支付费用。收兑外币旅行支票服务程序如下：

1. 礼貌问候客人，弄清兑换要求，并耐心解答。
2. 查验其支票是否属可兑换或使用之列，有无限制（如区域、时间）。进行币种、金额、支付范围以及真伪、挂失情况的识别。
3. 请持票人出示有效证件，核对证件相片与客人是否相符，支票签名与证件签名是否一致。在支票的指定复签位置上当面复签，然后核对支票的初签与复签是否相符。
4. 填制一式两联的水单，按当日外汇牌价准确换算。向客人说明要扣除贴息，计出贴息和实付金额。
5. 请客人在水单上签名，撕尾签给客人，并将水单及支票交给复核员。
6. 经兑员收到出纳配好的现金，复核水单上的金额，唱付给客人，礼貌道别。

（三）信用卡兑现

信用卡是由银行或信用卡公司提供的一种供客人赊欠消费的信贷凭证。兑现程序如下：

1. 礼貌问候客人，了解客人要求，核验客人所持行用卡是否属于在本饭店可以使用的信用卡，有无残缺、破损及有效期限，然后使用刷卡机影印。
2. 如果此卡要取授权号，则将信用卡的号码、有效日期、支取金额及客人的证件号码、国籍等告知有关银行的授权中心，取得授权后再承办。
3. 将取现单及水单交客人签名，并与信用卡上的签名核对，确认无误后交出纳配款。
4. 将出纳交来的现款与水单上的金额复核。
5. 把现金、第一联水单、取现单及信用卡交回给客人后，礼貌地向客人道别。

二、贵重物品保管

饭店为住店客人通常免费提供两种形式的贵重物品保管服务：一种是设在客房内的小型保险箱；另一种则是设在前厅的客用保险箱，由收银员负责此项服务。贵重物品保管服务程序如下：

1. 客人前来保管贵重物品，服务员主动迎接问好，向客人介绍保管方法和注意事项。
2. 请客人出示房卡，查看并确认是否属于住店客人。
3. 请客人填写贵重物品保管寄存单，如表1-5-2所示，一式两联，并在电脑上查看房号与客人填写的是否一致。
4. 根据客人需求选择保险箱，将保险箱号记录在寄存单上。将审查单据、物品件数与一把钥匙交给客人，双方共同开启保险箱，请客人存放物品，已填好的寄存单第一联放入保险箱，再由双方同时上锁，将寄存单第二联和该箱钥匙交给客人保存。
5. 客人每次开启保险箱，都要在寄存单相关栏内签名，记录开启日期及时间，收款员核对、确认并签名。
6. 若客人终止存放物品，收款员应请客人交回第二联寄存单和钥匙，在终止栏内注明日期、姓名，经手人签名。
7. 若客人钥匙丢失，应迅速通知保安部、工程部有关人员，四方在场，由工程部人员强行撬开保险箱，请客人取走所有物品。其钥匙和修理费用按饭店规定向客人收取，做好记录，以备查核。

表1-5-2　　　　　　　贵重物品保管寄存单　　　　　　　（正面）

Service Hour 07：30～23：00 Safety Deposit Box Service			箱号 Box No.	
房号 Room No.	姓名 Name	签名式样 Specimen Signed	日期 Date	经手人 Approved By
签名 Counter	日期/时间 Date/time	签名 Counter	日期/时间 Date/time	

阅读反面说明 Please see conditions on reverse

（反面）

条例：
  1. 保险箱只是供给本饭店客人免费使用。
  2. 如遗失此钥匙，必须更换新锁，您须赔偿价款的半数金额。
  3. 如您退房离店时未能将此钥匙交到前台收款处，本饭店有权自行开启并移除保存物品，不负任何责任。
  4. 我认可已取走所有存放物品，以后与饭店无关。

Conditions：
  1. Safe Deposit Boxes are furnished without change to hotel guests only.
  2. If this key lost, we will not only replace a new key but a new lock, you will be charged half the coat.
  3. The hotel management reserves the right to open the box and remove contents, without liability, if key is not surrendered when guest departs from hotel.
  4. I hereby acknowledge that all property stored in the safe box has been safely withdrawn therefore and liability of said hotel therefore is released.

  客人签名
  Guest Signature
  房号　　　　　　　　　　日期
  Room No.　　　　　　　　Date

任务3　夜审及营业报表编制

实训目标

  掌握夜审工作流程；

掌握编制客房营业日报表方法。

【实训方法】

教师示范；分组练习；考评测试。

【实训准备】

电脑；电话；纸；笔；账单；房卡；营业日报表。

知识探究

夜审；营业报表编制。

一、夜审的含义

夜审员（Night Auditor），主要由收银处夜间工作人员承担，其主要职责是进行营业情况的总结与统计工作，进行饭店的内部控制以及向管理层及时反馈饭店每日的经营状况。在小型饭店，夜审员往往身兼数职，除了夜间稽查的工作外，还同时承担前厅部的夜班值班经理、总台接待员和出纳员等工作，接受前厅部和财务部的双重领导。

二、夜审的内容

由于各饭店规定的夜审员的岗位职责不尽相同，因此，夜间核账的工作程序也有所不同，但大多数饭店的夜间审计具体工作内容与步骤如下。

（一）检查前厅收款处工作

夜审人员上班后首先要接管收款员的工作，做好工作交接和钱物清点工作。然后对全天收银工作进行检查。

1. 夜审员必须在 23：00 之前到达前台办公室。
2. 检查收款台上是否有各部门送来的尚未输入客人账户的单据，如有进行单据输入，就要将其输入电脑，并按照房间号码进行分类归档。
3. 检查前厅收银员的收银报表和账单是否全部交来。
4. 检查每一张账单，看房租和客人的消费是否全部入账，转账和挂账是否符合制度手续。
5. 将各类账单的金额与收款报告中的有关项目进行核对，检查是否相符。

（二）核对客房出租单据

1. 将各类账单的金额与收银员收银报告中的有关项目进行核对。
2. 打印整理出一份当天的"客人租用明细表"，内容包括房号、账号、客人姓名、房租、抵离日期、结算方式等。
3. 核对客人租用明细表的内容与收款处各个房间记账卡内的登记表、账单是否存在差错。如发现不符，应立即找出原因及时更正，并做好记录。
4. 确定并调整房态。
5. 检查单据。

（1）检查退账通知单上的内容，确定其是否符合退账条件。

（2）检查审核账务更正表。

（3）经过上述工作，确认无误后，便指示电脑将新的一天房租自动计入各住客的客人分账户（或人工计入）；编制一份房租过账表，并检查各个出租客房过入的房租及其服务费的数额是否正确。

（三）房租过账

经过上述工作，确认无误后通过电脑过账功能将新一天的房租自动记录到各住客的客人账户中，或者手工入房租。房租过账后，编制一份房租过账表，并检查各个出租客房计入的房租及其服务费的数额是否正确。

（四）对当天客房收益进行试算

为确保电脑的数据资料正确无误，有必要在当天收益全部输入电脑后和当天收益最后结账前对电脑中的数据进行一次全面的查验，这种查验称之为"试算"。试算分三步进行：

1. 按照电脑指令编印当天客房收益的试算表，内容包括借方、贷方和余额三部分。

2. 把当天前厅收银员及各营业点交来的账单、报表按试算表中的项目分别加以结算和汇总，然后分项检查试算表中的数额与账单、报表是否相符。

3. 对试算表中的余额与住客明细表中的余额进行核对，住客明细账中所有住客账户的当日余额合计数必须等于试算表上最后一行的新余额。如果不等，则说明出现问题，应立即检查。

4. 与客房部、餐饮部、商务中心等部门对账，所有数字一致后，打印当日各部门营业收入日报表、饭店营业收入报表。

5. 做好签字、交接班工作。

（五）编制当天客房收益终结表

客房收益终结表也称结账表，此表是当天全部收益活动的最后集中反映。此表一编制出来，当天的收益活动便告结束，全部账项即告关闭。如果在打印终结表后再输入账据，只能输入到下一个工作日里。

编制方法和步骤如下：

1. 统计出当日出租的客房数、在店客人数及客房营业收入。

（1）所出租客房数、住店的零星散客数及其用房数、零星散客的用房营业收入；

（2）免费房、待修房、空房、内宾用房以及职工用房的数量；

（3）在店团体的用房数、住店团体人数及其用房营业收入。

2. 统计出当日离店宾客数、用房数以及当日抵店宾客数、用房数。汇总出当日出租的客房数和在店宾客数。

其计算方法为：

$$当日出租客房数 = 昨日出租客房数 - 当日离店客人用房数 + 当日抵店客人用房数$$
$$当日在店客人数 = 昨日在店客人数 - 当日离店客人数 + 当日抵店客人数$$

3. 检查核对当天的客房营业收入。

主要项目有：

（1）核对零星散客的租金收入；

（2）核对团体的租金收入；

（3）核对当日房价变更的统计结果。

4. 计算出当日的客房出租率和实际平均房价。为更详尽反映出具体的数据，有些饭店还要求分别统计出团队用房率，以及散客的平均房价。其计算公式为：

$$客房出租率 = \frac{已出租客房数}{饭店可供出租的客房总数} \times 100\%$$

$$团队用房率 = \frac{团队用房数}{已出租客房数} \times 100\%$$

$$平均房价 = \frac{客房营业收入}{已出租客房数} \times 100\%$$

$$散客平均房价 = \frac{散客用房租金收入}{散客用房数} \times 100\%$$

此外，根据预订资料和客房状况资料，统计出明日预订抵店客人用房数和明日离店客人退房数，可计算出明日预订出租的客房数和明日客房出租率（见表1-5-3）。

（六）编制借贷总结表

借贷总结表是根据客房收益终结表编制的，列出当天客房收益分配到各个会计账户的总表，此表亦称会计分录总结表。编制完借贷总结表，夜审工作就算结束了。

表1-5-3　　　　　　　　　　　客房营业日报表　　　　　　　　单位：间、元、人、%

楼层	固定客房数							客房收入	住店客人数					项目种类	房间数	人数
	出租客房				空房	待修房	内用房	小计		零星		团队		内宾	小计			
	零星	团队	内宾	免费						外宾	内宾	外宾	内宾					
1								15								昨日在店		
2								16								今日离店		
3								16								今日抵店		
4								15								今日总数		
5								15								空房		
5								15								待修房		
7								15								内用房		
3								10								总客房数		
合计																		

出租客房	收入	团队收入	种类	房间数	人数	实际可用客房
		房租变更	预订客房			出租率
		客房总收入	明日抵店			团对用房率
		其中外宾收入	明日离店			平均房价
			明日出租率			

送：

总经理室_____　　　服务部_____

副总经理室_____　　　值班经理_____

前厅部_____　　　制表人_____　　复核人_____

【项目小结】

饭店总台收银是保障饭店经济利益最终实现的关键环节,饭店总台收银服务人员必须熟练掌握建立、管理客人账户,为客人提供热情、及时、周密、准确的前厅账务服务,才能够起到维护住店客人和饭店双方经济利益的作用。

实训测评

测评一	散客离店结账	
实训步骤	实训主要内容	测评要点
核对账目并确认	1. 当客人到前台结账时,确认客人姓名是否正确,并随时称呼客人的名称 2. 询问客人是只付部分账目,还是付账后即刻离店;若为后者,应确认其具体离店时间 3. 接待人员主动收取房间钥匙,并询问客人是否发生过其他消费 4. 客人结账的同时,前厅接待人员要及时与客房酒吧办公室联系,查清客人房间酒水使用情况 5. 计算机打印出清单,交客人检查,经其认可在账单上签字,并确认付款方式 6. 在调整计算机的同时,要清理客人档案栏,取出登记卡、信用卡复印件,以便其他客人充分使用 7. 客人提前付清账目,但晚些离店时,接待人员要在计算机中注明延迟离店,以便提醒其他部门及人员注意	1. 核对房号与结账客人姓名是否一致 2. 收回钥匙,结清所有消费 3. 已提前付清账款的,要通知相关部门
结账	1. 客人在结账时,要查看计算机中所注明的特殊事项 2. 确认一切手续,在最短时间内完成结账手续 3. 微笑地、有礼貌地为客人迅速、准确地办理离店手续,并表示欢迎客人再次光临饭店,祝其旅途愉快	1. 迅速办理结账手续 2. 邀请客人再次光临
付款方式及方法	1. 若客人用旅行支票结账,前台不直接收取旅行支票,客人需要到外币兑换处依照当天汇率换取人民币现钞,然后再付清自己的账目 2. 若客人以信用卡付款,当客人结账离店时,要有礼貌地让客人出示信用卡,要对照客人的信用卡号码、有效期及签字,以确保信用卡的有效性、通用性和真实性,保证信用卡的正确使用 另:如果客人住店消费超过有效限额,将通知信用卡授权中心,申请授权号码,所批准的授权号码应写在信用卡单据的右上角: AMERICAN EXPRESS CARD:￥1200 DINNER CARD:￥1000 MASTER CARD:￥1200 JCB CARD:￥1500 VISA CARD:￥1090 GREAT WALL CARD:￥3000	1. 分清付款方式 2. 严格按照各付款方式程序进行办理

测评二　　客用贵重物品保险箱的使用

实训步骤	实训主要内容	测评要点
为客人建立保险箱	1. 请客人出示房卡或钥匙牌，以证明其为住店客人，只有住店客人方可免费使用贵重物品保险箱 2. 递给客人一张空白保险箱登记卡，请客人在登记卡上逐项填写，包括：房间号码、印刷体的英文姓名（或中文），家庭住址，使用人签字，日期和时间	1. 确认客人身份 2. 认真核对客人登记卡
存入	1. 检查登记卡，保证无漏填项后，递给客人一把保险箱钥匙，并将钥匙号码填写在登记卡的右上角，同时签上自己的姓名 2. 用由问询处员工掌管的保险箱母钥匙和交给客人保管的子钥匙一起，帮客人打开保险箱，并向客人讲清楚要保存好子钥匙，如遇丢失，应付150元的赔偿费	1. 检查无误，发放钥匙 2. 同客人一起打开保险箱
登记	1. 客人存放物品完毕后，员工在保险箱登记表上逐项登记，包括：日期、保险箱号、客人房间号、客人姓名、开箱时间和员工签字 2. 在客人填好的登记卡上，把客人姓的第一个字母填写在登记卡的右上角，并将登记卡按英文字母顺序存档	1. 及时、完整地进行登记 2. 按规定填写标记、存档
客人取存物品	1. 按照客人姓的第一个字母和保险箱号找出贵重物品登记卡，请客人在此卡背后的使用栏目中签字 2. 检查客人的签字和登记卡上的签字，两次的笔迹若相符，方可开箱取物 3. 替客人打开保险箱 4. 客人在登记卡上签字，注明日期 5. 将此卡放回存档处	1. 签字必须一致，方可开箱 2. 在登记卡上记录
存档	1. 按照客人姓氏的第一个英文字母顺序存档。如果是两个或两个客人以上共用一个保险箱，只需一个人来填写登记卡，并用其姓氏第一个字母进行存档，其他客人则须在登记卡上签字 2. 若其他人取存物品，须讲明这张卡片登记者的姓名，以此为据查询此卡	将登记卡按姓氏字母顺序存档
客人结束使用保险箱	1. 按照客人姓氏的第一个字母和保险箱号码找出客人的登记卡，请客人在此卡背后"结束使用保险箱"处签字认可 2. 核对客人前后签字笔迹是否相符，如相符，方可开箱 3. 客人从保险箱内取完物品后，工作人员再次检查保险箱，确保客人的物品已全部取走，然后锁上保险箱，将保险箱的钥匙放回存放柜中 4. 工作人员在客人取消的登记卡背后右下角签字，注明日期时间，并在登记卡中间的空余栏中划上"Z"，取消其使用空间 5. 在停用保险箱登记表上逐项登记，包括：房间号、保险箱号、时间及工作人员签名 6. 把登记卡存档 7. 每周一上交财务表复查	1. 请客人在登记卡背后签字 2. 注明日期和取消登记号 3. 认真登记、核对、存档、按时上报复查

续表

实训步骤	实训主要内容	测评要点
输入并打印报表	1. 打开计算机和打印机，进入保险箱管理系统 2. 输入当日使用者的保险箱号码 3. 输入使用者姓名、房间号码和开始日期 4. 输入当日取消者号码，在计算机中使其进入空箱状态 5. 进入打印系统打出下列报表：保险箱出租率、当日使用保险箱报告、空余保险箱报告 6. 将计算机和打印机关闭	按程序将客人使用保险箱的有关信息输入电脑，打印报表
核查钥匙	1. 每日核查客用保险箱钥匙 2. 每日早班工作人员根据当日空余保险号码报表，核查存放柜中的子钥匙，要求二者相符	按规定检查保险箱钥匙
输入饭店计算机系统	凡用饭店客用保险箱的客人，每日早班工作人员在计算机系统存储的使用客用保险箱客人的信息中标明"LOCTOR：USEDSAFE"，以便客人离店前由结账人员提醒客人退还保险箱钥匙	

测评三		夜审服务	
实训步骤	实训主要内容		测评要点
检查账单和单据	1. 检查所有营业部门的账单是否转来 2. 检查所有单据是否登上账户 3. 将所有尚未登上账户的单据登上账户		检查账单、单据是否齐全
计算数据	1. 按部门将单据分类，计算出各部门的收入总额 2. 累积现金表，检查收到现金和代付现金的总额		1. 计算总额 2. 核对
检查数据并登记在账户上	1. 检查所有现金表上的项目是否都已登记在账户上 2. 检查所有优惠是否都有签字批准，是否登记在账户上		1. 现金项目记录核对 2. 优惠签字核对
登记房租	1. 将当日房租登记在账卡上 2. 将每个账卡的借方和贷方金额分别相加，得出当日余额 3. 将当日余额记入下一日新开账页的"接上页"的行内		
核查工作	1. 检查每个营业部门的借方栏总数是否与销售收入一致 2. 将现金收入栏和代付栏总数与现金表比较，以确认两数相符 3. 检查折让与回扣总数是否与有关单据上的总数相符 4. 将客账余额栏的总和与上一天结账时的余额总和相比较，检查是否相符		检查单据与统计总数是否一致
编制报表	1. 编制客房、餐饮、综合服务收入统计日报表 2. 编制全店销售收入统计日报表		编制日报表

学以致用

1. 简述前台收银服务的基本工作任务和职责。
2. 客人从楼层下来反映，他刚刚兑换的人民币中少了10元，应如何处理？
3. 外币兑换及贵重物品保管的程序是怎样的？
4. 散客账户核收和团队账户核收的程序要求是怎样的？
5. 怎样才能完成夜审工作？
6. 以全价入住的客人在退房时说房租太贵，房间的设施、种类不喜欢，要求按照七折收费，你应如何处理？
7. 当客人提出他的房卡上的价格低于电脑列出的账单上的价格时，并执意要按房卡支付房费，应如何处理？
8. 案例分析：

某日，饭店意外停电，一位客人来退房，总台收银员小李帮这位客人退房，核对夜审打印的宾客余额表给客人进行手工结账，因宾客余额表是夜审在夜间过账后打印的，该客人的部分电话（一般在24：00后）计费无法统计。客人因为要赶飞机，很急。但考虑到尽可能挽回饭店的损失，小李礼貌地向客人解释并请客人自诉后面估计打了多少次电话，通话时间多久。经客人自诉和通知总机核对，很快办理了退房手续，也没有耽误飞机时间。

讨论：在实际工作中，小李这一做法是否可行？对饭店是否会带来损失？

项目六　前厅销售管理

📖 案例导入

某天，无锡宜兴宾馆前厅部的客房预订员小李接到一位美国客人从上海打来的长途电话，想预订两间每天收费在120美元左右的标准双人客房，三天以后开始住店。

小李马上翻阅了一下订房记录表，回答客人说由于三天以后饭店要接待一个大型国际会议的多名代表，标准间客房已经全部订满了。小李讲到这里并未就此把电话挂断，而是继续用关心的口吻说："您是否可以推迟两天来，要不然请您直接打电话与无锡××饭店去联系询问如何？"美国客人说："我们对无锡来说是人地生疏，你们饭店比较有名气，还是希望你给想想办法。"

小李暗自思量以后，感到应该尽量勿使客人失望，于是接着用商量的口气说："感谢您对我们饭店的信任，我们非常希望能够接待像您这样尊敬的客人，请不要着急，我很乐意为您效劳。我建议您和朋友准时前来无锡宜兴，先住两天我们宾馆内的豪华套房，每套每天也不过收费280美元，在套房内可以将宜兴的优美景色一览无余，室内有红木家具和古玩摆饰，提供的服务也是上乘的，相信您住了以后会满意的。"

小李讲到这里故意停顿一下，以便等等客人的回话，对方沉默了一段时间，似乎在犹豫不决，小李于是开口说："我料想您并不会单纯计较房价的高低，而是在考虑这种套房是否物有所值，请问您什么时候乘？哪班火车来无锡？我们可以派车到车站去接，到店以后我一定陪您和您的朋友一行亲眼去参观一下套房，再决定不迟。"

美国客人听小李这么讲，倒有些感到情面难却了，最后终于答应先预订两天豪华套房后挂上了电话。

🔍 案例评析

前厅客房预订员在平时的岗位促销时，一方面要通过热情的服务来体现；另一方面则有赖于主动、积极的促销，这只有掌握销售心理和语言技巧才能奏效。

上面案例中的小李在促销时确已掌握所谓的"利益诱导原则"，即使客人的注意力集中于他付钱租了房后能享受哪些服务，也就是将客人的思路引导到这个房间是否值得甚至超过他所付出的。小李没有考虑欺骗客人，而是用比较婉转的方式报价，以减少对客人的直接冲击力，避免使客人难以接受而陷于尴尬。小李的一番话使客人感觉自己受到尊重并且小李的建议是中肯、合乎情理的，在这种情况下，反而很难加以否定回答说个"不"字，终于达到了饭店积极主动促销的正面效果。

前厅部的首要功能是销售饭店客房及饭店其他产品，其销售特点表现在饭店特定的工作范围内，通过员工礼貌、高效、周到的服务来促进或实现销售。前厅每位员工都是销售员，都应利用自身的优势条件，熟悉和掌握工作范围的销售要求、程序和技巧，适时、成功地进行销售，以实现饭店收益最大化。

理解前厅销售内容和掌握销售技巧是前厅销售的基础，它贯穿于前厅对客服务的全过程。从销售角度出发，前厅部的工作不仅仅是接受客人预订客房、为客人办理入住登记手续，还要在熟悉客房销售要求和程序的基础上善于分析客人的特点、消费心理、需求，并兼顾客人和饭店双方的利益，运用销售艺术，有效地推销饭店的客房及饭店的其他产品。

前厅销售工作的好坏，在很大程度上依赖于有效的客房状况控制。正确的显示房态，能够确保前厅掌握准确的可出租房信息，保证客房的销售和分配。对客房状况及时检查、核对和分析，可保证客房销售、对客服务的顺利进行和维护饭店的利益。客房收入是饭店的主要收益之一，根据客房产品的特点、成本、市场供求及竞争等因素制定合理的房价，是饭店经营管理中的一项重要任务。前厅销售人员必须熟悉房价的基本构成和客房定价方法，掌握饭店房价的种类，严格执行饭店的房价政策。

任务1　前厅销售

▌实训目标

了解前厅销售的内容与要求；
掌握各种报价方法；
掌握前厅销售流程、客房销售技巧。

【实训方法】
教师示范；分组练习；考评测试。

【实训准备】
电脑；电话；纸；笔；预订表格。

▌知识探究

前厅销售内容与要求；前厅销售流程与技巧。

一、前厅销售内容与要求

（一）前厅销售的内容

前厅销售的不仅仅是客房，还包括了饭店的其他产品与业务以及饭店的服务质量和形象。前厅销售具体内容如下：

1. 饭店的地理位置。饭店所处地理位置是影响客人选择入住的一个重要因素，交通便利程度、周围环境状况等都是前厅员工用以推销的资源。

2. 饭店的有形产品。豪华舒适的客房、齐全有效的设施设备是销售的重要条件。前厅员工必须全面掌握饭店产品的特点及其吸引力。

3. 饭店的服务。服务是前厅销售的重要产品，前厅员工更应努力提高自身的服务意识和技能水平，为客人提供礼貌、高效、周到、满意的服务。

4. 饭店的形象。饭店形象是最有影响的活广告，它包括饭店历史、知名度、信誉、口碑、独特的经营风格、优质的服务等。前厅作为饭店形象的代言人，应自觉维护和创造饭店的良好形象。

（二）前厅销售的要求

1. 销售准备。

（1）熟悉并掌握本饭店的基本情况和特点。熟悉并掌握饭店的基本情况和特点，是做好前厅销售工作的基础。前厅员工应对饭店的地理位置及交通情况、饭店等级及类型、饭店经营目标及客源市场、饭店服务设施与服务项目内容及特色、饭店有关销售方面的政策和规定等进行全面的了解、掌握，以便在销售中灵活运用。

（2）做好日常销售准备工作。做好日常销售准备工作，是保证销售有效实施的先决条件。前厅部管理者必须保证前厅各个区域的工作环境有条理、干净、整洁；对客服务中使用的设施设备安全、有效；员工仪表达到饭店规定的标准；准确预测客情并做好人力、物力资源的安排。

2. 服务态度。

（1）要善于用眼神和客人交流，要表现出热情和真挚。

（2）要面带微笑，对客人表示："欢迎，见到您很高兴"。

（3）要用礼貌用语问候每位客人。

（4）举止行为要恰当、自然、诚恳。

（5）回答问题要简单、明了、恰当，不要夸张宣传住宿条件。

（6）不要贬低客人，要耐心向客人解释问题。

3. 销售实施。

（1）表现出良好的职业素养。前厅是给客人留下第一印象和最后印象的场所，客人对饭店的体验和了解是从前厅员工开始的。真诚的微笑、礼貌的语言、得体的举止、高效规范的服务是前厅销售成功的基础。

（2）认真观察分析客人的要求和愿望。正确把握客人的特点及消费动机，有目的、有针对性地销售适合客人需要的产品，满足客人的物质和心理需求。

（3）要善于用描述性语言，准确使用形容词介绍提供的几种客房的优势，说明能给客人带来的好处以供客人选择，但不要对几种客房做令人不快的比较。

（4）不要直接询问客人要求哪种价格的房间，应在描述客房情况的过程中，试探客人想要哪种房间。

（5）要善于观察和尽力弄清客人的要求和愿望，有目的地销售适合客人需要的客房。

（6）不要放弃对潜在客人推销客房。必要时可派人陪同他们参观几种不同类型的客房，增进与客人之间的关系，这将有助于对犹豫不决的客人促成销售。

（7）加强销售过程的督导和控制。前厅管理者在销售服务过程中，必须亲临现场，主动征求客人意见，亲自为客人服务，帮助遇到困难的员工，及时发现并解决服务和管理中可能出现的问题。

二、前厅销售流程与技巧

（一）销售流程

前厅客房销售可分为以下5个步骤：

1. 特点把握。前厅销售人员应根据客房产品的特点、客源的种类及其需求，灵活运用销售技巧进行销售。不同类型的客人有不同的特点，销售的方法也有所不同。如因公出差的商务客人，对房价不太计较，但对服务的要求比较高，希望能得到快速、高效的服务，且使用饭店设施、设备的机会较多，回头率相对高。针对这些特点，前厅销售人员应向他们重点推销环境安静、光线明亮、商务办公设施设备用品齐全、便于会客、档次较高的客房；对度假观光的客人，应向他们推销环境幽雅舒适、有景观且价格适中的客房，等等。

2. 产品介绍。前厅销售人员在把握了客人的特点之后，应适时地向客人介绍客房及其他产品。对第一次来饭店的客人，应尽可能地向客人介绍客房的优点和独到之处，如特色的房型、理想的位置、宽敞的面积、新颖的装潢、美丽的景观等，并强调这些优美和独特之处能给客人带来的利益和好处。对常来店的客人，销售人员应抓住时机向其推荐饭店新增的且适合他们的产品。前厅销售人员介绍的内容及介绍的方式，也会加深客人对饭店的印象。

3. 价格商谈。价格是客人最为关心，也是最为敏感的内容。前厅销售人员在销售客房时，应强调客房的价值，回答客人最希望了解的关键问题，即"我付了这个房费后，能得到什么？是否值得？"努力使客人认同饭店产品的价值，避免硬性推销。如本项目案例导入中的小郑在与客人洽谈价格过程中的表现，就充分地体现了客房的价值和饭店对客人的尊重。

4. 客房展示。为了促进客房产品的销售，前厅应备有各种房型的宣传资料供客人观看、选择，有条件的饭店可在大厅醒目位置配备电脑显示屏幕，让客人对客房产品获得感性认识。必要时，还可以在征得客人同意的情况下，带领客人实地参观客房，增强客人对客房产品的认识。在展示客房的过程中，销售人员要自始至终表现出有信心、有效率、有礼貌。如果客人受到了殷勤的接待，即使这次没有住店，也会对饭店留下美好的印象。

5. 交易达成。经过上述步骤，当意识到客人对所推荐的客房感兴趣时，前厅销售人员应主动出击，可用提问的方式促使客人做出选择。如："您想试用这间客房吗？您的选择是值得的！"……客人认可后，应尽快给客人办理入住登记手续，并对客人的选择表示诚挚的谢意和良好的祝愿。

（二）销售技巧

一名优秀的前厅销售人员，不仅要掌握客房销售的内容、要求和程序，还必须掌握一定的客房销售技巧，并运用销售艺术，有效地促进销售。常见的销售技巧有：

1. 正确称呼客人姓名。在销售过程中，若能亲切地用姓名称呼客人，就会使客人产生一种亲切感，拉近饭店与客人之间的距离，有利于销售。

2. 倾心聆听，及时释疑。在销售过程中，要善于从客人的谈话中听出对方的需求和意愿，对客人不明之处、不解之意要及时释疑，免去误会，以利销售。

3. 注意语言艺术。在销售过程中，要态度诚恳，用热情、友好的语言鼓励客人将需求和盘托出，坚持正面表述，如："您真幸运，我们恰好还有一间不错的客房。"而不能说："这是最后一间客房了，你要不要？"

4. 强调客人利益。在销售过程中，由于客人对产品价值和品质的认知度不同，销售人员应及时将产品给客人带来的益处告知客人，促使其购买。如："这类客房价格听起来高了一点，但是客房的床垫、枕头具有保健功能，还配有冲浪设备，可以让您得到充分的休息和享受。"

强调客人的利益这一技巧还可用在二次推销上，如销售人员向一位预订了低价房的客人说:"××先生,您只需多支付40元,就可享受包价待遇,这个价格除了房费以外,还包括了早餐或一顿正餐。"

5. 选择适当的报价方法。对客报价是前厅销售人员为扩大客房产品的销售,运用口头描述技艺以引起客人购买欲望的一种推销方法。在实际工作中,有针对性地适时采用不同的报价方法,才能达到最佳销售效果。销售中常见的报价方法有:

(1) 从高到低报价。此方法也称高码讨价法,即向客人推荐适合其需求的最高价格的客房及其特点。所谓"一分价钱一分货",高质即高价。对于一名新入住的客人而言,饭店产品的优点是不能一下就认识到的,而价格却能一目了然。在接待过程中,经常听到这样的抱怨:"太高了,能不能打折"。在此类情况下,接待员要向宾客指出为其提供产品售价高的理由,讲清因为什么而价高。例如:理想的位置、新颖的装潢、优雅的环境、美丽的外景、宽敞的房间等。尽可能多地向客人介绍本店产品的优点和独特之处,以化解客人心里的价格障碍,进而为企业创造最佳的盈利机会。被推荐的客人可能会有两种反应:一是接受了所推荐的客房;二是拒绝了所推荐的客房。这时销售人员可逐一推荐价格低一个档次的客房及其特点,直至客人做出选择。这种相互作用的方法,使得许多客人相信,他们拒绝了最高价格的客房,选择了中、低档价格的客房是明智的。这种报价方法适用于未经预订、直接抵店的客人。

(2) 从低到高报价。此方法也称利益引诱法,即向客人先报最低价格的客房,然后再逐渐走向高价客房。销售人员在报出低价客房的同时,应积极推销饭店有特色的附加服务,尤其是重点强调在原收费标准的基础上稍微提高一些价格,便能得到很多实惠。许多客人在利益的诱惑下,会接受偏高的价格。实践证明,这种报价方法对饭店稳定和扩大客源市场起着积极的作用。

(3) 选择性报价。此报价方法是将客人消费能力定位在饭店价格体系中的某个范围,做有针对性地选择推销。销售人员要能准确地判断客人的支付能力,能够客观地按照客人的要求选择适当的价格范围。

(4) 根据房型报价。此报价方法是根据客房产品优势即卖点设计的。它有3种方式:

①"冲击式"报价。先报出房间的价格,再介绍客房所提供的服务设施和服务项目及特点。这种报价方式比较适合推销低价房。

②"鱼尾式"报价。先介绍客房所提供的服务设施和服务项目及特点,最后报出房价,突出客房物有所值,以削弱客人对价格的敏感度。这种报价方式比较适合推销中档客房。

③"三明治式"报价。此报价方式是将价格置于提供的服务项目中进行报价,以削弱价格分量,增加客人购买的可能性。这种报价方式比较适合推销中、高档客房。

(5) 比较优势法。当饭店的供给价格与客人的需求价格产生不符时,接待员不妨采用"比较优势"来化解客人的价格异议,即以自己产品的长处去与同类产品的短处相比,使本店产品的优势更加突出。例如:一个客人提出本店价格比其他饭店贵的时候,接待员可这样回答:"第一,我店的设施是本地区最新的;第二,可以收看多套卫星节目;第三,房间内具有上网功能。"

(6) 价格分解法。价格作为敏感性因素,接待员在推销时要将价格进行分解。例如:某类房间的价格是680元,报价时可将80元免费双餐分解出来,告诉客人房价实际是600元;假如房费内包含免费洗衣或免费健身等其他免费项目,同样也可以分解出来。"付出总有回报",相信"价格分解"能更好地打动客人。

(7) 限定折扣法。俗语说:"萝卜白菜,各有所爱。"限定折扣是一种"曲线求利"的办法。接待员在做到充分了解客人购买目的的基础上可限时、限地、限量给予适当折扣。例如:一位接待员在了解到客人不太注重房间位置时说:"我饭店有一间角边房,如果您不介意,我可以给您申请七折。"另一位接待员在了解到客人可提前退房时说:"如果您能在明早八点钟退房的话,可以给您打八折。"

(8) 适当让步法。由于饭店产品越来越强的议价特点,所以价格因不同客人而异已成为十分正常的现象。对于确实无法承受门市价格的客人,适当给予优惠也是适应市场、适应竞争的重要手段。"该出手时就出手",以免出现客人入住竞争饭店的现象。但做出的让步要在授权范围内。

(9) 画蛇添足法。所谓画蛇添足法,是动用报价方式的一种技巧,即先报基本价,再报服务价,以此法可削弱客人闻价色变的可能性,将其动摇程度降到最小限度。一般来讲,星级宾馆饭店以百分比提成的形式向客人收取的服务费用,确实令部分客人望价兴叹。故而运用画蛇添足法时,一方面确保客人对房价心中有数,不致开房后又产生顾虑;另一方面应坚持灵活报价的前提,机动地穿插传统的冲击式报价、鱼尾式报价、三明治式报价等方法。另外,在平季或淡季时,饭店为做到薄利多销,常采用折扣方式,此时的画蛇添足法便有了另一番妙用。在报出房价的同时,竭力描述蛇尾的实惠,诸如"在此房价的基础上,我们可以给您折扣。这种折扣只在本季度生效"等推销词,无疑会使客人动心。

6. 推销饭店其他产品。在销售客房的同时,不应忽视饭店其他服务设施和服务项目的推销。适时地向客人推销其需要的其他服务设施与服务项目,不仅有利于增加饭店的收益,而且有利于搞好对客关系,提高客人的满意度。

7. 客人利益第一。在销售客房及饭店其他产品的过程中,始终要把客人的利益放在第一位,让客人感受到前厅一切销售都是为了满足其需求。接待员要将价格转化为能给客人带来的益处和满足,对客人进行启迪和引导,促进其购买行为。例如:一位接待员遇到一位因价高而犹豫不决的客人时,可以这样讲:"此房间床垫、枕头具有保健功能,在让您充分休息的同时,还起到预防疾病的作用。"又如另一位接待员是这样说的:"这房间价格听起来高了点,但配有冲浪浴设备,您不想体验一下吗?"强调"客人受益",强化了客人对产品价值的理解程度,从而提高其愿意支付的价格限度。

任务 2　房态控制

实训目标

了解前房态的类型与划分;
掌握房态管理的内容;
懂得房态显示常见的问题处理。
【实训方法】
参观饭店;课堂讲授。

【实训准备】

电脑；电话；纸；笔；预订表格。

知识探究

房态类型与划分与影响房态的因素；房态显示与控制。

一、房态类型的划分与影响房态的因素

（一）房态类型

常见的客房状态包括：

（1）住客房（Occupied Room，OCC），客房已被客人租用。

（2）空房（Vacant and Available for Sale Room，VAC），已完成清扫、整理工作，可供出租的客房。

（3）走客房（On-Charge Room，C/O），住客已退房，客房正处于清扫、整理过程中。

（4）待修房（Out-of-Order Room，OOO），客房有问题，需要维修。

（5）保留房（Blocked Room），这是一种饭店内部掌握的客房。饭店会为一些大型的团队预留他们所需的客房；同时还有一些客人在预订客房时，常常会指明要某个房间；对于一些回头客的预订，订房处往往会为该客人预留其曾经住过的房间。

（6）携带少量行李的住客房（Occupied with Light，O/L），为防止发生客人逃账等意外情况，应在计算机中做相应标记。

（7）请勿打扰房（DND），有些住店客人为了不受干扰，会开启"请勿打扰"灯或挂"请勿打扰"牌。

（8）双锁房（Double Locked Room），双锁客房的原因较多。有时，住客为了免受干扰，在房内将门双锁，服务员无法用普通钥匙开启房门；有时，由于客人操作失误，无意将门双锁；有时，客人外出一段时间但不退房，为保证客房的安全，客房部会在客人离店时将客人房间双锁，客人返回时再解锁；有时，当饭店发现房内设备严重受损或客人消费行为不轨时，饭店管理部门也会做出双锁客房的决定。

（9）其他非卖房、团体房、会议房、散客房、免费房、长包房、内用房、预离房、预到房、保密房、矛盾房、留言房、VIP房、团队/会议房、外宾房、生日用房等。

（二）影响房态的因素

客房状态因排房、客人入住、换房、退房、关闭楼层、维修等因素不断地起变化，前厅销售人员应随时、准确地掌握这些变动的信息，及时传递、变更房态变化的信息。

1. 排房。饭店为了减少客人办理入住登记的时间，开房员为已订房的客人提前做好了排房工作，已预排好的客房应将客房状态转换到保留房的状态。有必要时应提前一天完成排房工作并把接待要求以书面形式通知到有关部门。

2. 入住。客人入住后，前台接待员应及时将保留房或空房状态转换到住客房状态，并及时通知客房部。

3. 换房。换房可能是客人的愿望，也可能是饭店的要求。不论是哪一种，换房一旦发生，应及时将调换出的客房由住客房状态转换成走客房状态，调换进的客房由空房状态转换成住客房状态。接待员还应开具客房变更通知单下发有关部门和作为换房、转换房态的

凭证。

4. 退房。前台接待员在接到客人退房离店信息后，应及时将住客房状态转换成走客房状态，并通知客房部。

5. 待修房。客房因设施、设备损坏需要维修而暂时不能销售时，客房部应及时通知前台将此房转换到待修房状态，等得到客房部的恢复通知后再及时取消。

6. 关闭楼层。在淡季，由于出租率下降，饭店为节约能源，减少成本或利用淡季改造、维修、保养客房，常采用相对集中排房，关闭一些楼层的措施。此时，前厅根据饭店规定，将关闭楼层的客房转换到保留房或关闭楼层的状态。

二、房态显示与控制

（一）房态显示

客房的使用处于不断变化之中，随时正确地显示客房状态，除了有赖于员工细致、规范的工作和责任感以外，还需要借助于科学的显示手段。在未使用电脑的饭店，客房状况显示架是显示客房现状最有效的工具，它能随时显示饭店所有客房及住店客人的最新情况和信息。客房状况显示架以45°角斜搁在总台柜台内侧的两根轨道上，以便接待员直接查看显示的房态。客房状况显示架按楼层由低到高、房号由小到大的顺序排列。客房状况显示架的槽口是用于存放反映客房现状及住客情况的客房状况长条，每一个槽口代表一个房间，用不同颜色的长条插入槽中，代表不同的房态，如红色代表住客房，黄色代表走客房等。只要显示及时、准确，房号、房型、房间的现状及客人的情况等一查便知。

（二）房态控制

对房态进行有效的控制，能极大地提高排房、定价的效率和受理预订的决策力，同时为饭店管理部门提供了分析客房销售状况的依据。如果饭店的客房是因为缺乏需求而未能出租，管理部门就能及时分析原因，通过加强宣传、促销、调整价格等措施来改善。如果是由于一些工作失误，让客人进入了尚未清理好的客房或住客房等引起了客人的不满、投诉或造成客房收入的损失，管理者可通过客房状况差异了解差错造成的实际损失，通过分析造成差错的原因，从而达到加强改善管理工作的目的，进而维护饭店的声誉和良好的对客关系。

1. 制作客房控制表格。

（1）客房状况表。饭店可根据自身的管理特点，制作适合自己饭店管理需要的客房状况表。接待员可依据客房状况架上所显示的房态、客人的预订资料、客房部的客房自然状况报告，每日定时填写客房状况表，来确定饭店的客房现状和预订状况。使用电脑的饭店可直接由电脑打印出相关的统计资料（见表1-6-1、表1-6-2）。

（2）客房状况差异表。客房状况差异表是用来记录前厅的客房状态与客房部的自然状态不一致之处。此表由接待员在核对客房部的客房自然状态报告后填写。客房部的服务员每天至少2次（早、晚各1次）将客房部的客房状态报告送至总台。接待员应仔细将楼层报告上的每一间客房状态与总台的客房现状核对，将出现差异的客房填写在客房状况差异表上。客房部和前厅部的管理人员亲自检查差异的原因，及时采取相应的措施加以纠正，确保房态准确。

表 1-6-1　　　　　　　　　　房间营业报告

年　月　日

房间统计	当日累计		本月累计		本年累计		今日到步分析	
	房数	百分率	房数	百分率	房数	百分率		
房间总数							订房总数	
自用房							无　到	
坏　房							保证订房	
封　房							取消订房	
可出租房							订房到步	
空　房							自　入	
散　客							实际到步	
团队房							预期离开	
是日使用							延　期	
半日租							提前离开	
住房总数							实际离开	
客人总数							是日使用	

房间类别	本日累计		本月累计		本年累计	
	房数	收入	房数	收入	房数	收入
单人房						
商务房						
标准房						
商务套房						
总统套房						

房价分析	当日累计			本月累计		
	平均房价	收入		平均房价	收入	
		现金	挂账		现金	挂账
散　客						
加床费						
服务费						
半日租						
团　队						
会　议						
是日使用						
总收入						

本年累计收入		本年累计房数		本年累计平均房价	
				本年累计开房率	

注：

抄送：　　　　　　　　　接待员：　　　　　　　　　审核：

表1-6-2　　　　　　　　　　客房出租分析报表

年　月　日

			可出租房	开房总数	总收入	平均房价	出租率

	客源分析		在住人数	开房数	总收入	平均房价	入店人数	
散客	外宾	常客					港澳台	
		上门客					东南亚	
	内宾	常客					欧美	
		上门客						
团队	外宾							
	内宾							
会议	外宾							
	内宾							
长包房	外宾							
	内宾							
其他	外宾						旅行社的散客	
	内宾						总经理及经理的客人	
							其他　　免费客人	
							持VIP卡入住的个人	
半日租等							包括半日租、钟点房、加床	
协议公司	外宾							
	内宾							
	小计							
备注								

制表人：

2. 保证良好的房态信息沟通。

（1）做好营销部、预订处、接待处之间的信息沟通。营销部应将团队/会议、长住客人等订房情况及时通知前厅预订处；预订处、前台接待处应将零星散客的订房情况和住房情况及时通知营销部。接待处应每天将实际到店客房数、实际离店客房数、提前离店客房数、近期离店客房数、临时取消客房数、预订但未抵店客人用房数及时通知预订处，预订处根据所报信息及时更新预订状况显示表。

（2）做好客房部、接待处、收银处之间的信息沟通。接待处应将客人入住、换房、离店等信息及时通知客房部，客房部则应将客房的实际状况通知接待处，以便核对和控制房态。客人入住后，接待员应及时建立客账，以便收银记账。客人入住期间，如换房，接待员应及时将换房通知单递交收银。客人离店后，收银处应及时将离店信息再通知接待处，以便及时调整房态。

（三）房态差异成因与正确显示的措施

1. 客房状况差异的定义。前厅部记录、显示的客房状况与客房部查房结果不相符合的状况叫做客房状况差异。客房状况差异可归纳为两种，一种叫"Skippers"（未结账房），是指前厅部客房状态显示为住客房，而客房部客房状态显示为空房；另一种叫"Sleeper"（空置房），是指前厅部客房状态显示为走客房或空房，而客房部客房状态显示为住客房。

2. 产生客房状况差异的原因。
（1）客人入住后，前厅未能及时将空房转换成住客房。
（2）客人已结账离店，前厅未能及时将住客房转换成走客房。
（3）客人未登记，前厅部显示为空房，而客房部显示为住客房。
（4）给错客人房间和钥匙，客人误进其他客房，而客人进入的客房房态实为空房。
（5）客人离店时，前厅未收回房间钥匙，客人再次返回房间，而前台房态已转换成走客房。
（6）客人提前结账，但并未退房，前厅已将此房转换成走客房。
（7）客人已换房，但前厅未及时将房态进行调整。

3. 正确显示房态的措施。
（1）完善房态转换检查程序。前厅部接待人员必须在客人登记或结账、换房后迅速及时地变更客房状况。健全客房状况多级检查、核对、确认程序。管理人员每天至少两次定时核对前厅和客房部的客房状况报告。
（2）加强员工业务技能培训。要对员工进行有关房态显示业务知识和技能的培训，确保每位员工了解各种客房状态的含义，客房状态转换方法及产生客房状况差异对服务与管理的影响，避免出现差错。
（3）加强检查督导。管理人员要加强对员工工作的检查、督导，及时发现和预防因员工的工作失误给房态显示带来问题，以保证客房状况的正确显示。

任务3 客房定价

实训目标

掌握房价的各种确定方法；
具有根据市场和饭店客房经营情况控制和调整房价的能力。
【实训方法】
参观饭店；课堂讲授。
【实训准备】
电脑；电话；纸；笔；预订表格；房间营业报表；客房出租分析报表。

知识探究

房价形成与定价方法；房价调控。

一、房价形成与定价方法

（一）房价形成

客房价格是由客房商品成本和利润构成的。其中，客房商品的成本项目通常包括建筑投资及由此支付的利息、客房设备及其折旧费、保养修缮费、物资用品费、土地使用费、经营管理费、员工工资福利费、保险费和营业税；而利润则是指所得税和客房利润两方面。

（二）定价方法

饭店客房定价的方法有很多，常用的有：

1. 随行就市法。随行就市法是饭店以同一地区、同一档次的竞争对手的客房价格作为定价的依据，不依据本饭店的成本和需求状况而定房价的方法，其目的是保证效益，减少风险。

2. 千分之一法。千分之一法亦称建筑成本定价法，是根据饭店建筑总成本来制定房价的方法。饭店建筑总成本包括建筑材料、设备费用，还包括内装修及各种用具费用、所耗用的技术费用、人工费用、建造中的资金利息等。

3. 盈亏平衡定价法。盈亏平衡定价法，指的是饭店在既定的固定成本、平均变动成本和客房产品估计销量的条件下，实现销售收入与总成本相等时的客房价格，也就是饭店收支平衡时的客房产品价格。

4. 成本加成定价法。成本加成定价法，亦称"成本基数法"，它是按客房产品的成本加上若干百分比的加成额进行定价的一种方法。

5. 目标收益定价法。目标收益定价法，是通过定价来达到一定的目标利润，保证预期收回投资。其基本步骤如下：

（1）确定目标收益率（或投资报酬率）；
（2）确定目标利润额；
（3）预测总成本，包括固定成本和变动成本；
（4）确定预期销售量；
（5）确定产品价格。

6. 需求差异定价法。需求差异定价法是以市场需求为导向，以客人对饭店客房价值的认同和理解程度为依据，判定出多种有差异的客房价格，来满足不同客人的需求。它包括：

（1）理解价值定价法。理解价值定价法，是指根据客人对客房产品价格的理解和接受程度来定价的一种方法。饭店产品的特殊性导致只有饭店产品的质量、服务水平、价格和客人的主观感受、认识理解水平大体一致时，客人才会接受；反之，如果定价超过了客人对产品的理解价值，客人就不会接受。理解价值定价法的关键是如何测定客人对客房产品的理解价值。

（2）区分需求定价法。区分需求定价法是指在客房产品成本相同或差别不大的情况下，根据客人对同一客房产品的效用评价差别来制定差别价格。它包括：

① 同一客房产品对不同客人的差别定价；
② 同一客房产品对不同位置的差别定价；
③ 同一客房产品对不同时间的差别定价；
④ 同一客房产品在增加微小服务上的差别定价。

(3) 声望定价法。声望定价法指的是一些高星级饭店有意识地把某些客房产品的价格定得高些，如总统套房、豪华套房等，从而提高客房产品及饭店的档次与声望。这种定价法的依据在于：客人经常认为"一分价钱一分货"，并把价格高低看作产品质量的标志。同时，有些客人把购买高价产品作为提高自己声望的一种手段，这种定价可以迎合这些消费者"求名"的心理。

(4) 分级定价法。分级定价法是指把客房产品分为几档，每档定一个价格。这样标价，不但可以使消费者感到各种价格反映了产品质量的差别，而且可以简化他们选购产品的过程。饭店经常采用这种定价法来确定房价结构，对客房分级定等，制定不同价格，以吸引对房价有不同需求的客人。

综上所述，要想确保需求差异定价取得成功，饭店就应设计出不同等级的客房，并具有各自的风格特点，同时，能为客人提供较宽的价格幅度，让客人有选择合适价格的余地。在实际销售过程中，前厅销售人员应想方设法让客人相信房价差异是合理的、可接受的。

二、房价调控

（一）影响房价制定的因素

饭店在制定房价时，应考虑到下列影响房价的因素：

1. 定价目标。客房定价目标由饭店市场经营的目标所决定，是指导饭店客房产品定价的首要因素。它包括利润导向、竞争导向、销售额导向、成本导向等多种定价目标。

2. 成本水平。成本是定价的重要依据。客房产品定价时，必须考虑其成本水平。成本通常是价格的下限，而价格应确定在成本之上，否则将导致亏本。

3. 供求关系。客房产品的价格应随市场供求关系的变化而不断调整。当供大于求时，饭店应考虑降低价格；当供不应求时，饭店应考虑适当提高价格，以适应市场需求。

4. 竞争对手的价格。竞争对手的价格是饭店制定房价时重要的参考因素。在制定房价时，应充分了解本地区同等级具有同等竞争力饭店的房价。一般来说，新房的价格略低于同档次饭店的房价，可能具有竞争力，但并非只有低价才能取胜。

5. 饭店的地理位置。饭店的地理位置是影响房价制定的又一重要因素。位于市中心繁华商业区，交通便利的饭店，其房价可适当高些；反之，可相应低一些，以提高竞争力。

6. 客人消费心理。客人的消费心理也是进行定价时应该考虑的因素之一。定价时重点要考虑客人对商品价格能够接受的上限和下限，价格过高或过低都会影响到客人的购买欲望。

7. 国家、行业的政策、法令。饭店制定房价，应依据国家经济政策、行业法规、政府主管部门等对饭店价格政策的制约。例如，为了维护客人的利益，在广交会期间，广州市物价局对广州市所有的星级饭店的最高房价做了限制。

8. 饭店的服务质量。在客房定价的过程中，必须考虑到饭店服务质量水平的高低，即员工的礼貌水平、服务质量、服务技巧、服务效率和服务项目及要达到的标准。

（二）房价控制

饭店客房价格制定之后，须建立各种相关的规章和制度，使房价具有严肃性、诚实性、连续性和稳定性，且应要求前厅销售人员在实际销售客房的过程中严格执行。

1. 房价执行制度。管理人员必须让前厅销售人员全面了解和掌握已建立的各项规章和制度。如对优惠房价的批报制度、有关管理人员对优惠房价所拥有的决定权限、饭店房价优惠的种类和幅度及对象、前厅销售人员对标准价下浮比例的决定权限、各类特殊用房的留用数量、房价执行情况的审核程序和要求等。

2. 房价的限制。房价限制的目的是为了提高客房实际平均价格，实现饭店客房收益最大化。前厅部管理人员必须随时了解和掌握饭店客房出租率的变动情况，善于分析客房出租率的变化趋势，准确预测未来住店客人对客房的需求量，及时做出限制某类房价的决定。如果预测到未来某个时期的客房出租率很高，前厅管理人员可能会采取相应的限制措施，如限制出租低价房或特殊房价的客房、不接或少接团队客人、房价不打折等。

（三）房价调整

饭店的客房价格制定后，在实际运用过程中应进行有效的检查。依据房价检查的结果，管理人员应相应调整房价，以保证饭店客房利润目标的实现，使房价更适应客观现实需要。房价的调整一般包括适度调低房价和适度调高房价两大类。

1. 调低房价。调低房价是指饭店在经营过程中，为了适应市场环境或饭店内部条件的变化而降低原有的客房价格。调低房价的主要原因包括：市场供大于求、竞争对手调低价格、客房无明显特色等。但是，调低房价不一定就会增加饭店客房销售量，它有可能导致饭店之间的价格战，还有可能给客人带来"低价低质"的消费心理而影响饭店自身在市场上的声誉等。

2. 调高房价。调高房价往往会引起客人的不满，并给前厅销售人员在销售客房时增加难度。但是，饭店调高房价成功，就会极大地增加饭店的利润。调高房价的主要原因包括客房供不应求、饭店成本费用不断增加、饭店服务质量和档次明显提高等。

【项目小结】

本项目主要针对前厅部在客房销售策略中涉及饭店销售常见问题、研究思路和解决方案，以及客房销售的主要策略进行解析。介绍了前厅部客房销售技巧：包括客房销售的建议，客房销售关键技巧；客房报价技巧。在前厅销售管理中主要研究了客房销售管理的策略；客房销售管理过程和客房控制方法。

实训测评

客房销售

实训步骤	实训主要内容	测评要点
把握客人特点	1. 公务和商务旅游者往往是对价格不敏感的人群，他们需要的是体面舒适，可介绍高档客房 2. 度蜜月的新婚夫妇在客房里时间多，需要安静，可推荐角房 3. 长包房客人应推荐其入住套房，方便工作和生活	根据不同宾客的不同需求推荐
介绍客房产品	语言礼貌、形象生动，强调客人利益	使客房产品吸引客人的兴趣

续表

实训步骤	实训主要内容	测评要点
巧妙洽谈价格	1．"冲击式"报价适合对价格敏感的人群 2．"鱼尾式"报价能减轻价格对客人入住的影响 3．"三明治式"报价常用于消费水平较高的客人	根据不同需求选择不同的报价方法
主动展示产品	在客人犹豫不决时，选择几种不同类型的客房展示给客人，加强对客房的介绍推荐，消除客人顾虑，帮助客人下决心购买	选择恰当的时机展示
达成最后交易	当客人对客房产生兴趣时，应帮助客人下定决心，同时尽快给客人办理预订或者入住手续，并表示感谢，进一步强调服务承诺，使客人感到选择正确	尽快办理手续，服务周到

学以致用

1. 前厅销售中遇到的常见问题有哪些？
2. 前厅销售过程中关键技巧包括哪些内容？
3. 饭店前厅销售的突破途径有哪些？
4. 客房定价有哪些方法？
5. 案例分析：

某日，有位客人来到前台问服务员，请问你们现在的房价打多少折，服务员告知客人一般打八折，客人问，是否可以再低点，服务员说，如果你要住的话可以打七折，这时客人出示他的住房卡说，既然你们可以打七折，为何我的房间只打八折，要求他的房价按七折计算，经了解，原来这位客人是上一班次开出的房间，已登记入住了，但对房价有所不满，认为偏高，所以才有刚才的情况。

讨论：

请问如果你是接待，你会如何处理？

项目七　前厅服务质量控制

案例导入

某日早上，一位女宾到总台询问："现在还有没有早餐？"大堂副理礼貌地告诉客人，早餐到九点半才结束，并再次与客人确认了就餐地点。客人没再说什么就走了，但她闷闷不乐的表情引起了大堂副理的注意。

待客人用完早餐后，在餐厅门口已等候多时的大堂副理立刻迎上前去询问客人的用餐情况，客人表示饭店早餐她非常满意，但对饭店的服务不甚满意，接着向大堂副理述说了她的住后经过：客人是凌晨零点左右入住饭店，同行的还有两位外宾，在办理入住手续时，客人证件被接待员很随意地"扔"在总台上，她认为这样很不礼貌，是对她的不尊重。客人要求早上准8:00的叫醒服务，可到了8:30才被叫醒，整整过了半个小时，影响了她的行程安排。早晨起床后，打电话到房务中心要求送熨斗和熨衣板，可是等了很久都没有送来，只好穿着皱巴巴的衣服去吃早餐，影响了她的形象。

大堂副理认真听完了客人的倾诉，向客人表示歉意。将客人送入电梯后，马上着手调查。

案例评析

我们的服务质量往往是通过接待客人的过程才显现出来，"小事成就大事，细节成就完美"。细节在饭店优质服务中尤为重要，细节成就满意的服务。客人在办理入住登记时，总台接待员完成资料录入后，未将证件递还给客人，而将证件放在总台台面上，且证件呈翻开状。作为女宾，如果其他客人看到了证件上的信息，特别是知道了她的年龄，会让她感觉很尴尬。客人要求送熨斗和熨衣板时，因所在楼层的熨斗已借完，需到另一区域去借调，服务员未及时向客人做解释，耽搁了时间。而叫醒服务失败，则完全是话务员没有留心客人所讲的时间。

以上所述的三个问题，看起来都是服务的细枝末节，但对倡导"100－1＝0"的饭店服务而言，却不是小问题，因为往往一点点不愉快的经历，就会让客人对饭店的服务质量划上问号。

如果这位总台接待员能够把证件合上并递到客人手中，总机话务员能对客人的服务需求重复确认，房务中心服务员在不能及时满足客人所需时能够把道歉说在客人开口之前，那么，这样的服务就是用心、周到、真诚的服务，它能够感染、感动客人，为客人创造一个良好的家外之家。这个案例也从另一个侧面说明我们的服务质量和饭店形象是一个综合的整体，任何一个环节上出现差错或疏忽，都将直接影响到饭店的经营效果，饭店的一线服务人员应该以客人需求为中心，注重与客人有关的每一个细节。这就要求我们每个岗位都要以出色的工作直接或间接给客人提供优质的服务。服务的主体是人，服务的对象也是人，只有具备视服务为生命的意识，服务的灵魂才能得到一种很好地体现，即细节成就满意的服务。

饭店市场的竞争，归根结底是服务质量的竞争。服务质量是饭店市场竞争的基础。任何一个饭店要生存和发展，就必须在市场竞争中取得胜利；要取得市场竞争的胜利，就必须提供高质量的饭店产品，要提供高质量的饭店产品，就必须完成许多与质量有关的工作。如给来过10次以上的客人睡衣绣上客人的名字，以备专用；在客房的信封、信纸上面烫金，印上客人的名字；为带小孩的家庭提供婴幼儿看护服务；设立非吸烟楼层；为客人提供不同软硬的枕头；根据客人对室温的要求调节空调的温度等，这些做法都是饭店细致入微服务的具体表现。

上述这些工作都属于质量控制的范畴。控制是管理的具体体现，是管理的有效延伸，前厅服务质量控制是饭店前厅管理的核心内容之一。

任务1 前厅服务质量控制概述

实训目标

了解前厅服务质量控制的内涵、原则和方法；
掌握前厅部各服务项目的质量控制。

【实训方法】

教师示范；分组练习；考评测试。

【实训准备】

电脑；电话；纸；笔。

知识探究

前厅服务质量控制的内涵；前厅服务质量控制的原则和方法；饭店服务质量管理核查。

一、前厅服务质量控制的内涵

（一）前厅服务质量内涵

1. 服务质量内涵。国际标准化组织ISO 9000系列标准认为，质量是能够满足阐明的或隐含的需求的产品或服务特性与特点的总和。服务质量是指饭店为客人提供的服务适合和满足需要的程序。服务质量表现为客人对饭店的服务活动和服务结果的满足程度。饭店的服务能否满足客人，既取决于服务活动的最终结果，也取决于服务活动的全部过程以及每一个环节。对于饭店来讲，服务质量的好坏，主要来自两方面的因素，一方面是物的因素，即饭店的"硬件"因素，包括饭店的外形建筑、设备设施、房间布局、室内装修、家具用具的设置等；另一方面是人的因素，即饭店的"软件"设施，包括饭店员工的工作作风、工作态度、服务技能、文化修养等，这两方面也是保证服务质量的关键因素。服务质量的真正内涵，不仅是客人需求满足的综合反映，也是饭店"软件"和"硬件"完美结合的具体体现。

全面质量管理是20世纪60年代初，首先由美国质量管理专家费根堡姆和朱兰等人提出来的，是企业为了保证和提高产品质量，综合运用于产品的研究、设计、制造和售后服务等的一套质量管理体系。质量管理需要在建立一个有效的组织或体系的基础上进行，组织的全体人员都要执行相应的质量职能，承担相应的质量责任，并以树立市场为动力的质量管理观，即以满足顾客需要为目标。而我们饭店行业服务产品具有边制作边服务的特点，有缺陷的服务一旦实施就无法回收。质量管理强调事先对生产或服务过程中的质量问题多发点进行预测和控制，以达到"第一次就把事情做对"的效果，从而提高了效率，降低了成本，提高了顾客的满意度。

2. 前厅服务质量内涵。前厅服务质量是指饭店前厅以其所拥有的设施设备为依托，为客人提供的服务在使用价值上适合和满足客人物质和精神需要的程度。所谓适合，是指前厅为客人提供服务的使用价值能为客人所接受和喜爱；所谓满足，是指该使用价值能为客人带来身心愉悦和享受，使得客人感觉到自己的愿望和企盼得到了实现。因此，前厅服务质量的管理实际上是对前厅提供服务的使用价值的管理。前厅所提供服务的使用价值适合和满足客人需要的程度高低即体现了前厅服务质量的优劣。前厅向客人提供的服务通常由前厅的设施设备、劳务服务的使用价值共同组成。从整体来说，前厅所提供的服务带有无形性的特点，但从局部具体服务的使用价值上带有物质性和有形性的特点。因此，前厅服务实际上包括有形产品质量和无形劳务质量两个方面。国际标准化组织ISO 9000系列标准规范是企业的质量管理体系，对服务及质量的描述，也反映了前厅服务产品有形与无形的联系。

（二）服务质量的特性

1. 功能性。饭店的功能就是为客人提供生活、工作或社会交际等最基本的条件，它包括饭店建筑、设备、设施、环境及各种服务项目。功能性是服务质量最起码、最基本的物性，没有基本的服务功能也就不成其为饭店了。

2. 经济性。经济性是指客人入住饭店之后，其费用开支与所得到的服务是否相等，价与值是否相符。饭店服务的价值标准是用尽可能低的支出，为客人提供高质量的服务。

3. 安全性。安全是客人关注的首要问题。饭店的服务员在为客人服务的过程中，必须充分保证客人的生命和财产不受威胁、危害和损失，身体和精神不受到伤害；饭店的机器设备完好运行，食品和环境干净卫生，这些都是服务质量中安全性的重要方面。

4. 时间性。时间性对于服务工作至关重要。当今社会，时间就是金钱。饭店的服务能否在时间上满足客人的要求，是服务质量优劣的表现。时间性这一特点强调为客人服务要做到及时、准时和省时。

5. 舒适性。客人住进饭店，饭店的各种设施要适应客人的生活要求和习惯。它包括适用、舒服、方便、整洁、美观和有序。

6. 文明性。文明性属于精神需求。在饭店，客人一般都希望能获得自由、亲切、尊重、友好、理解的气氛和良好的人际关系，享受精神文明的温馨。文明性是服务质量特性中一个极为重要的方面，它充分体现服务工作的特色。

（三）前厅服务质量的内容和标准

综上所述，前厅服务是有形产品和无形劳务的有机结合，前厅服务质量则是有形产品质量和无形劳务质量的完美统一，有形产品质量是无形劳务质量的凭借和依托，无形劳务质量是有形产品质量的完善和延伸，两者相辅相成。

1. 有形产品质量。有形产品质量是指前厅提供的设施设备和实物产品以及服务环境的质量，主要满足客人物质上的需求。

（1）前厅服务设施设备的质量。服务设备是指饭店用来接待服务的设备设施。它直接反映饭店服务质量的物质技术水平。一般包括房屋建筑、机器设备、交通工具、冷暖空调、电器设备、卫生设备、通讯设备、各类家具和室内装饰等。前厅是凭借其设施设备为客人提供服务的，所以，前厅的设施设备是前厅赖以运行的基础，是前厅劳务服务的依托，反映出一家饭店的接待能力，同时前厅设施设备质量也是服务质量的基础和重要组成部分，是前厅服务质量高低的决定性因素之一。

前厅设施设备包括客用设施设备和供应用设施设备。客用设施设备也称前台设施设备，是指直接提供给客人使用的那些设施、设备，如大堂电梯、计算机设备、商务办公桌椅、沙发、茶几、干手器、擦鞋机等，要求做到设置科学，结构合理；配套齐全，舒适美观；操作简单，使用安全；完好无损，性能良好。供应用设施设备也称后台设施设备，是指饭店及前厅经营管理所需的不直接和客人见面的生产性设施设备，如锅炉设备、制冷供暖设备、电话总机设备、客房状况显示架、钥匙邮件架等，要求做到安全运行，保证供应。前厅只有保证设施设备的质量，讲究设施设备的配置，注重设施设备的维护与保养，才能为客人提供多方面的感觉舒适的服务，进而提高前厅及整个饭店的声誉和服务质量。

(2) 服务环境质量。前厅服务环境质量是指前厅的服务气氛给客人带来的美感和心理上的满足感。它主要包括三个方面：独具特色、符合饭店等级的装饰风格；布局合理且便于使用的服务设施和服务场所；洁净无尘、温度、湿度适宜的大堂环境。通常，对前厅服务环境质量总的要求是：整洁、美观、安全、舒适、有秩序、效率高。在此基础上，还应充分体现出一种带有鲜明个性色彩的文化品位。

2. 无形产品质量。无形产品质量是指前厅提供的劳务服务的使用价值，即劳务服务质量。劳务服务的使用价值使用以后，其劳务形态便消失了，仅给客人留下不同的心理感受和满足程度。劳务服务质量也是前厅服务质量的主要内容之一，它主要包括以下内容：

(1) 服务态度。服务态度是指饭店前厅服务员在对客接待与服务中所体现出来的主观意向、心理状态和情绪反映。其好坏程度是由前厅服务员的责任感和综合素质决定的，并与服务员的主动性、积极性、创造性密切相关。微笑、主动、细致、快捷、讲礼貌、懂礼节构成前厅服务产品的主要内容，也是前厅服务员服务态度的一种外显形式和内在内容。它是全心全意为宾客服务的思想在语言、表情、行为等方面的具体表现。前厅服务员直接面对客人进行接待和服务的特点，使得服务态度在前厅服务质量管理中备受重视，它直接关系着客人满意度，是前厅提供优质服务的基本点，是前厅无形产品质量的关键所在，优质的服务是从优良的服务态度开始的，直接影响前厅乃至整个饭店的服务质量。优良的服务态度主要表现在以下几点：①主动热情；②尽职尽责；③耐心周到；④文明礼貌。

(2) 服务技能与服务效率。前厅服务技能是指前厅服务人员在不同时间、不同状态对不同客人提供服务时，能适应具体情况而灵活恰当地运用其操作方法和作业技能以取得最佳的服务效果，从而所显现出来的技巧和能力。前厅服务技能的高低取决于前厅服务人员的专业知识和操作技术，要求其掌握丰富的专业知识，具备娴熟的操作技术，并能够根据具体情况灵活多变地运用，从而达到具有艺术性、给客人以美感的服务效果。

前厅服务效率是指前厅员工在其服务过程中对时间概念和工作节奏的把握。它应根据客人的实际需要灵活掌握，要求员工在客人最需要某项服务的前夕提供。因此，服务效率不仅指快速，而且强调适时服务。作为客人信息和接待服务信息集散地的饭店前厅，服务员的时间观念可以反映出整个前台接待系统中各部门、各岗位及各班次在协调合作上的一致性特点。在时间一致性方面，出现不协调的现象是在前厅服务过程中不允许的，它将使客人期待的相关服务得不到实现,很容易引起客人的不安定感,进而影响到客人对饭店及前厅的印象和对服务质量的评价。

(3) 服务项目。饭店是一个向宾客提供食、宿、行、游、购、娱的综合性服务行业,这就决定了它的服务项目不能单一化,而应多样化。提供服务项目的多少,是饭店的等级、规模、经营能力的体现。现代饭店的服务项目,大体可以分为两类:一类是在服务过程中有明确、具体的规定,围绕主体业务所设立的服务项目,称之为基本服务项目,如住宿、用餐、购物、娱乐等;凡是由客人提出但并不是每个客人都有需求的服务项目,称之附加服务项目。在某种程序上,具有个性化的附加服务项目比基本服务项目更能吸引宾客,给顾客留下难忘的印象。

(4) 服务方式。服务方式是指饭店在热情、周到地为客人服务时所采用的形式和方法。其核心是如何给客人提供各种方便。服务的方式有许多,如微笑服务;个性化服务;细微化服务;定制化服务;无差距、零缺陷服务;情感化服务;无"NO"服务;超值服务,等等。每个饭店的设施设备不同、员工素质的差异、星级高低不等、接待对象不一样,所选择的服务方式是有差别的,但一些共性的服务则是每家饭店都应提供的,如微笑服务、礼貌服务等。

(5) 服务程序。服务程序是构成饭店服务质量的重要内容之一。实践证明,娴熟的服务技能,加上科学的操作程序,是优质服务的基本保证。饭店的服务程序是根据客人的要求和习惯,经过科学的归纳,编制出来的规范化作业顺序。按程序工作就能保证服务质量;而随心所欲,不按照规程办事就会给工作造成被动,影响工作效率,招致客人投诉。

(6) 专业化的员工。人们常常忽略服务质量的重要内容。没有专业化的前厅员工,其他服务设备、服务项目都谈不上完好,服务技能也不可能娴熟。因此,专业化的员工是服务质量的根本保证。

前厅服务质量内涵构成除上述内容外,还包括前厅的安全氛围、员工的劳动纪律、服务的主动性、操作的规范化和程序化等内容,同样应为前厅管理者所关注。

(四) 前厅服务质量的特点

前厅服务所呈现出的人与人、面对面、随时随地提供服务的特点以及前厅服务质量特殊的构成内容使其质量内涵与饭店其他部门和岗位有着较大的差异。为了更好地对前厅服务质量进行控制,管理者必须正确认识和掌握前厅服务质量的特点。

1. 构成的关联性和综合性。前厅服务质量的构成内容既包括有形的设施设备和服务环境质量,又包括无形的劳务服务质量等多种因素,且每一个因素又有许多具体内容和行为构成而贯穿于前厅服务的全过程。只要有一个环节出现质量问题,就会破坏客人对前厅乃至饭店的整体印象。所以,无论是诸如电脑显示器、打印机、钥匙、信函架、大厅光线、色彩、温度、湿度等有形产品,还是职业道德、礼节礼貌、客房预订、行李服务、问询留言、总机服务、商务接待等无形劳务服务,都要求前厅部服务人员利用安全有效的设施设备、洁净宜人的环境,以及友好礼貌的语言、热情周到的态度、连贯娴熟的技能、方便客人的手段,确保每项服务优质、高效,使客人获得物质上的满足和精神上的愉悦。

2. 评价的依赖性和主观性。前厅服务质量是在有形产品的基础上通过员工的劳务服务创造并表现出来的。而员工的表现又很容易受到多方面因素的影响,如员工个人的情绪和能力、设施设备的好坏和效能、客人的修养和素质、员工与客人之间的情感和关系等,具有很大的不稳定性。所以，通过员工的劳务服务创造并表现出来的前厅服务质量对诸多方面有较强的依赖性。尽管前厅自身的服务质量水平基本上是一个客观的存在，但由于前厅服务质量的评价是由客人在享受服务后根据其物质和心理满足程度进行的，因而带有很强的个人主观性。前厅管理者无法也无理由要求客人对前厅服务质量做出与饭店的认识相一致的评价，更不能指责客人对前厅服务质量的评价存在偏见。这就要求前厅员工在服务的过程中提供细致入微的观察和准确适时的判断，了解并掌握客人的物质和心理需要，注重每项服务细节到位，提供有针对性的个性化服务，重视每次服务的效果。前厅管理者应积极采取妥当的措施，将出现的服务质量问题的后果对客人的影响降到最小，通过对下属和客人的真诚服务，避免矛盾扩大化，建立良好和谐的关系。

二、前厅服务质量控制的原则和方法

（一）前厅服务质量控制的原则

1. 员工第一，客人至上。客人是服务质量的裁判，而员工是服务质量的提供者和保证者，是前厅管理中最重要的因素。前厅服务设施设备和服务环境的安全、方便、洁净、舒适、高雅，以及服务人员的精神面貌、礼节礼貌、服务举止、服务感情、服务态度、服务效率、服务效果等氛围都是由员工表现出来的，并再传递或服务给客人的。上述服务产品的种种表现形式均需要前厅员工处于精神最饱满、心情最舒畅的状态下才能生产出一种客人最为满意的优质服务产品。

2. 教育为先，预防为主。根据前厅不同岗位要求和前厅服务质量标准，按照饭店人力资源管理计划，有步骤、主动、合理灵活地向员工灌输正确的政治思想、职业道德及饭店的各种理念和意识。教育员工热爱本职工作，保持和发扬良好的工作态度，破除各种旧观念，正确认识旅游业和饭店业，明确自己工作的目的和意义，明确前厅部工作的重要性，遵守劳动纪律，自洁自律，廉洁奉公，坚持集体主义。教育员工要有严格的组织纪律观念、团结协作的精神以及诚恳待客、知错就改、一视同仁等职业行为。传授有关前厅工作、服务、管理的知识，训练员工适应前厅服务要求的各种技能，并积极开展旨在增强员工相应的管理能力的活动，以便较好地控制前厅服务质量，降低前厅损耗和劳动力成本，为员工提供发展机会。

由于前厅部业务具有全天候不间断服务、接待服务范围广、原则性和灵活性要求高等特点，加上前厅服务产品生产与消费具有同步性，这就要求前厅服务产品100%的一次成功率，也同时决定了前厅服务产品质量控制必须以预防为主。在前厅部质量控制中，所有员工都要全力以赴，把服务质量放在最重要的位置，认真对待每一项工作的每一个细节，并充分考虑可能遇到的各种困难，时刻准备应对每一种突发情况，做到事先预防，而不是事后补救。

（二）前厅服务质量控制的方法

1. 强化意识，明确标准。

（1）树立质量时空意识。前厅是客人信息和接待服务信息集散地，服务人员的时间意识反映着前台接待系统中各部门、各岗位及各班次在协调合作上的一致性特点。在时间一致性方面，出现不协调的现象是在前厅服务中不允许的，否则将使客人期待的相关服务不能实现。例如，礼宾部在安排行李员运送已离店团队行李时记错了时间，延误了运送行李，结果将会非常严重，且无法弥补。空间的特点反映在前台接待服务过程中的空间观念突出表现为"服务链效应"，即各部门、各岗位及各项具体工作环节之间的关联性和协调性。例如，如果总台接待员将次日离店团队提前用早餐的安排疏漏了，其后果的严重性可想而知。

（2）坚持全面质量控制意识。要对前厅服务质量进行有效控制，保证和提高服务质量，就必须组织前厅全体员工共同参与，综合运用现代管理科学，建立一个能够控制影响服务质量的全过程和各种因素，全面满足客人需求的系统。从这种系统观念出发，有效控制前厅服务质量，主要包含四个方面的意识：一是对前厅所有服务质量进行控制，即全方位的控制，而不是只关注局部的控制；二是对服务前的组织准备、服务中的对客服务、服务后的善后处理的服务过程进行全程控制；三是全体员工都参加质量管理与控制工作，并把每一位员工的工作有机地结合起来；四是管理者能够针对具体情况，灵活运用各种现代管理与控制方法。

（3）明确服务质量标准。树立了明确的质量意识，还需要让员工了解并掌握明确的质量标准，在广泛征求客人和一线员工意见的基础上进行：按照信息搜集——需求预测——标准拟定——标准试行——信息反馈——标准确定的步骤，逐步制定针对性强、实施性高的服务质量标准。再通过结合对员工进行职业道德、业务技能的教育、培训和激励，使全体员工充分了解并掌握这一标准，严格按照标准中规定的劳动力调配、服务程序、设施设备维护保养、细节事项、服务态度等，利用规定的设施设备在标准服务时限内准确无误地加以落实，从而实现优质的对客服务。

2. 规范操作，完善制度。在前厅接待服务中，规范化、制度化的完善主要包括问询、接待、收银等岗位工种在接待服务过程中每一项具体的操作步骤、要求、操作质量原始记录、反馈意见、分析总结和修订实施等内容。将服务人员重复性操作行为予以规范，并进一步制度化，是前厅服务质量过程控制的关键。把规范化的服务标准上升为制度化，从很大程度上能够消除服务人员因个人主观臆断而造成的操作随意性，从而确保服务质量，也有利于服务人员在今后的工作实践中不断地进行自我完善和提高，更使得管理者有了检查和监控前厅服务质量的依据，以便促进饭店前厅服务工作达到规范化、程序化、标准化和制度化的要求。

3. 细分过程，严格控制。前厅服务过程中每一次"客我双方活动"，由于时间、环境、对象、心理、标准等多方面因素的影响，其服务的质量和结果是不尽相同的。所以，服务人员应从每一次服务的"准备→开始→进行→结束"的固定模式中解放出来，不断创造新的、更好的服务，减少中间环节，缩短过程时间，更加耐心细致地为客人提供诸如反复查询、解决疑难问题、委托代办、联系协调等超常服务，以满足客人各种合理的消费需求，达到既定的服务标准，实现既定的服务质量目标。

4. 分析信息，科学评价。服务质量信息是饭店进行服务质量决策的基础和前提，是计划、组织服务质量活动的依据，更是质量控制的有效工具。对前厅服务质量评定，是在收集客人反馈信息的基础上，对前厅服务规范化、程序化、标准化和制度化执行状况做出的整体评价。从事饭店工作的人员不管你是管理者还是员工，所做的事、所说的话都围绕着"方便、舒适、安全、友谊、好客、相助"12个字展开，一个问题出来了，该如何解决，也是围绕着这12个字展开，因此，这12个字对饭店服务质量起着十分重要的作用。

方便——指饭店有形设施的实用价值及完整的服务项目，使客人感到饭店是他的家外之家。

舒适——指饭店有形设施的质量使客人感到下榻该饭店是一种享受。

安全——指饭店产品的安全性能，使客人感到轻松、愉快。

友谊——指饭店服务员的热情、友好、周到的服务。

好客——指饭店服务员的礼节礼貌、仪表仪容、礼仪举止等。

相助——指饭店服务员提供的高效率服务，视客人需要为自己的工作目标。

评价服务质量的主要方法是检查，主要包括以下3个方面的内容：

（1）客人评价。"微笑、主动、细致、快捷、协调"等构成了前厅服务产品的主要内容，它们除了应该满足客人在店期间各种明确需求以外，同时还要满足客人在各种情况下隐含的潜在需求。前厅服务员利用设施设备、环境及自身行为向客人提供令其满意的产品，使客人在享受每一次服务后得到心理满足。前厅服务质量控制就是紧紧地围绕使客人满意这一中心所进行的一系列有效活动，因而，前厅质量评定必须以客人对服务的满意度为主要标准。

（2）外部质量检查机构评价。对饭店行业管理主管部门及质量认证机构所做出的重要的专业评价，特别是饭店星级评定和星级复查所进行的评价内容，管理者应对照检查结果，及时找出存在的质量问题，更应分析其产生的原因，进而提出有针对性的改进措施，以不断提高前厅服务质量。

（3）内部质量检查机构评价。为了测试客人对服务效率和服务效果的满意程度，为了实现总台服务工作要达到的几个指标：①客房出租率；②双倍开房率；③客人回头率；④客房收入年递增率。前厅管理者要制定严格的服务质量及其服务效果鉴定检查单，以便确保客人的全面满意及实现总台服务的工作目标；饭店服务质量管理机构还可以在组织随机抽样调查、直接征求客人意见、定期分析统计等质量管理活动中，对前厅部服务质量做出重要的职能评价。

三、饭店服务质量管理核查

在饭店实践中，核查整改是饭店服务质量内部控制和评价的有效保障。核查的方式多种多样，大体上可以归纳为：饭店统一检查；部门自查；外请专家进行技术诊断；每个管理者的每次有意或无意的"走动"。以下从饭店服务质量管理机构统一核查的角度介绍前厅内部质检的几个关键问题。

（一）前厅部主要服务项目的质量控制过程

1. 阶段控制。前厅部主要服务项目包括电话总机服务、预订服务、大厅礼宾服务、入住接待、商务中心服务和前厅收银服务等。内部质量审核机构对这些项目的质量控制，主要从每一次服务过程的事前、事中、事后三个阶段进行。

（1）事前阶段。根据前厅服务质量管理标准，贯彻"教育为先，预防为主"的方针，做好有形产品和无形劳务两大方面的充分准备，以确保在客人到来之前准备充分。

（2）事中阶段。根据饭店服务质量管理体系的要求，通过各级管理者的现场巡视管理和每一位前厅一线服务员严格执行服务规程，确保客人满意程度的提高。

（3）事后阶段。根据饭店服务信息，即服务质量管理的结果，对照饭店服务质量标准，找出前厅服务质量差异及其产生的原因，及时、主动地与客人沟通，提出有效的改进措施，避免过错的再次出现，确保前厅服务质量的良性循环。

2. 内容控制。每一个阶段的服务质量,均可以从服务的设施设备与用品、服务程序与标准、服务态度与能力及服务效果与控制目标四个方面进行控制:

(1) 设施设备与用品。电脑、电话交换机、钥匙及信件架、客房钥匙、保险箱、信用卡刷卡机等所有前厅设备先进完好,无故障;保证充足的办公用品和各类表格文件的存量。

(2) 服务程序与标准。准确测定各岗位上服务员的工作效率,制定各服务程序和工作定额,通过有针对性的系统培训,确保服务员掌握过硬的业务技能和丰富的业务知识,具备良好的语言交际和沟通能力,能够熟练地使用和操作有关接待服务的设备设施。

(3) 服务态度与能力。服务员具有良好的职业道德和职业素养,有为客人提供优质服务、情感服务的主观愿望。着标准制服,注重仪容仪表的整洁大方、言谈举止的规范得体。微笑、主动、细致、快捷,时刻保持饱满的精神情绪和良好的工作状态。普通话标准,掌握一门以上外语,善于与客人进行有效沟通;快速办理入住登记、开房、贵重物品保管等业务;按规程向客人提供电话接转、客房预订、问询留言、行李服务、传真复印等服务;及时办理换房、加床、续租、结账等手续,懂得报表制作、钥匙(磁卡)发放等操作;严格在操作时限内完成前厅各项对客服务。

(4) 服务效果与控制目标。在事前、事中及事后阶段,前厅各岗位的对客服务均遵守饭店规定,能够在标准服务时限内完成各项服务;能够处处体现为客人需要和饭店业务服务,除了满足客人住店期间各种明确需求以外,同时还能满足客人在各种情况下隐含的潜在需求,使客人满意度高。

(二) 饭店内部对前厅质检关键点的控制

1. 时间与服务效率控制。服务效率与服务质量息息相关,效率的高低是衡量服务质量的重要参数。服务效率的高低主要取决于员工操作技能的熟练程度和被激励程度两个因素。为此,不少饭店都在积极采取措施,一方面加强培训来提高员工的操作熟练程度,另一方面尽量调动员工的积极性,并在此基础上对服务效率提出量化要求。其基本含义是:

(1) 饭店工作人员应该掌握在限定时间内完成相关工作的技能技巧。

(2) 饭店工作人员在具备基本技能后,必须在限定时间内完成操作。

(3) 并不是所有的服务都是时间越短越好,应控制在合理的时间范围之内。

实际上,客人是不可能为饭店服务效率计时的。将效率做出量化要求,纯粹是饭店内部的一种管理方式,其主要作用在于督促员工在一个什么样的时间段内完成某项工作,或告诉员工完成某项工作大体应用多少时间。客人对服务质量的认可是非量化的、是模糊的,最终是一种感觉,是包括时间与效率在内的各种因素综合在一起而产生的"好"或"不好"、"满意"或"不满意"的直觉判断,并由此形成一个"好"或"不好"的思维定势,进而影响他在以后与饭店接触的各个阶段的感觉。为了保证前厅的高水平的服务,必须强调时间与效率管理。

但是,服务现场是变幻莫测的,前厅服务又具有服务过程较短、服务时间性很强、服务方式较灵活等特点;所以不能将前厅服务标准及程序固定量化和细化,而只能规定最基本的程序与步骤,留一定弹性供服务员取舍变化。服务员更不可以机械地执行任何量化的时间标准,而是应该根据现场的具体情况灵活运用。如果用"60+40理论"来形容标准化和个性化的关系,60分代表标准和基础,40分代表个性和补充,结合是100分,也就是说个性化是在规范化、标准化基础上的延伸。

2. 质量标准与现场执行控制。饭店的质量标准往往是用文字条例的形式规定员工在饭店里的行为规范和行为准则。质量标准制定的目的是为了饭店的服务规范，而要达到规范的目的，就必须确保饭店员工人人遵守规则、执行标准。

（三）前厅服务质量检查后的主要工作及要求

1. 撰写前厅服务质量检查报告。在前厅服务质量的每一次检查之后，将检查现场发生的实际情况记录下来，不掺杂主观看法和评论。以饭店管理模式和前厅服务操作规程为依据和前提条件，对前厅服务员在接待服务规程中任何细小的违章言行、表情反应及细小的操作失误都做详细的记录。之后，摒弃个人好恶来组织报告内容，避免对检查到的问题夸大或缩小，也应避免对检查过的内容随意取舍。同时记录好检查的时间、地点、场合、人物、事情经过等。

2. 分析前厅服务质量存在的问题，制定相应的解决措施。服务质量管理与控制的重要任务，就是根据现象，找出更深层次的原因，并开动脑筋，想方设法地去解决问题。在检查程序完成以后，应根据检查结果，分析问题产生的原因，并找出相应的对策。

任务 2　投诉处理

实训目标

了解客人投诉的特性及处理投诉的原则；
掌握客人投诉处理的程序；
掌握客人投诉各种问题的处理技巧。

【实训方法】
教师示范；分组练习；考评测试。

【实训准备】
电脑；电话；纸；笔。

知识探究

客人投诉的定义、种类；客人投诉对饭店的意义；客人投诉的处理。

服务是饭店的主要产品，饭店通过销售服务、设施而赢利。客人与饭店的关系是买和卖的关系，也是被服务与服务的关系。到店客人以双方商定的价格来购买特定的服务产品，从而满足自身在物质上和精神上的需要。当客人认为所付出的费用和得到的服务产品质量之间不成正比，即认为所购买的饭店产品物非所值时，就会产生投诉。即便是世界上最负盛名的饭店也会遇到客人的投诉，关键是在投诉发生后，作为饭店的管理者和服务人员以何种心态去对待，如何以有效的处理方法化解客人的不满，并从投诉中找到本饭店的薄弱环节加以改善。成功的饭店善于把投诉的消极面转化成积极面，通过处理投诉来推动自己工作，防止投诉的再次发生。正确认识客人的投诉行为，不仅要看到投诉对饭店的消极影响，更重要的是把握投诉隐含的对饭店有利的因素，化被动为主动，变消极为积极，从而培养更多的忠诚客人。

一、客人投诉的含义、种类

(一) 投诉的定义

饭店投诉，是指旅游者、海外旅行商、国内旅游经营者为维护自身和他人在饭店消费过程中的合法权益，对损害其合法权益的旅游经营者和提供饭店服务的单位，以书面或口头形式向饭店经营者甚至旅游行政管理部门提出投诉，请求处理的行为。

(二) 投诉的种类

人们一般将投诉说成是告状。其实在饭店业的具体实践中，投诉的含义更为广泛。

以投诉特征为划分依据，投诉可分为五种：典型投诉、非典型投诉、控告性投诉、批评性投诉和建议性投诉。

1. 典型投诉。典型投诉正如这样一起案例：一位正在结账的客人为等了20分钟仍不见账单而大发雷霆，前台经理出面反复道歉，仍然无效。客人坚持要见总经理，否则，将状告到政府有关部门。5分钟后，总经理亲自接待了客人，向客人表示歉意并答应了客人的一些要求，事态得以平息。

2. 非典型投诉。一位住客在咖啡厅用餐后对服务员讲，"小姐，今天的咖啡很好喝，就是餐厅温度高了些。"

这位客人的上述讲话不大像是告状，但我们仍然应该把它视为投诉。因为客人毕竟向我们传达了一种批评的信息。尽管他可能是随口而说，且并无怒气。次日，当他又一次来到餐厅时，经理走上前来对他说："先生，我们已把您对温度的意见转达给了工程部，他们及时处理过了，您觉得今天的温度怎么样？"尽管客人只是说了声："谢谢，很好"，但他认为这家饭店对他非常重视，对饭店留下好印象。

然而，在当今饭店业，更大的一种可能性是：客人又一次来到餐厅，包括温度在内的一切都是老样子，也没人向他解释什么。餐厅的员工甚至不记得他昨天说了什么，即使记得也不会认为那是在投诉，因为他没有发脾气，也没要找经理，只不过随口说说而已，况且他还夸过这里的咖啡不错呢。

一般情况下，无论对哪种结果，客人都不会做出强烈的反应，但这些所闻所见却会形成一种积累，最终促使他考虑是否仍选择这家饭店。他还可能把这愉快的感觉或不愉快的经历告诉他的朋友、亲属和同事。

3. 控告性投诉。控告性投诉的特点是：投诉人已被激怒，情绪激动，要求投诉对象做出某种承诺。

任何饭店都拥有一批老客户，他们都十分偏爱自己常住的饭店，并且客人与饭店上上下下的工作人员都很亲热友好。C先生就是这样一位老客户。一天，他和往常一样，因商务出差，来到了××饭店。如果是平时，C先生很快就能住进客房。但是，正在饭店召开的一个大型会议使得C先生不能马上进房，服务员告诉他，到21：00可将房间安排好。C先生只好到店外的一家餐厅去用餐。由于携带手提包不方便，他顺便来到前台，没有指定哪一位服务员，和往常一样，随随便便地说，他把手提包寄存在他们那里，22：00以前来取，请他们予以关照。当然，没有拿收条或牌号之类的凭证。当C先生在22：00前回到饭店吩咐服务员到大堂帮他取回手提包时，大堂经理却说，找不到，并问C先生的存牌号是多少？C先生讲，同平时一样，他没拿什么存牌。第二天，尽管饭店竭尽全力，却仍未找到。于是，C

先生突然翻脸，声称包内有重要文件和很多现金，他要求饭店处理有关人员，并赔偿他的损失。

4. 批评性投诉。批评性投诉的特点是：投诉人心怀不满，但情绪相对平静，只是把这种不满告诉对象，不一定要对方做出什么承诺。

Z先生也是饭店的熟客，他每次入住后，饭店的公共关系部经理都要前去问候。大家知道，Z先生极好面子，总爱当着他朋友的面来批评饭店，以自显尊贵。果然，这次当公关经理登门拜访时，发现Z先生与他的几位朋友在一起，Z先生的话匣子也就打开了："我早就说过，我不喜欢房间里放什么水果之类的东西，可这次又放上了。还有，我已经是第12次住你们饭店了，前台居然不让我在房间办理入住，我知道，你们现在生意好了，有没有我这个穷客人都无所谓了。"

5. 建议性投诉。建议性投诉的特点是：投诉人一般不是在心情不佳的情况下投诉的，恰恰相反，这种投诉很可能是随着对饭店的赞誉而发生的。

例如，S先生是一家饭店的长住客人，这天早上他离开房间时，同往常一样，还是习惯要和清扫房间的服务员聊上几句。他说他夫人和孩子今天就要从国外来看他了。他夫人以前曾住过这家饭店，印象非常好，而且凡是她有朋友到此地，大多都被推荐到这里来，先生说，她夫人觉得唯一希望的是，饭店的员工能叫出她的名字，而不仅仅是夫人或太太，因为她的先生是饭店的长住客人。这样她会觉得更有面子。

当然，投诉的性质不是一成不变的，不被理睬的建议性投诉会进一步变成批评性投诉，进而发展成为控告性投诉，或是客人愤然离店，并至少在短期内不再回来。无论哪一种局面出现，对饭店来说，都是一种损失。

如果我们对某些饭店所接到的投诉进行统计分析，就会发现一条规律，凡控告性投诉所占比例较大的饭店，肯定从服务质量到内部管理都存在着很多问题，过多的控告性投诉，会使饭店疲于奔命，仿佛像一部消防车，四处救火，始终处于被动状态。其员工队伍也必定是缺乏凝聚力和集体荣誉感。而建议性投诉所占比例大的饭店，则应该是管理正规，秩序井然。饭店不断从客人的建议中汲取养分，以改善自己的工作，员工的士气也势必高涨，从而形成企业内部的良性循环。

就客人投诉的内容，可分为七种：服务态度投诉、服务效率投诉、设施设备投诉、服务方法投诉、违约投诉、服务质量投诉和其他。

1. 服务态度投诉。对服务员服务态度优劣的甄别评定，虽然根据不同消费经验、不同个性、不同心境的客人对服务态度的敏感度不同，但评价标准不会有太大差异。尊重需要强烈的客人往往以服务态度欠佳作为投诉内容，具体表现为：

（1）服务员待客不主动，给客人以被冷落、怠慢的感受。
（2）服务员待客不热情，表情生硬、呆滞甚至冷淡，言语不亲切。
（3）服务员缺乏修养，动作、语言粗俗，无礼，挖苦、嘲笑、辱骂客人。
（4）服务员在大庭广众之下态度咄咄逼人，使客人感到难堪。
（5）服务员无根据地乱怀疑客人行为不轨。

2. 服务效率投诉。如果说以上投诉是针对具体服务员的，那么，以下内容的投诉则往往是针对具体的事件而言的。如餐厅上菜、前台结账速度太慢；前台入住登记手续繁琐，客人等候时间过长；邮件迟迟未送达，耽误客人大事等。在这方面进行投诉的客人有的是急性子，有的是要事在身，有的确因饭店服务效率低而蒙受经济损失，有的是因心境不佳而借题发挥。

3. 设施设备投诉。因饭店设施设备使用不正常、不配套、服务项目不完善而让客人感觉不便也是客人投诉的主要内容。如客房空调控制、排水系统失灵，会议室未能配备所需的设备等。

4. 服务方法投诉。因服务方法欠妥，而对客人造成伤害，或使客人蒙受损失。如夜间大堂地面打蜡时不设防护栏或标志，以致客人摔倒；客人延期住宿总台催交房费押金时客人理解为服务员意指他将要逃账；因与客人意外碰撞而烫伤客人等。

5. 违约行为投诉。当客人发现，饭店曾经做出的承诺未能兑现，会产生被欺骗、被愚弄、不公平的愤怒心情。如饭店未实践给予优惠的承诺，某项饭店接受的委托代办服务未能按要求完成或过时不复等。

6. 服务质量投诉。饭店出售的商品主要表现为客房和餐饮食品。客房有异味，寝具、食具、食品不洁，食品未熟、变质，怀疑烟、酒假冒伪劣品等，均可引起投诉。

7. 其他（饭店方面的原因）。服务员行为不检、违反有关规定（如向客人索要小费），损坏、遗失客人物品；服务员不熟悉业务，一问三不知；客人对价格有争议；对周围环境、治安保卫工作不满意；对管理人员的投诉处理有异议等。

二、客人投诉对饭店的意义

客人投诉不仅仅意味着客人的某些需要未能得到满足，实际上，投诉也正是客人对饭店、对饭店员工服务工作质量和管理工作质量的一种评价。任何饭店任何员工都不希望有顾客投诉自己的工作，这是人之常情。顾客投诉对于饭店来说主要意味着：

（一）信息交流，提高饭店服务质量

投诉是基层管理工作质量和效果的"晴雨表"，是提高基层管理质量的推动力。对第一线服务而言，基层管理的主要对象是服务员在服务现场的工作质量；对后勤部门而言，基层管理的主要对象为协同前线部门，确保饭店产品的整体质量符合要求。无论前线或后勤部门，都通过自己的工作与客人产生直接或间接的沟通，是客人心目中的"饭店代表"。从前台部的行李员、接待员、总机接线员，到客房部的服务员、工程部维修人员、保安部保安员；从餐厅咨客、服务员到厨房各工序员工，到管事部、洗涤部各岗位人员，他们的工作态度、工作效率、服务质量和效果直接影响到客人投诉行为的产生。

顾客投诉行为实际上是饭店基层管理质量的"晴雨表"，通过投诉，饭店可以及时发现自己发现不了的工作疏忽；通过投诉，饭店可以及时发现自己发现不了的各种矛盾和问题；通过投诉，可以鞭策饭店及时堵塞漏洞、对症下药，解决可能是长期以来一直存在着的严重影响饭店声誉的工作质量问题。即使是客人的有意挑剔、无理取闹，饭店也可以从中吸取教训，为提高经营管理质量积累经验，不断完善管理制度，使接待服务工作日臻完美。

（二）了解饭店不足，留住客人

客人在饭店消费过程中不满、抱怨、遗憾、生气动怒时，可能投诉，也可能不愿去投诉。不愿投诉的客人可能是不习惯以投诉方式表达自己的意见，他们宁愿忍受当前的境况；另一种可能是认为投诉方式并不能帮助他们解除、摆脱当前不满状况，得到自己应该得到的，一句话，投诉没有用。还有一种可能是怕麻烦，认为投诉将浪费自己时间，使自己损失

更大。这些客人尽管没有投诉，但他们会在饭店通过其他途径来进行宣泄：或自我告诫，以后不再到该饭店消费；或向亲朋好友诉说令人不快的消费经历。而这一切，意味着饭店将永远失去这位客人，饭店就连向客人道歉的机会也没有了。所以，客人直接向饭店投诉，给饭店提供了挽回自身声誉的机会。

（三）锻炼员工，帮助员工成长

通过投诉事件的处理，我们的管理人员首先让员工克服害怕投诉的心理，当然大多数前厅的员工都不喜欢听到投诉，但是他们也应该明白大多数客人也一样不希望投诉。投诉并不可怕，问题是你如何去处理。对大多投诉，饭店管理人员并没有直接面对客人进行处理，只是将要表达的意思用经过斟酌的语言让员工去向客人叙述，借助实际案例教员工如何分析事件的责任和观察客人的心态，如何措词表达，如何控制表达时的语气、语音、语速，持什么态度和观点与客人沟通，沟通时要注意什么样的环境等相关知识。因为经验需要通过实际的锻炼才能积累并使员工成长起来。

三、客人投诉的处理

饭店方面在处理客人投诉过程中，要把握一定的方式方法，认真对待每一位客人的意见。无论是管理人员还是服务人员，接受客人投诉都是一件不愉快、不轻松的事情。因此要把握投诉处理的基本原则和处理程序。投诉处理的程序依次为：聆听、道歉、安慰、记录、部门沟通、将解决问题的计划告知客人、补救和建立顾客档案等，如图 1-7-1 所示。

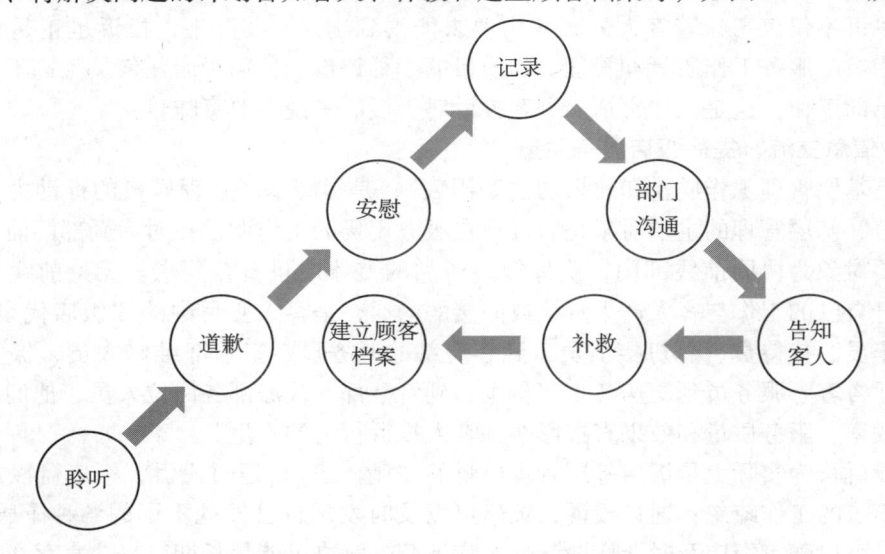

图 1-7-1　投诉处理程序

（一）处理原则

有效地处理投诉，应遵循下列原则：

1. 真心诚意帮助客人。应设法理解投诉客人当时的心情，同情其所面临的困境，并给予应有的帮助，接待好客人。首先应表明自己的身份，让客人产生信赖感，相信受理人员能帮助他解决问题。

2. 绝不与客人争辩。无论前来投诉的客人情绪如何激动、态度如何不恭、言语如何粗鲁、举止如何无礼，接待人员都应冷静、耐心，绝不可急于辩解或反驳，与客人争强斗胜。即使是不合理的投诉，也应做到有礼、有理、有节，既要尊重他们，不失客人的面子，又应作出恰如其分的处理。

3. 维护饭店应有的利益。处理投诉亦不可损害饭店的利益，尤其是对于一些复杂问题，切忌在真相查明之前，急于表态或贬低饭店及其他部门及员工。除宾客物品、财产因饭店原因招致遗失或损坏外，退款或减少收费等方法绝不是处理投诉和解决问题的最佳方法，而应弄清事实，通过相关渠道了解事情来龙去脉，再诚恳道歉并给予恰当处理。

4. 客人投诉处理。遵守饭店投诉处理程序，耐心了解客人投诉内容、原因、具体事实，对涉及部门、人员及投诉者姓名、房号、投诉内容记录准确。正式受理时站在客人立场上表示同情，确属饭店方面原因是引起的投诉，主动承担责任并表示歉意，不让客人情绪进一步恶化。对不了解饭店有关规定的投诉，耐心解释，消除误解。对情况不明、需要向有关部门调查了解事实的投诉，请客人稍候，查清事实，做出处理兑现后再转告客人。所有投诉在客人离店前处理，避免客人带着不良印象离店。无法解决的个别投诉，向客人解释清楚。投诉处理后客人满意程度应不低于95%。

5. 投诉处理善后工作。对每天的客人投诉，做好记录、分类整理，呈报总经理及有关部门。投诉中反映出来的饭店管理及质量问题，定期分析研究，提出改进措施，落实到有关部门和人员，时间不超过15天。客人投诉处理的问题基本不重复发生。

（二）处理投诉的程序

不同类型的投诉在处理的具体细节上有所不同，但基本程序是相通的，下面以客人当面口头投诉为例，介绍投诉处理的一般程序。

1. 接受投诉。
（1）应保持冷静，如有必要和可能，将投诉的客人请到妥善地点，以免影响其他客人；
（2）用真诚、友好、谦和的态度耐心倾听客人的问题；
（3）应耐心、仔细地听完客人的投诉内容，倾听中不得表现出厌烦或愤怒情绪；
（4）不允许打断客人的陈述；
（5）绝不与客人争辩是非或批评客人，让客人发泄怨气，而是让客人情绪尽快平息；
（6）禁止使用"不过"、"但是"、"可是"等转折性词汇与客人交谈，以免激怒客人或者让客人感到饭店缺乏诚意；
（7）用和蔼的语气告诉客人，他的投诉是完全正确的，以使客人感到受尊重；
（8）要承认和理解客人的感情，尽量表现出对客人的同情；
（9）待客人讲完后，首先向客人道歉，说明会立即处理。使用尊称称呼客人，并明确告诉客人饭店将处理此事，千万不可因怕麻烦而推脱，应尽快着手解决。

2. 处理投诉。
（1）听完客人的投诉，应立即考虑并决定需采取的解决办法，并将其告诉客人。如有可能，应考虑多个方案以供客人选择，以示尊重他们，切忌一味地道歉和解释。应充分估计处理该问题所需的时间，并告诉客人，以免客人产生怀疑，引起抵触情绪，为解决问题增加难度。
（2）立刻展开调查，弄清事实，查出原因，并协调有关部门和人员进行事后补救和改正，并将问题处理的进展情况通报给客人。向有关人员了解事情经过及原因，不能偏听一面之词。如属饭店方面工作失误，要诚恳地向客人道歉并承认错误，表示一定会改进，给客人一定的优惠予以弥补过失。

（3）尽量使处理结果令客人满意，甚至是出乎意料，给客人一个惊喜。

（4）对于本人权限内不能解决的客人投诉，先向客人道歉，感谢客人的投诉，并立即逐级汇报。

（5）将处理结果通知客人。

（6）问题解决后，应与宾客再次联系，征询客人意见，了解投诉的问题是否得到圆满解决，做到有始有终。

（7）再次向客人道歉。

3. 记录投诉。

（1）将投诉客人的姓名、房号、消费地点、单位名称、联系方式、投诉时间、投诉事由和处理结果记录在一式两份《客人投诉记录表》上。这样做，不仅可以使客人的讲话速度放慢，以缓和其激动的情绪，而且还能让客人感觉到饭店对其投诉的重视程度。此外，记录的要点亦可作为今后解决问题的依据。

（2）将客人的投诉分类进行整理。

（3）每日下班前转交前厅部经理审批。

（4）审批后部门留存一份，呈报总经理办公室一份。

（5）代表饭店致函给客人，表示道歉，并欢迎客人再次光临饭店。

4. 整理归档。将投诉的问题及处理过程整理出书面的材料，进行分类存档，作为今后员工培训和解决类似问题的案例。同时记入宾客的客史档案，以免下次宾客入住，再发生类似问题。对于宾客的来电、来信等投诉，除了注意上述程序的要点外，应将调查结果、处理办法、最终处理结果以及饭店高级管理人员签名的致歉信尽快邮寄给客人。

任务3　客史档案

实训目标

认识建立客史档案的必要性和主要内容；
熟悉客史档案的收集与整理及其应用。

【实训方法】
教师示范；分组练习；考评测试。

【实训准备】
电脑；电话；纸；笔；客史资料。

知识探究

客史档案的内容；客史档案的用途；资料收集整理；建立客史档案。

客史档案（Guest History Record）又称客人档案，是饭店对在店消费客人的个人情况、消费行为、信用状况、偏好和期望等特殊要求所做的历史记录。它是饭店用来促进销售的重要工具，也是饭店改善经营管理和提高服务质量的必要资料。完整的客史档案不仅有利于饭店开展个性化服务，提高客人满意度，而且对搞好客源市场调查、增强竞争力、扩大客源市场具有重要意义。总之，饭店建立客史档案是以提高客人满意度和扩大销售为目的的。在饭店管理中，出于对客服务的需要，不少饭店将客史档案工作记录由前厅部的客房预订部承担。客史档案主要分为电脑客史档案和手工客史档案卡两种形式。客史档案卡是按字母顺序排列，每张卡片上记录了住店一次以上的客人的有关情况。未使用电脑的饭店也有将客人住宿登记表的最后一联作为客史档案卡保存；而在使用电脑的饭店，电脑系统中专门有客史档案菜单，电脑会根据菜单指令记录、储存客人的有关资料，并可随时打印出来。

一、客史档案的内容

对经常来饭店消费的客人，尤其是那些数量和消费额都很大的客人，或是对饭店声誉影响很大的客人，饭店可以视为重点或目标客源。对于这些客人可以制作一份客人历史档案卡，以便及时发现他们的需求特点，从而更好地对他们进行有的放矢的推销和服务。在实践中，往往还会发现，由于饭店迎来送往的客人数以万计，而他们的要求和特点又五花八门，令接待员感到千头万绪，能按程序和规范要求做好接待工作就已经不错了，至于还要充分照顾到客人的个性化要求就更难了。解决这个问题的最好办法就是建立客史档案，将日常工作中收集到的有关客人的消费信息全部以资料的形式，以制度化的规范文本记载下来。客史档案通常可分为两种，即住客客史和宴会客史。

（一）住客客史的内容

1. 常规档案。主要包括来宾姓名、国籍、地址、电话号码、单位名称、年龄、出生日期、婚姻状况、性别、职务、同行人数等。饭店收集和保存这些资料，可以了解市场基本情况，掌握客源市场的动向及客源数量等。

2. 消费特征档案。

（1）客人租用客房的种类、房价、每天费用支出的数额、付款方式、所接受的服务种类以及欠款、漏账等。饭店收集和保存这些资料，能了解每位客人的支付能力、客人的信用程度等。同时，还可以反映客人对服务设施的要求、喜好、倾向以及所能接受的费用水平。

（2）客人来店住宿的季节和月份、住宿时间、订房的方式、来本店住宿是否有中介等。了解这些资料，可以使饭店了解客源市场的情况、不同类型客人及特点、客人的入住途径等，为饭店争取客源提供有用的信息，而且有助于改进饭店的销售推广手段。

3. 个性档案。主要包括客人脾气、性格、爱好、兴趣、生活习俗、宗教信仰、生活禁忌、特殊日期和要求等。这些资料有助于饭店针对性地提供服务，改进服务质量，提高服务效率。

4. 反馈意见档案。包括客人对饭店的表扬、批评、建议、投诉记录等。

（二）宴会客史

宴会客史的内容与散客客史相似。主要记录选订宴会者的情况，即来宾的姓名、单位地址、电话号码。每次宴会或酒会的情况也要详细记录在案，包括宴会日期、种类、出席人数、出席者中有特殊要求的客人身份及其要求等内容；还应包括宴会的收费标准、举行的地点、所需的额外服务、所用饮料/菜品名称、出席者事后评价等。这些资料由餐饮部收集反馈给前厅部。

二、客史档案的用途

（一）客史档案可向饭店提供有用信息

1. 该客人在本店住过几次、什么时间入住。
2. 客人个人的基本情况，如姓名、性别、年龄、国籍、地址、电话等。
3. 客人有哪些爱好、习惯，喜欢哪种类型的客房或哪间客房，喜欢何种饮食或水果。
4. 客人住店期间的消费情况及信用情况。
5. 客人住店的原因、订房的渠道、接待的单位。
6. 客人对饭店的评价如何。
7. 客人住店时有无发生过特殊情况或投诉。

（二）饭店可利用客史档案开展针对性工作

1. 客人再次抵店前做准备工作。
2. 给住店若干次的客人寄感谢信。
3. 给住过本店的客人寄发饭店的各种促销宣传品。
4. 在中外重大传统节日（如圣诞节或春节）前夕，给曾住本店的客人和贵宾寄贺卡。
5. 为市场调研收集资料。

所有光顾饭店消费的客人既有共同的特性和需求，又各有不同的特点，他们对于饭店提供的服务既有相同的要求，即要求服务热情周到规范，又各有不同的个性化要求，这是由他们不同的个性特点决定的。要想超越服务的现有水平，提供富于针对性的服务，就必须深入了解每位客人的需求特点。了解客人的需求特点是提供个性化服务的基础，必须做到真心、细心、耐心，而客史档案与信息管理为这些个性化服务做了充分的准备。

三、资料收集整理

（一）客史档案资料的收集

及时、准确地收集和整理客史档案资料，是做好客史档案管理工作的基础。这既要求饭店要有切实可行的信息收集方法，又要求前台和饭店其他对客服务部门的员工用心服务，善于捕捉有用信息。收集客史档案资料的主要途径有：

1. 总台收集。总服务台通过预订单、办理入住登记、退房结账等收集有关信息。有些信息从客人的证件和登记资料中无法获得，应从其他途径寻觅，如征集客人的名片、与客人交谈等。
2. 大堂副理整理。大堂副理每天拜访客人，了解并记录客人的服务需求和对饭店的评价；接受并处理客人投诉，分析并记录投诉产生的原因、处理经过及客人对投诉处理结果的满意程度。
3. 其他部门反馈。客房、餐饮、康乐、营销等服务部门的全体员工主动与客人交流，对客人反映的意见、建议和特殊需求认真记录，并及时反馈。
4. 媒体评价。饭店有关部门及时收集客人在报纸杂志、电台、电视台等媒体上发表的有关饭店服务与管理、声誉与形象等方面的评价。

（二）客史信息的整理

饭店的客史信息整理工作一般由前厅部承担，而客史信息的收集工作要依赖于全饭店的各个服务部门。客史信息的整理工作主要有以下几方面内容：

1. 分类整理。为了便于客史档案的管理和使用，应对客史信息进行分类整理。如按国别和地区划分，可分为国外客人、内地客人、港澳台客人；按信誉程度划分，可分为信誉良好客人、信誉较好客人、黑名单客人等。经过归类整理的客史信息是客史档案有效运行的基础和保证。

2. 有效运行。客人订房时，如属重复订房，预订员可直接调用客史资料，打印客史档案卡，与订房资料一道存放，并按时传递给总台接待员；如属首次订房，应将常规资料和特殊要求录入电脑，并按时传递给总台接待员。未经预订的常客抵店，总台接待员在客人填写登记表时调出该客人的客史档案，以提供个性化服务；未经预订的客人第一次住店，总台接待员应将有关信息录入电脑。对涉及客房、餐饮、康乐、保卫、电话总机等部位服务要求的，要及时将信息传递到位。同时，也要注意收集和整理来自其他各服务部位的有关客史信息。客人离店后，要对客人的客史档案再次输入新的内容，使客史档案的内容不断得到补充完善。

3. 定期清理。饭店应每年系统地对客史档案进行一至两次的检查和整理。检查资料的准确性，整理和删除过期档案。

【小提示】

在清理久未住店的客人档案前，最好给客人寄一份信函，以唤起客人对曾住过的饭店的美好回忆，做最后一次促销努力。总之，客史信息的收集、过滤、整合、储存和使用，是饭店优质服务的重要武器。

四、建立客史档案

（一）建档方式

建立客史档案最常见的方式有以下3种：

1. 登记单方式。将客人住宿登记单的最后一联作为客史档案卡，登记单最后一联通常是硬纸卡，反面还应印有客史资料项目。这种方式比较简单易行，但编目保存较困难，而且记载的信息量不大。中、小型手工操作的饭店多采用这一方式。

2. 档案卡片方式。这是用专门印有各项须填写的客史资料内容的单据（见表1-7-1），并按字母顺序编目。该单据为正规客史档案卡，可以根据饭店管理上的规定，将卡片印制成各种颜色，用以代表不同的内容和含义，方便预订人员查找。此种方式建档编目比较正规适用，但工作量大。

3. 电脑方式。这种方式是在电脑系统中设定客史档案栏目。将客人的各种信息输入贮存，以供随时查阅。该方式操作简便，信息贮存量大且易于保管。随着电脑的普及，这一方式成为建立客档案最主要的方式。

计算机建档的功能主要有：

（1）接受预订时可按客人姓名查询有无客史，有客史者在新预订时可直接调用。

（2）对客史资料进行修改和输入新的说明项目。

（3）清除客人的住店历史记录。

表 1-7-1　　　　　　　　　　　客史档案卡

姓　名		性别		国籍	
出生日期		出生地点		身份证号	
护照签发日期及地点					
护照号			签证号及种类		
职业			职位		
工作单位					
单位地址			家庭地址		
电话			电话		
最近一次住店房号			个人信用卡号		
最近一次住店日期			VIP 卡号		
房租			总的入住次数		
消费累计			其他		
习俗爱好、特殊要求					
表扬、投诉及处理					

（4）打印客史资料细目。

（5）修改客人住店历史细目表。

（6）即时打印任何客人的客史记录。

（7）为总台接待办理客人入住手续时出示客史资料。

（8）按客人姓名自动累积各人（次）的资料。

当然，电脑的效能发挥要靠工作人员正确的使用及输入准确的信息，这也是前厅电脑管理的基础。

（二）建档原则

1. 建立健全管理制度。建立健全客史档案的管理制度，确保客史档案工作规范化。编订编目和索引，卡片存放要严格按照既定顺序排放；坚持"一客一档"，以便查找和记录。

2. 妥善保管。一张卡填满后以新卡续之，但原卡不能丢弃，应订在新卡的后面，以保持客史内容的连续与完整。档案是要长久保存的资料，因此必须定期整理，纠正存放及操作的失误，清理作废的卡片，以保持客史档案的完整。

知识链接

全面质量管理的科学程序——PDCA 循环

PDCA 循环又叫戴明环，是美国质量管理专家戴明博士首先提出的，它是全面质量管理所应遵循的科学程序。全面质量管理活动的全部过程,就是质量计划的制订和组织实现的过程,这个过程就是按照PDCA循环,不停顿地周而复始地运转的。

PDCA是英语单词Plan(计划)、Do(执行)、Check(检查)和Action(处理)的第一个字母,PDCA循环就是按照这样的顺序进行质量管理,并且循环不止地进行下去的科学程序。

全面质量管理活动的运转,离不开管理循环的转动,这就是说,改进与解决质量问题,赶超先进水平的各项工作,都要运用PDCA循环的科学程序。不论提高产品质量,还是减少不合格品,都要先提出目标,即质量提高到什么程度,不合格品率降低多少? 就要有个计划;这个计划不仅包括目标,而且也包括实现这个目标需要采取的措施;计划制订之后,就要按照计划进行检查,看是否实现了预期效果,有没有达到预期的目标;通过检查找出问题和原因;最后就要进行处理,将经验和教训制定成标准、形成制度。

PDCA循环作为全面质量管理体系运转的基本方法,其实施需要搜集大量数据资料,并综合运用各种管理技术和方法。如图1-7-2所示,一个PDCA循环一般都要经历以下4个阶段(图1-7-2a所示)、8个步骤(如图1-7-2b所示):

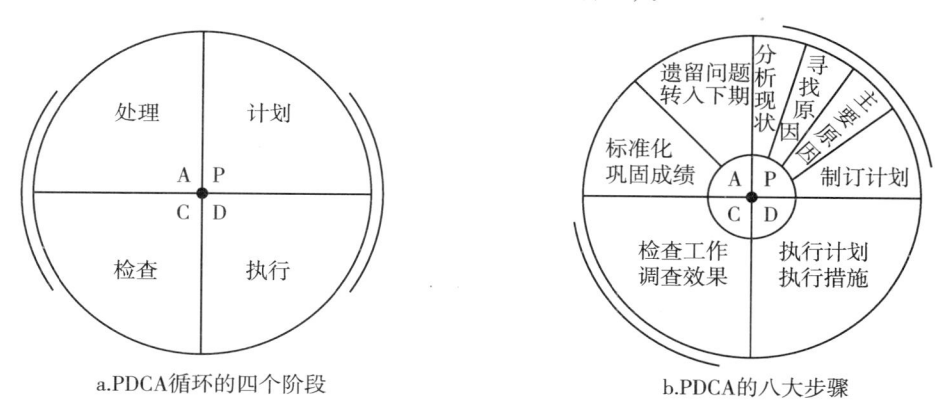

a.PDCA循环的四个阶段　　b.PDCA的八大步骤

图1-7-2　PDCA循环

PDCA循环的特点有三个:

1. 各级质量管理都有一个PDCA循环,形成一个大环套小环、一环扣一环、互相制约、互为补充的有机整体。在PDCA循环中,一般说,上一级的循环是下一级循环的依据,下一级的循环是上一级循环的落实和具体化。

2. 每个PDCA循环,都不是在原地周而复始运转,而是像爬楼梯那样,每一循环都有新的目标和内容,这意味着质量管理,经过一次循环,解决了一批问题,质量水平有了新的提高。

3. 在PDCA循环中,A(处理)是一个循环的关键。

由上可知,PDCA管理法的核心在于通过持续不断的改进,使企业的各项事务在有效控制的状态下向预定目标发展。

【项目小结】

本章通过对前厅服务质量控制的时空观念、环境质量控制、突发和涉外事件的处理等阐述,使学生掌握前厅服务质量行为控制、目标质量控制、宾客投诉处理和客史档案的建立。

实训测评

处理客人投诉

实训步骤	实训主要内容	测评要点
聆听	1. 应怀着同情心聆听客人的诉说，必要时可礼貌地询问客人，但切记打断客人的讲话 2. 保持平静。如果必须或可能的话，将客人请到静处个别谈，以免影响其他客人 3. 切勿做出有敌意或辩解的反应，保持平静，绝不与客人争辩，记住：客人永远是对的	认真聆听，不要辩解
表示理解和关切	1. 显示决断力：承认客人的感受，向客人显示具有为客解难的能力。可以说：我能够理解您此刻的心情（并不是说饭店有过错，只是表示理解客人遇到的困难和提出的投诉） 2. 充分维护客人的自尊心：维护甚至增强客人的自尊心，以表示对客人的关切。可以说：我对您遇到的麻烦表示遗憾，在谈论中多次以客人的名字称呼，以示亲切，绝不要轻视客人提出的投诉，对于客人来说这是一件严肃的事，否则他不会郑重其事地提出来	真诚地表示理解和关心客人所提问题
做好记录	1. 以书面形式将问题的要点记录下来，这样若有其他人参与处理这件事，可节省其时间 2. 同时，客人也会因看到他的投诉得到重视而趋于平静，并会意识到如果自己讲得太急太快，工作人员就无法记下，于是相应地减慢语速，通过这一步工作人员就能掌握处理投诉的节奏	清晰记录投诉要点
为客人解决问题	1. 集中精力处理难题 2. 不管发生什么事决不能指责批评客人 3. 牢牢抓住问题的症结	解决问题
告诉客人处理问题的办法	1. 告诉客人多久可以采取纠正措施 2. 应确定具体、明确的时间，但不要低估解决问题所需的时间	和客人商定解决方案
对处理问题的过程做追踪检查	一旦客人选择了解决办法便即刻开始工作，同时关注处理的进展情况，如有意外的耽搁，应向客人通报	与客人保持对问题解决进度沟通
复查处理结果	1. 对事件的处理结果和客人的反应做随访，即使所投诉的问题已由他人解决了，仍应与客人联系，了解客人对饭店处理投诉的结果是否满意 2. 填写客人投诉处理报告	客人对处理结果是否满意跟踪随访

学以致用

1. "顾客永远是对的"这句话如何理解？
2. 客人投诉处理的基本要点是什么？
3. 客人投诉有哪些类型？
4. 客史资料有哪些用途？
5. 案例分析：

王先生入住北京一家五星级饭店，头天23：00曾让接线生帮助叫早，但不知什么原因，接线生没有准时叫醒客人，导致客人晚起耽误了航班，客人向饭店投诉，要求店方承担责任。

讨论：如果你是大堂副理，该怎么处理？

第二部分

客房服务与管理

模块一

认 知 篇

项目一　客房部认知

📓 案例导入

张小姐对任何事都要求极高。由于经常出入各饭店,对饭店管理也略知一二,因此,对饭店的服务水平、管理水平也常有评价。一次,她因公住到一家声誉较好的五星级饭店。到客房后,她把带来的一枝玫瑰花插到了客房内置的小花瓶里。过了两天,玫瑰花开始凋零,花头低垂,花色暗淡。服务员发现张小姐的情绪似乎随着花的凋谢也开始低落,心里便记下了这事,下班时向领班反映了情况并商定了一个处理方案。

第二天,张小姐办完公务回到房间,一开门,便发现一枝娇艳欲滴的玫瑰花插在花瓶中,她顿觉精神一振,走近一看,书桌上有一便条,上面写着"张小姐,送你一枝玫瑰花,祝你永远像鲜花一样漂亮。祝你工作顺利、开心、愉快。客房部全体同仁。另,你原来的那一枝玫瑰,我们将它放在服务指南册中,可制成干花永久存放。"张小姐眼睛湿润了,确实,她此次工作有些不顺,看到花儿凋零,又引发了人生苦短的感慨,本想买一枝换上,又没时间,再加上那花是临行前男友所送,又担心花儿扔掉不能见花思人。没想到服务员却看出她的心思,一举两得,让她如何不感动呢?

🔭 案例评析

饭店客房工作不是端茶送水、做床叠被这样的简单重复体力劳动,而是一项以"服务他人,升华自我"为宗旨、极具创造性和挑战性的工作,需要服务员具有较好的基本素质、良好的精神风貌和乐于助人、真诚热忱的胸怀。

客房是饭店的主体,是饭店的主要组成部门,是饭店存在的基础,在饭店中占有重要地位。虽然现代饭店越来越向多功能方向发展,但满足客人住宿要求仍然是饭店最基本、最重要的功能,客房是饭店基本设施,客房在饭店中的地位决定了客房部在饭店中的地位。

任务1　客房部的地位及其主要任务

实训目标

了解客房部对饭店经营的重要意义；
熟悉客房部的主要任务。
【实训方法】
参观客房；观看录像；总结报告。
【实训准备】
纸；笔。

知识探究

客房的定义；客房的地位以及任务。

一、客房部在饭店中的地位

客房，是饭店为住店客人提供的暂时居留的场所，也就是客人在旅途中的"家"。客房部又称房务部、管家部，是饭店管理有关客房事务，向客人提供住宿服务的部门。客房是饭店的主体，是饭店的主要组成部门，是饭店存在的基本要素。

（一）客房是饭店存在的基础

饭店是向旅客提供生活需要的综合服务设施部门，它必须能向旅客提供住宿服务，而要住宿必须有客房，从这个意义上来说，有客房便能成为饭店，所以说客房是饭店存在的基础。

（二）客房是饭店组成的主体

按客房和餐位的一般比例，在饭店建筑面积中，客房占70%~80%；饭店的固定资产，也绝大部分在客房；饭店经营活动所必需的各种物资设备和物料用品，亦大部分在客房，所以说客房是饭店的主要组成部分。

（三）客房收入是饭店经济收入的主要来源

饭店的经济收入主要来源于三部分——客房收入、饮食收入和综合服务设施收入。其中，客房收入是饭店收入的主要来源，而且客房收入较其他部门收入稳定。客房收入一般占饭店总收入的50%左右。从利润来分析，因客房经营成本比饮食部、商场部等都小，所以其利润是饭店利润的主要来源（具体见表2-1-1）。

表2-1-1　　　　我国饭店类上市公司2007年中期经营情况

收入项目	营业收入（万元）	占主营业务营业收入比例（%）
东方宾馆（代码000524）		
客房出租收入	5535.7	34.64
餐饮收入	5787.3	36.21

续表

收入项目	营业收入（万元）	占主营业务营业收入比例（%）
展场收入	2902.3	18.16
商铺租赁收入	598.5	3.74
出租车营运收入	671.6	4.20
其他收入	486.0	3.04

（四）客房服务质量是饭店服务质量的重要标志

客房是客人在饭店中逗留时间最长的地方，客人对客房更有"家"的感觉。因此，客房的卫生是否清洁，服务人员的服务态度是否热情、周到，服务项目是否周全丰富等，对客人有着直接影响，是客人衡量"价"与"值"是否相符的主要依据，所以客房服务质量是衡量整个饭店服务质量，维护饭店声誉的重要标志，也是饭店等级水平的重要标志。

（五）客房是带动饭店一切经济活动的枢纽

饭店作为一种现代化食宿购物场所，只有在客房入住率高的情况下，饭店的一切设施才能发挥作用，饭店的一切组织机构才能运转，才能带动整个饭店的经营管理。客人住进客房，要到前台办手续、交房租；要到饮食部用餐、宴请；要到商务中心进行商务活动，还要健身、购物、娱乐，因而客房服务带动了饭店的各种综合服务设施。

（六）客房部的管理直接影响全饭店的运行和管理

客房部的工作内容涉及整个饭店的角角落落，为其他各个部门正常运转提供了良好的环境和物质条件。另外，客房部员工数量占据整个饭店员工总数量的比例很大，其管理水平直接影响饭店员工队伍整体素质的提高和服务质量的改善。

二、客房部的职能和任务

客房部在饭店的地位是由其特殊功能所决定的，客房部的基本功能如下：

（一）生产客房商品

客房是饭店出售的最重要的商品。完整的客房商品包含房间、设备设施、用品和客房综合服务。客房属高级消费品，因此，布置要高雅美观，设施设备要完备舒适耐用，日用品方便安全，服务项目全面周到，客人财务和人身安全有保障。总之要为客人提供清洁、美观、舒适、安全的暂住空间。

（二）为饭店创造清洁优雅的环境

客房部负责饭店所有客房及公共区域的清洁卫生工作，清洁卫生是保证客房服务质量和体现客房价值的重要组成部分。饭店的良好气氛，舒适、美观、清洁、优雅的住宿环境，都要靠客房服务员的辛勤劳动来实现。

（三）为各部门提供洁净美观的棉织品

客房部设有布草房和洗衣房，负责整个饭店各部门的布草（如窗帘、沙发套等）和员工制服的选购、洗涤、保管发放、缝补熨烫等，为全饭店的对客服务提供保障。

（四）提供热情、周到的服务

服务质量是饭店的生命线，服务质量的高低直接决定了饭店的竞争优势强弱。客人除了在客房休息外，还有着其他多样的活动内容：有的接待来访亲朋，洽谈业务；有的上网冲浪，休闲娱乐；有的处理文档，策划方案；有的喝酒聊天，在房间用餐。如何为客人提供热情、周到的客房接待服务，使客人的各种需求得到满足，是客房部工作的重要内容。

（五）降低客房费用，确保客房正常运转

客房使用的物品不但种类繁多，而且需要量也比较大。随着市场要求的不断提高，客用品的质量和装潢设计也越来越讲究。客用品及其他费用开支是否合理，直接影响客房部和饭店的经济效益。因此，客房部的工作，一方面要根据客房的档次满足客人及工作需要；另一方面又必须控制物品消耗，减少浪费，加强设备的维修保养，延长其使用寿命，以取得最佳的营业成果。

（六）控制和提高客房商品质量

客房商品质量是饭店产品质量的重要标志，客房商品质量如何，直接关系到客人对饭店的总体评价和印象，如客房清洁卫生、装饰布置、服务员的服务态度与效率等。

任务2 客房部组织机构的设置

实训目标

了解客房部主要岗位；
掌握各种类型饭店客房部的组织机构；
【实训方法】
参观客房；观看录像；总结报告。
【实训准备】
纸；笔。

知识探究

不同类型饭店客房组织机构；客房部主要岗位。

一、不同类型饭店客房组织机构

科学、合理的组织机构是客房部顺利开展各项工作，提高管理工作效率的组织保证。客房部组织机构应是专业分工明确、统一指挥、沟通顺畅的有机整体。因各饭店规模、档次、业务范围、经营管理方式不同，在客房部组织机构的设置上是有区别的。

（一）大中型饭店客房部组织机构

大中型饭店客房部的业务范围较大，其组织机构的规模也较大，其基本特点是分支机构多、工种岗位全、职责分工细、用工数量大。（如图2-1-1所示）

（二）小型饭店客房部组织机构

在规模较小的饭店里，由于设施较少，客房部的管理范围也较小，因此，客房部组织机构的层次和分支机构也应较少，各岗位工种之间往往是分工不分家，大多数岗位的职责要求都是一专多能。其中某些业务，如特别的专项清洁保养工作、布草洗熨等，都由社会上的专业公司来承担（如图2-1-2所示）。

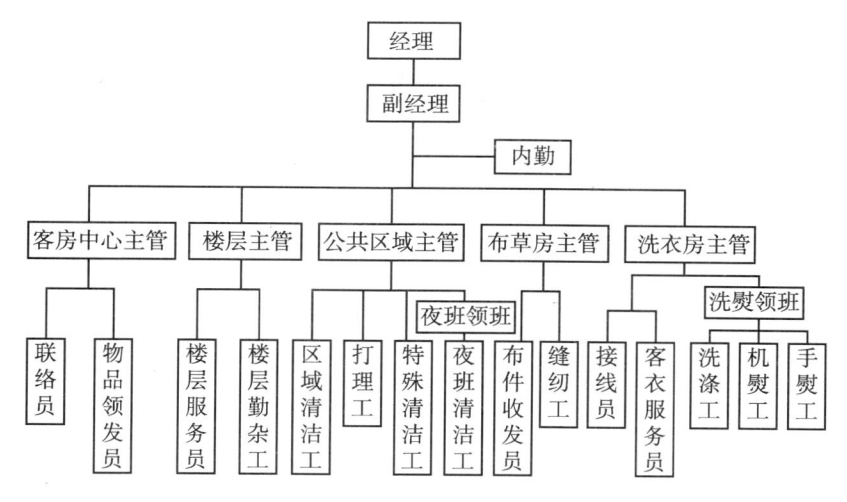

图 2-1-1　大中型饭店客房部组织机构

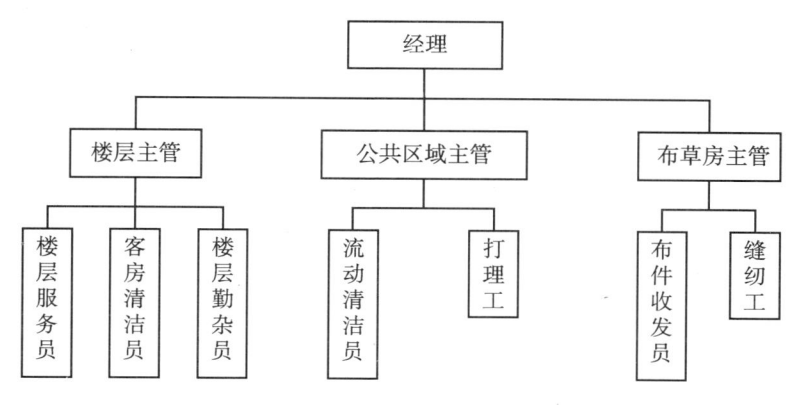

图 2-1-2　小型饭店客房部组织机构

【小提示】

在层次上，大中型饭店客房部通常有经理、主管、领班和普通员工四个层次。客房部一般分为客房服务中心、公共区域和洗衣房，有的还将楼层和布草房单列，从而分为五个部分。在小型饭店里，往往不单设客房部，而是将客房部分与前厅部分合并为房务部，即将客房部作为房务部的一部分。

二、客房部主要岗位

（一）经理办公室

客房部设经理、经理助理各1名，另有秘书1名，早、晚两班工作人员若干名。主要负责客房部日常事务性工作以及与其他部门的联络协调等事宜。

（二）布草房

布草房与客房办公室毗邻，设主管、领班各1名，另有缝补工、布草及制服服务员若干名。主要负责饭店布草及员工制服的收发、分类保管。

（三）客房楼层服务组

设主管1名，早班、晚班两个楼层主管或领班若干名，下设早班、晚班和通宵班三个楼层清洁组及早班、晚班两个楼层服务组。负责所有住客楼层的客房、楼道、电梯口的清洁卫生和接待服务工作；管理客房及客房楼层的设施、设备等。大型饭店楼层服务组往往下设卫生班和服务班。

（四）公共区域服务组

设总管1名，早班、晚班及通宵主管或领班各1名。下设早班、晚班和通宵班三个清洁组及早班、晚班两个洗手间及衣帽间服务组。因地毯、外窗的清洁工作及庭院园艺工作的专业性较强，所以专设地毯清洁工、外窗清洁工及园艺工。该组主要负责饭店范围内公共区域的清洁打扫以及衣帽间、洗手间的服务工作。

（五）客房服务中心

设主管及值班人员若干名，开设早、晚、通宵三个班次，主要负责统一安排、调度对住客的服务工作，并负责失物招领事宜。

（六）洗衣房

主要负责洗涤客房部、餐饮部等所需的布草、棉织品和全体员工的制服，同时提供衣物洗熨服务。有的饭店的洗衣房隶属于工程部，也有些饭店的洗衣房因其规模大而成为一个单独的洗衣部。也有不少饭店不设洗衣房，洗涤业务由专业洗衣店代理，由布草房负责送洗及接收。

任务3 客房部的岗位职责及素质要求

实训目标

熟悉客房管理岗位的职责范围；
明确客房管理人员应具备的素质要求。
【实训方法】
参观客房；观看录像；总结报告。
【实训准备】
纸；笔。

知识探究

客房部各主要岗位的职责；客房管理人员的素质要求。

一、客房部各主要岗位的职责

由于各饭店客房部的规模和管理体制不同，岗位设置也略有不同。这里只介绍主要岗位的基本职责。

（一）客房部经理的岗位职责

1. 执行主管副总经理的工作指令，负责客房部全面工作，对管理中发现的问题及时纠正。

2. 坚持预算管理和成本控制，负责编制客房部预算和各项工作计划。

3. 主持部门工作例会，听取各岗位汇报，督促工作进度，解决工作中的问题。

4. 加强与宾馆各部门的协调工作，建立部门之间良好的沟通和合作关系。

5. 负责本部门的安全和日常服务质量管理，每天坚持巡视客房部所管辖区域，重点检查 VIP 客房的服务质量。

6. 建立良好的客户关系，广泛听取和搜集客人意见，处理客人投诉，不断提高服务工作水平。

7. 制定各项操作程序和管理规程，并将计划和管理目标落实到部门每个员工。

8. 负责客房总钥匙和物料用品的管理工作，定期审查使用情况，控制物料消耗。

9. 负责客房设施设备的使用管理工作，督促各管区做好日常的维护保养和清洁工作，定期进行考核检查。

10. 与人力资源部配合制订客房部员工培训计划，合理安排人力资源使用。

11. 与安保部密切配合，做好安全教育，消除安全隐患，确保客房与客人的人身财产安全。

12. 制定部门绩效管理考核机制，对部门主管、领班工作状态进行考核，激励员工的积极性，不断提高管理效能。

（二）楼层主管的岗位职责

1. 向部门经理负责，执行部门经理的工作指令，负责楼层的服务质量和安全管理。

2. 合理安排人力，组织和指挥员工按照工作规范和质量要求，做好客人迎送服务。

3. 掌握客房状态情况，及时将变化情况通知客务中心。

4. 严格控制成本费用，负责楼层内服务设备和清洁用品的正确使用，指导和督促员工按操作标准使用各类设施设备。做到各类物料的领用手续完备，无责任事故发生。

5. 坚持在第一服务现场进行督导和管理，每天抽查管区内各类客房，发现问题及时进行指导和纠正。

6. 落实部门安全管理制度，带领员工认真做好各项安全工作，确保楼层内客人和宾馆财产安全。

7. 做好与其他楼层的协调管理工作。

8. 了解员工思想状况，关心员工生活和工作，对违纪员工的处理有决定权和建议权。

（三）楼层领班的岗位职责

1. 安排指导所分管楼层的服务员工作。

2. 负责楼层物品存储消耗的统计与管理。

3. 巡视楼层，全面检查客房卫生、设备维修保养、安全设施和服务质量，确保达到规定标准。

4. 熟练掌握操作程序与服务技能，能亲自示范和训练服务员。

5. 填写领班报告，向主管报告房况，住客特殊动向和客房、客人物品遗失损坏等情况。

6. 安排客房计划卫生。

（四）客房服务员的岗位职责

1. 清洁整理客房，补充客用消耗品。

2. 填写客房报告，登记房态。

3. 为住客提供日常接待服务和委托代办服务。
4. 报告客房小酒吧的消耗情况并按规定补充。
5. 熟悉住客姓名、相貌特征，留心观察并报告特殊情况。
6. 检查及报告客房设备、物品遗失损坏情况。
7. 当有关部门员工需进房工作时为其开门并在旁边照看。

（五）客房服务中心值班员的岗位职责

1. 接受住客电话提出的服务要求，迅速通知楼层服务员，对该楼层无法解决的难题，与主管协商或请总台协助。
2. 与前厅部、工程部等有关部门保持密切联系，尤其是与楼层和总台定时核对房态。
3. 接受楼层的客房消耗酒水报账，转报总台收银处入账，并与餐饮部联系补充事宜。
4. 负责楼层工作钥匙的保管分发，严格执行借还制度。
5. 受理住客投诉。
6. 负责对客借用物品的保管、借还和保养。
7. 负责客房报纸的派发，并为VIP客人准备礼品。
8. 负责做好各种记录，填写统计报表。
9. 负责饭店拾遗物品的保存和认领事宜。
10. 负责员工考勤。

（六）布草房主管的岗位职责

1. 主管饭店一切布草及员工制服事宜。
2. 督导下属员工工作。
3. 安排饭店员工量体定做制服。
4. 与客房楼面、餐饮部及洗衣房密切联系协作，保证工作任务顺利完成。
5. 控制布草和制服的运转、储存、缝补和再利用，制定保管领用制度，监察盘点工作。
6. 定期报告布草制服损耗量，提出补充或更新计划。

（七）洗衣房主管职责

1. 对部门经理负责，全面抓好经营管理，合理安排员工班次。
2. 每日检查员工的考勤情况。
3. 协助经理处理对洗衣房业务的投诉，具体负责洗衣房的日常工作。
4. 做好各项统计，记录好工作日志。
5. 负责对员工的业务技能进行培训，提高员工素质。
6. 对员工做好思想、政治纪律教育工作。
7. 搞好消防保卫工作，确保员工人身和国家财产安全。
8. 完善部门物品领用管理制度，严格控制生产成本，减少不必要的损耗。
9. 巡视洗衣房，确保物品摆放整齐、通道畅通。
10. 检查、督促各项工作，以身作则。
11. 对洗衣房所属设施的保养运行情况进行关注，发现异常，立即下单通知相关部门进行处理，确保业务的正常开展。
12. 实时统计各种消耗品的数量，将各项必需物品下单采购部。
13. 完成上级交办的其他任务。

二、客房管理人员的素质要求

从整体上讲，作为客房部员工必须具备高度的工作责任心和爱岗敬业精神，忠于职守，坚持让客人满意的服务宗旨，严格执行《员工手册》、工作规范和质量标准。具体来看，各岗位知识、能力和经历的要求还是各不相同的，见表 2-1-2。

表 2-1-2　　　　　　　　　客房管理人员的各方面素质要求

岗位	知识要求	能力要求	经历要求
客房部经理	1. 大专以上或同等学力 2. 熟悉饭店管理 3. 熟悉饭店客房经营管理专业知识及全面质量管理知识，懂得成本管理与核算，了解市场营销和公共关系知识，熟悉经济合同法、旅游法规、消防、治安管理条例、宗教常识和各国风俗习惯	1. 具有组织、指挥和控制、协调所辖部门完成工作目标的能力 2. 具有协调各方关系，特别是客房部的管理计划和经营预算，并有调动和激励下属工作积极性，提高服务质量和经济效益的能力 3. 能保持与客户良好的关系以及与其他部门的协作关系 4. 能果断灵活处理突发事件和客人投诉 5. 有较强的文字和语言表达能力 6. 外语会话流利 7. 具有良好的沟通和团队合作意识	曾任客房部经理助理一年或主管三年以上
公共区主管	1. 中等职业学校或高中毕业 2. 掌握客房管理知识，熟悉公共卫生及绿化的工作规范、清洁服务规程和质量标准，掌握清洁剂的性能、操作及保养方法 3. 了解旅游法规、治安和消防管理条例	1. 能组织和指挥班组按规范要求和质量标准完成公共区域的各项清洁服务工作 2. 能与饭店各部门保持良好的工作关系 3. 能对员工进行思想教育和业务培训 4. 能书写工作报告 5. 能正确使用和保养清洁机械及用品 6. 具有良好的沟通和团队合作意识	从事公共卫生组或绿化组领班工作一年或客房工作三年以上
布草房主管	1. 中等职业学校或高中毕业 2. 掌握客房管理知识，了解织物质地及使用保管常识，熟悉布草房工作规范 3. 了解安全消防和卫生防疫法规	1. 能组织和指挥班组按规范要求和质量标准完成布草房的各项工作 2. 能与饭店各部门保持良好的工作关系 3. 能对员工进行思想教育和业务培训 4. 能书写工作报告 5. 具有良好的沟通和团队合作意识	从事布草房领班工作一年或客房工作三年以上
客房楼层主管	1. 大专以上或同等学力 2. 掌握客房管理知识，懂得管理心理学和公共关系学知识，熟悉客房的服务规范和接待礼仪以及急救、消防、安保知识 3. 了解旅游法规、治安和消防管理条例	1. 能带领和组织属下完成本管区各项工作 2. 能与有关部门和管区保持良好的合作关系 3. 能对员工进行思想教育和业务培训 4. 能处理客人投诉和各类特殊情况 5. 能撰写工作报告，有较好的语言表达能力 6. 外语会话流利 7. 具有良好的沟通和团队合作意识	从事客房领班一年或客房服务工作三年以上
楼层领班	1. 中等职业学校或高中毕业 2. 熟悉客房服务、清洁和设备、物料管理规程和标准，懂得接待礼仪和各国风俗，了解急救、消防、安保知识	1. 能安排和督导班组员工按照服务规范和质量标准，完成楼层各项工作 2. 能及时准确地检查客房 3. 能迅速、妥善地处理客人投诉 4. 能书写一般工作报告 5. 外语会话流利 6. 具有良好的沟通和团队合作意识	从事客房服务工作两年以上

任务4 客房部与其他部门的沟通

实训目标

了解客房部沟通的重要性及其主要内容；
掌握客房部沟通的技巧。

【实训方法】
参观饭店；观看录像；总结报告。

【实训准备】
纸；笔。

知识探究

客房部与饭店其他部门沟通的重要性、内容、技巧。

客房虽然是饭店向客人提供的最重要的产品，但如果没有饭店其他部门的配合支持，将无法保证客房商品具有客人满意的质量。因此客房部必须与饭店各有关部门保持密切的沟通联系，使房务工作得以顺畅进行。

一、客房部与前厅部的沟通

客房部与前厅部的联系最为密切，很多饭店的前厅部与客房部是合二为一的。客房部每天需要随时从前厅获取客人入住信息，以便做好楼层接待服务；定时核对房态；接到前厅收银处传来的客人结账信息，立即查房并告之结果；协助行李员收取或存放行李；根据前厅提供的客情预报，安排客房维修改造和大清洁计划。

二、客房部与工程部的沟通

工程维修人员是除客房部楼面员工外被允许进入客房的少数员工之一。一旦客房设备设施发生故障，由房务员电话报修，维修人员将立即赶赴现场抢修。如果是住客房，将有房务员在一旁陪同。在客房设备、清洁工具发生故障时，客房部应及时向维修部申报，同时，客房部要配合工程部对客房的设备、清洁工具进行定期的维护和保养，并提供客情预报，以便维修部能对客房及时进行修理。

（一）建立工程维修制度

由于饭店除了维修部掌握使用的设备外，还有许多设备处于服务现场，属于客用设备。所以，很难及时检查设备的运行情况，再加上客房小型维修比较频繁，维修部人员有限，有时会出现维修不及时的现象，因此必须建立维修保养制度。

（二）客房部设立维修小组

客房部维修小组的工作任务主要是修复灯具、水管，油漆家具设备，修复墙纸以及对沙发、地毯的修补。另一方面，建立维修小组使客房设施设备能及时得到前厅、客房的服务与管理。

(三) 对客房员工进行培训

通过对客房部员工的培训，使员工了解客房家具设备维修保养的要求和简单的方法，同时教育员工爱护家具设备。

(四) 配合维修部对客房进行维修

1. 当楼层出现维修房时，客房部应积极与维修部配合，确保维修房的及时恢复。
2. 在旅游淡季，客房部应与前厅部协调，封闭某些楼层或楼段进行保养，并及时通知维修部对客房进行彻底的检查和维修。
3. 客房部经理每年至少两次以上会同维修部经理对客房家具设备状况进行全面的检查。

三、客房部与餐饮部的沟通

虽然客房部与餐饮部在业务内容及业务范围上有很大差异，但两个部门之间也有很多业务联系。

1. 客房部为餐饮部的经营场所提供清洁保养服务。
2. 客房部为餐饮部洗烫、修补布草及员工制服。
3. 为饭店的大型接待活动做好配合工作。
4. 配合餐饮部做好客房小酒吧的管理、贵宾房的布置、房内送餐服务等工作。

四、客房部与保安部的沟通

保安部是负责饭店安全保卫的职能部门，但做好安全保卫工作是各部门和每个员工应尽的责任和义务。在安全保卫工作中，客房部与保安部必须通力协作。

客房部要协助保安部对客房和公共区域进行检查，做好防火、防盗等安全工作；提供可疑住客和访客的情况，并在必要时协助公安局、保安部打开客房门；对重要外宾，将由保安部提供特别保卫；对客人报失案要会同保安部处理。

五、客房部与采购部的沟通

客房部所需物资种类繁多。为保证客房服务质量的稳定，应向采购部提供所需设备物资的规格、质量要求，特别是在客房更新改造前，提出切合实际的采购建议；为控制客房成本，也应对价格问题提出建议。采购部应按要求采购美观适用、价格合理的设备物资，并保证及时足额地供应。

1. 客房部提出申购报告。
2. 采购部根据经审批的物资申购报告，经办落实具体的采购事宜。
3. 客房部参与对购进物资的检查验收，把好质量和价格关。
4. 两部门之间相互通报市场及产品信息。

六、客房部与财务部的沟通

客房部要协助财务部做好客房有关账单的核对、固定资产的清点；在财务部的协助下制定客房预算、定期盘点布草和其他物料用品。

1. 财务部指导和帮助客房部作出部门的预算，并监控客房部预算的执行情况。
2. 财务部指导、协助并监督客房部做好物资管理工作。

3. 客房部协助财务部做好客人账单的核对、客人结账服务和员工薪金支付等工作。

七、客房部与公关销售部的沟通

客房部应协助销售部的公关促销宣传活动，在客房内放置饭店宣传卡，宣传推销客房和饭店其他设施和服务；对公关销售部陪同来的参观客房的客人，客房部要积极配合给予方便并热情介绍房间内设施。

八、客房部与人力资源部的沟通

客房部员工较多，接待旺季还将雇用临时工，为保证客房服务质量应协调人力资源部做好客房部员工的招聘、使用与培训工作。

1. 人力资源部审核客房部的人员编制。
2. 相互配合做好客房部的员工招聘工作。
3. 人力资源部指导、帮助、监督客房部做好员工培训工作。
4. 人力资源部对客房部的劳动人事管理有监督权。
5. 人力资源部负责审核客房部的薪金发放方案。
6. 人力资源部协助客房部进行临时性人力调配。

【项目小结】
1. 客房部是饭店的一个重要的经营部门，客房收入是饭店收入的重要来源之一。
2. 大中型饭店客房组织机构和小型饭店客房组织机构各具特色。
3. 客房部与其他各部门之间都有着密切的业务关系，正确处理好这些业务关系，对于部门及整个饭店的正常运行都是十分必要的。

实训测评

客房部感知

测评形式	测评要点
参观饭店报告书	1. 大型和小型饭店客房部的组织机构图 2. 认识客房设施和客房设备用品 3. 熟悉客房部各部门及其工作内容 4. 客房部与其他部门沟通的重要性

学以致用

1. 客房部在饭店中的职能和作用是什么？
2. 大、中、小型饭店的客房组织机构有什么区别？
3. 作为新时代的客房管理人员，你觉得应该具备哪些素质？
4. 客房与其他部门之间的联系是紧密的，如果它们之间发生矛盾，应如何看待并解决问题呢？
5. 案例分析：

1998年7月，香港来的王女士下榻某四星级宾馆，入住在1408房间。晚上，王女士回到房间，发现空调坏了，于是打电话要求客房部派人维修。客房部派服务员小张来负责处理此事。小张知道1408的空调暂时修不好，而且现在宾馆已无一空房，怎么办？他一边走一边想。来到房间，小张先认真查看空调后，告知客人，空调已坏，诚恳地向王女士道歉；然后，当着客人的面跟总台通话，强烈要求给客人调换房间。总台服务员回答说没有空房可供调换，小张一再恳求，未果。接着又打电话到工程部坚决要求立即修理空调。工程维修人员解释说这个空调某部件坏了，一时难以修好。小张把情况一边说给王女士听，一边强烈抗议，言辞异常激烈，强调"要为客人的健康负责"。

讨论：

（1）如果你是小张，应如何解决王女士的问题呢？

（2）处理此类事件，除了要注意研究客人的心理，你认为服务员还应掌握哪些服务艺术？

项目二　客房产品的设计布置

案例导入

希尔顿和雅高集团的客房

希尔顿集团在美国洛杉矶富豪区的比华利山饭店推出自己的特色概念——睡得香客房。客房中有加厚的床垫、高雅而又不透光的艺术窗帘，闹钟铃响时台灯自动开启，按个人生活习惯设置的生物钟可调灯箱等。前不久，希尔顿又推出两个新概念客房，即"健身客房"和"精神放松客房"。客房内增设了按摩椅、放松泉池、瑜伽教学录像带等。

法国雅高集团在巴黎正在尝试"高科技客房"这一新概念客房。客房中床很宽，卫生间更大，照明也更好，采用可旋转的液晶显示电视屏幕，遥控芳香治疗系统，环绕音响系统等。雅高的市场研究部指出，客人离家出门，在心理上和生理上都会变得脆弱，因此会特别留意细节。

案例评析

从上例看，随着市场需求多样化，特色客房也层出不穷。因此饭店应根据自身的类型与定位同时考虑市场的竞争状况来进行客房类型配置。

饭店把客房提供给顾客这一行动表现为"卖"。对饭店来说，客房是最重要的商品。既然收了顾客的高价房费，就必须使商品物有所值，绝不能让顾客感觉到买了"很贵的东西"，要使客房舒适、清洁、安全、新鲜。每天手工制作完成这一重要商品的就是客房部。

任务1　客房的类型

实训目标

了解客房部产品的概念和客房产品的类型；
熟悉不同类型客房产品及其规格。

【实训方法】
参观饭店；教师讲解；总结报告。

【实训准备】
纸；笔。

知识探究

客房主要类型；其他形式客房。

一、客房主要类型

客房的分类方法很多，有按房间配备床的种类和数量划分，有按房间所处的位置划分等。客房类型多样，价格高低有别，才能满足不同旅游者的需求，尤其是适应不同的消费能力需要。客房主要有以下几种类型：

（一）单人间（Single Room）

单人间又称单人客房，是在房内放置一张单人床的客房，适合单身客人使用。传统的单人间属于经济档，一般饭店单人间数量很少，并且多把面积较小或位置偏僻的房间作为单人间。根据卫生间设备条件，单人间又可分为无浴室单人间、带淋浴单人间、带浴室单人间。

1. 单人间配单人床。单人床的规格一般是（1.9~2.0）米×（1.1~1.3）米。通常，饭店的等级越高，选用的床的尺寸就会越宽。

2. 单人房配大床。这种大床的规格一般是（1.9~2.0）米×（1.4~1.6）米。这种房间对于中低档的饭店可以视做双人房。

3. 单人房配沙发床。即在房内放一张沙发，白天可将房间用做会客室或办公室，晚上可将沙发拉开当床使用。

（二）双床间（Twin Room）

配备两张单人床。这类客房在饭店中占极大部分，也称为饭店的"标准间"，较受团体、会议客人的欢迎。也有在双床间配置两张双人床的，以显示较高的客房规格和独特的经营方式。不同国家、地区不同等级客房双床间净面积指标见表2-2-1。

表2-2-1　　　　不同国家、地区不同等级客房双床间净面积指标　　　单位：平方米

国家（或地区）	经济级	舒适级	豪华级
英国	10.5	18	26
日本	10~12	14~16	20~22
法国	10	14	20
美国	—	20	—
中国香港	12	18~20	25
罗马尼亚	10	13	20

（三）三人床间（Triple Room）

配备三张单人床。一般在经济档饭店里配备这样的房间，此类客房较适合经济层次的客人使用。中高档饭店这种类型的客房数量极少，有的甚至不设。当客人需要三人同住一间时，往往采用在标准间加一张折叠床的办法。这种客房在新兴城镇或市郊的饭店还有客源。

（四）套房（Suite）

由两间或两间以上的客房构成的"客房出租单元"，称为套房。根据其使用功能和室内装饰标准又可细分为下列几种：

1. 普通套房（Junior Suite）。普通套房一般为两套间。一间为卧室，配有一张大床，并与卫生间相连。另一间为起居室，设有盥洗室，内有坐便器与洗面盆。

2. 商务套房（Business Suite）。此类套房是专为从事商务活动的客人而设计布置的。一间为起居与办公室，另一间为卧室。

3. 双层套房（Duplex Suite）。也称立体套间，其布置为起居室在下，卧室在上，两者用

室内楼梯连接。

4. 连接套房（Connecting Suite）。也称组合套间，是一种根据经营需要专门设计的房间形式，为两间相连的客房，用隔音性能好、均安装门锁的两扇门连接，并都配有卫生间。需要时，既可以作为两间独立的单间客房出租，也可作为套间出租，灵活性较大。

5. 豪华套房（Deluxe Suite）。豪华套房的特点在于重视客房的装饰布置、房间氛围及用品配备，以呈现豪华气派。该套房可以为两套间布置，也可以为三套间布置。三套间中除起居室、卧室外，还有一间餐室或会议室兼书房，卧室中配备大号双人床。

6. 总统套房（Presidential Suite）。也称特大套间，一般由五间以上的房间组成，包括男主人房、女主人房、会议室、书房、餐室、起居室、随从房等，装饰布置极为讲究，造价昂贵，通常在豪华饭店才设置此类套间。

二、其他形式客房

另外还有一些按其他方法划分的客房：

（一）按客房位置划分

1. 外景房（Outside Room）。即窗户朝向大海、湖泊、公园或景区景点的客房。
2. 内景房（Inside Room）。窗户朝向饭店内的房间。
3. 角房（Corner Room）。位于走廊过道尽头的客房。角房因形状比较特殊，装饰无法循规蹈矩而比较不受喜欢。但因其打破了标准间的呆板，反而受到某些客人的青睐。
4. 连通房，隔壁有门连通的客房。
5. 相邻房，室外两门毗连而室内无门相通的客房。

【小链接】

不同类型饭店客房空间要求

五星级的城市商务饭店。这种客房的空间要求是：宽阔而整体；布置要求是：生动、丰富而紧凑；平面设计尺寸是：长9.8米、宽4.2米、净高2.9米，长方形；面积41.16平方米。现代大型城市的高档商务饭店客房一般不要小于36平方米，能增加到42平方米就更好。而卫生间干湿两区的全部面积不能少于8平方米。

城市经济型饭店。这种客房只满足客人的基本生活需要。平面设计是以长6.2米、宽3.2米，建筑面积19.84平方米来构成的，这差不多是中等级饭店客房面积的底线了。但尽管这么小，仍然可以做出很好的设计，满足基本的功能要求。但这种客房的卫生间设计最好有所创意，力争做到"小而不俗，小中有大"，比如利用虚实分割手法，利用镜面反射空间，利用色彩变化，或者采用一些趣味设计，都可以起到不同凡响的作用，使小客房产生大效果。这样的榜样在欧美的"设计饭店"中屡见不鲜。

位于风景胜地的度假饭店。这种客房的首要功能是要满足家庭或团体旅游、休假的入住需求和使用习惯，保证宽阔的面积和预留空间是最起码的平面设计要求。对钢筋混凝土框架结构的度假饭店来说，客房楼的横向柱网尺寸以不小于8米为好，能达到8.4米至8.6米更好，这样可以使单间客房的宽度不少于4米。当然，如果建筑师对平面有所创造，使房间宽度达到6米以上，使房间形态成为"阔方型"，就更加理想了。这就要让度假饭店的平面设计从城市饭店平面设计的模式中彻底脱离出来。

任务2　特殊客房楼层的配置

实训目标

掌握不同楼层的配备要求和特点。

【实训方法】

参观饭店；教师讲解；总结报告。

【实训准备】

纸；笔。

知识探究

各种特殊楼层的配备要求及特点。

随着饭店业的发展，一些有远见、有创新意识的饭店已经开始营造自己的特色，而客房的类型特色是其区别于其他饭店的一个重要的方面。由此，使得客房类型呈现多样化发展的趋势。

旅游饭店客人的多元化需求使饭店除拥有各种基本房间类型以外，还必须配置各种特殊房间或楼层。而现代饭店各种特殊房型的出现，正是满足了客人的特殊要求，是饭店客房产品适应市场需求的体现。

一、行政楼层

行政楼层又可称为商务楼层，简称 EF（Executive Floor），其特点是：以最优良的商务设施和最优质的服务，为商务客人高效率地投入到紧张的工作中提供一切方便。这类客房的家具、日用品都比较高档，室内装饰也极其豪华，设施非常完善。住宿客人一般是级别高的商务官员、金融大亨、商业巨子、社会名流以及部分高消费能力的观光度假客人。

行政楼层通常在四星级以上的高档饭店设立。这些商务客人通常希望拥有更加幽静舒适的环境，并从内心感觉与普通客人不同。根据客人需求，商务楼层一般设有专门的大厅，入口处设有接待吧台，由专职服务人员负责登记开房、结账退房、信息咨询等服务业务。另外，这里还为客人提供出租办公设备，为客人收发传真、电传，为客人复印资料文件等。在专用大厅提供欧陆风情早餐，下午 15：00～17：00 是茶点服务，18：00～19：00 是鸡尾酒服务。这些场合提供的各种饮料和点心、冷盘，一概免费。在北京、上海、广州等经济发达的大城市，商务楼层的设立已经成为饭店经营中的一种习惯思维。饭店为博取商务客人的"欢心"，不惜花费大量成本来满足他们的需求，可见商务客人在饭店经营中的重要性。

二、女士客房

所谓女士客房，是根据女士的心理和生理、审美观等专门为女士设计的客房。这有别于传统的客房，主要体现在使用者的性别限制上。

女士客房产生的原因有很多，但最主要的是女性在现代社会中的地位越来越突出，而且经济地位也开始独立,导致价值观念的转变,甚至有的女性从家庭角色和社会角色中解脱出来,成了新新人类中的重要组成部分。

女性专用楼层(Ladies – only Floor):该楼层入住者皆为女性,饭店服务人员也全是清一色女性。而且此类楼层往往设有快捷入住、退房服务,所有人须用房卡刷电梯控制系统,方能进入该层。当然,这些楼层也少不了专为女性推出的个性化服务。如孟买喜来登大酒店的23层即为此类楼层。

女士客房的设施:传统客房的设计是从大众化角度考虑的,尤其是作为饭店的主要住宿者男性考虑的。所以突破传统的思想,建设完全满足女性宾客要求的女士客房,就必须充分考虑女性的审美观、爱好等多方面因素:

◆一尘不染与一丝不乱的居住环境
◆配置彩壳电器
◆环绕音响系统(配时装光碟等)
◆互联网接口与免费上网服务
◆宽大舒适的床
◆色彩明快的沙发和靠垫
◆明亮时尚的走入式衣柜,内备熨衣板、电熨斗
◆宽大的全身镜
◆家居化的高品质床上用品
◆精致的炊具和花草茶等饮品
◆香薰器
◆盆栽花木或鲜花
◆卫生间面积宽敞,光线明亮,装饰典雅,配光源调节器
◆专门的化妆镜与化妆凳
◆品牌卫生用品,满足女性化妆及生理方面需要
◆精美餐具
◆女性沙龙或女性吧
◆配备香薰理疗、桑拿或中式保健按摩、舞蹈、瑜伽等服务项目
◆葡萄酒及低酒精饮料
◆秘密登记入住,房间钥匙上不标明具体房间号
◆最好配备凭住客磁卡钥匙才能启动的智能化电梯,防止闲杂人员进入楼层
◆客房内设置紧急呼叫按钮
◆客房具备良好的隔音效果
◆除住客事先约定同意接听的电话外,总机为每位女性住客提供电话保密服务
◆在女士楼层内一律配备女性服务员和女性保安人员
◆客房内放置针对女性客人的安全提示说明
◆告诫员工不向外界透露任何有关本饭店接待的单身女性客人的饮食、住宿、娱乐等方面的习惯、爱好,切实维护住客的个人隐私和人身安全
◆针对自驾车旅行的女性客人,设立女性专用停车位(比一般停车位要宽),或提供代客泊车服务

◆放置精美的时尚类杂志

◆餐厅提供时鲜卫生、低脂肪低热量、美容保健或地方特色明显的菜式；客房中放置为女性客人"量身定制"的送餐菜单，为不愿到餐厅用餐的单身女性客人提供方便

◆提供计算机出租和必要的技术服务

◆良好的灯光照明和保安服务，尤其是室外公共区域，如停车场等

◆为每位入住的女性客人建立一份完整详尽的客史档案，便于个性化服务与市场分析和营业推广

◆定期邀请著名专家、学者开设系列讲座，内容可包括个性化形象设计、社交礼仪、美容健身、家庭园艺、厨房烹饪等，甚至还可延伸到心理咨询、医疗保健、家庭理财、法律顾问等

三、无烟楼层

专供非吸烟宾客入住，并为宾客提供严格的无烟环境的客房。在无烟楼层的客房不仅是指房间里没有烟灰缸，楼层有明显的无烟标志，而且还包括进入该楼层的工作人员和其他宾客均是非吸烟者；或者对于吸烟的房客而言，其在进入该楼层或房间时被礼貌地劝阻吸烟，因为非吸烟人士对烟味的敏感程度是非常高的。

四、残疾人客房

人们旅游住宿问题已经不是一个饭店的待客问题，而在众多饭店接待的顾客当中，有些特殊的残疾人士。对待他们，饭店工作人员应一视同仁。为更好地服务残疾人群，中国的《旅游涉外饭店星级评定及划分》规则中，对残疾人的设施要求也作了基本的规定。

（一）电梯

电梯的设置与安装应该考虑到更多的残疾人的方便使用。如宜安装横排按钮，高度不宜超过 1.5 米；在正对电梯进门的壁上安装大大的镜子；使用报声器等。

（二）客房

出入无障碍，门的宽度不宜小于 0.9 米；门上不同的高度分别安装窥视器；床的两侧应该有扶手，但不宜过长；窗帘安有电动装置或遥控装置。房内各电器按钮或插座不得高于 1.2 米；如果没有特殊残疾人楼层的饭店，对于残疾人客房位置的选择不宜离电梯出口太远。

（三）卫生间

卫生间门的要求和客房一样，出入无障碍；门与厕位间的距离不小于 1.05 米，云石台高度在 0.7 米左右且下面不宜有任何障碍物。坐便器和浴缸两侧装有扶手，且扶手能承受 100 公斤左右的拉力或压力，等等。

在饭店的发展过程中，饭店管理者越来越重视客人的需要，应该说市场上有多少客房类型的需求，饭店就有多少类型的特殊客房。这是现代饭店在经营过程中走个性化服务的一个重要手段，也是市场发展的必然规律。

任务 3　客房功能布局与布置

实训目标

掌握客房室内功能布局及陈列布置；
认识特殊客房楼层的配置。

【实训方法】

参观饭店；教师讲解；总结报告。

【实训准备】

纸；笔。

知识探究

客房的功能布局；客房的主要设备；客房的美化装饰；客房陈设品。

一、客房功能布局的原则

（一）安全性

安全性是健康、舒适、效率的前提。饭店客房的安全主要表现为防火、治安和保持客房的私密性等方面。

（二）健康性

饭店设计布局的另一条原则就是考虑健康性原则。健康越来越被现代顾客所追求，目前流行的绿色饭店的创建，在很大程度上也是考虑顾客的健康为前提。在饭店里可能影响人体健康的因素有很多，如噪音、照明、空气质量等。所以，建造新型饭店首先要选择在环境良好的地区，并有合理的总体布局，通过选用合适的材料达到保护人类健康的目的。

（三）舒适感

顾客对饭店客房舒适感的要求各不相同，饭店业对此也没有一个完整的客观定性。因此需要以国际客人的习惯进行设计和评价，尽量满足大部分目标顾客群的要求。

（四）效率

效率问题实质上是设计和经营的经济效益问题。客房设计效率包括空间使用效率、实物使用效率两个方面。在客房设计时，可以通过对于公共面积和客房空间的有效分割及对客房设备用品的合理选用来达到较高的效率。

二、客房的功能布局与主要设备

从功能上看，客房一般具备睡眠、盥洗、储存、办公、起居五个功能，因此，在空间布局上，也就相应地划分为五个基本区域，即睡眠区、盥洗区、储存区、办公区、起居区。

（一）睡眠区

睡眠区是客房的最基础组成部分，从高档次房间到经济型客房都必须有这个区域的存在。这个区域的主要设备是床和床头柜。床的数量与规格不仅影响其他功能区域的大小与构成，还体现了客房的等级与规格。床的尺寸越大，客房等级越高，饭店等级也越高；反之亦然。床的质量直接影响客人的睡眠质量。

床头柜也称控制面板，柜上装有电视、音响、空调、顶灯和 DND 灯等设备的开关，下面隔板上摆放一次性拖鞋和擦鞋纸。

（二）盥洗区

盥洗空间是指客房的卫生间。

卫生间空间独立，风、水、电系统交错复杂，设备多，面积小。主要设备有浴缸、恭桶与洗脸台三件卫生设备。由于客人的要求不同，饭店的档次不同，所以浴缸的配备要视具体情况来定。一般经济饭店也有不设浴缸而采用淋浴的。但对于高档饭店，浴缸的选择应该从所面临的主要客源市场的要求来定。

恭桶是盥洗区另一重要设备，大小、空间摆放都要从卫生间的大小和使用人的生活习惯等方面进行综合考虑。云石台面与面盆是卫生间造型设计的重点，同时要注意面盆上方配的化妆镜和石英灯照明及镜面两侧或单侧的壁灯照明，因为现代的云石台是很多妇女化妆的区域，所以宽大的设计以及良好的照明是满足她们需要的最重要方面。

（三）储存区

储存区的主要设备是柜子，包括衣柜（附小酒吧台）和行李柜。

衣柜一般设在客房小走道侧面。柜门设计有拉门和移门两种，现代饭店为了增加客房面积，一般使用移门衣柜。柜内可垂直墙面挂放衣服，也设有折叠衣服安放区。为方便衣服的存放，柜内设有小型照明灯，由柜门的开合自动控制。柜底放有鞋盒，客人可将要擦的鞋放在鞋盒里面。

在衣柜靠近行李柜的方向，设有小酒吧台，吧台上有免费赠送的即时咖啡或茶叶包。吧台下有迷你冰箱，冰箱内放有饮料和小食品。按国家行业标准，三星级以上饭店客房必须配备小型冰箱，以满足客人对酒水饮料的需求。

行李柜是搁放客人行李的地方，所以一般比较矮小，在柜面上固定有金属条，以防行李的滑落。

（四）办公区

标准客房的办公区在床的对面，以写字台为主。写字台面比较长，一侧可放置电视机。写字台也可兼做化妆台，所以在写字台上方的墙面上安装有大镜子。写字台面上有文件夹，里面有一些简单的办公用品，如纸、笔、信封等，也有饭店服务设施的一些介绍。

（五）起居区

饭店和客房等级不同的最大差别存在于起居休息空间的不同。标准客房的起居区一般在窗前，由沙发（或扶手椅）、小餐桌（或茶几）组成。套房一般设有独立的起居空间，沙发的数量增加，方便客人会客之用。

三、客房的美化装饰

客房的美化装饰是客房商品价值在原有设施设备上的提升，是客房管理的重要工作之一。客房的美化装饰就是合理运用组合多种设备、光线、色彩和艺术陈设品，在有限的空间里实现功能、气氛、格调和美感的高度统一，创造出适应客人生理和心理需求的良好的居住环境。

（一）客房的光线

光是创造室内视觉效果的必要条件，为了进一步创造良好的客房室内视觉效果，展现室内空间，增加客房室内环境的舒适感，必须对饭店客房的照明进行设计。饭店客房应该像家一样，宁静、安逸和亲切是典型基调。

1. 照度要求：一般照明取 50~100Lux（Lux 是照明单位，即为距离一个光强为 lcd 的光源，在 1 米处接受的照明强度）的照度值。客房的照度低些，以体现静谧、休息甚至懒散的特点；但局部照明，比如梳妆镜前的照明，床头阅读照明等应该提供足够的照度，这些区域可取 300Lux 的照度值；最被忽略的是办公桌的书写照明，目前还鲜有饭店提供书写台灯（通常是用装饰性台灯代替）给客人。

2. 色温要求：3000K（色温是表示光源光色的尺度，单位为 K 开尔文）左右。在卧室用 3500K 以下的光源，在洗手间用 3500K 以上的光源。在卧室需要暖色调，在洗手间需要高色温，以显清洁和爽净。

3. 显色性要求：Ra＞90。光源对于物体颜色呈现的程度称为显色性。通常叫做"显色指数（Ra）"。Ra 值为 100 的光源表示，事物在其灯光下显示出来的颜色与在标准光源下一致。

较好的显色性，能使客人增加自信，感觉舒适良好。

客房内照明一般有整体照明、局部照明和混合照明三种方式。

常用客房照明方式一般是将整体照明（照亮全房间的）与局部照明（照亮局部范围的）相结合。作为主体照明灯具一般选用吊灯、台灯、床头灯、落地灯、投射灯等。

现代客房对这两种照明方式的结合要求越来越高，也是普遍采用的形式。客人不再希望靠一盏灯（主体照明）把室内照得亮堂堂，而是根据室内空间使用要求，在沙发旁、床边、写字台旁大量使用台灯、壁灯、落地灯、筒灯（局部照明），利用射灯对画、花、工艺品进行重点照明，使室内明暗层次丰富，产生多重空间效果。这样的灯饰布置效果，既满足使用要求，又能渲染神秘、含蓄、宁静、高雅的气氛。

整体照明是指对整个室内空间进行照明的一种方式，又称主体照明。在选择主体照明时，应注意：一间 15 平方米的房间只需一只 60W 的白灯或一只 40W 的日光灯即可。面积不超过 20 平方米，不宜采用较大灯具，避免光污染和资源的浪费。

（二）客房的色彩

在人们的视觉感知过程中，色彩是比形体更令人注意的现象，它能够影响人的情绪，创造某种氛围和情调。因此，在客人停留时间较长的客房内如何创造生动而协调的色彩效果，是客房管理者必须研究的一个重要问题。

1. 色彩的选择。客房美化装饰给人舒适的感觉重要来源于色彩的选择。客房内色彩的构成因素繁多，一般有家具、纺织品、墙壁、地面、顶棚等。为了平衡室内错综复杂的色彩关系和总体协调，可以从同类色、邻近色、对比色及有彩色系和无彩色系的协调配置方式上寻求其组合规律。

（1）家具色彩。家具色彩是客房色彩环境中的主色调。常用的有两类：一类是明度、纯度较高，其中有淡黄、浅橙等偏暖色彩，还有象牙白、乳白色等偏冷色彩，明快光亮、纯洁淡雅，使人领略到人为材料的"工艺美"。这些浅色家具体现了鲜明的时代风格，已蔚然成风，越来越为人们所欢迎。第二类是明度、纯度较低，其中有表现贵重木材纹理色泽的红木色（暗红）、橡木色（土黄）、柚木色（棕黄）或栗壳色（褐色）等偏暖色彩，还有咸菜色（暗绿）等偏冷色彩。这些深色家具显示了华贵自然、古朴凝重、端庄大方的特点。家具色彩力求单纯，最好选择一色，或者两色，既强调本身造型的整体感，又易和室内色彩环境相协调。如果在家具的同一部位上采取对比强烈的不同色彩，可以用无彩色系中的黑、白或金银等光泽色作为间隔装饰，使家具过渡自然，对比协调，既醒目鲜艳，又柔和优雅。

（2）纺织品色彩。床罩、沙发罩、窗帘等纺织品的色彩也是客房内色彩环境中重要的组成部分，一般采取明度、纯度较高的鲜艳色，以此渲染室内浓烈、明丽、活泼和情感气氛。在与家具等物的色彩配置时，可以采用色相协调，如淡黄的家具、米黄的墙壁，配上橙黄的床罩、台布，构成温暖、艳丽的色调；也可以采用相距较远的邻近色作对比，起到点缀装饰的作用，获得绚丽悦目的效果。纺织品的色彩选择还应考虑到环境及季节等因素。对于光线充足的房间或是在夏季，宜采用蓝色系的窗帘；如在冬季或光线暗淡的房间，宜采用红色系的窗帘，写字台可铺冷色调装饰布，以减弱对视觉的干扰和视觉疲劳；餐桌上铺橙色装饰布，能给人温暖、兴奋之感和增强食欲。

（3）墙壁、地面、屋顶色彩。这些色彩通常充当室内的背景色、基调色，以衬托家具等物的主色调。墙壁、屋顶的色彩一般采用一两个或几个淡的彩色，有益于表现室内色彩环境的主从关系、隐显关系及空间整体感、协调感、深远感、体积感和浮雕感。

2. 色彩的对比。两种颜色并列相映的效果之间所能看出的明显不同就是对比。在观察色彩效果的同时，可以有对比差异很大的七种不同类型的对比。在客房的装饰时，色彩对比运用主要有以下三方面：

（1）色相对比。色相对比就是未经掺和的原色，以最强烈的明亮度来表示的。这种色彩运用的特点就是表现鲜明突出，色彩能够相互作用和相互影响。在实际运用中，如果让色相起主要作用，少量其他色相作为辅助，那么就会得到非常有趣的效果，着重使用一种色彩会提高它的表现性。

（2）明暗对比。白昼与黑夜、光明与黑暗，这种规律在人类生活和自然界中具有普遍意义。黑色与白色是最强烈的明暗对比，它们的效果是对立的，在它们之间有着灰色和彩色的领域。如具有白色沙发、墙面和天棚的客房，配上暗色的茶几、门扇、黑白相间的貂皮与黑白相间的挂画，构成明暗对比十分强烈的明快爽朗的环境气氛。

（3）冷暖色对比。很多试验证明，人们对冷暖的主观感觉前后者相差很大。人们在和谐的色彩搭配空间中，感觉舒适度和消除疲劳等方面也有很大的区别。如人们在蓝绿色的房间里工作，15℃时就感觉到寒冷，而在橙红色的房间里工作的人们，11℃～12℃时才感到寒冷。在客房设计时，根据客房的不同功能空间，设计不同的颜色，尽量给客人创造温馨舒适的空间。

四、客房艺术品陈设

客房艺术品的点缀不仅能够增加客房的美感，还能从视觉效果上增加客房的整体空间感。客房艺术品陈设主要是以摆设品和挂件为主。

（一）摆设品

客房的摆设品主要分两类，一类是能够显现出客房档次和风格的艺术品摆件，如精美的雕刻等；另一类是能够突出客房生机，改善客房环境的摆件，最常见的是植物盆景。

对于艺术品摆件，在装饰设计时，要与客房的整体风格相适应。这里的相适应包括中西风格相适应，古今风格相适应。而植物盆景不仅要选择造型优美的，而且还要能够净化室内空气，对人体安全无害的，如佛肚竹、南洋衫、印度橡皮树等。还有在盆景选择时，切记应该选择无花的盆景，因为有花的盆景可能会使一些客人产生过敏，那么效果往往会适得其反。

（二）挂件

室内装饰艺术品有挂画、小型手工艺品等。挂画，最好选用原创的国画或油画，不管水平高低，总比电脑打印的装饰画值得一挂，同时也从一个侧面体现饭店管理者的品位。小型的手工艺品也是如此。

根据不同档次的客房可以选择不同趣味的艺术品来陈设布置。这些不大的艺术品加上装饰和照明，足以让人体味客房的种种标准。当然，豪华套房也会出现功能上的不同要求，例如：书房、客厅、卧室、夫人房、卫生间等不同区域按不同要求来设计布置。在大堂吧和行政酒廊，我们也会点缀些陈稳、有史料感的艺术图片或装饰画，还要增加一些绿化盆栽。在商务中心、会议厅，我们将安排一些有办公特点、高效快节奏的图片或装饰画来布置墙面，使客人感到工作的气氛和环境。在男女卫生间，我们可以安排一些精美但较小的艺术品并配置上目的性照明达到装点的效果。

饭店中的艺术陈设品如果能够根据各区域功能的不同，合理设计、巧妙安排，它将使得饭店既富丽堂皇又像在博物馆一样有着丰富的文化内涵，容纳古往今来的艺术珍品给住店客人以美的享受。

任务4 主题客房

▌实训目标

了解主题客房的发展概况及其特点。

【实训方法】

参观饭店；教师讲解；总结报告。

【实训准备】

纸；笔。

▌知识探究

主题客房定义；主题客房特点。

一、主题饭店及主题客房的发展

随着经济、社会、文化的发展，人们的消费观念产生根本性的变化，个性化、差异化成为饭店客房吸引游客的一项制胜法宝。人们已经明显感觉到"标准房"带来的乏味，曾有位外国客人感叹道："当我早上醒来的时候，我先要用5分钟的时间来辨认究竟自己身在何方？"客人的无奈反映了旅游行业快速发展和饭店建设"复制模块"的矛盾日益突出。进入21世纪，主题客房、设计型饭店越来越受到饭店投资者和消费者的青睐。

饭店作为一个满足宾客"吃、住、行、游、购、娱"多种需求的经济实体，客房管理者除了设计出不同类型的客房外，还应在风格设计上突出特色，以充分体现其独特的文化氛围。近几年来在饭店业界大行其道的主题客房就是在风格设计上的新宠。主题客房比一般客房更具针对性，它运用多种艺术手法，通过空间、平面布局、光线、色彩、各种陈设与装饰等多种要素的设计和应用，烘托出某种独特的文化氛围。像云南傣族，以小纸伞和竹子为典型代表，竹楼配上小伞作装饰物，再放一曲葫芦笙吹奏的背景音乐，客人便感觉到了孔雀之乡；白族以蜡染工艺为代表，铺上蜡染的桌布，挂上蜡染的民族风情画，略加点缀便来到"金花"的故乡；游牧民族以毡房风格为代表，把墙壁做成毡房风格，挂上放牧用具及一些动物皮，便有一种粗犷豪放的感受。

主题客房的风格可以从以下几个方面设计：一是年龄、性别、职业方面，如儿童客房、老年人客房、女性客房、商务客房等；二是某种时尚、兴趣，如汽车、足球、音乐等；三是某种特定环境或场所，如太空、海底世界等。

1958年，美国人阿力士先生和他的太太在加利福尼亚创办的麦当娜族馆（Madonna Inn）率先推出了12间主题客房，随后发展成109间不同风格的房间，成为美国最早、最具有代表性的主题饭店。目前世界上的主题饭店以美国的"赌城"拉斯维加斯最为集中和著名。主题饭店作为一种正在兴起的饭店发展新形态，在中国的发展历史不长，分布区域目前也仅仅局限在饭店业比较发达的珠三角、长三角以及海南岛等地。

二、主题客房的特点

（一）独特性

饭店的魅力就在于其鲜明的特色，有特点才会具有竞争力，特色与经济效益有直接关系。主题客房具有其他普通客房全然不同的环境气氛，凭借独特的陈设装饰与布置，给人以全新的感受，使宾客感到这是自己的领地，是为他们设计的空间，再次光顾这家饭店就是必然的了。客房产品的设计一样可以"量身定做"，并展现出与众不同的空间感觉，让人过目不忘，流连忘返。所以宾客的审美层次应当说是饭店所应具有的特色。如果为了迎合大众的口味，求雅俗共赏的话，则注定是要失败的。

（二）文化氛围浓厚

主题客房的文化气息渗透于整个房间的各个细节，从客房的名称、客房的设计风格、客房的陈设装饰上体现出来，让客人感受到深刻的文化内涵，沉浸在主题客房的文化氛围中。饭店还可根据不同历史时代的人文现象进行主题的选择和设计。这种人文现象既可以是现代的，也可以是历史的，甚至是远古的；饭店更可以形形色色的文化作为主题切入点，设计独具特色的文化客房，如电影套房、摇滚之夜套房、小说客房等。

（三）针对性

主题客房因其所表达的主题与个性不同，吸引着不同的顾客群，同时也可以为有特殊需求的客人"量身定做"，从而满足客人的理想选择。饭店可以根据目标市场的一些个性需求和偏好设计不同的客房产品，这些客房产品包括老年客房、青年客房、新婚客房、单身女性客房等；饭店也可以因地制宜，通过挖掘不同的地域文化，开发各类"民俗客房"，如民俗风情客房、乡村风格客房、海底世界客房、世界风情客房、太空世界客房等。

主题客房的设计可以有多种风格，如以客人各种年龄段与性别为主题；以某种时尚及兴趣爱好为主题的客房对具有这些方面兴趣的客人具有很大的吸引力，客人在这种主题客房住宿的同时，也满足了其在兴趣爱好方面的需求，享受了一个丰富的夜晚；以植物花卉或动物为主题，大自然中的生物具有神奇的魅力，吸引着人们去探索它们的神秘，享受大自然带来的美好景象，如以竹、藤、花卉等植物或者以蝴蝶、金鱼等观赏动物为主题；现代人喜欢猎奇，在旅途中渴望经历一些从未经历过的事物，渴望处于一种奇特的环境之中，一些以某种特定环境为主题的客房，使寻求刺激、感受新奇的客人得到满足，例如以海底世界、森林、太空或者梦幻世界为主题等。

主题客房的特色应体现在多方面，其发展越来越受到广大顾客的认可，为规范其发展，有关部门建立了对主题客房进行评分的制度，参见表2-2-2。

表2-2-2　　　　　　　　　　主题客房评分表

评分说明 1. 本表为主题客房评分表； 2. 本表总分为120分； 3. 合格分数为75分。		各大项总分	各分项总分	各次分项总分	计分	饭店自评计分	市州评定机构计分	省评定机构计分
1	服务	14						
1.1	围绕主题，形成特色氛围		4					
1.2	总服务台有主题客房接待服务		2					
1.3	有主题客房服务程序		2					
1.4	有名人客房或品牌客房		4					
1.5	有客房安全管理制度		2					
2	廊道与电梯间	18						
2.1	设计合理，流线通畅		2					
2.2	装饰体现主题文化		2					
2.3	有展示主题的艺术陈设		1					
2.4	有展示主题的景观		4					
2.5	天花、墙面材质、色彩、图案等符合主题要求		2					
2.6	地面铺装舒适，有主题文化元素		2					
2.7	灯光照度适宜，色彩柔和，有目的物照明		2					
2.8	各种指示标识醒目，有主题元素，工艺精致		2					
2.9	电梯间有主题楼层及客房标识		1					

续表

评分说明 1. 本表为主题客房评分表； 2. 本表总分为120分； 3. 合格分数为75分。		各大项总分	各分项总分	各次分项总分	计分	饭店自评计分	市州评定机构计分	省评定机构计分
3	客房	66						
3.1	房门		4					
3.1.1	材质高档，工艺精致，有特色			1				
3.1.2	门牌号形制考究，有主题文化元素			1				
3.1.3	"请勿打扰"等标识牌有特色			1				
3.1.4	门铃声有设计，悦耳亲切			1				
3.2	房间		48					
3.2.1	墙面			3				
	装饰简洁、色调明快，有主题文化元素				3			
	饰品内容能展示主题				2			
3.2.2	地面			5				
	材质考究，工艺精良，与整体风格协调				3			
	图案、花纹、色调有主题元素				2			
3.2.3	天花装饰精致、美观，与主题适应			2				
3.2.4	灯饰与照明			6				
	灯饰造型有特色，符合主题风格				2			
	符合客房照度和目的物照明需要				2			
	开关与插座有主题元素，位置合理，方便客人使用				2			
3.2.5	有展示主题文化的艺术品			2				
3.2.6	床			7				
	有独特舒适，符合主题客房需要的特制床				3			
	床靠等显著位置有主题文化装饰				2			
	床头柜与床的风格协调，有主题文化元素				2			
3.2.7	家具			10				
	款式依照主题客房风格专门设计				4			
	有主题文化装饰				1			
	有烘托主题的装饰家具				2			
	配备与客房主题相适应的用品用具				1			

续表

			各大项总分	各分项总分	各次分项总分	计分	饭店自评计分	市州评定机构计分	省评定机构计分

评分说明
1. 本表为主题客房评分表；
2. 本表总分为120分；
3. 合格分数为75分。

			各大项总分	各分项总分	各次分项总分	计分	饭店自评计分	市州评定机构计分	省评定机构计分
		配置合理、质地良好，具有舒适度				2			
3.2.8	窗户				3				
		造型有特色，便于观景，形成良好视觉效果				2			
		窗帘质地、色彩、图案等体现主题				1			
3.2.9		布草有主题文化、一体化设计			5				
3.2.10		有与主题相适应的床裙、靠垫、床巾等装饰物			2				
3.2.11		布草柔软宜人、轻柔质优			1				
3.3	卫生间			14					
3.3.1		面积合理，功能完善，方便使用			2				
3.3.2		设施设备的配备体现主题服务功能			4				
3.3.3		装饰有主题文化元素			1				
3.3.4		有与主题相符的艺术品陈设			1				
3.3.5		洗浴用品			5				
		根据主题，开发有特色的洗浴用品				5			
		色彩、造型、款式有主题特点				3			
		有主题标识				1			
3.3.6		光线充足，有目的物照明；换气充分，无异味			1				
4	其他		22						
4.1		纸制礼品袋有主题饭店标识		1					
4.2		文印品设计考究，色彩协调，制作精美，有主题元素		2					
4.3		服务指南有主题文化元素，编排科学，便于翻阅		1					
4.4		食品及饮品		6					
4.4.1		根据主题，提供自行开发的特色食品			2				
4.4.2		根据主题，提供自行开发的特色饮品			2				
4.4.3		器皿等用具有主题元素			2				
4.5		提供主题纪念品		1					
4.6		提供主题致意卡		1					
4.7		提供主题特色商品，配有价格说明		2					

续表

评分说明 1. 本表为主题客房评分表； 2. 本表总分为120分； 3. 合格分数为75分。		各大项总分	各分项总分	各次分项总分	计分	饭店自评计分	市州评定机构计分	省评定机构计分
4.8	主题促销		4					
4.8.1	有介绍饭店主题文化及相关服务的专用电视频道			3				
4.8.2	有饭店主题服务项目促销展示			1				
4.9	读物		4					
4.9.1	有介绍主题的图书、杂志等			2				
4.9.2	有饭店自行编印的主题读物			1				
4.9.3	有介绍其他主题饭店的读物			1				
	总分			120				

【项目小结】

1. 掌握客房的类型对于客房的设计具有重要意义。

2. 作为饭店最主要产品的客房，其最初设计布置成功与否将直接影响饭店日后经营的成败。客房的设计和布置是一种艺术，更是一门科学。客房的设计要注重功能、风格与人性化的统一，要创造宾至如归的家庭气氛，要体现饭店的经营宗旨和目标，要彰显高雅的文化品位。

3. 主题客房应体现饭店的建筑风格和装饰艺术，以及特定的文化氛围，让顾客获得富有个性的文化感受。同时将服务项目融入主题，以个性化的服务取代一般化的服务，让顾客获得欢乐、知识和刺激。

实训测评

参观客房报告书

测评形式	测评要点
参观饭店报告书	1. 不同客房类型的配备和布局 2. 特殊楼层的配置 3. 主题客房的特点

学以致用

1. 饭店客房主要有哪些类型？
2. 一间标准的客房可分为哪些区域，且每个区域内的主要设备大致有哪些？
3. 对比分析不同星级饭店对客房有什么不同的要求？

4. 请介绍女士客房产生的背景。
5. 行政楼层和无烟楼层分别有哪些特点？
6. 什么是主题客房？其特点是什么？
7. 案例分析：

高科技武装　客房更聪明

当客人打开房门，饭店房间就可以将室温调到最适宜的温度，利用床边触摸式屏幕可调节窗帘，房客小睡时，它还会将来电信息存入语音信箱。这些属于未来梦想的成果，现在的饭店均可以办到。

位于加拿大温哥华国际机场旁的一家新饭店 Fairmont Hotel，是最新也是最全面性地用高科技装备的饭店之一。美国 INNCOM 国际公司为这家拥有 392 间客房的饭店设计了这套系统。在各个客房之间串联一种室内动态行为感测系统，饭店员工知道客房是否在使用状态——就算房客在房内什么也不做，系统也会知道房内有人。饭店的服务人员只要在房门前挥动一下感测器，如果房内有房客，感测器上的红灯就会亮起，服务人员就不会敲门打扰到房客。

在北美，费尔蒙温哥华机场也有一项特色服务。那就是旅客到达该机场后，可以在行李区的服务台办理饭店住宿登记。旅客可以拿到房间的进出卡片，行李则由机场直接送到房间。INNCOM 系统会接到登记信息，会将房间的温度从"能源节约模式"调到室温，门廊灯和地板灯自动打开。常住客人所关注的细节、所喜欢的事物都可写入程序，自动启动。

不仅如此，客人还在房内就可以拿到登机证了，航空公司服务人员上门服务，还帮他们把行李运到机场。

讨论：

(1) 商务饭店和度假饭店在客房高科技设备配置上应如何对待？

(2) 未来的饭店客房会是什么样？

模块二

技 能 篇

项目三　客房的清洁保养

📖 案例导入

一根头发

一位中年男子一身东南亚商人打扮，在两位当地政府官员的陪同下走向某饭店大厅。商人在总台登记时，一位陪同与总台服务员说："王先生是市政府请来的贵宾，按贵宾规格接待。"王先生和两位官员走出电梯，来到套房，放下行李。一位陪同说："王先生一路辛苦，稍稍休息一下，六点钟市长将来餐厅设宴为王先生洗尘。"王先生："市长客气了，只要你们这儿的投资环境好，回国后，一定组织一批工商团来贵市考察，洽谈投资……"

晚宴后，王先生来到客房，感到很疲劳，淋浴后准备就寝，掀起床被，刚想睡下，发现枕头上有一根长发。他自言自语道："连床单也没换？太脏了。"拨通服务员电话。"小姐，我是909的客人，请你来一下。""我是服务员。"笃笃的敲门声。王先生穿上外套开了门。

"先生，你有什么事吗？"

"哦，小姐，我房间卫生没打扫，床单没换。"

"先生，这不可能，床单肯定换过的。"

"你看枕头上有头发，换了怎么会有？""先生这不会是你的吧？"

"不可能，我头发没这么长。""对不起，可能早上服务员铺床掉下的，我帮你拿掉。"服务员伸手把头发拿了。"这不行，必须换掉。"服务员拿了两只枕套进来，把枕套换了。王先生压制着一肚怒火。"必须全部换掉。""只有枕头上有头发，枕套换了。床单明天一定再换。"服务员边说边向客房外走。王先生怒不可遏，拨通总台值班电话。"先生，我是909的王先生，请给我准备一辆车回S城。"王先生来到总台退房。"K市要吸引外资，必须要有好的投资环境，必须先从你们饭店做起，先从服务员做起。"王先生如是说。小车载着王先生离开了饭店。总台值班员还在那儿发呆。第二天，那位客房服务员再也不用到饭店上班了。

客房属于住客的私人场所，因而宾客对客房的要求往往比较高。虽然宾客在跨入饭店的同时已经形成了对饭店的第一印象，但当他进到属于自己的空间客房时，这之前的所有印象马上被客房里的一切所代替。因此，客房是饭店的心脏。清洁客房是客房服务员的日常工作，做好客房的清洁和保养是优质服务的重要保证。

任务1　客房清洁保养的标准

实训目标

熟悉客房清洁和保养的功能性标准；
掌握客房清洁保养的操作标准。
【实训方法】
教师示范；分组练习；考评测试。
【实训准备】
电脑；标准间；客房清扫工作表；房务工作车。

知识探究

客房功能性标准；客房操作标准。

由于客房清洁保养工作存在独立操作的特点，制定科学的清洁保养标准就成为客房管理的基础性工作。它主要包括三个方面的内容：一是功能性标准，是客房质量标准，用于对清洁保养结果的控制，同时也是制定操作标准和时效标准的依据；二是操作标准，用于对清洁保养过程的控制；三是时效标准，用于对清洁保养进程的控制。

一、功能性标准

客房的功能性主要是通过一系列的家电家具带给客人的实际使用价值，带给客人的感官印象，直接决定客人对客房设备的认知。而感观标准指的是饭店员工及客人通过视觉等感觉器官能直接感受到的标准。这方面的内容主要包括：客房看起来要清洁整齐；用手擦拭要一尘不染；嗅起来要气味清新；听起来要无噪音污染。不少饭店将其归纳为"十无"和"六净"。

第一，"十无"。主要包括：四壁无灰尘、蜘蛛网；地面无杂物、纸屑、果皮；床单、被套、枕套表面无污迹和破损；卫生间清洁，无异味、毛发、水迹、皂迹；金属把手无污锈；家具无污渍；灯具无灰尘、破损；茶具、冷水具无污痕；露面整洁，无"六害"；房间卫生无死角。

第二，"六净"。清扫后的房间要做到：四壁净；地面净；家具净；床上净；卫生洁具净；物品净。

当然，客人与员工、员工与员工之间的感观标准不可能完全一致，要掌握好此标准，只能多了解客人的要求，并以客人的要求为出发点，总结出规律性的标准。

二、操作标准

（一）进房次数

进房次数指的是服务员每天对客房进行清扫整理的次数，是客房服务规格高低的重要标志之一。按传统做法，国内大多数饭店一般都实行一天三进房的做法，即全面清扫整理、午后小整理、晚间做夜床。这种做法也符合大多数客人尤其是内宾的生活习惯。有些高档饭店也采用一日数次进房的做法，也就是只要客人动用过客房，服务员在认为方便的时候就进房进行清扫整理。

但在一些外资、合资饭店，则大多实行一日两次进房的做法，即全面清扫整理和做夜床，不提倡午后整理。国外有些饭店只是在客人要求整理时，服务员才进房清洁。这些饭店通常在房内床头柜上放置提示牌，提示牌的大体内容是：尊敬的宾客，为了不打扰您的休息，我们尽量减少进房次数。若您需要服务，请将"请清扫房间"牌挂在门外，或电话通知，号码是×××，我们愿意随时为您提供服务。

一般来说，进房次数多，不仅能提高客房清洁卫生的水准，还能提高客房服务的规格。但是，这并非就表示进房次数越多越好。因为进房次数是与成本费用成正比的，也与客人被打扰的概率成正比。因此，饭店在确定进房次数时，要综合考虑各种因素，包括本饭店的档次、住客的习惯和需求、成本费用标准等。当然，在具体执行时还要有一定的灵活性，通常只要客人需要，就应尽力予以满足。

（二）操作标准

为了使各项工作有条不紊地进行，避免操作过程中对物品和操作人员时间及体力的浪费，防止安全事故的发生，便于管理人员对工作进程的控制，保证工作质量，饭店应制定出一整套操作标准并不断进行修订和完善。制定操作标准时，应重点考虑如何省时省力、快捷高效，是否安全、是否经济、能否达到规定的质量标准。因此操作标准中通常应包括操作步骤、方法、技巧、工具用品等。

（三）布置规格

布置规格是指客房设备用品的布置要求，客房内所配备的设备用品的品种、数量、规格及摆放位置、形式等，都必须有明确规定、统一要求，以保证饭店同类客房规格一致、标准统一。总的要求是：实用、美观、方便客人使用及员工操作。具体的标准可以用直观和量化的方法加以规定和说明。为了便于员工掌握，可以将各类客房的布置规格制成图片、图表、文字说明，张贴在楼层工作间、客房服务中心。

任务2　客房日常清洁整理的工作程序

实训目标

掌握客房日常清洁整理的内容及工作程序；

熟练掌握中式和西式铺床步骤和要求；

掌握清洁卫生间和开夜床服务的程序和标准。

【实训方法】

教师示范；分组练习；考评测试。

【实训准备】

电脑；标准间；客房清扫工作表；房务工作车。

知识探究

房间状态及清扫顺序；走客房清扫顺序及标准；工作车和吸尘器的使用；各种类型房间

的清扫程序及方法；中西式铺床；清洗卫生间的程序；住客房做夜床服务程序。

一、清扫前的准备工作程序

（一）服务员换上工作服

服务员上班后，应换好工作服，戴上姓名牌，梳理好头发，服务员可适当的化淡妆。

（二）接受工作安排

听取楼层领班的工作安排，领取"客房服务员工作日报表"，房间设备若有损坏，地毯、地面若有污迹，应报告台班或领班，并在"工作日报表"上详细注明。

（三）领取房间钥匙

服务员拿到一把钥匙就可以打开他所负责清扫客房的所有房门。为了楼层客房的安全，领取钥匙时，一定要做好钥匙的交接记录。客房的钥匙不得随意交给他人，不能带回家，特别是交接钥匙更要注意，上下班必须交代清楚。

（四）了解房态

服务员在开始工作前，还应了解房间状态，以决定清扫房间的顺序，避免随便敲门，惊动宾客。

【小拓展】

学会看房态

VC（Vacant Clean）	干净的空房，可供出租
S（Stay）	续住房，住客当日不退房
L（Leaving）	计划走客房，即客人将要退掉的客房
VD（Vacant Dirty）	脏的空房，需清扫整理
OOO（Out of Order）	待修房
SLO（Sleep Out）	住客外宿房
LS（Long-stay）	长住房
VIP（Very Important Person）	住客属重要客人
FRG（Frequent Guest）	住客属常客
LB（Light Baggage）	住客只带少量行李
NB（No Baggage）	住客无行李
EB（Extra Bed）	房内有加床
MUR（Make Up Room）	请即打扫
DND（Do Not Disturb）	请勿打扰
OCC（Occupied）	住客房
CO（Check Out）	走客房

（五）准备客房补充用品

客房每天的毛巾、浴巾、床单、枕套、桌布等物品需用量很大，应该有一定数量的库存以救急用。许多饭店上述物品的比例是使用的床位数和卫生间数的3倍：即客房一套、仓库一套、周转一套。另外，客房的供应品如香皂、卫生纸、手巾、杯子、袋子、擦鞋布及其他物品也存于客房部，以便随用随取。

（六）准备房务工作车和吸尘器

服务员一般可在前一天下班前做好房务工作车的准备工作，也可由夜班人员予以补充备足。服务员在第二天进房清扫前，还应检查一遍，看工作车上的用品是否备齐全。房务工作车的准备步骤是：清洁工作车；挂好垃圾袋和布草袋；放置干净布草；放置房间用品；准备好清洁桶或清洁盆；准备好干净的抹布。

【小链接】

工作车、吸尘器的准备

1. 学会准备工作车。工作车是用存放客用物品和从客房内撤换及整理出来的布件、垃圾杂物以及部分清洁工具和用品的手推车。

2. 整理布置工作车。

（1）用抹布清洁工作车。

（2）检查清洁车是否损坏，使用是否灵活自如。

（3）将挂在清洁车两端的大口袋系紧或用钓扣挂紧，确保大口袋有足够的支撑力装运垃圾和布草。

（4）将床单、枕袋放在下层。

（5）将大毛巾、浴巾、面巾、脚巾等放在上层。

（6）根据物品配备定额，按物品摆放规格及标准，准备客用补充品，将清洁用具点清摆妥。

3. 客用补充品清单举例。

＊信封	＊便笺本	＊信纸	＊笔
＊明信片	＊垫碟	＊服务指南	＊洗衣单
＊针线包	＊擦鞋器	＊火柴	＊一次性拖鞋
＊茶叶	＊卫生纸	＊鞋刷	＊香皂
＊鞋拔子	＊浴液	＊酒水单	＊浴帽
＊茶杯	＊香巾纸	＊冷水杯	

4. 准备清洁工具。

（1）清洁桶一个，内放清洁剂、尼龙刷、百洁布；

（2）干、湿擦布若干块；

（3）擦洗卫生间各项设施的脸盆布、浴盆布、恭桶布、台面布、地面布、镜子布、口杯布、胶皮手套。

5. 认识吸尘器的种类。吸尘器的种类比较多，根据其构造和操作原理，主要可以分为筒式吸尘器、滚擦式吸尘器、两用式吸尘器（吸尘吸水两用机）、背式吸尘器等几种。

（1）筒式吸尘器。筒式吸尘器是清洁保养工作中最常用的吸尘器，它完全靠吸力吸除灰尘，电动机的功率较大，吸力强，操作轻便灵活。这种吸尘器多用于吸除物体表面的灰尘，而对藏匿于地毯绒毛里面的灰尘、沙砾则难以彻底清除。另外，也不能用于吸水。

（2）滚擦式吸尘器（立式吸尘器）。配有两个电动机，主要用于地毯吸尘。滚刷在电动机的驱动下，在地毯上滚擦，能将深藏于地毯绒毛中的灰尘沙砾等从绒毛中松脱出来，让吸头吸除。用这种吸尘器吸尘，不仅能将灰尘、沙砾等彻底吸净，而且还能使倒伏黏结的地毯绒毛梳开直立起来。这种吸尘器比较笨重，操作也不太灵便，但对地毯有很好的清洁和保养作用。对于长绒毛毯，必须经常使用这种吸尘器吸尘。

（3）吸尘吸水两用机。这种机器既配有储水桶，又配有集尘袋，可根据需要选用，其外形和结构与筒式吸尘器相似。

（4）背式吸尘器。背式吸尘器体积小、重量轻，可背在身上或提在手上使用，可接交流电源，也可配蓄电池使用，适用于高处或在狭小处吸尘。

（七）进入客房

如何进入客房，是饭店客房服务的一项基本功。进入客房有一套严格的操作规范（如表2-3-1），不按此规范可能会出现很多尴尬的事情。从而引起客人投诉，甚至引发纠纷。训练如何进入客房意义十分重大。

表2-3-1　　　　　　　　　　　　进房操作标准

操作步骤	主要操作内容
1. 观察	1. 观察室外情况。即观察门框、门扇、门把手、房间号码的清洁程度，察看有无损坏 2. 发现破损后对破损部位进行登记 3. 严禁通过门窥镜向房间内窥视 4. 灯光显示器显示"请勿打扰"或门把手上挂有"请勿打扰"牌时，不能进入房间或敲门，而应将房号、时间记录在工作表上
2. 敲门	以食指或中指第二关节轻敲房门三下，时间节奏为半秒
3. 等候和报名	1. 站立在房门外正中位置，距离房门40厘米处，目光平视开门线 2. 敲门5秒钟时自报部门或工作职务名称（如Housekeeping或Housekeeper等）
4. 第二次敲门	（在无回音的情况下），操作规范同上
5. 开门	（在无回音的情况下）将钥匙插入锁内轻轻转动；轻推钥匙或握住门把手将门轻轻开启
6. 报名和进入客房	1. 开门时再报部门或工作职务名称，同时以客人能听清为准的音量亲切问候（如Good morning, Mr. Smith, May I come in） 2. 如客人在房间，在客人答允后再进入房间 3. 如问候后无回音，5秒钟后即可进入房间敞开房门，将房门敞开到90度角，使闭门器发生效用 4. 在客房清洁的整个过程中，房门要始终敞开着

（八）中式撤床

撤床，是客房服务员应具备的整体技能之一，是铺床和客房清扫服务的基础。操作标准见表2-3-2。

表2-3-2　　　　　　　　　　　　中式撤床操作标准

操作步骤	主要操作内容
1. 观察	1. 要留意床单、枕袋中是否夹带客人用品 2. 观察床上用品是否破损、撕裂或有烧坏的洞孔
2. 拉床	1. 站立在床尾30厘米处，两脚前后交叉有一定距离 2. 下蹲、重心前倾，双手紧握床尾部，将床架连同床垫慢慢拉出 3. 将身体重心由前腿转移，移动一步，使床身离开床头板50厘米

续表

操作步骤	主要操作内容
3. 撤枕袋	1. 左手捏住枕袋封口一角，右手探入袋内把枕芯轻轻拉出，注意不要翻转枕袋，不要猛捏以防撕裂枕袋 2. 将枕芯放在椅子上或床面上。撤下的枕袋暂放在不影响行走的合适地方
4. 撤毛毯	1. 把毛毯从各角和夹缝中拉出 2. 高提起（避免拖地） 3. 将毛毯顺放在椅子上
5. 撤床单	1. 从角部开始把床单从床垫缝中逐一拉出 2. 注意不要夹带客人衣物 3. 床上有客人衣物时，要整理好
6. 布草送清洁车	取出用过的枕袋和床单；将撤下的床单连同枕袋放进客房工作清洁车

【小拓展】
1. 卸下枕头套时，注意枕头下有无遗留物品，留意枕头有无污渍。
2. 揭下毛毯放在扶手椅上，禁止猛拉毛毯。
3. 揭下床单时从床褥与床架的夹缝中逐一拉出，注意垫单是否清洁，禁止猛拉床单。
4. 收取用过的床单、枕套时，点清数量。

二、各种类型房间的清洁程序及方法

合理的清洁程序、操作方法是提高客房清洁效率、保证服务质量的前提。

走客房与住客房的清扫方法是一样的，但基本程序略有不同，一般来说，走客房在撤出脏布草后，应先做卫生间的清洁工作，为的是让床垫有一个通风透气的时间。住客房应先进行卧室清洁，因为客人随时都有可能回来，应尽可能地为客人创造一个干净整洁的环境。

（一）住客房清洁程序（如表2-3-3所示）

由于住客房是客人们仍然使用的房间，所以在清扫时有些地方要特别注意。服务时面带微笑，服装整洁，仪表大方，注意个人卫生。

表2-3-3　　　　　　　　　　住客房清洁程序标准

操作步骤		规范动作	注意事项
1	敲门	1. 手指微弯曲，以中指或食指第二关节部位敲门 2. 一次敲三下 3. 通报"客房服务员（Housekeeper）"	1. 勿用拳手或手掌拍打门，更不能用脚踢 2. 敲门不能太急促，应有节奏感 3. 通报时应面带微笑，两眼注视门窥镜
	按门铃	1. 按铃 2. 清晰地通报"客房服务员（House-keeper）" 3. 等客人反应	1. 切忌急促地连续按门铃数下，应有节奏，并有适当的间隔 2. 通报要求同上

续表

操作步骤	规范动作	注意事项
2. 等候	如听到客人回应，客房服务员应说："客房服务员，请问现在能为您清洁房间吗（May I come in）?"并等客人开门	1. 神态要自然，面带微笑，不能东张西望 2. 如房内无回应，二次敲门后方可用钥匙开门 3. 第一次敲门与第二次敲门间隔时间约为5秒 4. 服务员身体与门的距离约为30厘米
3. 开锁	1. 手持磁卡，对准匙孔平插至尽头 2. 停留约1秒，然后拔出 3. 门锁显示灯绿灯亮，方可向下转动门锁把手 4. 推开门后应将磁卡放回口袋内	应随身携带好磁卡，不能丢失，不能遗忘在门上
4. 开门	1. 把门轻轻推开至1/2处 2. 再次通报身份 3. 注意观察，确定房间是否有人或是否有特殊情况	1. 切勿用力过猛，以免发出声响惊动客人 2. 开门后如发现客人在睡觉，应立即轻声退出；如惊动了客人，应致歉并说明情况后退出
5. 调节房间空调	把空调出风调到最大	开大空调能加快房间空气对流，使空气清新
6. 拉开窗帘	1. 用双手拉开窗帘、窗纱 2. 检查窗帘轨道及挂钩是否完好	1. 拉开窗帘时要掌握好力度，不能硬拉硬扯 2. 注意挂钩有无脱钩现象
7. 撤房间垃圾	清除房间的垃圾，包括客人用过的一次性用品	1. 注意检查抽屉内、柜台、柜底、床底及房间角落等处是否有杂物 2. 检查是否有客人的遗留物品 3. 在撤物品时，应顺便关灯
8. 撤床上用品	1. 将B床上的物品（如毛毯、枕芯等）放在椅子上 2. 将A床上的物品放到B床上 3. 撤用品的顺序为：撤枕套→撤护单→撤毛毯→撤盖单→撤垫单	1. 床单要一件一件地撤，仔细检查是否夹带有客人物品 2. 脏布草要卷好放在布草袋里，不要放在地上 3. 切忌将脏布草和干净布草混放，以免沾上细菌
9. 洗壶具洗烟缸	1. 把电热水壶、冰壶拿到卫生间倒掉剩水 2. 清洗用过的烟灰缸	1. 先洗干净壶具并放回到小酒吧台上，然后再洗用过的烟灰缸 2. 接触过客人用过的烟灰缸后要洗手
10. 撤杯具	把客人用过的杯具撤出放于工作车上（客人自己的杯具除外）	1. 撤杯时要注意杯内是否放有客人的义齿或隐形眼镜等物品 2. 如杯内有水则要将水倒掉
11. 带入干净床单枕套	把需要的干净床单、枕套等物品带入房间，分别放于B床和圈椅上	1. 拿取干净布草时，不能夹带脏物品 2. 要洗净双手
12. 拉开床	双手把床垫拉开使之距床头板50厘米处	铺床前应注意检查床垫和保护垫，如有污迹应及时更换并清洗
13. 铺垫单	1. 垫单的正面朝上 2. 中折线居床的正中位置 3. 均匀地留出床单四边，使之能包住床垫	如发现垫单有污迹或破损应及时更换

续表

操作步骤	规范动作	注意事项
14. 铺衬单	1. 将正面朝下 2. 中折线要与垫单重叠 3. 衬单上端多出床头约25厘米	有的饭店用薄被代替毛毯,这样就可以不用衬单

(二) 清扫整理 VIP 房

1. 清扫工具及用品。与普通客房所需的工具用品基本相同,无特别要求。
2. 清扫程序及标准。按普通客房的清扫程序和标准操作。

【小拓展】

1. 清扫整理 VIP 房间要合理安排时间,原则是及时、方便、不打扰客人。通常 VIP 客人一旦外出,就应及时清扫、整理,保证客房始终清洁、整齐、美观。
2. 要及时更换客房用品。每天必须更换 VIP 房间的床单、枕套、被套、毛巾等,甚至要做到用过即换;要及时更换和补充客房用消费品、消耗品,以此来体现对 VIP 客人的高规格礼遇。
3. 客房内增配和馈赠的物品,要按 VIP 接待的有关要求和标准更换或补充。
4. 特别重要的 VIP,客房清扫整理要安排专人负责。

(三) 清扫整理写字间

写字间清扫整理程序如表 2-3-4 所示。

表 2-3-4　　　　　　清扫整理写字间程序标准

操作步骤	具体做法	操作标准
1. 进入房间	根据要求进入房间	按进房程序操作
2. 拉开窗帘	轻轻地操纵窗帘拉绳,将厚薄两层窗帘拉开	
3. 熄灯(或开灯)	以手指轻按灯具开关	发现灯泡损坏应及时更换
4. 开窗或把风机开到最高档	如有可能,应将窗户打开,便于房内通风换气	保证房内空气清新无异味
5. 检查房内小酒吧和冰箱内饮料	1. 将客人消费的各类酒及饮料逐项填入账单上的相应栏目内 2. 及时补齐补足酒水饮料	正确填写账单
6. 观察房内情况	检查设备、设施有无损坏,房内物品有无缺少	
7. 撤出房内用毕的餐具、餐车	1. 将餐具集中放在餐盘或餐车上 2. 将餐盘或餐车放在员工电梯等候处,待房内用餐服务员收取	及时收走客人用过的餐具、餐车
8. 收集杯子和烟灰缸	将脏的杯子或烟灰缸放在工作车上或专门的推车上	采用更换的方式以求时效和卫生
9. 收集垃圾	1. 用垃圾桶收集房内垃圾 2. 将垃圾倒入工作车上的垃圾箱内 3. 将垃圾桶清洗干净	洗净,擦干垃圾桶

续表

操作步骤	具体做法	操作标准
10. 除尘除迹	1. 用一条半湿的抹布对房内各处除尘除迹 2. 高级房间，除尘除迹后还要对家具打蜡 3. 除尘除迹的同时应检查各处用品的缺少情况	1. 房内洁净 2. 家具清洁、光亮 3. 发现损坏及时联系修复或更换
11. 补充房间用品	1. 根据饭店规定，将需补充的物品，按数量和放置位置要求补足、放好 2. 物品要按规格摆放好，方便取用	物品摆放整齐、美观
12. 擦亮铜器	1. 将液体省铜剂倒在铜布上 2. 用省铜布经擦铜器 3. 待铜器变黑，用干净抹布将铜器擦亮	省铜剂涂擦均匀 擦过的铜器光洁美观
13. 整理卫生间	根据整理卫生间的程序要求做	洁净、无异味
14. 吸尘	1. 用专用吸头分别对各处吸尘 2. 吸尘时要边吸尘边挪动家具	地面无纸屑、杂物

【小拓展】
1. 注意房内物品的陈列布置。
2. 清扫时尽量不要挪动客人物品，尤其是客人文件、纸张类物品。
3. 注意房内电器，不能随便拔下电源插头。
4. 客人的物品只要不是扔在垃圾桶内的，一般都不能将其当垃圾处理掉。
5. 安排清扫整理的时间要合理，一般在客人上班前、下班后或中间休息时。

（四）清扫整理长包房

长包房清扫整理程序如表2-3-5所示。

表2-3-5　　　　　　　清扫整理长包房程序标准

操作步骤	具体做法	操作标准
1. 进入房间	内容同清扫整理写字间	内容同清扫整理写字间
2. 拉开窗帘		
3. 熄灯（或开灯）		
4. 开窗或把风机开到最高档		
5. 检查房内小酒吧和冰箱内饮料		
6. 观察房内情况		
7. 撤出房内用毕的餐具、餐车		
8. 收集杯子和烟灰缸		
9. 收集垃圾		

续表

操作步骤	具体做法	操作标准
10. 撤换床上用品	1. 撤换被客人用过的床上用品 2. 将拆出的床单、枕套放置在工作车上的布草袋内 3. 取回等同数量的床单、枕套	1. 按规定撤换床上用品 2. 布草袋不能放在地上
11. 整理床铺	根据铺床的程序要求做	平整、美观
12. 除尘除迹	内容同清扫 整理写字间	内容同清扫 整理写字间
13. 补充房间用品		
14. 整理卫生间		
15. 吸尘		
16. 自我检查	站在房门处，环视房间	保证工作质量
17. 关灯关门	关闭所有灯具，离开房间	门要确保锁好

（五）清扫整理饭店公寓

饭店公寓清扫整理程序如表2-3-6所示。

表2-3-6　　　　　　　　　清扫整理公寓程序标准

操作步骤	具体做法	操作标准
1. 进入房间	内容同清扫 整理写字间	内容同清扫 整理写字间
2. 拉开窗帘		
3. 熄灯（或开灯）		
4. 于窗或把风机开到最高档		
5. 检查房内小酒吧和冰箱内饮料		
6. 观察房内情况		
8. 收集杯子和烟灰碟		
9. 收集垃圾		
10. 撤换床上用品	内容同清扫 整理长包房	内容同清扫 整理长包房
11. 整理床铺		
12. 除尘除迹	内容同清扫 整理写字间	内容同清扫 整理写字间
13. 补充房间用品		
14. 清洁整理厨房和餐厅	1. 清洁厨具、餐具及配套设备，严格按饭店规范操作 2. 整理客人的用具、用品 3. 清洁墙面、地面	1. 厨房洁净、整齐 2. 物品摆放整齐有序

操作步骤	具体做法	操作标准
15. 整理卫生间	内容同清扫	内容同清扫
16. 吸尘	整理写字间	整理写字间

三、铺床步骤及要求

(一) 中式铺床

中式铺床，是按照我国传统的风俗习惯配备和整理床铺，是近几年在星级饭店又重新兴起的铺床方法（见图2-3-1）。其优点是，便于客人入睡时进入被窝，符合人性化管理的要求并具有民族特点。中式铺床除边角不包外，其他程序与西式做床一样。

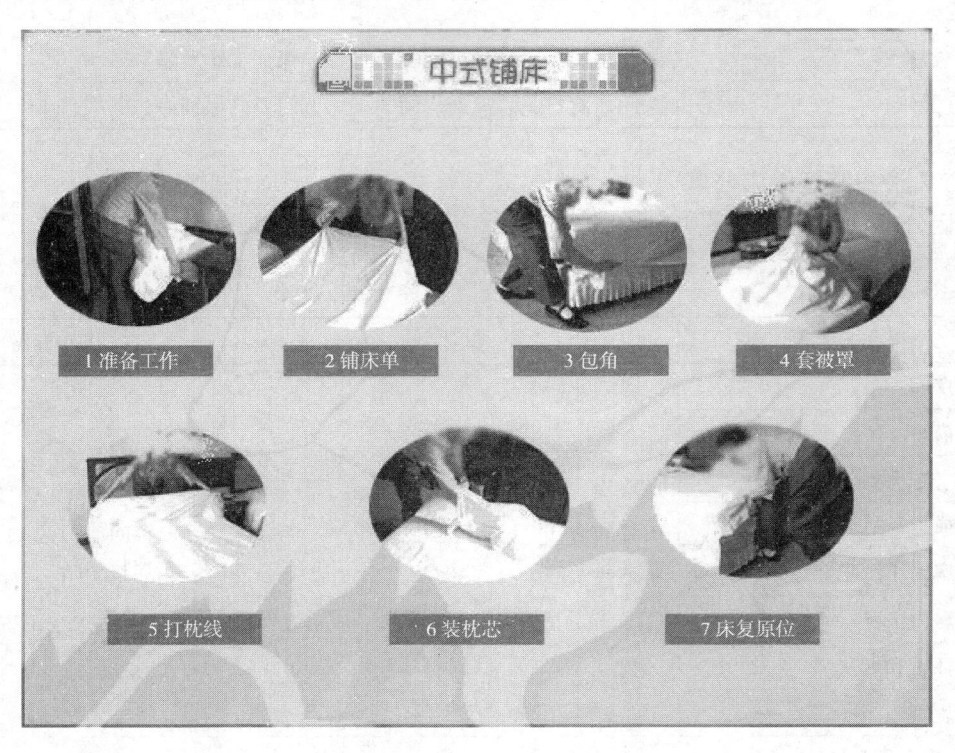

图2-3-1 中式铺床

1. 将床拉离床头板。
（1）弯腰下蹲，双手将床架稍抬高，然后慢慢拉出。
（2）将床拉离床头板约50厘米。
（3）注意将床垫拉正对齐。
2. 铺垫单。
（1）开单：用手抓住床单的一头，右手将床单的另一头抛向床面，并提住床单的边缘顺势向右甩开床单。
（2）打单：将甩开的床单抛向床头位置。将床尾方向的床单打开使床单的正面朝上中线居中。手心向下抓住床单的一边，两手相距 80~100 厘米。将床单提起，使空气进到床尾部位，并将床单鼓起，在离床面约 70 厘米高度时，身体稍向前倾，用力打下去。当空气将床单尾部推开的时候，利用时机顺势调整，将床单往床尾方向拉正，使床单准确地降落在床垫的正确位置上。

（3）包角：包角从床尾做起，先将床尾下垂部分的床单掖进床垫下面，包右角，左手将右手侧下垂的床单拉起折角，右手将右角部分单掖入床垫下面，然后左手将折角往下垂拉紧包成直角，同时右手将包角下垂的床单掖入床垫下面。包左角方法与右角相同，但左右手的动作相反。床尾两角与床头两角包法相同。

3. 装被套。

（1）把被褥两角塞进被套两角并系好带固定。双手抖动使被褥均匀地装进被套中。再把外面两角系好带固定。并系好被套口。

（2）被套正面朝上，套口向内并位于床尾。平铺于床上，床头部分与床头齐，四周下垂的尺度相同，表面要平整。

（3）把床头部分的被套翻至 30 厘米处。

4. 套枕套。

（1）将枕芯平放在床上。

（2）两手撑开枕袋口，并往枕芯里套。

（3）两手抓住袋口，边提边抖动，使枕芯全部进入枕袋里面。

（4）将超出枕芯部分的枕袋掖进枕芯里，把袋口封好。

（5）被压处朝上压倒的朝下，枕套口与床头柜是相反的方向。

（6）套好的枕头必须四角饱满、平整，且枕芯不外露。

5. 放枕头。

（1）两个枕头放置居中。

（2）放好的枕头距床两侧距离均匀。

6. 将床复位：弯腰将做好的床慢慢推进床板下，但要注意勿用力过猛。

7. 外观：看一看床铺得是否整齐美观，对做得不够的地方进行最后整理，务必使整张床面廷括美观。

8. 总体印象：操作要做到快、巧、准。

（二）西式铺床

西式铺床是较老式的铺床方法，是在铺一层床单的基础上，再用一条床单包裹毛毯的办法，达到客人上床入睡要求（见图 2-3-2）。由于毛毯不便于保管及清洗，且中式铺床法更迎合中国人的睡眠习惯，因此，我国大部分饭店已淘汰此种铺床法。但作为饭店管理专业，对于这些知识还是要掌握的，以下为西式铺床操作程序标准。

1. 将床拉离床头板。

（1）弯腰下蹲，双手将床架稍抬高，然后慢慢拉出。

（2）将床拉离床头板约 50 厘米。

（3）注意将床垫拉正对齐。

2. 垫单（第一条床单）。

（1）开单：用手抓住床单的一头，右手将床单的另一头抛向床面，并提住床单的边缘

西式铺床

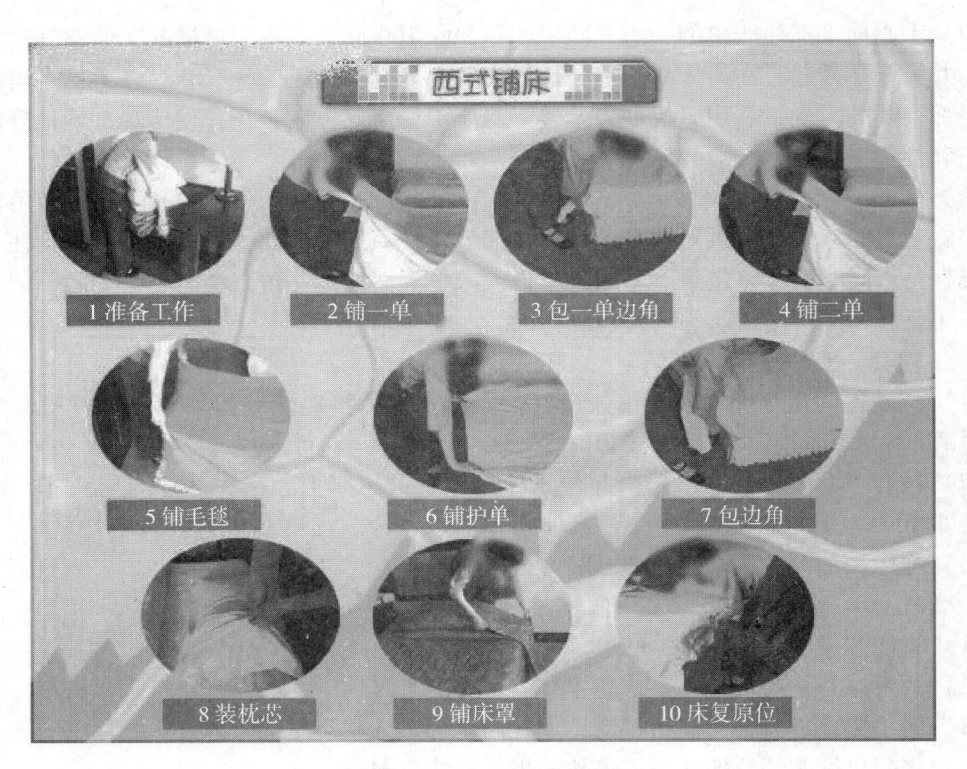

1 准备工作　2 铺一单　3 包一单边角　4 铺二单
5 铺毛毯　6 铺护单　7 包边角
8 装枕芯　9 铺床罩　10 床复原位

图2-3-2　西式铺床

顺势向右甩开床单。

（2）打单：将甩开的床单抛向床头位置，将床尾方向的床单打开使床单的正面朝上，中线居中。

（3）手心向下，抓住床单的一边，两手相距80~100厘米。

（4）将床单提起，使空气进到床尾部位，并将床单鼓起。

（5）在离床面约70厘米高度时，身体稍右前倾，用力拉下去。

（6）当空气将床单尾部推开的时候，利用时机顺势调整，将床单尾方向拉正，使床单准确地降落在床垫的正确位置上。

（7）垫单必须一次性到位，两边所落长度需均等。

3. 铺衬单（第二条床单）。

（1）衬单与铺垫单的方法基本相同，不同的地方是铺好的衬单单沿须包角。

（2）甩单必须一次性到位，两边所落长度需均等。

4. 铺毛毯。

（1）将毛毯甩开平铺在衬单上。

（2）使毛毯上端与床垫保持5厘米的距离。

（3）毛毯商标朝上，并落在床尾位置，床两边所落长度需均等。

（4）毛毯同样一次性到位。

5. 包角边。

（1）将长出床垫部分的衬单翻起盖住毛毯（单折）60厘米或是30厘米。

（2）从床头做起，依次将衬单，毛毯一起塞进床垫和床架之间，床尾两角包成直角。
（3）掖间包角动作幅度不能太大，勿将床垫移位。
（4）边角要平紧而平，床面整齐、平坦、美观。

5. 放床罩。
（1）在床尾位置将折叠好的床罩放在床上，注意对齐两角。
（2）将多余的床罩反折后在床头定位。
（3）两手抓住袋口，边提边抖动，使枕芯全部进入枕袋里面。
（4）将超出枕芯部分的枕袋掖进枕芯里，把袋口封好。
（5）被压处朝上压倒的朝下，枕套口与床头柜是相反的方向。
（6）套好的枕头必须四角饱满、平整，且枕芯不外露。

7. 枕头。
（1）两个枕头放置居中。
（2）下面的枕头应压住床罩的15厘米，并进行加工处理。
（3）放好的床侧两边均匀。

8. 将床复位。

四、擦洗卫生间的程序

1. 卫生间开亮灯，打开换气扇，将清洁工具放进卫生间。
2. 放水冲净座厕，然后在抽水马桶的清水中倒入适量的马桶清洁剂，目的是为下一步彻底清洁马桶提供方便。
3. 取走用过的毛巾、浴巾、地巾，放入清洁的布袋中。
4. 收走卫生间用过的消耗品，清理纸篓垃圾袋，注意收走皂缸内的香皂头。
5. 将烟灰倒入指定的垃圾桶内，烟灰缸上如有污迹，可用海绵块蘸少许清洁剂将烟灰缸上的污迹除掉（烟缸的清理也可以在清理卧室内的烟缸时一并进行）。
6. 清洁浴缸。清洁浴缸应按由上至下的顺序进行，具体操作步骤如下：
☛将浴缸旋塞关闭，放少量热水和清洁剂，用抹布从墙面到浴缸里外彻底清刷，开启浴缸活塞，放走污水，然后打开水龙头，让温水射向墙壁及浴缸，冲净污水。此时可将浴帘放入浴缸加以清洁。最后把墙面、浴缸、浴帘用干布擦干。
☛如果浴缸内放置有橡胶防滑垫，则视其干净程度用相应浓度清洁剂刷洗，然后用清水洗净。最后可用一块大浴巾裹住垫子卷干。
☛擦洗墙面时，也可先将用过的脚巾倒入浴缸，中性清洁剂清洁浴缸侧的墙面，随后立即抹干。
☛用海绵块蘸少许中性清洁剂擦除开关、龙头、浴帘杆、晾衣绳等镀铬金属件上的皂垢、水斑，并随即用干抹布擦干。在清洁上述金属件时，注意不要使用酸性清洁剂，以防止烧坏金属件。
☛注意清洁并擦干墙面与浴缸接缝处，以免发霉。
☛注意清洁浴缸的外侧。
☛留意对皂缸缝隙的清洁，必要时可用牙刷刷净。
7. 清洁脸盆和化妆台。用百洁布蘸上清洁剂清洁台面、脸盆，然后用清水刷净，用布擦干。如果脸盆、不锈钢件上有皂垢、水斑，可用棉块蘸少许中性清洁剂去除、擦干。

8. 注意将毛巾架、浴巾架、卫生间服务用品的托盘、吹风机、电话机、卫生纸架等擦净，并检查是否有故障。

9. 在镜面上喷少许玻璃清洁剂，然后用干抹布将镜面擦亮。

10. 清洁马桶。用马桶刷清洁座厕内部并用清水冲净，要特别注意对抽水马桶的出水孔和入水孔的清刷；用中性清洁剂清洁抽水马桶水箱、底沿、盖子的内外及外侧座等；用专用的干布将抽水马桶擦干；严格将浴缸、马桶的干湿抹布区别使用，禁止用"五巾"做抹布。

11. 对卫生间各个部位消毒。擦拭完卫生洁具后，将含有溶剂的消毒剂装在高压喷灌中，进行喷洒消毒；在清洁剂中加入适量的消毒剂，或者采用杀菌去污剂，以达到清洁消毒的双重目的。

12. 补充卫生间的用品。按规定的位置摆好"五巾"和浴皂、香皂、牙具、浴帽、浴液、洗发液、梳子、香巾纸和卫生卷纸及卫生袋等日用品，必须将走客房的客用品全部更新，以便为下一位客人提供全新的住宿条件。

13. 把浴帘拉好，一般拉出1/3即可。

14. 清洁脸盆下的排水管。

15. 从里到外抹净地面。如有必要，可用百洁布和一定比例的清洁剂清刷，用清水冲洗，特别注意对地漏处的清刷；最后擦干地面，撤走所有的清洁工具，将卫生间的门虚掩，关上卫生间的灯。

五、做夜床服务程序

做夜床，又叫晚间服务或寝前整理，在高星级饭店中一般都提供此类服务。为宾客做夜床，能体现饭店客房服务的规格标准，使客人感到舒适温馨，方便客人休息。

（一）做夜床的时间

做夜床的最佳时间是，18:00~20:00。因为这段时间客人大多外出用餐而不在房内，既避免打扰客人，又方便客房服务员工作。计划当晚进住的房间，如果客人进住的时间较晚（通常超过20:00），则可提前把夜床做好。

（二）做夜床的程序

做夜床的操作步骤和要点如表2-3-7所示。

表2-3-7　　　　　　　　　　做夜床的程序

操作步骤	具体做法	操作要点	操作理由
1. 进房	按进房的程序要求做	1. 通报自己的身份和目的："客房服务员，做夜床" 2. 如果客人在房内，应经住客同意方可进入，并礼貌地向客人道晚安。如果客人不需要则在做夜床表上做好记录 3. 晚间进客房要特别小心谨慎	

续表

操作步骤	具体做法	操作要点	操作理由
2. 开灯	如果房内的灯没开,则将灯开亮	1. 查看灯是否都亮 2. 将空调调到指定的度数上	1. 使房内有足够的光线供操作 2. 如灯具有问题应及时解决
3. 放报纸	将当天的报纸放在写字台上	摆放整齐,正面朝上	
4. 拉窗帘	1. 轻轻拉上纱窗帘和遮光窗帘 2. 稍加整理使之美观		
5. 清除垃圾	将房内各处的垃圾清出并放到工作车上的垃圾袋中		
6. 更换杯子和烟灰缸	1. 撤出客人用过的杯子和烟灰缸 2. 按应有数量补进干净的杯子和烟灰缸	如果杯中有客人新泡的茶水或盛有饮料、酒等则不能撤走和更换	
7. 除尘除迹	将房内各处的灰尘污迹清除干净	尤其要保证台面、桌面无尘迹	
8. 添加冷热用水			保证客人有足够的冷热饮用水
9. 开床	1. 按标准将床罩折叠放置于规定的地方 2. 从床头处把床单和毛毯拉出。将靠近床头一边的毛毯连同衬单(盖单)向外折成45°或30°角。夏季气温高时,还可将毛毯对折,再将衬单折成45°或30°角	1. 通常将床罩放在壁橱或抽屉内 2. 如果是单人房,从有电话的床头一侧开床 3. 如果是双床间一人入住,则开临近卫生间的那张床 4. 如果是双床间两人住,两张床都从床头柜一侧开 5. 一人住的大床,开有电话的床头柜一侧;二人住的大床,可仅开一侧或两侧都开	1. 将床罩叠好放在规定的地方便于次日做床并可保持房内整洁 2. 床开得不当可能会引起客人的误会
10. 放拖鞋	饭店提供一次性拖鞋的,应在开夜床时将其摆在适当的位置	通常将拖鞋放在沙发座椅前或床前	便于客人使用
11. 开音响、电视	1. 打开背景音乐 2. 将电视的床头开关打开		

续表

操作步骤	具体做法	操作要点	操作理由
12. 清洁卫生间	1. 冲恭桶 2. 脸盆、浴缸如使用过，应重新擦洗干净 3. 将地巾放在浴缸外侧的地面上 4. 将浴帘放入浴缸内，并拉出1/3，以示意客人淋浴时应将浴帘拉上放入浴缸内，避免淋浴的水溅到地面上 5. 将用过的毛巾收走并换上干净的毛巾，整理后摆好 6. 如有加床，应添一份客人用品	1. 恭桶不脏时冲水即可 2. 普通客房用过的毛巾一般不换 3. 浴帘底边放在浴缸外就失去了浴帘应有的作用	1. 浴帘的作用是防止洗浴时将水溅到外面 2. 地巾的作用是防滑以及防止洗浴者将水带到外面的地毯上而弄脏地毯
13. 自我检查	检查有无不妥之处	客房应干净、整洁、恬静	
14. 调节开关和空调	1. 按规定将空调调节好 2. 除了夜灯或床头灯，将其他灯关掉	1. 打开夜灯、床头灯，关上其他灯 2. 开1张床时要注意，开A床时打开A床床头灯，开B床时打开B床床头灯；两张床都开时，只打开1盏床头灯即可；如开大床，只开靠近卫生间一侧的床头灯 3. 客人在房内则不关灯	开夜灯，房内的气氛更好
15. 锁门、离开客房	1. 将房门关起并锁好 2. 客人在房内的，应祝客人晚安		

任务3　客房计划卫生

实训目标

了解客房计划卫生的意义；
熟悉客房计划卫生的主要内容。
【实训方法】
教师示范；分组练习；考评测试。
【实训准备】
电脑；模拟标准间；客房清扫工作表；房务工作车。

知识探究

计划卫生的意义；客房计划卫生的内容。

一、计划卫生的意义

客房计划卫生是指在搞好客房日常清洁工作的基础上，拟订一个周期性清洁计划，采取定期循环的方式，对清洁卫生的死角或容易忽视的部位，以及家具设备进行彻底的清扫和维护保养，以进一步保证客房的清洁保养质量，维持客房设施设备良好状态。

客房服务员每天的清洁整理工作的工作量一般都比较大。一个服务员平均每天的工作量是12～14间，旺季会更多，所以对客房的某些部位，如通风口、天花板、门窗玻璃、窗帘、床罩等，不可能每天清洁（有些项目也没有必要每天清洁，如地毯）。为了保证清洁卫生的质量标准，使客人不仅对客房容易接触部位的卫生感到满意，而且对其他每处卫生都能放心，同时又不致造成饭店人力资源的浪费和紧张，客房部应有计划地对一些特殊项目进行周期性清洁保养。

二、客房计划卫生的内容

客房计划卫生保养的内容主要有家具除尘、家具打蜡、地毯清洗、纱窗和床罩等的清洗、通风口清洁、金属器具的擦拭等。针对不同的项目，应按不同的周期进行清洁保养（详见表2-3-8、表2-3-9）。

（一）客房专项计划卫生

1. 专项计划卫生分月度、季度、半年进行。
2. 每季度和半年的专项计划卫生由部门主管安排，由领班协助落实并分配，并进行逐项检查。
3. 每月专项计划卫生部门主管安排制订计划表，由领班协助落实并分配，每天进行抽查，月末进行评比。
4. 每日专项计划卫生由主管制订计划表，领班进行计划实施跟踪，并根据实际具体情况安排具体时间，每天进行抽查。

表2-3-8　　　　　　　　　专项计划卫生期限

名　称	期　限	名　称	期　限
空调进出风口清洗	90天	枕头烘干处理	90天
床垫翻转	90天	窗帘纱窗清洗	120天
房间地毯清洗	90天	喷杀虫剂	30天
通道地毯清洗	90天	工作车细致卫生	90天
吸尘机耙头清洁	30天	防火门、工作车喷润滑剂	30天
天花板装饰线吸尘	180天	床上用品清洗	90天

表 2-3-9　　　　　　　　　　　床垫翻转标记规定

季度	标记	季度	标记
第一季度	床尾右侧 W 字样	第二季度	床尾左侧 M 字样
第三季度	床尾左侧 W 字样	第四季度	床尾右侧 M 字样

（二）公共区域专项计划卫生

表 2-3-10　　　　　　　　　　公共区域专项计划卫生

日期	专项内容
每月 1.11.21 日	前后楼梯、工作间、物品间拖地板，整理物品间
每月 2.12.22 日 每月 5.15.25 日 每月 9.19.29 日	洗石米，石米槽擦铜，清洗烟灰桶内垃圾槽，客梯间拖地板
每月 3.13.23 日	通道天花板
每月 4.14.24 日	热水器、净水器、蒸杯柜、消毒柜、制冰机清洁
每月 6.16.26 日	墙脚线、墙板线、墙纸起渍
每月 7.17.27 日	客梯门板、门框增亮、指示灯清洁
每月 8.18.28 日	通道各类灯具（包括壁灯、筒灯、吊灯、吸顶灯等）
每月 10.20.30 日	工作车、工作间全面卫生

穿插安排：
　　通道地毯边角吸尘
　　前后楼梯、工作间、物品间地板刷洗
　　空调进出风口、过滤网清洗
　　通道木制板面打蜡保养
　　通道窗帘、窗纱清洁，清除窗外蜘蛛网
　　房号牌、通道指示牌、花架脚擦铜
注：日期不限，但须按次序做。

（三）日夜班专项计划卫生

表 2-3-11　　　　　　　　　　日班专项计划卫生

专项项目	规定每月次数	规定完成天数
窗帘、窗纱吸尘及窗檐抹尘	1 次	1 天
防滑垫刷洗	1 次	1 天
电源插座、插孔及房门锁孔、窥视镜清洁	1 次	1 天
洗脸盆下水管除尘及衣刷清洁	1 次	1 天
家具起渍、上蜡保养及抽屉轨道清洁	1 次	2 天

续表

专项项目	规定每月次数	规定完成天数
办公椅、沙发夹缝清除杂物	1次	1天
电话机清洁、消毒及吹风筒清洁	1次	1天
灯头、灯泡、灯罩清洁	1次	1天
床底、床头吸尘及地毯边角刷毛	1次	2天
电视机外壳（包括转盘及柜内）清洁	1次	2天
（空调）进出风口百叶及过滤网清洁	1次	2天
地漏灌洗、杀虫及浴缸塞、脸盆塞清洁	1次	1天
马桶内壁、床座清洁	1次	1天
洗脸盆溢水口、去水口清洁及水箱内清洗	1次	1天
冰箱内外（包括冰箱柜内）清洁	1次	2天
垃圾桶内外清洁、起渍	1次	1天
卫生间风机百叶及天花板清洁	1次	1天
玻璃（窗、淋浴间）清洁及镜面保养	1次	3天
不锈钢器具保养	1次	2天
卫生间墙砖、云石台、地板清洁	1次	3天
床铺细致卫生	1次	每人每日1间

表2-3-12　　　　　　　　　夜班专项计划卫生

日　期	内　容
星期日	抹电梯厅天花板
星期一	清洁消防器材
星期二	清洁电梯门及大理石
星期三	清洁电梯厅角灯
星期四	服务台
星期五	抹所有门（客房门除外）
星期六	擦烟灰桶

（四）计划卫生的具体实施过程

1. 计划卫生表和各班种计划卫生完成表贴在楼层工作间。主管可在服务员做好的客房报告表中每天写上计划卫生的项目，以便督促服务员完成当天的计划卫生任务。

2. 服务员可在每天完成8～12间客房日常卫生工作后，再按计划卫生表的内容完成当天的计划卫生工作，也可以采取每2人一组，每组每天做4间房的计划卫生工作。

3. 服务员每完成一个项目或房间后，即填上完成的日期和本人的签名。

4. 主管根据填表内容进行检查，确保质量。

5. 客房服务中心根据各楼层计划卫生的完成情况绘制柱形图，显示各楼层状况，以引起各楼层和客房部管理人员的重视。

【项目小结】

1. 清洁保养是客房部的主要工作。清洁保养工作做得好坏直接影响到客人对饭店产品的满意程度及饭店的形象、气氛和经济效益。

2. 饭店客房清洁卫生标准直接影响顾客入住饭店的满意程度，因此客房服务员应掌握客房部不同状态客房的清扫顺序及清洁标准。

实训测评

测评一　　进房

实训步骤	实训主要内容	测评要点
细心观察	1. 观察室外情况，即观察门框、门锁、门把手、房间号码的清洁程度，查看有无损坏 2. 发现破损后对破损部位进行登记 3. 严禁通过门窥镜向房间内窥视 4. 灯光显示器显示"请勿打扰"或门把手上挂有"请勿打扰"牌时，不能进入房间或敲门，而应将房号、时间记录在工作报表上	注意房态
敲门等候	1. 以食指或中指第二关节轻敲房门三下，时间节奏为半秒一次 2. 站立在房门外正中位置，距离房门40厘米处，目光平视门线 3. 敲门5秒钟时自报部门或工作职务名称	如何敲门，如何报名
二次敲门	（在无回音的情况下）操作规范同上	
开门进入	1. （在无回音的情况下）将钥匙插入锁内轻轻转动，轻推钥匙或握住门把手将门轻轻开启 2. 开门时报部门或部门职务名称，同时以客人能听清为准的音量亲切问候 3. 如客人在房间，在客人应允后再进入房间 4. 如问候后无回音，5秒钟即可进入房间敞开门房，将房门敲开90°，使闭门器失去效用 5. 在客房清洁的整个过程中，房门要始终敞开着	门应开直；如有客人在房，应礼貌表示歉意，并说明来意

测评二　　中式撤床

实训步骤	实训主要内容	测评要点
观察	1. 要留意床单、枕袋中是否夹带客人用品 2. 观察床上用是否破损、撕裂或有烧坏的洞孔	观察是否有客人用品、是否有破损
拉床	1. 站立在床尾30厘米处，两脚前后交叉有一定距离 2. 下蹲，重心前倾，双手紧握床位部，将床架连同床垫慢慢拉出 3. 将身体重心由前腿转移，移动一步，使床身离开床头板50厘米	注意手法；用力均匀

续表

实训步骤	实训主要内容	测评要点
撤枕袋	1. 左手捏住枕袋封口一角，右手摊入袋内把枕芯轻轻拉出，注意不要翻转枕袋，不要猛拉以防撕裂枕袋 2. 将枕芯放在椅子上或床面上；撤下的枕袋暂放在不影响行走的合适地方	注意枕头下面有无遗留物；注意枕头是否有污垢
撤毛毯	1. 把毛毯从各角和夹缝中拉出 2. 高提起（避免拖地） 3. 将毛毯顺放在椅子上	1. 不可生拉硬拽 2. 撤下毛毯简易折叠后放在椅子上
撤床单	1. 从角部开始把床单从床垫缝中逐一拉出 2. 注意不要夹带客人衣物 3. 床上有客人衣物时，要整理好	
布草送清洁车	1. 取出用过的枕袋和床单 2. 将撤下的床单连同枕袋放进客房工作清洁车	1. 清点撤下的布草 2. 不能放在过道上

测评三	中式铺床	
实训步骤	实训主要内容	测评要点
拖床	将床拖出约20厘米	中式铺床3分钟内完成
甩单定位	一次到位；不偏离中心线；毛边向下，床面无皱褶	提高一次到位率；床单正面朝上
包角	四个角式样、角度一致；四个角均匀，角缝平整紧密；床角两侧塞进床垫，平整无波纹；床头床尾塞进床垫，平整无波纹	包角需半跪或蹲式，禁止躬身；每个角式样、角度一致
套棉被	被芯装进被套内，动作合理、优美、熟练、迅速；棉被定位一次成形；棉被套好定位后四角饱满、均匀平整、无褶皱；被套中心线与床单中心线对齐；封口绳结头朝内，不露绳头；棉被首部与床头边等齐；棉被尾部自然下垂至床垫和床裙接缝处	平整、无褶皱、不露绳头
套枕头	动作合理、优美、熟练、迅速；四角饱满、枕芯不外露；枕头外形平整，挺括	外形平整、无外露
放枕头	枕头开口处与床头柜相反；枕头居中，枕头边与床两侧距离相等	
铺床尾垫	中缝对齐，两边下垂相等，床尾下垂约1厘米	中锋对齐
推床归位	将床推至床头归位，并举手示意程序完毕	床头归位

测评四	西式铺床	
实训步骤	实训主要内容	测评要点
一、将床拉出	屈膝跪地，双手用力将床慢慢拉出40~50厘米	西式铺床3分钟内完成
二、摆正床垫	检查保护垫是否清洁，如有脏渍，马上更换并做处理	检查是否清洁
三、铺第一张床单	床单正面（中折线凸面）向上，中线居中；四角要包好床垫，各包角要平整，内斜角为45°，外直角90°	包角需半跪或蹲式，禁止躬身；每个角式样、角度一致
四、铺第二张床单	床单正面向下，中心线与第一张床单重叠；床单前端多出床头10厘米	床单正面向下
五、铺毛毯	床两边垂下部分要一致；毛毯商标应在床尾，商标向上	商标在床尾、向上
六、将床单与毛毯下垂部分掖入床垫与床架之间	将第二张床单前端多出床头部分，沿毛毯反折铺平，连同毛毯折回30厘米；将两侧下垂部分掖入床垫后，再将床尾部两角包好	
七、套枕套	将枕芯装入枕套，枕芯不外露；四角饱满，枕套、枕芯边缘不重叠；套好的枕头放在床正中，和床前端相距5厘米；枕头开口朝床头柜的反方向	无外露
八、铺床罩	床面平整美观，床罩两边距地面等距离；床罩要盖住枕套，不留白边；床罩多余部分要塞入两人枕头中间和底部；床尾两角垂直，距地1厘米	
九、将床推回原位	将床慢慢推回，床要摆正；整理床面，使其平整美观	铺床时不要跑动，不要跪床；操作时不能有拍打动作

测评五	清扫房间	
实训步骤	实训主要内容	测评要点
一、准备工作 1. 房间清扫顺序	1. 开房率高时，"请即打扫"房、"VIP"房、退房、住客房、长住房、空房 2. 开房率低时，"请即打扫"房、"VIP"房、住客房、长住房、退房、空房	明确客房打扫顺序
2. 检查物品	1. 检查工作车上客用品及工具是否齐全 2. 将工作车靠墙放置，不要离门太近，以免妨碍他人	

续表

实训步骤	实训主要内容	测评要点
二、房间清理 1. 进入房间	1. 按门铃、敲门：首先检查一下房门是否挂着"请勿打扰"牌或上"双锁" 2. 轻轻敲三下门，声音不要太大，使客人听到为准，同时报身份"服务员" 3. 在门外等候10分钟，倾听房内动静，如无反应，可重复以上程序两遍 4. 开门：再确认房内无动静后，使用钥匙将门轻轻打开8~10厘米报明自己的身份，询问"可以进了吗？"后方可进入；如客人在房内，要等客人开门后或经客人同意后方可进入并向客人问候，询问客人"是否可以打扫房间"	1. 进房规范 2. 清扫时房门必须直开；如有客人在，应主动询问能否清扫，得到允许后，方可进行
2. 开窗户	拉开窗帘；打开窗户	
3. 巡视检查	1. 打开所有照明工具，检查是否完好有效；检查和调节空调到适当温度 2. 巡视门、窗、窗帘、墙面、天花板、地毯、电视、电话及各种家具是否完好，如有损伤，及时报告领班保修，并在客房清洁报表设备栏内做好记录 3. 检查有否遗留物品，若有发现，应立即上报并做好记录	
4. 检查小酒吧	发现已消费的酒水，填写酒水单，在下班时递送前台收银并报告领班；将小酒吧冰箱清洁干净	
5. 清洁垃圾	将房内的垃圾桶及烟灰缸内的垃圾拿出倒掉前，应检查一下垃圾桶内是否有文件或有价值的物品，烟缸内是否有未熄灭的烟头；清洁垃圾桶和烟缸，确保垃圾桶及烟缸干净无污迹	如有玻璃碎片应单独处理，不可放置垃圾桶里，以免伤手
6. 清理脏布草	1. 将客人放在床、椅等处的衣服用衣架挂起，吊入衣橱内；把床上的床罩、毛毯放在椅子或沙发上 2. 换下床上的床单、被单、枕套、连同浴室内需要更换的四套巾（浴巾、面巾、小方巾和足巾）一起，分类点清放入工作车的布草袋内，发现有破损的布草和毛巾，分开存放（若客人放置了环保卡则床单、被单、枕套等床上用品不必更换）；同时去除有客衣的洗衣袋；从工作车拿进干净的布草	挂客衣时要注意是否有物品掉落；要严格按照饭店规定与客人要求进行棉织品更换
7. 做床	中式/西式铺床	
8. 擦尘	1. 按顺序使用抹布擦拭床板、椅子、窗台、门框、灯具及桌面，达到清洁无异物 2. 使用消毒剂擦拭电话；擦拭灯具时，检查灯泡瓦数是否符合标准，有无损坏，如有应立即报更换，保证所有房内的家具、设备整洁 3. 擦拭各种物件后，随手将用过的茶、酒具和可用物品放到工作车上	按顺序擦拭，并检查是否有损坏

续表

实训步骤	实训主要内容	测评要点
9. 核对电视频道	核对和检查电视频道；检查多功能柜的功能	检查电视频道
10. 清洁卫生间	见卫生间清洁程序	
11. 补足可用物品	按照规定的数量补足可用物品	
12. 关窗户	关窗户；检查整理好窗帘	
13. 吸尘	1. 用吸尘器从里往外吸，顺风向吸净地毯灰尘 2. 不要忽略床、桌、椅下和四周边角，并注意不要碰伤墙面及房内设备 3. 及时准确地用清洁剂清除地毯污渍	注意角落灰尘
14. 环视检查房间整体	检查整改房间是否打扫整洁、物品摆置是否到位	
三、结束工作 1. 离开房间	将清洁用品放回车内；擦拭门把手、关灯，并对大门做安全检查	
2. 登记	登记做房时间	

测评六　　　　　　　　　　卫生间清洁

实训步骤	实训主要内容	测评要点
进卫生间	进卫生间要携带清洁桶，放在洗脸台下靠门一侧；有的饭店还备有小垫毯，供清洁卫生间用	不要空手进出房间，小垫毯要摊开放在卫生间门口，以免因卫生间地面潮湿而弄脏门口地毯
撤卫生间用品	把客人用过的布草，一件件打开检查是否夹带有其他物品，然后把它们放到工作车的布草袋内，同时撤走卫生间的垃圾	撤卫生间的物品时，要仔细检查，不能用卫生间的布草做抹布
喷清洁剂	用清洁剂向三大件内（脸盆、浴缸、恭桶）喷清洁剂，然后将清洁剂放回原处	往三大件喷洒清洁剂时，要均匀、适量
清洁卫生间	戴上手套，用水喷洗墙壁，用抹布抹干净墙壁	墙面光亮无水碱、无水印
清洁面盆	用百洁布擦面盆，然后冲洗干净	龙头无水印、光亮、无水碱、无污垢
清洁浴缸	用百洁布彻底清洁浴缸里外及外角龙头，然后用清水冲干净	注意要彻底冲净浴缸内的清洁剂
清洁恭桶	用恭桶刷刷洗恭桶内外，并用清水冲干净	清洗时一定要从上至下进行

实训步骤	实训主要内容	测评要点
抹干	1. 清洁完面盆、浴缸后，用一块抹布抹干面盆、云石台 2. 用第二块干抹布擦龙头、镜子 3. 清洁完恭桶后，要用另一块抹布擦恭桶水渍，最后用第四块抹布擦卫生间地面，从里往外擦	清扫次序是：先内后外
冲洗地漏	用干净的垃圾桶盛水，然后对准地漏下水口，将水倒向地漏	要慢慢倒水，不要太快，每次至少要冲两桶水
消毒工作	用消毒剂洒，对三大件进行消毒	消毒次序：脸盆、浴缸、恭桶，然后把恭桶盖盖上，装饰封条

学以致用

1. 分析客房清洁保养的标准。
2. 客房状态有哪些？写出各种状态客房的日常清扫清洁程序。
3. 什么是开夜床？如何为顾客开夜床？
4. 如何安排客房的计划卫生？
5. 案例分析：

抽查客房卫生

早上7：30，杭州某饭店的客房部员工已经忙开了。一辆辆盛放客房用品的工作车停放在各个楼层。504房门前也有一辆客房工作车，服务员小管正在往房内放进需补充的一次性用品。

小管在504房已打扫了近20分钟，这是一间走客房，刚办完离店手续的客人已拿走了所有行李。也许因为昨夜有访客的缘故，房间到处是杂物、垃圾，连沙发和落地灯都移过位。小管好不容易才清理打扫完毕，此刻她在收拾卫生间。

正当她准备擦洗"三缸"时，客房部经理前来抽查客房的卫生状况。经理姓陈，十分有经验，对工作毫不含糊，他最反对那种事先通报随后前往检查的做法。他平时经常对员工说，定期检查固然有推动作用，但毕竟不能培养习惯与意识，要真正提高清洁卫生的质量，还是需要不定期地"微服私访"。所以陈经理今天不打招呼便来检查客房清洁卫生，小管一点不觉得突兀，仍按饭店规定的程序操作。

"嗯，好样的。"陈经理看着小管手边的两块抹布，只见她擦完面盆和浴缸之后很自然地拿起另一块抹布擦起马桶来了。

陈经理的视线从马桶转到消毒液盆，显然这是为客人用具消毒用的。他弯下腰用鼻子嗅，发现浓度适中，十分满意。忽然他想考一考这位上岗不久的新服务员。"消毒液过浓或过淡各有什么弊端？"

"消毒液过淡，杀菌力不够，达不到消毒效果；如果过浓，药液残留量增加，于人体健康不利，而且提高成本。"小管对答如流。

陈经理夸奖小管答得好，随后又到6楼检查去了。

讨论：

（1）你是否赞同陈经理所提倡的定期检查与不定期抽查相结合的清洁卫生管理方法？

（2）你认为客房清洁质量有哪些内容可以确定出量化标准？

项目四　客房与公共区域的清洁保养

案例导入

雨伞套

　　某杂志社几位采编人员一连三天躲在饭店的房间里整理采访来的材料。忽然，门铃响起，开门一看，正好是他们翘首等待几天的同济大学某教授。他们发现教授手中的雨伞外有一个细狭的塑料套子，不禁赞扬教授的细心了。要是没有这个套子的话，大饭店豪华的地毯早就被湿透的雨伞上的水滴弄湿了。"哪里，哪里，"教授一边坐下一边说，"我哪里想到这一层，是饭店大堂服务员给每个进店拿着雨伞的客人套上的。既方便了客人，又保护了饭店地毯，保持了饭店环境整洁。"

案例评析

　　小小的雨伞套，折射出了饭店对于环境的重视程度，通过这个案例，你是不是也对如何保持饭店整洁的环境有了更深的体会？

　　客房部除了要搞好客房卫生外，还要负责所有公共区域的清洁卫生，一般由客房部下设的公共区域组完成。所谓公共区域（Public Area，PA）是宾客和饭店员工共同享有的活动区域，包括室内和室外，客用部分和员工使用部分。公共区域范围广大，不仅涉及住店客人，以及用餐、开会、购物、参观游览等非住店客人，而且还是所有员工工作环境的重要组成部分。所以做好公共区域的清洁卫生工作意义重大。

任务1　公共区域清洁保养

实训目标

　　了解公共区域清洁保养的特点、内容和方法；
　　熟悉公共区域清洁保养的工作流程；
　　掌握各类公共区域清洁保养的步骤。
　　【实训方法】
　　教师示范；分组练习；考评测试。
　　【实训准备】
　　客房卫生间；清洁用品；清洁设备。

知识探究

　　大堂的清洁；公共洗手间的清洁服务；餐厅、酒吧、宴会厅的清洁；后台区域的清洁卫生；绿化布置及清洁养护。

一、公共区域清洁卫生的特点

（一）人员流量大，清洁工作不太方便

公共区域的人员流量非常大，客人活动频繁，这给该区域的清洁保养工作带来不便和困难。为了便于清洁和减少对来往人员的干扰，公共区域的清洁工作尽量都安排在人员活动较少的时间段进行，特别是客用的区域，大量的清洁工作被安排在夜班完成。

（二）涉及范围广，造成影响大

公共区域清洁卫生的范围涉及饭店的每一个角落，既包括外围的外墙、花园、前后大门、通道等，也包括室内的大厅、休息室、餐厅、娱乐场所、公共洗手间、电梯、行政办公室、员工休息室、更衣室、餐厅、员工公寓，以及所有的下水道、排水排污管道和垃圾房等。公共区域的清洁卫生的状况被每一位经过和进入饭店的客人及非客人所感知、传扬，对树立饭店形象有较大的影响。

（三）项目繁杂，专业技术性强

公共区域清洁卫生工作不仅涉及面很广，而且在不同的地点、针对不同的清洁对象，有不同的清洁标准和清洁方法，使用不同的清洁剂，所以其清洁卫生项目繁杂琐碎。如地面、墙面、天花板、门窗、灯具清洁，公共卫生间的清扫，绿化布置、除虫防害等。各类清洁工作具有各自的专业性和技术性，对工作人员提出了较高的要求。

二、公共区域卫生的准备工作

1. 安排好清洁保养时间。根据客人活动的时间规律，安排好不同区域的清洁保养时间，原则上不能影响客人的正常活动。如大堂地面清洁维护安排在夜晚。
2. 领取工作钥匙和有关的工作表单。
3. 准备好清洁剂和清洁器具：
- 高处作业准备梯子，使用前做好检查；
- 清洁地面，准备好吸尘器、洗地毯机、打蜡机、拖把、尘推等；
- 清洁玻璃，准备好清洁剂、玻璃刮、抹布；
- 注意清洁剂的配比或种类选用。

三、公共区域清洁卫生的主要内容

公共区域卫生涉及饭店前台和后台、室内和室外的广泛区域，主要的几项清洁卫生工作如下：

（一）大堂的清洁

大堂是饭店客人来往最多的地方，是饭店的门面，会给客人留下作用重大的第一印象。因此，大堂的清洁卫生工作尤为重要。

1. 大堂地面清洁。

（1）每天晚上应对大堂地面进行彻底清扫或抛光，并按计划定期打蜡。打蜡时应注意分区进行，操作时，打蜡区域应有标示牌，以防客人滑倒。

（2）白天用油拖把进行循环迂回拖擦，维护地面清洁，保持光亮。拖擦地面时应按一定的路线进行，不得遗漏。每到一个方向的尽头时，应将附着拖把上的灰尘抖干净再继续拖擦。

（3）操作过程中应根据实际情况，适当避开客人或客人聚集区，待客人散开后，再进行补拖。遇到客人要主动问好。

（4）客人进出频繁的门口、电梯口等容易脏污的地面要重点拖，并适时地增加拖擦次数，确保整个地面清洁。

（5）遇有雨雪天气，要在大堂入口处放置脚踏垫，并立防滑告示牌，注意增加拖擦次数，以防客人滑倒，并视情况及时更换脚踏垫。

（6）如在拖擦过程中遇有纸屑杂物，应将其集中堆在角落，妥当处理。

2. 门庭清洁。

（1）夜间对饭店大门口庭院进行清扫冲洗，遇有雨雪天气，应适时增加冲洗次数。

（2）夜间对停车场或地下停车场进行彻底清扫，对油迹、脏渍应及时清洁，并注意定期重新画清停车线及检查路标的清洁状况。

（3）夜间对门口标牌、墙面、门窗及台阶进行全面清洁、擦洗，始终以光洁明亮的面貌迎接客人。

（4）白天对玻璃门窗的浮灰、指印和污渍进行抹擦，尤其是大门玻璃的清洁应经常进行。

3. 家具的清洁。白天勤擦拭休息区的桌椅、服务区的柜台及一些展示性的家具，确保干净无灰尘。及时倾倒并擦净立式烟筒，更换烟缸。更换烟缸时，应先将干净的烟缸盖在脏的上面一起撤下，然后将干净烟缸放上，以免烟灰飘扬洒落。随时注意茶几、台面上的纸屑杂物，一经发现，及时清理。

4. 扶梯、电梯清洁。

（1）夜间对大堂内扶梯和电梯进行彻底清洁。如有观景电梯则应特别注意其玻璃梯厢的清洁，确保光亮无指印、污迹。

（2）夜间应注意更换电梯内的地毯，并对地毯或梯内地面进行彻底清洁。

（3）擦亮扶梯扶手、挡杆玻璃护挡，使其无尘、无手指印，如不是自动扶梯，还应对楼梯台阶上的地毯铜条进行擦抹，并用铜油将其擦亮。

（4）夜间对电梯进行清洁和保养，白天则对其进行清洁维护，保持干净整洁。

5. 不锈钢、铜器清洁上光。不锈钢、铜器等金属装饰物为饭店大厅增添了不少光彩，这些器件每天都要清洁，否则会失去光泽或沾上污迹。擦洗这些器件时注意要使用专门的清洁剂，若用其他的清洁剂会造成对器件的严重损坏。

大堂广告架牌、指示标牌、栏杆、铜扶手及装饰用铜球等，还是大堂清洁保养的主要对象。铜器分为纯铜和镀铜两种，擦拭方法也不同。擦拭纯铜制品时，先用湿布擦去尘土，然后用少许铜油进行擦拭，直到污迹擦净，再用干布擦净铜油，使其表面发光发亮。擦拭后铜制品表面不能留有铜油，以免在使用过程中弄污客人的手或衣物。镀铜制品不能使用铜油擦拭，因为铜油中含有磨砂膏，经过摩擦后会损坏镀铜的表面，不但影响美观，也会减少使用的寿命。

（二）公共洗手间的清洁服务

公共洗手间是客人最挑剔的地方之一，因此饭店必须保证公共洗手间的清洁卫生、设备完好、用品齐全。

公共洗手间的日常清洁服务是：及时做好洗手间的消毒工作，使之干净无异味；按序擦净面盆、水龙头、台面、镜面,并擦亮所有金属镀件;将卫生间的香水、香皂、小方巾、鲜花等摆放整齐,并及时补充更换;拖净地面,擦拭门、窗、隔挡及瓷砖墙面;配备好卷筒纸、卫生袋、香皂、衣刷等用品;检查皂液器、自动烘手器等设备的完好状况;热情向客人微笑问好,为客人拉门、递送小毛巾等。

公共洗手间的全面清洗是:洗刷地面及地面打蜡,清除水箱水垢,洗刷墙壁等。为不影响客人使用洗手间,该工作常在夜间进行。

(三) 餐厅、酒吧、宴会厅的清洁

餐厅、酒吧和宴会厅是客人的饮食场所,卫生要求较高。清洁工作主要是在餐厅营业结束后,做好对地毯的清洁。

此外,餐厅、酒吧、宴会厅或其他饮食场所,常会有苍蝇等害虫出现,应随时或定期喷洒杀虫剂,防止蚊蝇等害虫滋生。

(四) 后台区域的清洁卫生

员工食堂、浴室、更衣室、服务通道、员工公寓、娱乐室的卫生状况对员工的思想和精神、对饭店的服务质量有重要的影响。

后台区域的清洁卫生工作有:做好员工食堂、浴室、更衣室的日常消毒、清洁维护;对员工公寓、娱乐室等进行定期清扫等;搞好员工通道等的清洁保养,为全店员工创造良好的生活、工作环境。

(五) 绿化布置及清洁养护

绿化布置能给宾客耳目一新、心旷神怡的美好感受。所以饭店在店外的绿化规划和店内的绿化布置上都应有所开拓。当然掌握一般的绿化程序是基础。

绿化布置的程序为:

✸客人进出场所的花卉树木按要求造型、摆放;

✸定期调换各种盆景,保持时鲜;

✸接待贵宾或举行盛会时要根据饭店通知进行重点绿化布置;

✸在绿化布置和送达楼面的鲜花摆放时要特别注意客人所忌讳的花卉。

清洁养护的程序:

✸每天按顺序检查、清洁、养护全部花卉盆景;

✸拣去花盆内的烟蒂杂物,擦净叶面枝干上的浮灰,保持叶色翠绿、花卉鲜艳;

✸及时清除喷水池内的杂物、定期换水,对水池内的假山、花草进行清洁养护;

✸及时修剪、整齐花草;

✸定时给花卉盆景浇水,定期给花草树木喷药灭虫;

✸养护和清洁绿化时,应注意避免操作时溅出的水滴弄脏地面,注意不可影响客人的正常活动。

任务2　清洁设备与清洁剂

实训目标

掌握饭店常用清洁剂和清洁设备的种类和划分;

熟悉饭店常用清洁设备的功能；

熟悉饭店常用清洁设备的工作原理和构造。

【实训方法】

教师示范；分组练习；考评测试。

【实训准备】

清洁设备；清洁剂；抹布。

知识探究

各种清洁器具；各种清洁剂。

客房部使用的清洁用具和设备种类很多，归纳起来分为两大类：清洁器具和清洁剂。在进行清洁保养的过程中，这些器具和化学药品是给客人营造舒适环境的不可或缺的工具。所以对器具和化学药品的正确使用，不仅可以达到高效清洁的效果，而且可以避免由于不当使用而带来的财产损失；同时也能提高个人的工作品质，维护自身的工作安全。

一、清洁器具

清洁器具包括：一般清洁器具和机器清洁设备。

（一）一般清洁器具

1. 喷雾器。喷雾器用于喷射清洁剂及蜡水，单手操作即可。
2. 油灰刀（刮刀）。油灰刀用于去除粘固在地板上的口香糖等难以清洁的污垢。
3. 百洁布。百洁布有粗、细两种，清洁卫生间洁具很有效果。

除了上面介绍的几种外，其他常用的清洁用具还有抹布、鸡毛掸子、丝瓜布、铝丝绒等。

（二）机器清洁设备

1. 吸尘器。吸尘器应用范围很广，地板、家具、帘帐、垫套和地毯等均可以用其清洁。

（1）吸尘器的结构

它主要有主体和附件两部分构成。主体包括电动机、风机和吸尘部分（由过滤器、储尘桶组成）；附件包括软管、接头弯管、塑接管（接长管）、刷头和扁吸嘴等。

（2）吸尘器的使用

- 使用前必须检查电线有无破损，插头有无破裂或松脱，以免引起触电事故。
- 检查吸尘器头有无隔尘网片，机身耳钩是否损坏或丢失。
- 拉吸尘器时要一手抓吸尘器吸管，另一手拉吸尘器的把手，这样可方便拉动，避免碰撞其他物体。
- 检查吸把转动是否灵活，发现有问题时要报告维修部检修，以免损坏把头和底部铁盒。
- 吸尘器堵塞时，不要继续使用，以免增加吸尘器的负荷，烧坏电动机。
- 发现地毯上有大件物体和尖硬物体时要捡起来，如果硬用吸尘器吸会损坏内部机件或造成吸管堵塞。
- 吸尘后要检查吸尘器的轮子是否缠绕上杂物，若有要及时清理并加油。

- 吸尘器每天使用完毕后，必须清理集尘袋，擦干净机身，将机头与机身分拆摆放好。

2. 洗地毯机。

（1）洗地毯机简介

洗地毯机工作效率高，省力、省时、节电、节水。机身结构及配件用塑料玻璃钢和不锈钢制成。可用于清洗纯羊毛、化纤、尼龙、植物纤维等地毯。洗地毯机主要由两个吸力泵、污水箱、净水箱、强力喷射水泵、电动机等构成，采用真空抽吸原理。洗地毯机在操作时，强力喷射、振荡刷洗、真空抽吸三个动作同时进行。

（2）洗地毯机的使用

- 用吸尘器对地毯做吸尘处理。
- 用地毯除渍剂清除地毯上的各类污迹及口香糖等污迹。
- 按比例将洗地毯水兑水后加入电子打泡箱内。
- 将洗地毯机套上地毯刷，接上电源。
- 打开电子打泡箱开关，将泡沫均匀地擦在地毯上。
- 控制擦地毯机的走向，由左至右，保持适当速度。
- 操作机械在地毯上来回刷3～4次，上下行距互叠10厘米。
- 用毛刷擦洗边角，抹去地毯上的泡沫。
- 用地毯吹干机吹干地毯。
- 工作完毕，用清水冲洗去泡箱和地毯刷。

3. 洗地机。

（1）洗地机简介

洗地机又称擦地吸水机，它具有擦洗机和吸水机的功能，可将擦洗地面的工作一步完成，适用于对饭店大厅、走廊、停车场等面积大的地方的清洗，是提高饭店清洁卫生水平不可缺少的工具之一。

（2）洗地机的使用

- 洗地机使用前要先检查各个部件是否完好。
- 当打开吸水机开关时，应注意查看污水箱是否保持密封，以防污水外溢。
- 清洗工作完毕，将吸水系统剩余清洁液抽至污水箱内，便于倾倒。
- 每次使用后，应把各种配件清洗干净，晾干后妥善保存起来。

4. 吸水机。吸水机外形常用的有筒形和车厢形两种，机身由塑料或不锈钢材料制成，分为固定型和活动型两种。吸水机主要部件是真空泵、蓄水桶和吸水刷。吸水机的功能是：对洗刷后地毯进行抽吸，使残存于地毯中的污物彻底清除。它的使用方法和吸尘器的使用方法基本相同，接通电源即可操作，蓄水桶吸满后要及时放掉。

5. 打蜡机。又称打光机。主要用于地板及光整地面上蜡后打光。打蜡机以电动机为动力，经变速机构带动刷盘旋转，将上蜡地面打光。有单刷机、双刷机、三刷机和上蜡打光机4种。单刷机使用最广。单刷机的速度有慢速、中速、高速和超高速，慢速及中速较适合于洗擦地板，高速则适用于花岗石、大理石等平整硬质地面的抛光。

6. 高压冲洗机。用于外墙、广场、地面、汽车、垃圾房、停车场和其他需要高压冲洗的地方。

7. 吹干机。适用于清洗后的地毯和起蜡后的硬质地面。

除了上述各类机器设备外，各个饭店根据自己的规模、承受能力等条件配备不同的清洁机器。

二、清洁剂

在进行清洁保养过程中，清洁剂是必不可少的工具之一。因为它的使用可以得到如下效果：使清洁工作更加容易；消除或减少尘污的附着力；防止物件因受热、受潮、受化学污染或摩擦而遭受损坏；延长物品的使用寿命；美化物品的外观等。但是清洁剂一般都是些化学药品，如果对这些化学药品缺乏一定的认知，进行不当使用，则会对使用者和使用对象产生严重后果。

（一）清洁剂的种类

一般清洁剂包括三种类型：酸性清洁剂、中性清洁剂、碱性清洁剂。清洁剂的化学性质通常用 pH 值来表示。

（1）酸性清洁剂如：柠檬酸；醋酸；盐酸稀释液；硫酸钠；草酸；马桶清洁剂。

（2）中性清洁剂如：多功能清洁剂；洗地毯剂。

（3）碱性清洁剂如：碳酸氢钙；碳酸钠；氢氧化钠；氨水；次氯化钠漂白剂；过硼酸钠漂白剂；玻璃清洁剂；家具蜡；起蜡水。

（二）常用清洁剂介绍

1. 万能清洁剂。是一种中性清洁剂，在使用过程中如加入沐浴露可以增加润滑作用和芳香味道。调和使用可用于浴室脸盆、马桶、浴缸等的清洗，以去除附在浴缸、墙壁上的油脂、水垢及肥皂残余物等。

2. 玻璃清洁剂。用以清理玻璃、镜子的污渍灰尘；也可加入酒精以增加挥发性，使用后洁净明亮并可防止灰尘吸附。

3. 地毯清洁剂。

（1）用于地毯清洗或局部污渍清理，依地毯材质及脏污程度选用各种类别的药剂，可使地毯颜色亮丽、洁净芳香。

（2）依地毯污渍的程度可稀释 10~20 倍使用，并于清洗地毯前用吸尘器先吸干净，地毯干后再吸尘一次才能使用。

（3）注意地毯接缝处要钉上铁钉，以防止地毯缩水。

4. 除锈水。用以清除铁锈污渍，避免触及衣物造成腐蚀。

5. 酒精。可用于电话机消毒和清理轻微黏胶，但必须是药用酒精。而且应避免触及木器油漆以免造成泛白痕迹；擦拭印刷品也会造成字迹褪色。

6. 瓷洁。用于马桶、瓷砖等污垢的清理。要避免触及不锈钢物品或花岗石地板。

7. 去油能（化油剂）。用于清洗一般污渍、油渍，若大面积时可与万能清洁剂掺和使用。

8. 漂白水。瓷砖缝、浴帘等发霉漂白用；茶杯、茶壶、盘子、洗脸盆水塞等漂白用；水杯的清洁杀菌用。在清理过程中应避免溅到衣物或眼睛，若沾到不锈钢应立即冲水。但漂白水禁止与瓷洁混合使用，以防产生气泡。

9. 三合一清洁剂。属于中性清洁剂，一般不会造成损坏，可用于清理黏胶、纤维质污点以及粘在地毯上的口香糖，效果良好。

10. 碧丽珠。用以打蜡磨亮家具，倒在专用抹布上，均匀涂抹家具后用力擦亮，但避免用量过多，会造成湿黏；房门等木器不宜上蜡，以防发霉。

11. 铜油。用以擦亮铜器用品，均匀涂抹后用力擦亮；镀铜用品不可使用，以免破坏保护膜。

12. 香蕉水。油漆之调和剂，可用于黏胶之清理及玻璃、镜面污渍清理。但不得擦拭塑胶、家具、压克力等制品，那会造成表面腐蚀之现象。

13. 地毯芳香剂。用以清除地毯霉味，增加芳香，倒在专用抹布上，均匀涂抹后擦亮，但避免用量过多，会造成湿黏。

14. 不锈钢保养油。用于不锈钢门等大面积的不锈钢表面污渍的清理，形成保护膜后要将多余的油渍擦干净，并依序喷洒均匀后再用力擦拭，以保持光亮。

15. 不锈钢金属防护剂。此为水溶性乳化剂，对于锈蚀、斑点清洁效果显著，保养后不使金属表面起磨痕或刮伤，能保护金属表面，并能有效防止手印痕迹及水斑等。

16. 不锈钢清洁光亮剂、地板亮光蜡。大理石、PVC 等各种地板打底时使用，能让地板平坦、耐用而且保养容易，洁亮持久。地板要彻底清理干净并风干后才能上蜡；平日可用磨光机抛光，以增加地板亮度。

17. 地面蜡。地面蜡有面蜡和封蜡之分。

（1）面蜡（地面抛光剂）。主要用于地面的清洁保养，其品种有油性（溶剂型）与水性（水基型）两种。它们都能为地面留下一层保护层，因而被称为面蜡。油性蜡用于木材等多孔质地面，待溶剂挥发后会留下一个蜡质保护层。它易变暗，但只要经常打磨即可恢复光泽。水性蜡则适用于少孔塑料地板、花岗岩和云石等。它是一种混合了蜡与聚酯物的乳状液体，干后能留下一个坚硬的保护层，同时具有防滑的作用。

（2）封蜡（底蜡）。它其实是一种填充剂，使用后能通过渗透将一些细微的孔隙封住并在地表形成一层牢固的保护层，以防止污垢、液体、油脂甚至细菌的侵入。根据使用情况的不同，封蜡层可在 5 年内有效。封蜡也有油性和水性两种。油性封蜡一般多用于木质地面，也可用于水泥地、石料地；水性封蜡一般用于塑料地板、橡胶地砖、大理石和水磨石地面等。

完成除尘清洗程序后，将封蜡均匀涂布于地板上，能使地板光洁亮丽，而且日常保养维护容易。面蜡有诸多种类，如一般树脂蜡、玻璃蜡等，根据地板的材质选用不同的蜡。因为含有特殊聚合分子，抗摩擦、防刮伤、质硬亮度佳，且不变黄、不粉化。不受水侵蚀，耐用性高，易保养。

任务3　面层材料的清洁保养

实训目标

了解常见面层材料的种类和性能；
熟悉常见面层材料的清洁保养方法。

【实训方法】
教师示范；分组练习；考评测试。

【实训准备】

清洁设备；清洁剂；抹布。

知识探究

地面的清洁保养；地毯的清洁保养；墙面的清洁保养。

一、地面的清洁保养

（一）混凝土地面的清洁保养

1. 定期使用洗地机及适当清洁剂洗刷地面，过清水，然后用吸水机吸干水分。
2. 在已清洁干爽的地面上，用蜡拖落两层封蜡，再在上面加两层面蜡。
3. 每天扫地及拖地两次。

【小提示】

1. 所有混凝土地面均为碱性，故在任何清洁处理之前，应先用清水平和其成分。
2. 混凝土地面经一段时间后都会出现粉状物，为使地面坚固不泛尘，地面应以封蜡处理（应小心选择，因为市场上有多种不同的封蜡）。
3. 避免使用无抑制酸性清洁剂，此类清洁剂会令地面粗糙，失去韧性及起裂缝，甚至令地面变黑。

（二）大理石地面的清洁保养

大理石又称云石，其实是碳酸钙的晶体。不同的云石，其密度及韧性亦有很大差别，但因其主要成分相同，故保养方法均一样。

1. 彻底清洁：用洗地机及适当清洁剂洗擦地面，过清水，然后用吸水机吸干水分。
2. 在已清洁的地面上，用蜡拖落两层封蜡，然后再加两层面蜡。
3. 或在已清洁的地面上，用蜡拖落两层封蜡，然后用喷磨方法再加两层面蜡。
4. 平时保养时，用定期起蜡落蜡方法或用定期喷磨方法。

【小拓展】

1. 避免使用任何酸性清洁剂，因其会与碳酸钙发生化学反应而使云石失去韧性及会腐蚀云石表层。
2. 避免用粗糙的东西摩擦，因为这样会造成云石表面永久性磨损。
3. 避免使用砂粉或粉状清洁剂，因为此类清洁剂干燥后会形成晶体存留在云石表层的空洞内，易造成云石表面破裂。

（三）木地板的清洁保养

1. 彻底清洁：用擦地机及溶剂清洁剂清洗地面，风干。
2. 在已清洁干爽的地面上，用打蜡机落一层膏状蜡，再加一层液体蜡。
3. 若地面曾经使用封蜡，则要将封蜡清除，另加上新的封蜡，再在上面加两层液体蜡。
4. 日常保养时采用定期喷磨方法。

【小提示】

1. 避免湿水。未封或堆砌不好的地台，遇水会发生变形或松脱的现象。
2. 避免翻刨。因为这样会使木板变薄而不合建筑规格。

二、地毯的清洁保养

地毯最初仅为铺地，起御寒湿而利于坐卧的作用，在后来的发展过程中，由于民族文化的陶冶和手工技艺的发展，逐步发展成为一种高级的装饰品，既具隔热、防潮、舒适等功能，也有高贵、华丽、美观、悦目的效果，从而成为高级建筑装饰的必备产品。地毯因具有美观、安全、舒适、保温、吸音等优点，而被饭店广泛用于客房、餐厅、酒吧、会议室、舞厅等重要的场所。因此，认识地毯以及对于地毯的清洁保养起着至关重要的作用，它将直接影响顾客对饭店公共区域的印象。

（一）地毯的种类及特性

现在地毯的种类很多，按地毯材质分类有：

1. 纯毛地毯。中国的纯毛地毯是以土种绵羊毛为原料，其纤维长，拉力大，弹性好，有光泽，纤维稍粗而且有力，是世界上编织地毯最好的优质原料。目前，有的厂家将中国的土种绵羊毛与进口（如新西兰等国）毛纤维掺配使用，发挥进口羊毛纤维细、光泽亮等特点，取得了很好效果。

纯毛地毯的重量为 1.6～2.6 公斤/平方米，是高级客房、会堂、舞台等地面的高级装修材料。近年来还生产了纯羊毛无纺织地毯，它是不用纺织或编织方法而制成的纯毛地毯。

2. 混纺地毯。混纺地毯是以毛纤维与各种合成纤维混纺而成的地面装修材料。混纺地毯中因掺有合成纤维，所以价格较低，使用性能有所提高。如在羊毛纤维中加入 20% 的尼龙纤维混纺后，可使地毯的耐磨性提高 5 倍，装饰性能不亚于纯毛地毯，并且价格下降。

3. 化纤地毯。化纤地毯也叫合成纤维地毯，如聚丙烯化纤地毯、丙纶化纤地毯、腈纶（聚乙烯腈）化纤地毯、尼龙地毯等。它是用簇绒法或机织法将合成纤维制成面层，再与麻布底层缝合而成。化纤地毯耐磨性好并且富有弹性，价格较低，适用于一般建筑物的地面装修。

4. 塑料地毯。塑料地毯是采用聚氯乙烯树脂、增塑剂等多种辅助材料，经均匀混炼、塑制而成，它可以代替纯毛地毯和化纤地毯使用。塑料地毯质地柔软，色彩鲜艳，舒适耐用，不易燃烧且可自熄，不怕湿。塑料地毯适用于宾馆、商场、舞台、住宅等。因塑料地毯耐水，所以也可用于浴室起防滑作用。

（二）地毯的清洁保养

1. 防污防脏措施。采取适当的预防性措施，可以避免和减轻地毯的污染，这是地毯清洁保养最积极、最经济、最有效的办法。具体的做法有：

（1）喷洒防污剂。地毯在启用前，可以喷洒专用的防污剂，在纤维外表面加一层保护层，起到隔绝污物的作用，即使有脏物，也很难渗透到纤维之中，而且很容易清除。

（2）阻隔污染源。饭店要在一定的出入口处铺上长毯或擦鞋垫，用以减少或清除客人鞋底上的尘土污物，避免客人将污物带进饭店，从而减轻对包括地毯在内的地面的污染。

2. 经常吸尘。吸尘是清洁保养地毯最基本、最方便的方法。吸尘可以清除地毯表层及藏匿在纤维里面的尘土、沙砾。吸尘时可交替使用筒式吸尘器和滚擦式吸尘器。筒式吸尘器一般只能吸除地毯表面的尘土；而滚擦式吸尘器既可吸除地毯表面的尘土，又可通过滚刷的作用，将藏匿在纤维里面的尘土、沙砾清除。同时，还能将黏结、倒伏的纤维梳理开，使之直立，恢复地毯的弹性及外观。在平时的清洁保养中，不能等到地毯已经很脏时再吸尘。因为，肉眼能够看出地毯上有灰尘时，地毯已经很脏，纤维组织已经积聚了大量的尘土，仅靠吸尘已经不能解决问题。

3. 适时清洗。一般来说，当地毯使用了一段时间、脏到一定程度时，就应对地毯进行全面彻底的清洗，以保持应有的清洁水准。但是必须注意，这种清洁的频率必须适度，清洁的方法必须得当。因为频繁清洁地毯的做法是有一些弊端的，如成本费用高、影响使用、对地毯有损伤等。特别要注意清洁时对地毯的损伤问题。清洁地毯的损伤主要有以下几点：机器设备对地毯的磨损，化学清洁剂对地毯的腐蚀，地毯受潮后缩水、变形、霉烂、褪色，加速老化，洗过的地毯难以恢复原有的弹性和外观。因此，地毯不宜频繁清洗，即使不得不清洗，也要选择好设备工具和清洁剂，采用正确有效的方法。

【小提示】

清洗地毯时要注意以下几点：
1. 要有齐全适用的设备、工具。
2. 清洁剂要合理配制。
3. 水温不能过高。
4. 清洁前要先移开家具和其他障碍物。
5. 边角部位要用手工处理。
6. 如果很脏，不要指望能一次性清洗干净。
7. 必须待完全干燥后才能使用。
8. 局部严重污迹，可先用手工清除。

(四) 局部除迹

地毯上经常会有局部的小块斑迹，如饮料痕迹、食物斑迹、化妆品迹等。对于这些小块斑迹不可轻视，应及时清除。否则，降低了清洁保养的水准，将影响地毯的外观；这些污迹可能会渗透扩散；污迹滞留时间过长往往会变成顽迹而难以清除，即使最终清除掉，也会给地毯造成伤害。

【小技巧】

常见地毯污迹种类及清除方法

1. 用醋消除地毯上的宠物异味。为常保地毯干净，最好每天都能用吸尘器除尘，每个月再以拧干的热毛巾擦拭一遍，清理毛面，尽量选择艳阳高照的日子清理，效果较好。

清理地毯时，请先用刷子逆刷地毯，让毛立起，其次用吸尘器将整体彻底除尘，再以拧干的热毛巾从头开始慢慢擦拭。最后，在4升温水中加入4杯醋，用毛巾浸湿拧干后，再擦拭一次。

醋不但可以防止地毯变色或褪色，同时还可消除宠物的异味（苏打水也具有除臭的功效）。擦完之后，再将地毯在通风的地方风干即可。

2. 地毯灰尘去除法。清理地毯时，可以先撒点盐，具有抑制灰尘飞扬的功用。因为盐可以吸附灰尘，即使再小的尘屑，也能清理得干干净净。同时，还能让地毯变得更耐用，常保颜色艳丽。

3. 擦除地毯上的咖啡渍的办法。如果不小心将咖啡洒到地毯上时，可先用干布或面纸吸取水分，再混合等量的白酒和酒精洒在污渍上，用干布拍拭清除。

如果没有白酒时，用醋也具有同样的功效。有鉴于此，家中若有喝剩的白酒，可善加利用，维护居家清洁。

除了咖啡之外，包括红茶等容易沾染颜色的食品污渍，也可用相同的方法清除。

4. 清除黏附在地毯上口香糖的办法。如果不小心将口香糖沾到地毯上，请先用塑胶袋冰块压覆在上方，让口香糖凝固。之后用手按压测试，待口香糖完全变硬时，再用刷子或牙刷将之拔除，最后用刷子彻底刷净即可。千万不要任意使用化学稀释药剂，因为如此反而会使地毯受损，得不偿失。

5. 地毯5种污迹的去除法。

油烟迹。用刷子蘸取少量盐水多刷洗几次即可；也可用棉纱取纯度较高的汽油除掉。

水果汁液。可用80%左右的氨水溶液浸湿污迹，再使用毛刷蘸取氨水液即刷去。

墨水汁迹。往污处撒些细盐粉末，然后用湿肥皂液刷去；陈墨迹宜选用鲜奶浸润透，再使用毛刷蘸取鲜奶反复擦洗。

果酒、啤酒迹。先用棉纱或软布条蘸取温洗衣粉溶液涂抹擦拭；然后再使用温水及少量食用醋溶液清洗干净。

动物植物油迹。用棉纱蘸取纯度较高的汽油反复地擦拭；也可使用洗涤剂擦刷。

三、墙面的清洁保养

与地面材料一样，墙面的装饰也是日新月异，装饰材料的品种繁多。墙面材料及装饰对饭店公共区域的感观效果有密切的关系，它的好坏直接影响到客人对饭店的印象和评价。因此，饭店投入大量资金用于墙面装饰，以使整个饭店更具特色和吸引力。同时，在饭店装潢中，为增强装饰和使用效果而采用了一些特殊材料，这也给清洁保养工作带来了很大的难度，因为不同的材料需要不同的清洁剂和不同的清洁保养程序。

（一）墙面材料的类型

饭店很多地方的墙面都为硬质材料，常见的有瓷砖和大理石等。这些墙面材料的特性与同类的地面材料有许多相同之处，但其在清洁保养的做法和要求上却有所不同。作为墙面，很少受到摩擦，主要是尘土、水和其他污物，日常清洁保养一般只是对其进行除尘除迹。定期清洁保养大多是全面清洗，光滑面层可用蜡水清洁保养。厨房卫生间的墙面用碱性清洁剂清洗，但洗后必须用清水洗净，否则，时间一长表面会失去光泽。

墙纸、墙布是饭店使用最广的墙面材料，主要用于客房、办公室、会议室、餐厅酒吧等。墙纸、墙布的种类很多，常见的有：

1. 纸基深塑墙纸。纸基深塑墙纸是以纸为基材，用高分子乳液涂布面层，经压花等工序制成。如果在深塑材料中掺加发泡剂，经印花后再加热发泡状就可形成，如发泡壁纸。这种墙纸的优点是图案逼真，立体感强，装饰效果好，具有较好的吸音功能，不易褪色，表面可用湿布轻擦，有一定的耐老化度；缺点是透气性差，受潮后易从边缘处脱胶。

2. 纸基织物墙纸。纸基织物墙纸以纸为基层，黏结各类彩色纺线而成，通过彩线的排列组合达到一定的艺术效果，如果加进金银光丝能够显得富丽堂皇。还可压制成雕绒图案，取得很好的装饰效果。这种墙纸的特点是透气性较好，不能用水擦洗，湿度大时会变霉。

3. 聚氯乙烯塑料墙纸。聚氯乙烯塑料墙纸也是以纸为基材，用聚氯乙烯塑料薄膜作为面层，经过复合、印花、压花等工序制作而成。其特点是有一定的伸缩性和耐裂强度，花型多，富有质感和艺术感，耐水擦等。

4. 玻璃纤维印花墙布。玻璃纤维印花墙布是以中碱玻璃纤维布为基材，表面涂以耐磨树脂，印上彩色图案。其特点是色彩鲜艳，花色繁多，不褪色，不老化，防火耐潮湿，可用碱性清洁剂擦洗，但质地较脆，易破损。

5. 化纤装饰墙布。化纤装饰墙布是以化纤布为基材，经一定处理后而制成的墙布，用于制作化纤布的纤维，其种类繁多，性质各异，有黏胶纤维、醋酸纤维、聚丙烯腊纤维等。

（二）墙面材料的保养

1. 硬质墙面的保养。硬质墙面与硬质地面有许多近似的性能。常用的有瓷砖墙面和大理石墙面。作为墙饰面的瓷砖都施釉且花形图案多样。一般大理石多做大厅饰面材料，瓷砖多为厨房和客房卫生间的饰面材料，主要是因为它的防水、防污、防水性能及一定的装饰性能。

硬质墙面与硬质地面的保养有所不同，因为作为墙饰面摩擦少，主要是灰尘、水珠等浅垢，如在大厅，则主要是灰尘。

硬质墙面的清洁：

（1）每天掸去表面浮灰。

（2）定期用喷雾蜡水清洁保养。蜡水既具有清洁功效，又会在面层形成透明保护膜，更方便了日常清洁。

（3）卫生间的墙面，则应定期使用碱性清洁剂清洁，洗后一定要用清水洗净，否则时间一久，会使表面失去光泽。

2. 贴墙纸墙面的保养。贴墙纸是目前应用最广的墙面饰材，主要被用于客房、会议室和一些餐厅。

贴墙纸的清洁：

（1）定期对墙面进行吸尘清洁。

（2）及时擦除特殊脏迹：耐水墙纸可用中、弱碱性清洁剂和毛巾或牙刷擦洗，洗后用干毛巾吸干；不耐水墙面可用干擦法，如可用橡皮等擦拭或用毛巾蘸些清洁液拧干后轻擦。

3. 软面墙面的保养。软墙面是用锦缎等浮挂墙面，内衬海绵。墙面的装饰效果、织物独特的质感和触感，以及其别致的色贴方法，是其他任何墙饰面所无法比拟的。具有格调高雅、华贵，立体感强，吸音效果好等特点，是高档客房的理想饰料。

软面墙面的清洁：

（1）主要是灰尘，可定期进行。如能保持房间相对湿度则不会有太大的清洁保养难度。

（2）软饰面被衬海绵等填充物，水擦后不易干透，甚至会留下较明显水斑，故不能经常月清洁剂洗擦脏斑。

宜在1米以下处用木板墙贴面，1米以上处用软墙饰，这样既能增强了装饰效果，又方便了清洁保养。

4. 木板墙面的保养。木质墙面现有微薄木贴板和木纹人造板两种，常被用于大厅、会议室、餐厅、客房的装饰。

木质墙面的清洁保养方法：

（1）平时可用拧干的抹布除尘除垢。

（2）定期上家具蜡可减轻清洁强度。

（3）有破损的需请维修人员修复上漆。

5. 涂料墙面的保养。涂料分为溶剂型涂料、水溶性涂料和乳胶漆涂料三种：

（1）溶剂型涂料。生成的涂膜细而坚韧，有一定耐水性，缺点是有机溶剂较贵、易燃，挥发后有损于人体健康。

（2）水溶性涂料。是以水溶性合成树脂为主要成膜物质，会脱粉。

（3）乳胶漆涂料。是将合成树脂以极细微粒分散于水中构成乳液，色泽千变万化，价格较低，不易燃，无毒无怪味，也有一定的透气性。缺点是天气过分潮湿时会发霉。这种墙料因施工简单，色彩变化大，被广泛用于客房，若每年粉刷一次，会有意想不到的效果。

涂料墙面的清洁：掸尘；墙面一出现霉点即用干毛巾擦拭；用橡皮擦擦拭，橡皮擦是较好的除斑用具，但需掌握技巧，否则会留下擦痕。

【项目小结】

公共区域的清洁保养是客房部的主要工作之一，而饭店公共区域设施设备很多，投资较大，加强公共区域的管理工作将有利于提高设施设备的使用寿命。饭店服务员应了解和熟悉相关清洁设备及清洁剂。

实训测评

测评一　　　　　　　　　　　　　　了解清洁剂

实训步骤	实训主要内容	测评要点
样品展示	1. 按清洁剂化学性质划分，有酸性清洁剂、碱性清洁剂、中性清洁剂和溶剂 2. 按清洁剂专门用途划分，有多功能清洁剂、玻璃清洁剂、三缸清洁剂、金属抛光剂、家具蜡、空气清新剂、蜡水和起蜡水、杀虫剂等	1. 强调正确选择清洁剂对客房部工作的重要性 2. 每种类型可展示相关的清洁剂样品
性能比较	1. 比较酸性清洁剂、碱性清洁剂、中性清洁剂不同的性能和使用范围 2. 比较多功能清洁剂、玻璃清洁剂、三缸清洁剂、金属抛光剂、家具蜡、空气清洁剂、蜡水和起蜡水、杀虫剂的不同的性能和使用范围	1. 熟记各种清洁剂的名称 2. 强调各种清洁剂的不同的使用范围
安全管理	1. 制定相应的规定，培训服务员掌握使用和放置清洁剂的正确方法 2. 对清洁剂的管理应做到：专人管理、分类管理、分类保存、摆放整齐 3. 对于溶剂清洁剂的保管要特别注意防火；杀虫剂等灌装清洁剂在存储时注意不要放置在温度高于50℃的地方 4. 使用强酸和强碱清洁剂时，要先做稀释处理，并尽量装在喷壶内，再发给服务员使用 5. 配备相应的防护用具，如可使用清洁工具、防护手套等 6. 严厉禁止服务员在工作区域吸烟，并严查严罚，以减少危险源	1. 减少清洁剂的浪费 2. 对清洁剂进行科学管理

续表

实训步骤	实训主要内容	测评要点
学习操作	1. 将危险性小的清洁剂样品发放给学生 2. 熟悉名称，比较性能	强调安全问题，尤其是有腐蚀剂的酸性清洁剂
总结归纳	1. 学生汇报详细 2. 教师总结归纳	1. 学生必须有心得体会 2. 教师必须有要点提示

测评二　　　　　　　　　　　了解清洁设备

实训步骤	实训主要内容	测评要点
准备工作	1. 使用和保养清洁器具应先仔细阅读使用说明书，了解其内部构成 2. 各种清洁器具保养前应先选择好相应的保养用品，如润滑油等 3. 清洁器具停用后或保养前应彻底清洁	1. 准备工作充分 2. 清洁设备主要有吸尘器、洗地毯机、吸水机、洗地机、打蜡机、高压喷水机
一般清洁器具的使用和保养	1. 抹布的使用 2. 房务工作车的使用与保养	1. 因抹布的使用、周转和淘汰率都很高，应多准备一些 2. 房务工作车的布置应按饭店的规定进行，不能在车上随便堆放杂物
清洁设备的使用和保养	1. 洗车器的使用和保养 2. 洗地毯机的使用和保养 3. 吸水机的使用和保养 4. 洗地机的使用和保养 5. 高压喷水机的使用和保养	1. 各种清洁器具与设备在使用时，出现异常情况应立即停机检查，查找原因 2. 清洁器具使用完毕后，应存放于干燥通风的库房，并由专人管理

测评三　　　　　　　　　　　大堂清洁保养

实训步骤	实训主要内容	测评要点
准备工作	1. 准备好抹布、吸尘器、擦铜水、不锈钢清洁剂、恭桶清洁剂、酒精等 2. 将清洁剂按比例配置好 3. 检查吸尘器及附件是否能使用	1. 充分做好准备工作 2. 选择正确的清洁剂和设备

续表

实训步骤	实训主要内容	测评要点
清洁大堂	1. 推尘：大厅多是硬质地面，在客人活动频繁的白天，必须不停地进行推尘，使地面保持光亮如镜；雨雪天时，应在大厅入口处放上存伞架，铺上鞋垫或小地毯，并保持无污迹 2. 清理沙缸或烟灰缸：按清洁卫生质量标准要求，公共区域的烟灰缸应及时替换，且烟蒂不得多于三个。替换时，必须用托盘盛放干净的烟灰缸，先用干净烟灰缸放到脏的烟灰缸上面一起拿掉，放到托盘里，然后将干净的烟灰缸换上。若有客人正在使用烟灰缸，则应把干净的烟灰缸放回原处，以方便客人；若发现沙缸内有烟头、纸屑等亦应及时清理掉 3. 整理座位：大厅休息处的沙发、茶几、台灯等，由于客人使用频繁，必须随时整理归类；地面上、沙发茶几上若有果皮、纸屑，应及时整理，大厅椅垫、沙发应每日除尘 4. 除尘：负责大厅清洁的服务员必须不间断地巡视大厅各处，抹去浮尘，包括大厅内各种指示牌、公用电话机、总服务台、台面灯座、电梯厅、花盆和大厅玻璃门等；另外，大厅内若有钢琴，也应该每天擦拭干净，摆放在钢琴上面的鲜花应注意更换	1. 上述工作应该根据客流情况反复进行，一般要求一两个小时循环一次 2. 工作时应尽量不影响客人和其他员工
大厅每周一次的清洁保养工作	1. 清洁窗户 2. 木质家具打蜡上光 3. 对百叶窗进行吸尘 4. 用装有长吸管的吸尘管对天花板通风口除尘 5. 用装有清洁缝隙设备的洗车器对脚踢板进行吸尘 6. 大厅地面清洗打磨抛光 7. 擦拭应急灯等设施 8. 清理各处四角的卫生 9. 公共洗手间的彻底清洁	1. 大厅的清洁保养应根据客流量的具体情况来进行 2. 对大厅部分清洁保养工作，如地面的打蜡、翻新等，须在深夜客流量小的时候进行
大厅每月一次的清洁保养工作	1. 对软面家具和窗帘进行吸尘，如灰尘堆积很快，则应根据需要及时吸尘 2. 对灯座及各种装饰性摆设进行清洁、打蜡，使其减少灰尘堆积 3. 干洗休息区域的地毯 4. 窗户每月轮洗一次，平时若有脏迹应及时清洁 5. 对门的侧柱及门锁进行除尘 6. 对公共区域尤其是大厅的墙面进行清洗 7. 走廊灯、吊灯、落地灯 的清洁 8. 金属、石料的清洁、打蜡	1. 大厅清洁保养的间隔周期、项目内容由各饭店根据人员的配备、人流频率等因素而定，并非固定不变 2. 工作时应尽量不影响客人和其他员工

续表

实训步骤	实训主要内容	测评要点
大厅每季一次的清洁保养工作	1. 软面家具的彻底清洗 2. 窗帘、帷幕等的清洗 3. 湿洗地毯	1. 大厅清洁保养的间隔周期、项目内容由各饭店根据人员的配备、人流频率等因素而定，并非固定不变 2. 工作时应尽量不影响客人和其他员工

学以致用

1. 如何做好地面、墙面等清洁工作？
2. 如何除去地毯上的污渍？
3. 饭店客房清洁工作使用的清洁设备及清洁剂有哪些？
4. 案例分析：

某饭店的会议室大楼内一片繁忙，因为正值"两会"期间，饭店会议楼的 1~3 层所有的会议室都已租出。由于会议档次较高，全体会议服务人员都一丝不苟地在会场内服务，生怕出现差错。早上 10：00，会议中途休息时，却发生了一件意想不到的事情，一位老先生从二楼的洗手间被扶出来，原来是洗手间因使用过于频繁，又无人打扫，所以地面非常湿滑，客人刚进洗手间就一脚滑倒在地，再加上客人年岁已高，受伤不轻，立即被送往医院，事故发生后，会议组织方和饭店进行交涉，认为饭店没有提供安全的服务环境，应对此次事故负责。饭店也在事后马上进行调查核实。在调查中发现，当天会议楼安排的三名卫生组服务员只有两位服务员在岗，因其中一位服务员临时请假，公卫组领班没有增派人手，要求三楼和一楼的服务员兼顾打扫二楼的卫生。但由于会议楼实在太忙，两位服务员顾不上二楼的卫生，因此出现上面的事故。

讨论：

作为饭店经理，该怎么处理这种情况？

项目五 客房服务管理

📇 案例导入

小龚的迷茫

服务员小龚第一天上班,被分在饭店主楼12层做值台,由于她刚经过三个月的岗位培训,对做好这项工作充满信心,自我感觉良好。一个上午的接待工作确也颇为顺手。

午后,电梯门打开,"叮当"一声走出两位港客,小龚立刻迎上前去,微笑着说:"先生,您好!"她看过客人的住宿证,然后接过他们的行李,一边说:"欢迎入住本饭店,请跟我来。"一边领他们走进客房,随手给他们沏了两杯茶放在茶几上,说道:"先生,请用茶。"接着她又用手示意,一一介绍客房设备设施:"这是床头控制柜,这是空调开关……"这时,其中一位客人用粤语打断她的话头,说:"知道了。"但小龚仍然继续说:"这是电冰箱,桌上文件夹内有'入住须知'和'电话指南'……"未等她说完,另一位客人又掏出钱包抽出一张面值10元的外汇券不耐烦地给她。霎时,小龚愣住了,一片好意被拒绝甚至误解,使她感到既沮丧又委屈,她涨红着脸对客人说:"对不起,先生,我们不收小费,谢谢您!如果没有别的事,那我就告退了。"说完便退出房间回到服务台。

此刻,小龚心里乱极了,她实在想不通:自己按服务规程给客人耐心介绍客房设备设施,为什么会不受客人欢迎?

🔭 案例评析

小龚对客人积极主动的服务热情首先应该充分肯定,她按服务规程不厌其烦地给客人介绍客房设备设施,一般说也并不错(客人给她小费,本身也包含了对她服务工作的肯定,说明她所做的工作并没有错)。但是,服务规程有个因人而异灵活运用等问题,对服务分寸的掌握也有个适度的问题。这样来看,小龚对两位港客太地道的服务确有欠妥之处。

显然,将客房的常用设备设施甚至普通常识详细介绍给绝非初涉宾馆的档次较高的港客,是大可不必的,特别是当客人已显出不耐烦时,还是继续唠叨,那更是过头了,会让客人感到对方以为他们未见过世面而在开导他们,使其自尊心受到伤害,或者误解服务员是变相索要小费而看不起她,从而引起客人的不满和反感,好心没有办成好事,这是满腔热情的小龚始料未及的,其中蕴含的服务技巧问题,值得饭店同行深思和探讨。

每位宾客来到饭店之前会对饭店怀有一种潜在的期待,渴望饭店能够提供温馨、安全的环境,能够给他留下深刻印象,最好有点惊喜。客房服务其实就是为满足宾客的各种住宿需求所做的工作过程。

任务1　客房服务项目及内容

■实训目标

了解客房服务的基本内容；

熟练掌握客房各服务阶段的服务程序。

【实训方法】

教师示范；分组练习；考评测试。

【实训准备】

房卡；行李包。

■知识探究

客人抵店前的准备工作；客人到达时的迎接；客人离店时的对客服务。

一、客人抵店前的准备工作

良好的开端是成功的一半，饭店新客入住的接待工作十分重要。客人到达前的准备工作是接待服务过程的第一环节，要求做到充分、周密和准确，并在客人到达饭店前完成。

表2-5-1详细介绍了其准备工作内容。

表2-5-1　　　　　　　　　　新客入住接待

操作步骤	主要操作内容
了解客情	1. 客房服务中心接到住客通知单 2. 尽可能向接待单位、接待人员了解宾客的风俗习惯、宗教信仰、生活特点、接待标准等 3. 通知客房服务员
检查房间、壁柜	1. 放衣架6个，衣刷、鞋拔子各1个；衣架分上下衣架各3个，分挂于衣架挂杆两侧；衣服刷、鞋拔子竖放在挂衣服的壁柜的隔板右侧 2. 拉窗帘
放置好沙发	1. 两个单人沙发平行放时，靠背与墙距离5厘米，沙发扶手与茶几相距2厘米 2. 两个单人沙发对放时，沙发与茶几距离30厘米 3. 一个双人沙发、两个单人沙发与茶几的摆放方法是：双人沙发摆在窗户与床之间，沙发后背距离墙5厘米。单人沙发与双人沙发呈一定斜度相对摆放在双人沙发两侧。沙发之间放茶几，茶几与两沙发近距离为30厘米，远距离为40厘米
检查设备	1. 摆稳茶几 2. 将烟灰缸放在茶几中央，火柴一盒放在烟灰缸上方或立在缺口处 3. 检查台灯、落地灯、壁灯、吊灯、地（脚）灯、音响、电视机、空调、电冰箱、门铃、电话是否处于正常工作状态

续表

操作步骤	主要操作内容
检查床头柜及床	1. 床头柜与两床间距各为5厘米 2. 床身正直 3. 床罩中心线取中，图案正放 4. 枕袋开口相对摆放，压毛毯头部10厘米
检查写字台	1. 写字台距墙5厘米，抽屉内无杂物 2. 写字椅放进写字台凹槽里，椅背与写字台前沿相距5厘米 3. 写字台台面整齐，物品摆放规整，文具夹内用品齐全，台灯放在左前方，电话放在右上方
给纸篓套塑料袋	1. 给纸篓套好塑料袋 2. 置于写字台右侧或左侧，距写字台10厘米，距墙壁25~30厘米
行李架	行李架与写字台边沿间隔5~10厘米，与墙壁间隔5~10厘米
电视机	1. 电视机距写字台正面边沿10厘米 2. 电视节目卡位于电视机前中位置 3. 有电视架的房间，将电视机放在电视架上
打开空调检查电冰箱	1. 打开空调，调在中档位置 2. 电冰箱内物品摆放齐全
电话机	1. 主机放在床头柜上 2. 副机放在卫生间内
卫生间内用品摆放规范	1. 浴巾两条叠放在浴巾架上 2. 大毛巾两条放在大毛巾架上 3. 面巾两条放在面巾杯上 4. 脚垫一块，对折叠好放在浴缸边上 5. 浴帽、洗发液、牙刷、梳子、口杯等放在小托盘内，置于卫生间云石台面的右侧 6. 浴皂两块，放在浴缸皂盒上，香皂一块，置于洗脸台的皂盒内 7. 卫生纸两卷，放在恭桶边卫生纸架上和恭桶水箱上，纸头叠三角形外露 8. 卫生袋两个，放置在恭桶水箱上
洗衣袋	洗衣袋两个挂在衣柜内或卫生间门后的挂钩上
检查恭桶	恭桶上有"已消毒"字样的封条，两端夹在恭桶坐盖与坐圈之间
检查口杯、水杯	1. 口杯、水杯均套有"已消毒"字样的塑料消毒套 2. 杯口向上，"已消毒"字样朝外
检查茶几	1. 盖杯放在茶几上，茶碟、盖杯的把儿向客人右向方向，茶碟、盖杯上的图面向客人 2. 在茶几上放垫纸若干张
检查水龙头	对供水设备和门销进行检查，各水龙头放水一次，以防客人用水时水质混浊
回顾房间	1. 最后仔细地将房间打量一下，勿留下任何清洁用物品在房间内 2. 关门
填写工作单	填写工作单

二、客人到达时的迎接

客人到店时的迎接工作是客房楼层优质服务的开始。由于大多数客人通过长途旅行，急于想到安静的房间休息，因此，做好此项工作要求服务员热情有礼、善于把握时机，服务迅速。

（一）电梯迎宾

客人步出电梯，服务员应微笑问候。无行李员引领时，服务员应问清房号，请客人出示房卡，视需要帮助客人提拿行李并引领入房。

（二）引领进房

为客人引路应走在客人的侧前方，距离客人2~3步引导前行。转弯或上下楼梯时要及时侧转身体，面向客人，同时伸手示意行进的方向。到达房间门口应严格按照进房程序打开房门，礼让客人先进房。如果客人是夜间到达，服务员应先进房打开廊灯后再请客人进房。

（三）介绍服务

进房后应征询客人意见摆放行李，并视其情况简明扼要地介绍客房设备的使用方法及饭店特殊的服务项目。需要注意的是，为避免过多地打扰客人或避免使客人误会，服务员在讲解中要语言得体，简明扼要，只需重点介绍特殊设备，一般设备不必介绍。礼貌询问客人是否需要其他服务。向客人道别后，应面向客人后退三步再转身走出房间，面朝房内将门轻轻关上。

（四）茶水服务

客人进房后，服务员应视需要送香巾、茶水，使客人产生亲切感。采用客房服务中心管理模式的饭店，一般不提供这项服务。如客人要求送茶水服务时，服务员应该根据要求在最短时间内泡好茶送到客人房间。这项服务需要注意的是：茶具干净无破损；茶叶放适量，开水冲泡七成即可；盖好杯盖放入托盘内。如需送热毛巾，热毛巾可放在同一托盘内，注意先向客人递送毛巾，再放下茶杯。

【小技巧】

练习迎送 VIP

VIP 是 Very Important Person 的缩写。这些客人身份地位高，能给饭店带来生意和声望。你知道接待 VIP 客人时，应给他们提供什么特殊服务吗？

* 进店由客务人员迎接
* 到房间办理登记手续
* 由客务人员引进客房
* 送鲜花水果
* 房价适当优惠或全免
* 有时需经理人员拜访等

操作步骤	主要操作内容
了解情况	1. 根据职责范围详尽了解 VIP 客人的风俗习惯、宗教信仰、健康状况、生活特点、接待标准等情况 2. 充分研究和熟悉各个接待服务程序和细节

续表

操作步骤	主要操作内容
布置房间	1. 按照新客入住的操作规范检查、布置和摆放好壁柜、窗帘、沙发、台灯、落地灯、壁灯、吊灯、地（脚）灯、床、床头柜、写字台、台面物品、写字椅、纸篓、行李架、供水设备、供电设备 2. 检查、调试和摆放音响、电视机、空调、冰箱、电铃、电话 3. 根据接待标准摆放好鲜花（花篮、插花） （1）摆放鲜花 ＊将鲜花放在花架上，如房间没有花架，可放置于茶几上或床头柜上。在花丛中放一个饭店总经理的名片和贺卡 ＊摆放鲜花前，要对花卉进行清洗，摘去枯枝败叶，清除可能存在的昆虫等 （2）如何插花 ＊插花要选择最新鲜的花枝，剪下花枝后要尽快使用 ＊为防止花朵过早凋谢，剪下花枝后应用火快速烧一下切口处再剪去约一寸，或用热水速烫切口处。花瓶用前要用开水烫一下，插花时要注意颜色搭配 （3）摆放花篮 ＊即将鲜花束根部裹上带有营养物质的橡皮泥，放在花篮里 ＊花束上可系上红绸条，显示喜庆欢迎的热烈气氛 4. 摆放招待用品 （1）茶几与沙发平行摆放时 ＊凉水具带垫碟放在托盘内上方 ＊托盘内下放中线往外对称放两个水杯，水杯口朝上，外套消毒套，消毒套上"已消毒"字样朝外 ＊整个托盘放在茶几最上方 ＊果盘在左，果皮盘在右，两盘并列放在茶几中间 ＊水果摆放正确，两把水果刀在果盘内相对平摆，刀把的一小部分搭在盘子边缘，呈左下右上形状 ＊烟灰缸放在茶几外端，两盒香烟平行放在烟灰缸前，两盒火柴分放在香烟两侧，图面向上。烟灰缸旁摆两个茶碟，杯碟上放盖杯，盖杯把儿向客人右手方向，茶碟、盖杯的图面向上 （2）茶几与沙发对放时 ＊果盘一个居中，果皮盘两个各居左右侧 ＊左果皮盘上放小刀一把，刀刃向上，刀把一小部分在盘左外，整个刀横放在果盘中央 ＊右果皮盘上放小刀一把，刀刃向下，刀把一小部分在盘右外，刀也横放在果盘中央 5. 卫生间用品摆放 不同之处： ＊各卫生清洁用品要求档次、质量较高 ＊毛巾、浴巾、面巾均用未使用过的 ＊加配高级化妆品和未使用的睡衣一套 ＊卫生间云石台面上放上文竹等花卉一盘 6. 根据客人身份等级，可向客人赠送一些工艺品和纪念品

续表

操作步骤	主要操作内容
迎客服务	1. 客人到达时，饭店可组织有关员工列队欢迎 2. 由主管以上级别人员将客人陪至房间并简单介绍饭店设施和客房设备 3. 客人离店时也应有相应的欢送仪式
住店服务	对各国政府首脑等特殊 VIP 客人的住店服务，除按照 VIP 客人的接待规范进行外，还应提供下列服务： ＊有国家领导人或当地领导人送的花篮、饭店总经理送的水果或点心盒 ＊房间酒吧除摆放外国酒外，还应有中国名酒、高级茶叶 ＊房间赠摆新衬衣、睡衣。夫人房间摆放鲜花 ＊卫生间摆鲜花、化妆品、高级香水 ＊所有棉织品均使用新的。客人在饭店内参加正式活动，所经路口、门口都有服务员站立、行注目礼、微笑欢迎 ＊客房设专人服务 ＊客人每离开房间一次，就要整理一次卫生。客人离店后，有专人检查房间，发现遗留、遗忘物品，尽快送还客人

三、客人离店时的对客服务

（一）送客准备

1. 通过电脑，查清欲离店客人房间的号码和姓名，并与接待单位联系。
2. 详细准确掌握客人欲乘的飞机（火车）的起飞（开行）时间和离店时间。
3. 了解欲离店客人的款项是否结清。
4. 与财务部门联系，及时向客人结清房费、电话费、物品赔偿费、洗衣费、饮料费等各种费用。
5. 了解欲离店客人的委托事项是否已办妥。
6. 提前将客人送洗的衣物和委托维修的物品送交客人。
7. 如果客人是次日早晨离店，服务员应问清客人是否要求叫醒，是否在房间用餐。
8. 如客人提出特殊要求，应事先做好记录，保证第二天为客人提供圆满服务。
9. 为客人整理行李提供方便。如团体客人住店行李较多，应事先安排好人员送行。
10. 客人临行前，利用进房服务的机会查看客房设备有无损坏遗失，结清饮料账，将客房酒吧内物品封存好；客人离店前，要主动征求意见；对客人当面投诉的，可将其国籍、姓名、联系电话、投诉内容记录清楚，诚恳表示感谢客人的投诉，欢迎客人下次再来。

（二）送客服务

1. 使用敬语，用电话为客人提供叫醒服务，告诉客人现在的时间。
2. 根据客人欲离店时间，敲门后进入客人房间，征求客人意见，询问客人是否已准备好离店，提醒客人不要忘带东西。
3. 主动为客人提行李。

4. 遇到老、弱、病、残客人要主动搀扶，送到大厅门口或汽车上再告别。

5. 需提行李时走在客人后边，送到电梯前，主动为客人叫电梯，客人进入电梯后，将行李交给客人，并与客人道别，必要时送客人至前台结账处。

6. 送团体客人离店时，要按规定时间把行李集中起来，放到指定地点，清点数量，并会同接待单位核准行李件数，以防遗漏。

7. 如果几个团体客人同时离店，要按团体名称分别摆放、清点，避免出现差错。

8. 与团体客人告别时，服务人员要招手相送。

（三）检查房间

1. 客人离店后，及时检查房间，查看有无客人遗忘物品。
2. 检查客房内有无设备损坏和客用品遗失，如有，应马上报告上级领导。
3. 处理客人遗弃物品，办理客人损失赔偿事项。
4. 发现客人有遗忘物品，除确属遗弃物品外，应退还给客人。

（四）整理房间

1. 将客人所有遗弃物品撤出。
2. 撤下床单、枕袋并放在工作车布草袋内。
3. 按照做床规范将床做好。
4. 检查各种电器设备，添加各种服务用品。
5. 撤出卫生间内日常卫生用品和棉织品。
6. 检查有无遗漏工作环节，拉闭窗帘，调节好空调、电冰箱等。
7. 锁好房间门，进行房间整理登记。

【小拓展】

客房服务质量化标准

五星级的汕头金海湾大饭店通过强化时间观念来提高服务质量，推出了充分体现服务效率的"十二快"，其中，涉及客房服务的有：

1. 接听电话快：铃响两声内接听电话。

2. 客房传呼快：2分钟。楼层服务员配BP机，凡向客房服务中心提出的任何要求，服务员必须在2分钟内服务到位。有些在2分钟内提供不了的服务，服务员也必须在2分钟内到达客房向客人打招呼，然后尽快解决。

3. 客房报修快：5分钟内处理好小问题。如更换灯泡、保险丝、垫圈以及设施设备运转中的各种操作性问题等。这就要求饭店设有24小时分班值岗的"万能工"，粗通水、暖、电、木等各个工种。对于重大问题，一时不能解决的，也要安慰客人，并给予明确回复。

4. 客房送餐快：10分钟。饭店规定，员工电梯必须首先保证送餐服务，即使有员工想去低于送餐楼层的地方，也必须先送餐再办事。

5. 回答问讯快：立即。饭店就客人常常问到的问题对员工进行全员培训。

6. 投诉处理快：10分钟。小问题，10分钟内圆满解决；大问题，先安慰客人，稳住客人，10分钟内给予回复。

任务 2　客房服务模式

实训目标

熟悉各种客房服务模式的优缺点；
掌握运用各服务模式的适用环境。

【实训方法】
教师示范；分组练习；考评测试。

【实训准备】
电话；房卡。

知识探究

楼层服务台；客房服务中心；贴身管家。

由于受不同设施、设备和人力条件的限制，在对客服务的模式上，各饭店采用了不同的形式。国外饭店以采用客房服务中心模式居多，而中国过去多采用楼层服务台的形式。前者注重用工效率和统一调控，后者突出面对面的对客服务。不同的客房服务模式对客房部的岗位设置和人员配备量上有较大区别。各个饭店应根据自身的条件和特点，选择不同的服务模式。

一、楼层服务台

饭店客房区域内各楼层的服务台称为楼层服务台或楼面服务台，它发挥着前厅部总服务台驻楼面办事处的职能，24小时设专职服务员值台，服务台后面设有供客房服务员使用的工作间。楼面服务台受客房部经理和楼面主管的直接领导，同时在业务上受总服务台的指挥。作为一种传统的接待服务组织形式，楼层服务台有其弊端但也有其特有的优势。

（一）楼层服务台的优点

1. 有亲切感。这是楼层服务台最突出的优点，也是最能体现、最能代表"中国特色"的优点。由于楼层值台人员与客人的感情交流，更容易使客人产生"宾至如归"的感觉。

2. 保证安全和方便。由于每个楼层服务台均有服务人员值班，因此对楼层中的不安全因素能及时发现、汇报、处理；同时，客人一旦有疑难问题需要帮助，一出客房门就能找到服务员，极为方便，使客人心里踏实。在以接待内宾会议客人为主的饭店里，甚至在一些豪华饭店里，楼层服务台仍受到客人们的欢迎。

3. 有利于客房销售。对于有关客人入住、退房、客房即时租用的情况，楼层服务台能及时准确掌握，有利于前台客房销售工作。

4. 能加快退房的查房速度。这样避免使结账客人等候过久，因而产生不愉快的感受。

（二）楼层服务台的缺点

1. 造成劳动力成本较高。由于楼层服务台均为24小时值班，要随时保证有人在岗，因此仅值台一个岗位就占用了大量人力，由此给饭店带来较高的劳动力成本。在劳动力成本日益昂贵的今天，许多饭店淘汰这种服务模式的最主要原因即在于此。

2. 管理点分散，服务质量较难控制。分布在每个楼层的服务台势必造成管理幅度的加大，每个服务台上的服务员的素质水平多少又有些差异，一旦某个服务员出现失误，将会直接影响整个饭店的声誉。

3. 易使部分客人产生被"监视"的感觉。生活在现代社会的人们，尤其是一些西方客人对自身的各种权利非常重视，特别是个人的隐私权，因此，出入饭店的客人更希望有一种自由、宽松的入住环境。再加上有些饭店的值台服务员对客人的服务水平缺乏灵活性和艺术性，语言、表情、举止过于机械化、程序化，更使客人容易产生不快，甚至感觉出入客房区域受到了"监视"。

二、客房服务中心

为了使客房服务符合以"暗"的服务为主的特点，保持楼面的安静，尽量减少对客人的干扰和降低饭店的经营成本，越来越多的饭店采用客房服务中心的服务模式。客房楼层不设服务台，而是根据每层楼的房间数目分段设置工作间。工作间不担任接待客人的任务。客人住宿期间需要找客房服务员时，可以直接拨内线电话通知客房服务中心，服务中心实行24小时值班制，在接到客人要求提供服务的电话后，通过饭店内部的呼叫系统通知客人所在楼层服务员上门为客人服务。作为从国外引进的一种服务组织形式，服务中心在实际运转中也有其利弊，研究其利弊对提高客房管理水平，同时进一步完善这种形式使之更适合中国旅游饭店的客房管理工作都具有重要的意义。

（一）客房服务中心的优点

1. 突出"暗"服务。从对客服务的角度看，客房服务中心最突出的优点就是给客人营造了一个自由、宽松的入住环境；同时，使客房楼面经常保持安静，减少了对客人的过多干扰。另外，由于客人的服务要求由专门的服务人员上门提供，能让客人感受到更多的个人照顾，符合当今饭店服务行业"需要时服务员就出现，不需要时就给客人多一些私人空间"的趋势。

2. 降低成本、提高劳动效率。从客房管理工作的角度来看，采用服务中心的模式加强了对客服务工作的统一指挥性，提高了工作效率，强化了服务人员的时效观念。服务信息传递渠道畅通，人力、物力得到合理分配，有利于形成专业化的客房管理队伍。尤为重要的是，采用服务中心的形式大大减少了人员编制，降低了劳动力成本，这在劳动力成本日益提高的今天尤其重要。

（二）客房服务中心的缺点

采用服务中心的模式同样也存在一些不足。比如：由于楼层不设专职服务员，给客人的亲切感较弱，弱化了服务的直接性；遇到一些会议客人、团体客人时，他们的服务要求一般比较多，让客人不停地拨打服务中心的电话，必定会不耐烦。如果有些客人出现一些急需解决的困难，服务的及时性必将受到影响。另外，采用服务中心的模式对楼层上的一些不安全因素无法及时发现和处理，在某种程度上影响了住客的安全。

（三）客房服务中心设立的条件

客房服务中心的设立，必须具备一定的设施设备和人力条件，才能真正发挥效能。

1. 饭店要有较完备的现代化安全设施设备。客人住的楼面与其他区域严格分开，员工通道与客用通道分开。

2. 有较全的服务项目，且大部分已在客房内设立，使客人能自己动手，满足起居的生活需要。例如，国际国内直拨电话、客房小酒吧、24小时热水供应、可饮用的冷水，以及电热水壶、服务指南、游览图等用品，均一应俱全。

3. 建立一个独立的对讲机系统，加强信息传递，及时通知有关服务人员满足客人提出的各种合理要求。

综上所述，客房服务中心的设立和有效运转，既取决于建筑设计和设备配置，还有赖于劳动组织和选位的合理性，否则，不能正常发挥其功能。在条件具备的情况下，建立客房服务中心和对重要客人及行政楼层实行专职对客服务相结合的服务模式，应是提高客房管理和服务水平的重要举措。

三、客房服务的新模式——客房服务中心+贴身管家服务模式

楼层服务台服务模式存在经营成本高、占用了楼层空间、业务的随机性大、服务质量较难控制等问题；而服务中心模式则存在不利于服务的主动性和直接性、楼层的不安全因素无法及时被发现和消除、容易使客人产生不安全感等弊端。因此，很多饭店对这两种服务模式进行改进，以服务中心为基础，针对一些重要的客源群体，推出了"贴身管家"服务来满足不同客源群体的需要。

"贴身管家"，英文称Butler，"在法律允许范围内尽最大努力为您做任何事情"，"We'll try our best to do almost anything that is legal for you"是"贴身管家"的服务理念，它源于英国早期贵族家庭中的管家服务，后来在东南亚一些高星级饭店流行起来，如今已经演变成今天的"贴身管家"服务。所谓"贴身管家"服务，实际上是一种更专业化、私人化的高档次饭店服务，就是把饭店当中分项的服务集中到一个高素质的服务人员的身上，为客人提供个性化服务。在西方国家几乎每个高星级的大饭店都有贴身管家，在国际饭店市场，管家式服务已经成为高星级饭店体现高品位、个性化服务的特征，成为国际饭店业竞争发展的主流趋势。

【小链接】

顶级饭店的贴身管家

热播剧《五星大饭店》让大家领略到了贴身管家的体贴周到。目前，管家服务已成为体现国际顶级饭店个性化、高品位服务的标志，并在国内的高级饭店中日渐时兴。

像保姆，十八般武艺全会

贴身管家：Don

服务饭店：上海瑞吉红塔大饭店

瑞吉红塔大饭店向来以"为所有客人提供24小时的专业管家服务"闻名。"要成为一名合格的管家，一招一式都需要经过千锤百炼。"瑞吉红塔助理专职总管家Don从事管家一职已有4年，当年接受的培训和考试令他受益至今：仪态和礼节是第一课。比如：与客人说话时，距离最好保持在一臂半；敲客人的房门，每次按门铃的间隔，控制在7秒左右；走路不能东张西望，一旦眼睛余光扫到周围有客人，应立即停下脚步，为客人让路；下蹲也不能随随便便；给客人递笔时，应握住笔的前部，使客人接到的是笔的后部，让他们拿得顺手；送报纸时，将报纸斜靠在手臂上，露出每张报纸

的报头，让客人一目了然……

到考试时，Don 的考题是情景模拟题——把客人领进大堂，记录册该怎么拿，进店路线怎么走，先说什么后说什么，一圈下来，Don 浑身湿透。

还没完。管家必须百般技能样样精通。他得会熨衣服会叠西装，能替客人打包行李箱，Don 还专门学过用熨斗熨烫报纸——温度要控制得恰恰好，这样可以防止报纸上的油墨弄脏客人的手。

像"间谍"，客人喜好预先知

贴身管家：Hugh

服务饭店：金茂君悦大饭店

接待每一位客人，饭店管家都必须事先"备课"。客人平时睡的枕头多高，喜欢鹅绒枕头还是弹性棉的？枕套喜欢用棉布还是丝绸？衣架需要木头的还是塑料的……掌握如此多的"个人档案"，为的是让客人一进饭店，就如同回了家。这些信息从何而来？靠的是管家的一双火眼金睛。

金茂君悦的管家 Hugh 通常会复印客人入住饭店期间的所有用餐记录，如果客人请朋友一同吃饭，他还会细心地将他自点和为对方点的菜加以区分。

房间也是重要的线索来源。客人在房间里的冰箱中挑选的是红酒还是可乐？如果是可乐，是百事还是健怡？有的人喝咖啡不放糖，有的只加一滴牛奶，还有人只喝某年出产的酒，并且必定加冰块。有人喜欢用依云水洗澡，有人习惯早起，有人晚上喜欢吃夜宵……这些细节，管家看在眼里，一一记录在手册上。

有了这些记录，接待回头客就方便了许多——只要一家饭店的管家记录下这些个人信息，下回客人再入住这家饭店在全球的任何一家连锁店，都能享受到宾至如归的服务。

像保镖，过滤信件、食物

贴身管家：王正勇

服务饭店：威斯汀大饭店

威斯汀大饭店的总管家王正勇接待过某国总统。总统一家7口入住时，恰遇台风，外出游览活动被取消，这家人不得不长时间待在饭店里。为此，王正勇在他们房间的电视里，增设了许多卡通节目；给十几岁的男孩安排篮球教练；给5岁的女孩安排保姆，哄她睡觉；他还向25岁的大女儿推荐了一些上海知名的酒吧，并且在大女儿每次外出前，都给总统夫人打电话，免得她担心。同时王正勇还要充当"保镖"的角色——替他们接收陌生信件，如果有必要，必须帮客人打开信件；客人用餐的食物，管家负责拿去检验。

遇到需要24小时服务的贵宾，管家会住在客人的隔壁。每天，管家依据客人的日程表，提早起床，守候在客人的门口，保证他们"一天中最早见到的人是管家"；晚上，不论客人多晚回来，管家必须守在大堂接车，客人不睡下，管家也不能睡；即便已经睡下了，如果客人临时有事，召唤管家，他们必须立刻起身，通过专用通道，在第一时间到达。

如果客人需要，管家还要充当翻译和私人顾问，陪同客人出门游玩；一旦遇到商务客人，管家得充当临时秘书，帮助收发 E-mall，复印、打印文件等。

四、服务模式的选择依据

饭店到底选择哪种服务模式,都要根据饭店自身的实际情况及考虑客人的需要来决定,比较理想的服务组织形式应该既能体现饭店自身的经营特色又能受到绝大多数客人的欢迎。在实际运作时,下面两个因素可供参考。

首先,考虑本饭店的客源结构和档次。如果饭店客源结构中外宾、商务散客占绝大多数的话,则可以采用服务中心的模式;如果饭店以接待会议团队客人为主,且又以内宾占绝大多数,采用楼层服务台的模式更合适;如果客源构成比较复杂,则可考虑将两种模式结合起来,比如白天设楼层服务台,晚上由服务中心统一指挥协调,只是应在服务指南中向客人说明。

其次,考虑本地区的劳动力成本的高低。经济发达地区劳动力成本较高,饭店相对采用服务中心的组织形式就比较多;与之相反,则楼层服务台采用得比较多。当然这样的情况也不尽然,在有些大城市的豪华饭店里,由于当地劳动力市场的原因,这些饭店大量雇用了内地一些旅游职校的学生作为打工人员,由于这些劳动力成本较低,饭店又能保持高档的人工服务,因此,在一些大城市的豪华饭店里仍有不少采用了楼层服务台的模式。

任务3 客房综合服务

【实训目标】

熟悉各种客房服务模式的优缺点;
掌握运用各服务模式的适用环境。

【实训方法】

教师示范;分组练习;考评测试。

【实训准备】

洗衣单;各种面料待洗衣物;提示卡;点餐单;餐车;餐具;账单;托婴服务申请表;婴儿玩具;茶具;香巾;茶水;遗留物品登记表。

【知识探究】

饮料服务;托婴服务;访客接待服务;物品租借服务;会议服务;送餐服务;加床服务;洗衣服务。

一、饮料服务

房间小酒吧(Mini-bar)是一项方便客人的服务设施,按规定的品种和数量配备硬酒、软饮料以及果仁、朱古力等送酒食品。通常软饮料是放置于冰箱内,硬酒摆放于酒吧柜内。柜面上放有酒单及配套的酒杯、调酒棒、开瓶器等用品。酒单(如表2-5-2)上列出了各项酒水食品的储存品种、数量、单价及小酒吧的管理说明,请客人食用后如实填写并签名。

表 2-5-2　　　　　　　　　　　客房小酒吧账单

××饭店

请阁下自行登记用量：

名　称	固定储备量	单　价	客人用量	金　额
啤酒				
果汁				
可口可乐				
苏打水				
威士忌				
白兰地				
总计				

房号_____　　日期_____

签名_____

服务员_____

客房小酒吧服务应按照一定的标准进行，设计小酒吧账单，账单上应列出饮料以及备用品的数量、品种、价格和有关注意事项。

1. 客房服务员每天进房清点小冰箱内的饮料数量，并核对客人填写的饮料收费单。
2. 将收费单的第一联和第二联转交前厅收银处记账和收款，这其中，第二联是给客人结账时查看所用，第三联则由客房部汇集后填写食品耗用报告。
3. 及时将食品按规定的品种数量补充齐全，将用过的杯子、纸巾、杯垫、调酒棒等撤换，并放上新的饮料单。

二、托婴服务

托婴服务是应住客要求帮助因事外出的住客照看婴幼儿童的一种有偿服务。长期住宿和度假型饭店都特别设有保育人员，但对于大多数饭店而言，饭店并不配备专职人员从事此项服务，保育员一般是由店内员工临时来担任的。

托婴服务责任重大，除对保育人员有严格的要求外，要求此项服务的客人还须提前3小时与客房服务中心联系，并填写《托婴服务申请表》（表2-5-3），以便饭店了解小孩的特点及家长的要求，并告知客人有关饭店的收费标准及注意事项。

三、访客接待服务

接待访客时，服务员应热情有礼，并要详细登记访客的姓名地址和证件号码，在查看访客登记单及确认已得到住客同意后将来访者引到客人的房间。

访客来时住客不在房内，服务员应该请访客在大堂等公共区域等候或留言。

访客接待主要服务内容是茶水、香巾服务，但服务员也应根据客人的要求，增添饮料，及时加座。

表2-5-3　　　　　　　　　　婴儿看护申请表

客人姓名_____	房号_____
日期_____	婴儿年龄_____

尊敬的宾客
　　应您的要求，我们安排了保姆服务，具体事项如下：
姓名：_____
时间：由_____时_____分至_____时_____分
请您在所需要的项目上打
　　　早餐　　　　　是　　　　　　　　否
　　　午餐　　　　　是　　　　　　　　否
　　　晚餐　　　　　是　　　　　　　　否
　　托婴服务的最初3小时，按_____收费。
　　所有费用都在前台收银处直接结算，饭店将不承担因看护疏忽造成的事故而引起的任何赔偿。
　　申请人愿意接受以上全部条款。
　　经理签名　　　　　　　　　　　　　　　　　　客人签名
　　注：一式三联，客人一联，前台收银一联，客房部留存一联

对于晚间来访客人，服务员应对其讲清饭店会客时间规定（通常是晚上23：00），访客超过会客时间仍未离店，服务员应礼貌地提醒客人尽快离店，需留宿的请客人到总台办理住店手续。

访客走时，应热情欢送，对没有住客送的访客要特别留意。

四、物品租借服务

客房内提供的物品只能满足客人的基本需要，因一些特殊原因，客人可能会要求租借一些其他物品，如熨斗、熨衣架、婴儿床等。客房部应备有这些物品，并在《服务指南》中明示，满足客人的特殊需求。

租借物品应请客人在《饭店借用凭据》（见表2-5-4）上签名，登记表上要注明有关租借物品的注意事项。服务员在交接班时，应将租借物品服务情况列为交接班的内容。注意收回租借物品，对于过了租借时间仍未归还的物品，服务员要主动询问，但要注意表达方式。

表2-5-4　　　　　　　　　　××饭店借用凭据

姓名：	房号：
签字：	
借用物品：	数量：
借用日期：	当值服务员：	发放人：
归还日期：	当值服务员：	接收人：
备注：免费使用，如有损失，住客需照价赔偿，谢谢合作！		

五、会议服务

饭店楼层一般都设有不同数量、不同形式、不同大小面积的会议室，并同时提供会议设施及相应的服务，以满足客人召开各种类型会议的需求。楼层所举办的会议类型一般为小型会议、会谈、会见以及签字仪式等。

（一）会议服务的类别

1. 会见。会见是身份相近的双方就礼节、政务和事务等方面的原因进行短时间的互相交流形式。

2. 会谈。会谈是双方或多方共同就某些重大的政务、军事、经济、文化、科技等方面共同关心的问题进行商谈的一种形式。

3. 签字仪式。签字仪式是双方或多方就某项具体事务达成一致、各方首席代表代表本方在文件上签署自己名字的一种仪式。

4. 讲座。讲座是就某专业或某专题专题进行阐述的一种会议形式。

5. 专业会议。专业会议是就某专题有组织有领导地进行商讨的一种会议形式。

（二）会议场所的布置

会议前的准备工作是会议服务的首要和必要程序。为了提供客人满意的会议服务，会议服务人员必须做好相应准备，并掌握各种会议场所的布置。以下就会见厅、会谈厅及签字仪式场所的布置进行详细的介绍。

1. 布置会见厅。十几人左右的会见，可用沙发或扶手椅布置成马蹄形、凹字形；规模较大的会见，可用桌子和扶手椅布置成丁字形。

（1）会见厅布置的依据：
- 会见人数的多少
- 客厅面积的大小
- 客厅形状

会见时如需要合影，应按会见人数准备好照相机及配件，合影背景一般为屏风或挂图。

（2）安排座位

会见通常安排在会客室，根据实际情况，有时宾主各坐一边，有时也可穿插坐在一起。中国习惯的做法是：
- 客人一般坐在主人的右边
- 译员、记录员安排坐在主人和主宾后面
- 其他客人按身份在主宾一侧顺序就座
- 主方陪见人在主人一侧就座

（3）会见厅服务

服务用品的配置：会见用服务用品包括茶杯、垫碟、便签、火柴、圆珠笔或铅笔等。
- 除茶杯外，其他用品在会见开始前半小时按规格摆放在茶几或长条桌上。
- 招待用品通常优先配置烟、茶水，夏季有时招待冷饮。
- 香烟在会见前摆好，茶水或冷饮在宾客入座后再摆上。

【小拓展】
会见厅服务程序

（1）参加会见的主人，一般在会议正式开始前半小时到达活动现场。这时，服务员要用小茶杯为其上茶。当宾客到达时，主人会到门口迎接并合影。利用这个间隙，服务员应速将用过的小茶杯撤下。

（2）上茶时，杯把一律朝向宾客右手一侧，要热情地道"请"。

（3）会见时间较长时，应为每位主人和客人上一块热毛巾（洒有适量香水）。

（4）每隔40分钟左右，为会见双方续一次茶水。续水规范：
- 用左手的小指和无名指夹住杯盖
- 用大拇指、食指和中指握住杯把，将茶杯端起
- 侧身，腰略弯曲
- 续水
- 盖上杯盖

（5）在会见进行中，要注意观察厅内的动静，宾主有事招呼，要随时回应，及时协助处理。

（6）会见结束后，检查活动现场，如发现宾客遗忘物品，立即与客人联系，尽快物归原主；如客人已离开，办理转交手续后可交主办单位代为转交。

2. 会谈厅的布置、席位安排及服务。会谈，也可以是洽谈公务，或就具体业务进行谈判，一般来说，会谈内容较为正式，政治性或专业性较强。

（1）布置会谈厅。双边会谈的厅室，一般布置长条桌和扶手椅，宾主相对而坐；多边会谈，往往采用圆桌或方桌。
- 根据会谈人数的多少，将长条桌呈横一字形或竖一字形摆放，桌子的中线要与正门的中轴线对齐。
- 在桌面上匀称地铺上白色台布。
- 在桌子两侧对称摆上扶手椅。主宾和主人的座位要居中相对摆放，座位两侧的空当应比其他座位略宽一些。
- 会谈桌呈横一字形摆放的，主人应在背向正门的一侧就座；如果成竖一字形布置的，以进门方向为参照，客人座位在右侧，主人座位在左侧。
- 译员的座位安排在主持会谈的主宾和主人的右侧。
- 记录员一般在会谈桌的后侧另行布置桌椅就座。如参加会谈的人数较少，也可以安排在会谈桌前就座。

（2）配备会谈用品。
- 在每个座位前桌面的正中摆放一本便签，紧靠便签的右侧摆放一支红铅笔和一支黑铅笔。
- 便签的右上方放一个带垫盘的茶杯，垫盘上垫小方巾，避免端放茶杯时发出声响。
- 为了增添会谈气氛，可在会谈桌子纵中轴线上摆几组插鲜花的花瓶或花盘，花枝不宜过高，以不遮挡双方的视线为宜。

（3）会谈厅服务。
- 宾主来到会谈桌前，服务员应当立即上前拉椅请坐。

- 记者采访、摄影之后，应按"先宾后主"的原则，为宾主倒茶。
- 会谈中间，为客人和主人上一次热毛巾。
- 应主人要求上咖啡、小点心的，应先将奶罐、糖罐等在每两个座位之间摆放一套，然后再上咖啡。咖啡杯下垫一垫盘，盘内放一只小茶匙。
- 会谈结束时，服务员应为客人开门或叫电梯，致告别语。

【小拓展】

服务员事先应掌握的几点情况：

☛会谈双方的身份、背景、服务要求及招待标准等。

☛会谈的时间、人数，是否需要安装扩音器，是否需要在座位上安放座位名卡等。

☛如有合影，事先排好合影位置，按主宾顺序，以主人右边为上宾位置，主客双方间隔排列。一般来说，两端均由主方人员把边。

☛领导人之间的会谈，除陪见人和必要的译员、记录员外，旁人尽量减少进出次数。

3. 签字仪式场所的布置、仪式安排及服务。

（1）布置签字厅。

- 厅室正面挂屏风式挂画作为照相背景。
- 在挂画前面，将两张长条桌并排摆放，桌面铺深绿色台呢。
- 在签字台的后面，摆设两把高靠背扶手椅，两椅相距1.5米。
- 在椅子背后1.2米处，根据人数多少摆上梯式照相脚架，照相架两侧陈设常青树。
- 在签字人员座位前摆上待签文本，右上方放置文具，中间的前方摆上挂有两国国旗的旗架。
- 签字厅两侧可布置少量沙发，供休息用。

（2）安排签字仪式。

- 选好签字地点，即签字厅。
- 准备好签字桌，上铺深绿色台呢。
- 较隆重的仪式要准备两国国旗和旗架。
- 准备好双方的文本。
- 熟悉签字程序。

【小拓展】

签字程序：

- 双方人员进入签字厅；
- 签字人员入座，宾右主左，其他人各按身份顺序在己方签字人员座位后面排好；
- 助签人员分别在两个签字人员外侧协助翻本，指明签字处；
- 双方签字后互相交换文本再签；
- 再签后双方再交换文本；
- 握手；
- 用香槟或其他酒干杯祝贺；
- 双方简短致词。

（3）签字仪式服务。

- 签字双方来到大厅后，服务员应首先为签字人员拉椅让座，照应其他人员按顺序就位。
- 签字仪式开始后,服务员手托摆有香槟杯的托盘,分别站在距签字桌两侧约 2 米远处。
- 签字人员签字完毕,互相站起握手交换文本时,由两名服务员上前迅速将签字椅撤除。
- 随后,托香槟酒的服务员立即将酒端至双方签字人员面前,然后,从桌后站立者的中间处开始,向两边一次分让。
- 干杯后,应立即上前用托盘接受酒杯。

【小拓展】

在提供签字仪式服务时,服务员要特别留意以下几点事项:

1. 有时,签字仪式会同时由几个签字人员分别在几个协定上签字,如果事先不掌握这些情况,当第一个人签字完毕时,服务员就上前撤除椅子、让酒,那就失礼了。

2. 服务动作要轻稳、迅速、及时、利索,如果撤椅不及时,会影响交换文本和握手,香槟酒上得慢,宾主握手后,会等酒杯,造成冷场,破坏气氛。

3. 各国举行的签字仪式安排不尽相同,有的国家安排两张方桌为签字桌,双方签字人员各坐一桌,双方的小国旗分别悬挂在各自的签字桌上,参加仪式的人员坐在签字桌的对面;也有的国家安排一张长方桌为签字桌,双方参加仪式的人员坐在签字桌前方两侧,双方国旗悬挂在签字桌的后面。

六、送餐服务

送餐服务主要由饭店餐饮部设立的"客房餐饮服务部"负责提供,客房服务员只是做一些辅助性工作。送餐服务是四五星级饭店为方便客人、增加收入、减轻餐厅压力、体现饭店等级而提供的服务项目。送餐服务工作程序及标准为:

〔一〕接受预订

1. 礼貌应答客人的电话预订:"您好,送餐服务,请问有什么需要服务的?"
("Good morning/afternoon/evening, Room Service, can I help you?")
2. 详细问清客人的房号,要求送餐的时间以及所要的菜点,并复述一遍。
3. 将电话预订进行登记。
4. 开好订单,并在订单上打上接订时间。

〔二〕准备工作

1. 根据客人的订单开出取菜单。
2. 根据各种菜式,准备各类餐具、布草。
3. 按订单要求在餐车上铺好餐具。
4. 准备好菜、咖啡、牛奶、糖、调味品等。
5. 开好账单。
6. 个人仪表仪容准备。

〔三〕检查核对

1. 认真核对菜肴与订单是否相符。
2. 餐具、布草及调味品是否洁净,无渍、无破损。

3. 菜肴点心的质量是否符合标准。
4. 从接订至送达这段时间是否过长，是否在客人要求的时间内准时送达。
5. 服务员仪表仪容。
6. 对重要来宾，领班要与服务员一起送餐进房，并提供各项服务。
7. 检查送出的餐具在餐后是否及时如数收回。

（四）送餐时进房

1. 使用饭店规定的专用电梯进行送餐服务。
2. 核对房号、时间。
3. 敲门三下或按门铃，并说明送餐服务已到，说："Room service。"在征得客人同意后，方可进入房间。
4. 向客人问好，并请示客人是否可以进入："早上好/上午好/晚上好，先生/小姐，送餐服务，请问可以进去吧？"（"Good morning/ afternoon/evening, Sir/Madam, Room service, May I come in?"）

进入房间后，询问客人餐车或托盘放在哪里："请问先生/小姐，餐车/托盘放在哪里？"（"Excuse me, Sir /Madam, where can I set the trolly ?"）

5. 按规定要摆好餐具及其他物品，请客人用餐，并为客人拉椅。
6. 餐间为客倒茶或咖啡，各种需要的小服务。
7. 请客人在账单上签字，为客人指点签字处，并核清签名、房号（或收取现金）："请您在账单上签上您的姓名和房号"。（Sign your name and room number here, please.)
8. 问客人还有什么需要，如不需要，即礼貌向客人道别。
（Anything else would you like? Enjoy your meal, please, good-bye.）
9. 离开客房时，应面朝客人退三步，然后转身，出房时随手轻轻关上房门。

（五）结束工作

1. 在登记单上注销预订，并写明离房时间。
2. 将来宾已签字的账单交账台。
3. 将带回的餐具送洗碗房清洗。
4. 清洁工作车，更换脏布件。
5. 领取物品，做好准备工作。

七、加床服务

- 客人提出加床服务时，要礼貌地请客人到总台办理有关手续。
- 服务员不可随意答应客人的要求，更不得私自向客人提供加床服务。
- 服务员在接到总台有关提供加床服务的通知后，应立即在工作单上做好记录。
- 将所需物品送到客房，并移开沙发或茶几，将加床放在适当位置，为客人铺好床。
- 在加床的同时，还要为客人增加一套客房棉织品、杯具、茶叶和卫生间日消耗品。

八、洗衣服务

为住客提供洗衣服务是客房对客服务中的一项经常性工作。这项工作由于涉及的人员较多，往往因为有关人员不够细致或缺乏常识而出现差错。

具体洗衣服务流程为：
（一）提供洗衣袋和洗衣单
如果饭店为住客提供洗衣服务，通常都在客房内配置洗衣袋和洗衣单。以前使用的洗衣袋多为一次性的塑料袋，考虑到环保和降低费用的需要，现在很多饭店都改用布袋。布袋可多次重复使用，只要洗净、熨平，保持其清洁即可。

洗衣单，有干洗、湿洗和熨烫三栏。如果客人需要洗熨衣服，可以选择洗熨方式，填写相应的洗衣单，并将衣物放入洗衣袋内。

由客人填写的内容主要包括房号、姓名、送洗日期、衣物的件数、洗熨方式等。
（二）给住客送洗衣物
住客可以将送洗的衣物直接交给楼层服务员，也可以电话通知洗衣服务处，由洗衣服务处的派客衣服务员上门收取衣物。有的饭店要求住客将送洗衣袋挂在客房门外的把手上待服务员收取，也有的饭店要求客房服务员每天定时逐一检查所有住客房，收集住客送洗衣物。这两种方法都有明显的缺点。前者容易丢失，后者容易打扰住客。为此，饭店应该在服务指南上有详细说明，告诉客人如何送洗衣物。
（三）收取住客送洗的衣物
无论是楼层服务员，还是客衣服务员，在收取客人送洗的衣物时都应认真检查核对。

检查核对的内容：

——实物与客人填写的有关内容是否相符。

——衣物口袋有无物件。

——纽扣有无脱落。

——有无严重污渍和破损。

——客人的洗熨要求是否能得到满足。

如果发现问题，最好向客人当面说明，并在洗衣单（表2－5－5）上加以注明，以免不必要的麻烦。如果客人送洗的衣物是由楼层服务员收取的，应及时送交洗衣服务处。
（四）打码、分类
在洗熨客人的衣物之前，要在每件衣物上打码标记，以免将衣物搞混。打码标记后，要按洗熨的要求进行分类。
（五）洗熨包装
洗熨是洗衣服务中的关键环节，有关人员必须谨慎操作，确保质量。衣物洗熨好后，要根据衣物的类别进行适当的包装。通常衬衣、内衣可以折叠加封；而外套只能加套挂放，不宜折叠。
（六）送回衣物
通常住客送洗的衣物应当日洗熨，当日送回。如客人要求快洗服务，必须在约定的时间内送回。送回客人的衣物时要将衣物放在房内显眼处。如果客人在房内，需请客人当面验收。门外若有请勿打扰标志，可将特制的说明纸条从门缝塞进房内，说明客人衣物已经洗熨好，请客人与洗衣服务处联系。
（七）交送账单
洗衣服务处要及时将客人的洗衣账单交送总台收款处，在客人的总账内统一结算（见表2－5－5）。

表 2-5-5　　　　　　　　　　干洗熨衣登记单

××饭店

NO ×××××

请作标记 "√"	
□普通服务 早上十时前收衣服，当天晚上六时送回 早上十时后收衣服，于第二天晚上六时送回	□快洗服务（加收50%） 四小时后送回衣服，最后收衣服时间下午三时

姓名_____
房号_____
日期_____
衣物件数_____

干洗

| 数量 || 男服 | 金额 || 数量 || 女服 | 金额 ||
店	客	种类	价	共	店	客	种类	价	共
		礼服一套					衫裙		
		西装一套					衬衫		
		短装上衣					短装外套		
		西裤					短裙		
		衬衫					长裤		
		领带					晚礼服		
		工装裤					丝巾		

净烫

		礼服一套							
		西装一套					衫裙		
		短装上衣					衬衫		
		西裤					短装外套		
		衬衫					短裙		
		领带					长裤		
		羊毛外套					晚礼服		
		裤					丝巾		

特别要求

净烫基本费
快洗衣服费
10%服务费
总计（外汇券）

备注：
1. 填写好洗衣登记表，连同衣服一起放进衣袋，然后拨电话叫服务员取走。
2. 有关衣物数量，除非事先由本饭店检收，否则以店核点为准。
3. 任何委托本饭店清洗之物，洗后缩水褪色、自然破旧、洗花、串色、有无法除的污迹和财物遗漏等，须由托付人负责。
4. 所有投诉必须在领取衣服二十四小时内，连同本店洗衣单正本提出。
5. 赔偿丢失或洗坏衣物款，最高不超过此衣物烫费的10倍。

【项目小结】

1. 由于市场定位和自身资源的区别，不同的饭店有不同的设施设备，配置不同的人力、物力、财力，采取不同的管理方法。在客房的对客服务模式上，一般有两种模式：楼层服务台模式和客房服务中心模式，这两种形式各有优缺点。现在有不少豪华饭店以客房服务中心为基础，通过增设"贴身管家"的方式，力求人力成本和服务质量最优化的组合。

2. 客房服务项目的主要内容包括客人抵店前的准备工作、客人入住期间的服务工作、客人离店时的送别和离店后的善后工作。

3. 做好客人抵店前的客房服务工作是做好饭店工作的基本。

4. 客人住店期间的客房服务工作是客房优质服务的主要内容，它直接影响客人入住愉快与否。

5. 客人离店时的服务是楼层对客服务的最后一个环节，这一环节是否做好，直接关系到客人对饭店的整体印象。

实训测评

测评一　　　　　　　　　　　　　　　　**VIP 客人入住**

实训步骤	实训主要内容	测评要点
准备工作	1. 了解 VIP 等级，熟记入住的 VIP 客人的姓名和国籍 2. 掌握客人和陪同人员的姓名、抵离店时间、房号、习俗特点、宗教信仰和特殊要求 3. 按 VIP 等级布置要求，通知绿化组和相关部门备齐各种物品及礼品，花篮、水果、化妆品、睡衣、高档拖鞋、印有烫金的客人姓名的信纸、信封及专用的套袋和饭店总经理名片及迎宾卡	1. 确认 VIP 等级 2. 准备工作确保万无一失
布置房间	1. 检查房间内各种设备和设施，确保完好有效 2. 全面清洁住房，保证整齐洁净 3. 按照接待规格和要求，布置客房	1. 检查 2. 清洁 3. 按规格布置
检查房间	服务员、主管、客房部经理、大堂经理检查布置好的 VIP 房，在客人到达前完成	坚持高标准层级检查制度
服务工作	1. 提前 10 分钟开房门，有关人员在饭店大堂门口、大堂和楼层电梯厅迎候客人，在房间内向客人致欢迎词 2. 客人离开房间，及时整理、更换、补充用品；特别重要的客人应设专职服务员 24 小时随时提供服务；客人离店时，检查房间，发现遗留物品，尽快送还	1. 迎候 2. 24 小时服务

测评二	洗衣服务	
实训步骤	实训主要内容	测评要点
收取客衣	1. 在规定时间以前将洗衣从房间取出 2. 如客人未填写洗衣单，将洗衣单放在洗衣袋上，不要收洗，留下"服务通知单"提醒客人如果需要洗衣服务，请与房务中心联系；客人口头交代或房务中心收到通知收洗时，可以收洗 3. 挂在门口的洗衣要填写房号	1. 坚持收取客衣制度 2. 主动确认客人洗衣意愿
检查登记	1. 交洗的客衣应检查是否有破损或遗留在袋内的物品 2. 洗衣单所填写客人姓名、房号、件数、日期、时间进行核对，并做好登记 3. 集中放在指定地点，在规定时间点交给洗衣房；快洗或有特殊洗涤要求的衣物在洗衣单上做好标记，与洗衣房交代清楚	1. 细心检查客衣 2. 确认客人是否有特殊洗衣要求
送还洗衣	1. 洗衣房送回的洗衣应与登记本仔细核对，点清件数 2. 送衣进房时，按进房程序进房 3. 交洗的客衣如有损缺或客人投诉，查明情况，妥善处理	1. 正确送回客衣 2. 如客人对洗的衣服有疑问，应耐心解释并妥善处理

测评三	房间用餐服务	
实训步骤	实训主要内容	测评要点
正确引路	1. 当送餐员到达楼层后，客房服务员要主动帮助，为其指引房间方向及位置，并查询客人是否在房间 2. 协助送餐员将其送入客人房间	送餐员与客房服务员协调配合无误
及时清理	1. 房间用餐一般需要30~40分钟 2. 用餐时间已过1小时，客人还未要求撤餐具，客房服务员可打电话，征求客人意见，可否将餐具撤出 3. 撤餐具的同时，对房间的卫生做一下简单的整理	1. 应及时撤餐具 2. 应及时清洁房间，并了解客人用餐情况
后期工作	客房服务员将餐具撤出后，不要放置楼道，应与送餐组联系将餐具取走；客房服务员不得将餐具自行处理	恰当处理餐具

测评四		客人遗留物品处理	
实训步骤		实训主要内容	测评要点
客人结账未离店		1. 迅速收拾、检查客人离开的房间 2. 发现遗留物品及时交还客人	及时查房
客人结账并已离店	1. 详细登记	1. 发现遗留物品，本楼层做好登记，记清物品名称、数量、特征、房间号和时间，并上交房务中心 2. 房务中心做好登记，并给楼层"遗留物登记表"回执 3. 同时将"遗留物登记表"送交大堂经理处	遗留物品应正确登记
	2. 送还客人	1. 接到大堂经理通知客人认领失物时，将失物与失物招领表送到大堂经理处，客人办理认领后连同失物招领单和客人认领单一起归档存查 2. 客人通过电话、书信说明情况属实后可委托他人来电认领，需检验委托书及证据；核对无误后将遗留物品交还客人或认领人，记下领人身份证号码、地址和姓名并填写"认领表"，由认领人签名；可以通过邮寄送还物品，邮资由客人承担（先向客人说明），邮局回执保留一段时间	1. 通知客人认领 2. 如需邮寄给客人遗留物，可根据邮寄费用酌情收取

测评五	托婴服务	
实训步骤	实训主要内容	测评要点
填写资料	1. 客人需要提供托婴服务时，请客人提前3小时与房务中心联系，并由房务中心请客人填写一张"托婴服务申请表" 2. 详细核对客人所填表格，理解有关婴儿的生活习惯，是否有特殊要求，并特别注意客人在表格中填写的有关要求	1. 应谨慎对待饭店托婴服务 2. 提醒客人应详细填写表格，尤其是一些特殊要求应特别关照
选派人员	当值经理根据婴儿的性别、年龄情况安排合适人员提供看护服务	
看护要求	1. 看护人员要按时抵达看护地点，并留意客人的有关吩咐，处理交接事宜 2. 服务中看护人员务必小心谨慎，不能离开小孩，不随意给小孩吃东西，不让小孩接近容易碰伤的东西，不能把小孩带离指定的地方；客人外出时，需留下联系电话，以便出现特殊情况时，进行联系	1. 不能马虎大意 2. 不能随意喂食 3. 不能带孩子外出 4. 不能和孩子做带有危险性的游戏 5. 有急事应联系孩子家长
费用结算	1. 将婴儿安全地交还给客人后，请客人签单确认付费 2. 完成托婴服务后，及时通知房务中心，并由房务中心处理有关费用问题	客人签单确认

测评六	会议送茶服务	
实训步骤	实训主要内容	测评要点
理盘装盘	1. 将托盘洗净擦干，垫上干净的垫布，垫布要铺平拉展，四角不抛 2. 各杯间隔距离均匀，杯把方向一致朝右前方，便于取拿	整理要求
先期冲茶	先冲二成茶，再冲茶至七成；各杯均匀，不得外溢	冲泡要求
托盘行走	1. 手指手掌同时用力，不靠手腕，臂肘不靠肋骨 2. 自然平稳，目视前方，行走无碰撞杯声，茶水不外溢	落杯要求
取杯送茶	1. 顺序正确 2. 主次正确，落杯稳、快、轻 3. 握杯正确，茶几上杯具均匀，杯把方向正确，目视客人	落杯要求
仪表敬语	1. 仪容整洁，头发符合标准，不戴饰物，微笑敬语自然 2. 送茶结束后托盘离开会议室，面对客人退出	礼仪要求

学以致用

1. 客房服务的组织模式有哪几种？试分析每种组织模式的优缺点？
2. 客房服务中心设立的条件是什么？
3. 常见的会议有哪些类型？怎样做好会议服务？
4. 如何接待 VIP 顾客？
5. 案例分析：

某天下午 2：40，服务员见一位客人自昨夜入住一直没离开房间，而且客房外长时间亮着请勿打扰灯，为防止意外发生，服务员敲响了客人的房门，结果客人大怒地质问服务员："没看到请勿打扰的灯亮着吗？敲什么？"服务员连忙解释："先生，对不起，现在已经是下午 2：40 了，按规定长时间亮着请勿打扰灯的房间，我们是要敲门的，以防止客人发生意外。如果你不需要整理房间，那我就不整理了。对不起，打扰了！"听了这话客人更生气了，认为服务员是在诅咒他，而服务员却感到委屈，有口难辩。

讨论：

这样的事件在饭店也是时有发生的，服务员面对这样的客人应该如何妥善处理？

模块三

管 理 篇

项目六　客房物资设备管理

案例导入

半卷卫生纸

一位日本客商刚刚住进浙江宁波的××饭店一会儿，该饭店客房部便接到他从房间打来的电话，要求派人去其房间，有事相求。服务员小陈被派前往。小陈来到客人门前，轻轻敲门，只听客人大喊一声进来："进来！"小陈轻轻推开房门，不料，一卷卫生纸突然朝她脸上飞来，不偏不倚打个正着。小陈顿时蒙了，定睛一看，日商怒容满面，像只好斗的公鸡。原来他刚跨进卫生间，发现卫生纸只半卷，顿觉受了慢待，便大发脾气。

小陈捡起卫生纸，心想这是清洁员粗心造成的，忙向客人道歉："对不起，先生，是我们工作失误。"小陈回到工作间，想着自己所受的委屈，泪水不禁夺眶而出。但她很快冷静下来，一手拿着一卷完整的卫生纸，一手端着一盆鲜花，带着笑容重新跨进这位日本客人的房间，将鲜花与卫生纸分别安放妥当。面对突如其来的打击，小陈考虑再三，认定客人发火事出有因，错在饭店，清洁员不该疏忽，将用过的半卷卫生纸留给新到的客人使用。

后来，这位日本客商也自知有错，遂向饭店总经理正式表示道歉，对服务员良好的服务态度，给予了高度的评价，并拿出美金若干，诚恳地请总经理为服务员发委屈奖，同时，决定在饭店住下，成了一个长住户。

案例评析

客人对饭店服务的评价，不是简单针对某一事项、某一位服务员的，不满意，也是对饭店不满意。本案例中，负责清洁整理客房的服务员没有按照走客房的清洁整理规范进行操作，重新配置新的卫生纸，而是将前一位客人没有用完的半卷卫生纸继续留用。让新住客使用别人剩的东西，使新住客感到是对其人格尊严的冒犯，难怪客人会怒不可遏，做出反常举动。

客房设备与用品是饭店客房服务的物质基础，其品种多、投资大，管理的科学与否，将直接决定饭店的服务质量及经济效益，体现饭店的等级高低。

任务1 客房设备用品的分类和保养

【实训目标】

了解客房设备用品的管理；
熟悉客房设备的种类和功能特性、客房主要设备使用注意的问题；
能够正确选择、使用和保养客房设备。

【实训方法】

教师示范；分组练习；考评测试。

【实训准备】

客房设备。

【知识探究】

客房设备的分类；客房设备保养。

一、客房设备用品的管理范围

通常对于客房用品的管理范围我们仅限于单纯的仓库管理。但激烈的市场竞争，导致了服务产品之间的削价竞争，从而使得饭店利润急剧下降。因此，控制经营成本，开源节流，越来越多地受到管理者的重视。客房用品管理在组织上的业务范围也更为扩大和系统化。一般来说，客房设备用品的管理大致包括：客房设备用品的选择与采购、使用与保养、储存与保管。

对于客房部门来说，主要是做好用品的计划、使用控制和储存保管工作。

二、客房设备用品管理的要求

为了便于管理，客房的基本设备用品可分为两大类：一类是设备部分，属于企业的固定资产，如机器设备、家具设备等；另一类是用品部分，属于企业的低值易耗物料用品，如玻璃器皿、各种针、棉织品、清洁用品、一次性消耗品等。这些设备用品的质量和配备的合理程度，装饰布置和管理的好坏，是客房商品质量的重要体现，是制定房价的重要依据。客房设备用品的管理应达到4R的管理要求：

（一）适时（Right Time）

在要用的时候，能够及时供应，保证服务的延续性和及时性。

（二）适质（Right Quality）

提供使用的客房设备用品的品质要符合标准，能够满足客人的需要。

（三）适量（Right Quantity）

计划采购的数量要适当控制，确定合适的采购数量和采购次数，在确保适时性的同时，做到不囤积，避免资金积压。

（四）适价（Right Price）

以最合理的价格取得所需的客房设备用品。

三、客房设备用品的管理方法

饭店客房设备用品种类繁多，价值相差悬殊，必须采用科学的管理方法，做好管理工作。

(一) 核定需要量

饭店设备用品的需要量是由业务部门根据经营状况和自身的特点提出计划，由饭店设备用品主管部门进行综合平衡后确定的。客房设备用品管理，首先必须科学合理地核定其需要量。

(二) 设备的分类、编号及登记

为了避免各类设备之间互相混淆，便于统一管理，客房部要对每一件设备进行分类、编号和登记。客房部管理人员对采购供应部门所采购的设备必须严格审查。经过分类、编号后，需要建立设备台账和卡片，记下品种、规格、型号、数量、价值、位置，由哪个部门、班组负责等。

(三) 分级归口管理

分级就是根据饭店内部管理体制，实行设备主管部门、使用部门、班组三级管理，每一级都有专人负责设备管理，都要建立设备账卡。归口是将某类设备归其使用部门管理，如客房的电器设备归楼层班组管理。几个部门、多个班组共同使用的某类设备，归到一个部门或班组，以它为主负责面上的管理，而由使用的各个部门、各个班组负责点上的使用保管、维护保养。分级归口管理，有利于调动员工管理设备的积极性，有利于建立和完善责任制，切实把各类设备管理好。

(四) 建立和完善岗位责任制

设备用品的分级管理，必须有严格明确的岗位责任作保证。岗位责任制的核心是责、权、利三者的结合。既要明确各部门、班组、个人使用设备用品的权利，更要明确他们用好、管理好各种设备用品的责任。责任订得愈明确，对设备用品的使用和管理愈有利，也就愈能更好地发挥设备用品的作用。

(五) 客房用品的消耗定额管理

客房用品价值虽然较低，但品种多，用量大，不易控制，容易造成浪费，影响客房的经济效益，实行客房用品的消耗定额管理，是指以一定时期内，为保证客房经营活动正常进行必须消耗的客房用品的数量标准为基础，将客房用品消耗数量定额落实到每个楼层，进行计划管理，用好客房用品，达到增收节支的目的。

四、客房设备的分类和保养

客房设备主要包括家具、电器、洁具、安全装置及一些配套设施。

(一) 家具

1. 木质家具。客房中用的最多的家具是木质家具，像写字台、梳妆台、衣柜、床头柜、酒柜等。由于木制家具的特点是容易变形、易腐朽、易燃，且质地结构不均匀，各方面强度不一致，所以要加强保养。

(1) 防潮。木质家具受潮后容易变形、开胶和脱漆。因此，家具放置一般要距墙 5~10 厘米，并要经常通风换气。平时不要把受潮的物品搭放在木质家具上。

（2）防水。清扫房间时，见到水要及时擦干。若沾上难以擦拭的污垢，可用抹布占少许多功能清洁剂或少许牙膏擦拭，然后用湿润的抹布去除。如果是胶合板制成的家具沾上污垢，可用多功能清洁剂去除，严重的污渍还可用掺有油脂的清洁剂擦除。

（3）防热。木器家具受阳光暴晒，容易收缩，所以日常应避免烈日暴晒。在有暖气的房间，家具摆放时不要靠近，以防被烘干而破裂。

（4）防虫蛀。壁柜、抽屉底层，应放些防虫蛀药或喷洒防虫剂，竹制家具可常用辣椒水擦洗，以防止虫蛀。

（5）定期打蜡上光。使用时间较长的家具会失去光泽，因此必须定期打蜡上光。保养的办法是将油性家具蜡倒少许在家具表面，用干布擦拭一遍；约15分钟后再重复一次。第一遍家具表面形成一层保护层，第二遍则可达到上光的效果。

（6）轻搬轻放。如需移动家具，必须轻搬轻放，切忌在地上硬拖强拽。搬动时，还要注意不要撞到其他物品和墙面。

2. 床。目前，饭店客房里面常用的床大多是西式床，西式床主要包括床架、软垫和床头板等几个部分。床的使用和保养要注意以下几个方面：

（1）床架。

• 保证牢固稳定。床架是床的支架，必须牢固稳定，能够承重受力。一方面，床架本身要牢固完好，无破损，受力或推拉时不摇晃、无声响；另一方面，床脚要牢固完好，无破损和松脱，易于推拉，推拉时不损伤地面。

• 保持清洁。要保持床架的清洁，一是要防脏，二是要及时除脏。为了防止床架被弄脏，可在床架上套上床裙，用床裙围护床架的四边。当发现床裙有脏迹时，要及时换下来洗涤，如果床架上有脏迹，可采用擦洗的办法清除。

（2）床垫。

• 保持清洁。软垫上必须加铺一层吸水性好、易于洗涤的褥垫，这是保持软垫清洁的基本措施。因为这层褥垫有阻隔的作用，使软垫免遭污染，且褥垫容易洗涤，一旦弄脏，可随时换洗。服务员要经常使用吸尘器清除软垫上的灰尘。如果软垫上有污迹，要及时清除。清除软垫上的污迹时，要将软垫竖立起来，用软刷和合适的清洁剂擦洗，然后用干布吸去水分，再用电吹风机吹干或让其自然干燥。清除软垫上的污迹时，不能将软垫平放，因为这样水和清洁剂会渗透到弹簧钢丝上，使钢丝锈蚀。

• 防止损坏变形。根据使用情况指定计划，定期翻转软垫，这样可使其各部位受力均衡、避免出现局部凹凸变形等现象。为了有效地加以控制，通常要将软垫的两头和两面做上标记，并对每次的翻转进行统一的规定。服务员要经常检查软垫的面料有无破损、滚边有无破损、弹簧有无松动或脱落，发现问题及时报修。潮湿会使软垫的弹簧锈蚀，使其他材料霉烂，因此，要注意防潮。一是不要人为地将水或其他溶液弄到软垫上；二是保持室内干燥，并经常让床垫通风透气。

3. 沙发。

（1）选用耐磨、易洗、色彩与客房相协调的面料制作沙发套，防止沙发面层被磨损和污染。

（2）在易脏部位放置花垫，可起到保护和美化的作用。

（3）经常吸尘，及时除迹，定期清洗。

(4) 经常翻转坐垫。

(5) 如有损坏及时维修。

(二) 电器设备

客房内主要配备有电视机、空调、电冰箱、灯具、音响、电热水壶、吹风、电话等电器设备,中国高档次的饭店一般使用中央空调,部分经济型饭店则使用分体式空调。一些高档饭店,特别是商务型饭店,房内还配有可上网的电脑、传真机、电热熨裤机、电熨斗和熨衣板等。

1 照明设备。

(1) 台灯。台灯一般置于写字台或床头柜上。台灯、灯罩式样很多。在选配台灯和灯罩时,色调花样要与室内墙壁、窗帘、床套、沙发套、台灯等相协调。室内有两盏以上的台灯时,就应注意色彩和式样上的统一。

(2) 落地灯。落地灯是一种可以移动的站灯,主要放在沙发旁边,与沙发一起构成一个交谈、阅读、休息的中心。落地灯灯架多用金属和木材制成,灯罩有纸罩、绸罩、纱罩、塑料薄膜罩、玻璃罩等数种,灯光有直射和反射两类,休息和交谈时宜用反射灯,阅读时宜用直射灯,落地灯大多是西式的,但也有一些木雕龙凤头的中式落地灯,在龙口凤头处悬挂宫灯,很富有民族色彩。

(3) 壁灯。壁灯是装在墙上的一种照明设备。其作用是补充其他灯具照明之不足。壁灯的造型要和同室的灯具取得统一,并要和室内风格色调相协调。

(4) 吊灯。吊灯多悬挂在天花板上,有中、西式之分。中式吊灯以宫灯为代表,具有独特的民族风格,宜用于突出民族色彩的建筑厅室内。西式吊灯品种繁多,如高级的水晶珠灯及各种形式的金属铸制品吊灯等。

(5) 地灯(脚灯)。地灯一般安装在床头柜底部,使用方便,又不影响他人休息。

2. 电视机。电视机是客房的高级设备,可以丰富客人的文化生活。电视机一般位于写字台右上方,距写字台正面边约10厘米,在电视机上面摆放节目卡一个,位置居中。另外,有些饭店把电视机置在电视机架上,电视机架放在写字台右侧,并与写字台前沿平行。服务员每日清洁电视机灰尘时,要用干布擦净外壳灰尘,清洁电视机平面时,必须先切断电源,然后用软擦布或皱纸擦拭。要调试好各频道节目,既方便客人使用,又能降低各频道扭转的使用率。电视机长期不用时,应每两个月通一次电,时间应在3小时以上,并要定期检查,以防止机件受潮而氧化。

3. 空调。空调是客房一年四季都保证适当的温度和新鲜空气流通的设备。

现大多数饭店使用的空调都是中央空调,各客房的墙壁上或床头柜电钮盘上都有空调旋钮或开关,风量分"强、中、弱、停"四种,另外还有一少部分饭店客房内使用的不是中央空调,而是空调器。房间空调器的分类有以下两种:

(1) 整体式。整体式空调器包括窗式和立柜式空调机。窗式空调器的优点是把制冷和空气处理部分组成为一个整体,具有结构紧凑、占用面积小、安装方便和送新风的特点,适用于需局部空调的客房。窗式空调器噪声大、耗电量大,给客人的睡眠带来极大的干扰,加之客人随意扳动,损坏维修率高,已属淘汰型产品。

(2) 分体式。分体式空调又分为壁挂式、吸顶式、落地式等几种。小型饭店、低星级饭店或度假型饭店的客房现多采用壁挂式分体式空调。大型饭店、高星级饭店应采用中央空调系统。中央空调系统可使饭店内的温度、湿度、净洁度和气流速度的综合指数达到人体的理想舒适状态。但如饭店经济条件有限，可采用壁挂式空调。其特点是将空调器分为室外机和室内机两部分，具有噪声小，不占地的长处，但无送新风的功能。

无论是整体式还是分体式空调器，按功能来划分又可分为冷风型、热泵型和电热型三种。冷风型空调器只能制冷除湿，不能制热，仅适用于夏季气温较高而冬季不需制热的地区。热泵型，是在冷风型基础上加上一个电磁换向阀，以控制制冷剂的流向而改变其工作状态，从而达到夏天制冷、冬天制热的效果。电热型，在冷风型空调器上加电热丝或发热元件，供冬天制热用。该种空调既可制热，又可制冷。

【小提示】

空调器使用时的注意事项

（1）只能使用220伏50赫兹电源。
（2）使用中经常给房间通风（因客房空调器无送新风的功能）。
（3）切勿拉扯电源线。
（4）切勿通过插入或拔出电源线来打开或关闭机组，否则易造成脚管松动而导致接触不良，使其产生电击和过热。
（5）使用额定电流适当的保险丝。任何时候绝不能用导线、针头或其他物品取代合适的保险丝，否则不仅会损坏机组，且可能造成严重的安全事故。
（6）室内温度要调节适当，过冷、过热，或者调节幅度过大，既损害人体健康，又浪费电力。例如，冷气运转每调低1℃，暖气运转每调高2℃，浪费能源10%左右。
（7）滤尘器每两周务必清扫一次。如果不认真清扫尘埃，造成滤尘器堵塞，将影响空调器运转效果。
（8）室外机周围不要遮挡杂物。
（9）长期不使用空调器时，应拔下电源插头。
（10）不要让阳光直射和风从空隙吹进。

4. 电冰箱。为了保证客人的饮料，客房内设有电冰箱，并放置酒品饮料。客人可根据需要饮用，用后填写"客房饮料单"，由服务员核对后将账单转到收款处，并补充饮料。

电冰箱一般位于梳妆台（或写字台）右（左）侧，也有些饭店把电冰箱放在壁柜右侧。

使用、保养电冰箱应注意以下几个问题：

（1）电冰箱放置平稳。距墙壁及其他物品10~20厘米。
（2）电冰箱内禁止存放温度高的食品。
（3）冰箱冷冻室内不宜存放啤酒、汽水、果汁等饮料，以免玻璃瓶因液体结冰而胀裂。
（4）冰箱应定期除霜，如果冰盒与蒸发器冰结在一起，切不可用小刀或其他金属器具撬取，可在蒸发器上倒入少量的水，使冰融化。
（5）清洁电冰箱，可用软布蘸中性清洁剂擦洗，并用清水擦洗后再用软布擦干。切不可用酸、稀释剂、石油、酒精等化学物品及热水清洗电冰箱。防止电冰箱的塑料部件变形、变质。
（6）冰盒内放置凉开水时不要把水倒得太满，约有4/5即可，如冰盒内的冰块无人食用，5~7天更换一次凉开水，散客退房后就应换冰盒内的水。

5. 电话。房间内一般设两部电话机，一部放在床头柜上，另一部放在卫生间里。电话机表面的灰尘每天要用干布擦净，话筒要用消毒剂经常消毒，并定期检修。

5. 门铃。有些饭店在客房装有门铃。电钮安装在门框上，铃在房间内，服务员进房时先按门铃示意，按钮和铃均用干布每天擦净，并定期检修。

（三）卫生洁具

客房卫生间是客人盥洗空间，主要设备有浴缸、马桶和洗脸盆三大件。

浴缸有铸铁搪瓷、铁板搪瓷和人造大理石等多种。以表面耐冲击、易清洁和保温性良好为最佳。浴缸按尺寸分大、中、小三种。大型的长168厘米、宽80厘米、深45厘米；中型的长150厘米、宽75厘米、深45厘米；小型的长120厘米、宽70厘米、深45厘米。一般饭店多采用中型的，高档饭店采用大型浴缸。浴缸底部要采用凹凸或光毛面相间的防滑构造。

近年来，一些高档饭店和豪华客房选用了各种按摩、冲浪式浴缸。这种浴缸的四周与下部设有喷头，当喷头的水流对人体肌肉冲射时，能起到按摩的作用。

洗脸盆有瓷质、铸铁搪瓷、铁板搪瓷、人造大理石等多种，使用最多的是瓷质洗脸盆，它具有美观且容易清洁的特点。

卫生间洁具应坚持经常清洁，要用专门清洁剂来保洁，不可用去污粉等粗糙的物品去擦拭。因为去污粉不仅容易把洁具光泽擦掉，而且对下水管道畅通有很大影响。对洁具的配件一定要用干布擦拭，以保持光泽。注意不可用腐蚀性强的如硫酸之类的东西擦拭。

（四）安全装置

1. 消防设施。客房内的消防设施用品主要有：烟感报警器（当室内烟雾达到一定程度时自动鸣叫报警）、自动喷淋灭火器（当室内温度达到一定程度时，堵在喷头出水口的水银球受热膨胀炸裂，水便喷到溅水盘上形成均匀洒水）、安全告示手册、"请勿在床上吸烟"的中英文标志、安全疏散示意图。

除了客房内的消防设施外，楼面通道也要设置报警装置、消火栓及灭火器，两侧要有安全门和安全楼梯，较长的通道中间要设防火隔离门、抽气机和通气装置。

另外，很多高星级饭店在客房内还配备了防毒、防烟呼吸保护面具。根据对火灾死亡人员的分析，被烟熏致死的比例高达78.9%，在被烧死的人中，多数也是因先中毒窒息晕倒后被火烧死的，可见烟雾在火灾中的危害性非常大。饭店提供的防毒面具的有效时间不低于15分钟，具有防一氧化碳等有毒气体的功能，面具上配有发光片，便于在浓烟中识别。

2. 防盗设施。门是防盗的关键部位，门上应装有警眼（俗称"猫眼"）、防盗锁、自动关门装置、安全链等；对楼层、阳台较低的客房要装配安全护栏；在通往客房的主要通道要安装闭路电视监控系统；房间内设置客人自动的小型保险箱，采用计算机系统确保安全，保险箱计算机系统是由住店客人自动设定6位数字的密码程序，客人离店后，通过中央控制系统可以取消密码，回到空挡。此外，客房内的保险箱也可以和警报系统联网，如有外人擅动保险箱，警报系统就会自动发出警报。

3. 客房生活安全设施。在采购客房内所有电器及家具时要充分考虑其安全性，设施设备的安装要确保安全；客房的装饰装修材料应具有阻燃性、无毒性；地毯要铺平整、电线不要露在明处；卫生间要有防漏、防滑措施，如浴缸侧墙上拉手要安装牢固等；平时要对客房设施进行细心的检查和及时维修。另外，客房设施设备的配置还要充分考虑到残疾人的入住要求，这类房间被称为无障碍客房。

任务2 客房布草的管理和控制

实训目标

了解客房布草的种类、质量要求及数量和规格；
掌握客房布草的管理与控制方法。
【实训方法】
教师示范；分组练习；考评测试。
【实训准备】
客房布草。

知识探究

客房布草的分类；客房布草的数量与规格。

一、客房布草的种类

（一）按用途划分

1. 床上用布草：包括床单、被套等。
2. 卫生间用布草：包括方巾、面巾、浴巾、地巾等。
3. 餐厅用布草：台布、餐巾等。
4. 装饰性布草：窗帘、椅套、裙边等。

（二）按质地划分

1. 全棉织物。全棉织物的特点是：手感柔软、舒适、吸水性强、透气性好，但耐洗性较差，易褪色、泛黄。如卫生间的毛巾。
2. 棉麻混纺织物。棉麻混纺织物的特点是：档次高、挺括、吸水性好。如台布和餐巾。
3. 化纤织物。化纤织物的特点是：耐洗、不起皱、不褪色、价格便宜。但手感差，透气性不好。如薄纱窗帘等。
4. 棉、化纤混纺织物。棉、化纤混纺织物在一定程度上弥补了各自的不足，既保持了棉织物的舒适、透气，又具有化纤织物的耐洗和不易褪色的特点，且不易发霉，价格适中。因此，越来越多的饭店采用棉、化纤混纺织物作为床单与枕套。

二、客房布草的质量要求

（一）床上用布草的质量要求

1. 纤维的长度。纤维的长短对布草的质量有着重要的影响。纤维长，纺织出来的纱均匀、光滑、拉力强，织成织物后平滑细腻、耐洗耐磨；纤维短，纺出的纱和制成的织物质量也较差。一般二级至四级棉的纤维长度是27~29毫米，一级（高级）棉的纤维长度是29~31毫米。
2. 纱支数。纱支数的高低与纤维的长短有很大关系。纤维长，纺出的纱细而紧，纱支数高，使用中不易起毛，耐洗耐磨；纤维短则次之。棉纱的支数有三种，用于床单、枕套等的织物有 20 支纱、21 支纱和 24 支纱。24 支纱要用一级棉纤维纺制，20～21 支纱多为二级至四级棉纤维纺制。混纺纱支数要高一些，因为化学纤维多比棉纤维长，所以可达 30 支纱和 40 支纱。

3. 织物密度。密度高且经纬分布均匀的织物强度和舒适度佳，可用做床单、枕套的织物密度一般为每 10 平方厘米 288 根×244 根，高级的可超过每 10 平方厘米 400 根×400 根。

4. 断裂强度。织物的断裂程度与织物的密度等都有密切的关系，通常织物的密度越高，其断裂强度越好。

5. 纤维的质地。目前常用的床单、枕套的质地主要有全棉和混纺两类。全棉的织物柔软透气、使用舒适，但容易起皱、褪色、泛黄，不耐用；而混纺织物则既保留了棉的特点，又吸取了化纤的易洗快干、抗皱挺括、不褪色、经洗耐用等优点。目前客房使用的床上布草，特别是床单、枕套、被罩等大多是棉涤混纺织物，一般棉涤比例为 50∶50 或 65∶35 等。

6. 制作工艺。布草的制作工艺也直接影响布草的质量。布草的制作要求是：卷边宽窄均匀、平齐、缝线平直，针脚均匀、疏密适度，规格尺寸标准。

（二）卫生间布草的质量要求

卫生间布草主要是各种毛巾，对毛巾的质量要求主要有以下几点：

1. 毛圈的数量和长度。通常毛圈的数量多而且长，毛巾的柔软性和吸水性就好。但如果毛圈太长就容易被钩坏，故一般要求毛圈的长度在 3 毫米左右即可。毛圈的数量和长度与毛巾的质量成正比。在购买毛巾时，不仅要看尺寸大小，而且还要看质量。

2. 织物密度。毛巾是由地经纱、纬纱和毛经纱组成的。地经纱和纬纱交织成布基，毛经纱与纬纱交织成毛圈，故纬纱越密，毛圈抽纱的可能性就越小。

3. 原纱强度。制作毛巾的原纱要有足够的强度，才能经得住拉扯。通常较好的毛巾，地经纱用的是股线，毛经纱用的是双根无捻纱，这样能增强耐用性和吸水性。

4. 制作工艺。毛巾的边必须牢固平整，每根纬纱都必须能够包住边部的经纱，否则，边部容易磨损、起毛。另外，毛巾的折边、缝线、线距等要符合要求。

（三）窗帘的质量要求

窗帘的功能是遮光、保护隐私、装饰美化、隔音隔热，还能弥补窗户本身的一些不足。客房的窗帘有薄窗帘和厚窗帘两种，多为织物制成。薄窗帘通称纱窗帘，作用是减缓阳光的照射强度、美化房间，白天既不影响室内的人观赏室外景色，又能保护室内隐私；厚窗帘则具有窗帘的较多功能，讲究的厚窗帘除有一层装饰布外，还有一层遮光背衬。

选择客房窗帘织物时要注意以下几点：

1. 纤维的质地。化纤牢固，不缩水，不褪色，颜色品种多且鲜艳，耐磨，耐拉扯，但易吸附灰尘，柔软度较差，档次较低。天然纤维华贵，色泽自然，坠感和手感好，浆过后平整挺拔，但会褪色，易缩水。混合纤维则兼具了以上两种纤维的优点，价格也比较适中，客房窗帘大多选用混合纤维的织物制作。

2. 纤维的工艺。纤维的纺织方法会影响织物的柔软性、坠感、牢度和美观度。选择时要注意纺织的松紧度及纤维的粗细。细的纤维精致、平滑、质高；粗的纤维粗犷、动感强，但质量较差。

3. 阻燃性。在纤维中加入矿物纤维，可使织物具有阻燃性，也可在织成后进行专门的阻燃处理。窗帘必须具有阻燃性。

4. 色彩和图案。客房窗帘的色彩和图案要根据房间的装饰风格、冷暖感、空间感等来选择，另外还要考虑其本身的显脏性。一般不宜用太大太乱的花形图案，颜色不宜太深或过浅。太深显得压抑，过浅容易显脏。颜色跳跃不宜太大，过分华丽和跳跃的色彩影响客房的安静感，刺激客人的视觉，影响客人休息。

5. 价格。选择窗帘织物时，还必须考虑价格因素，优质优价。

6. 制作工艺。窗帘的制作工艺直接影响窗帘的功能与使用寿命。因此，客房的窗帘应由专业厂家制作，要求精致考究。上下折边不能小于3厘米，褶距要相等均匀。为了增加坠感，可在底边配重。

三、客房布草的数量与规格

（一）布草的数量

布草的数量往往以"套"来表示。不管是哪一种布草，只要能将所有客房、餐厅都配备放置齐全，其需要的量就称为一套。饭店一般的配备套为4套：一套在用，一套在洗，一套在周转，一套备用。其中，前3套称为在用布草，一直在客房或餐厅、洗衣房、布草房之间周转；第4套称为备用布草，放在布草库房内，以备更新和补充。

具体而言，饭店在决定所需的布草数量时，除确定基本配备量外，还应考虑以下因素：

1. 饭店的星级档次。星级档次越高的饭店，清洁质量要求越高，布草更换的频率也就越高，周转周期就越短，数量要相应增加。

2. 饭店洗衣房的运转情况。主要指洗衣房的正常供应能力。

3. 是否送店外洗涤公司洗涤。送洗涤公司洗涤的布草，有时经常会出现运送上的不及时，饭店应增配一定数量。

4. 储存条件和资金占用损益分析。布草数量配备不足，会影响经营业务的正常开展。但配备过多，不仅要考虑相应的储存空间和条件，以及因库存时间过长而造成的自然消耗，而且流动资金占用过多，必然影响饭店的资金周转和经济效益。

（二）布草的规格

1. 床上布草的规格。客房的床上布草是与床及床上的其他用品配套使用的，其规格尺寸应与床的规格及其他相关用品的规格相适配。

（1）床单。床单的规格尺寸（见表2-6-1）是根据床的规格尺寸和铺床的方法及要求确定的。通常按下列公式计算：

$$床单的长度 = 床垫的长度 + 2 \times 床垫的厚度 + 2 \times 20（厘米）$$
$$床单的宽度 = 床垫的宽度 + 2 \times 床垫的厚度 + 2 \times 20（厘米）$$

如果床垫的规格是120厘米×200厘米，厚度为16厘米，用于这种床的床单的规格就应该是：

$$床单的长度 = 200厘米 + 2 \times 16厘米 + 2 \times 20厘米 = 272（厘米）$$
$$床单的宽度 = 120厘米 + 2 \times 16厘米 + 2 \times 20厘米 = 192（厘米）$$

之所以按照这套公式计算床单的规格，是因为按照铺床的方法和要求，床单不仅要覆盖床面，而且还要能包边包角，即包住床垫的四边四角，为了包角紧密，还需收四边塞进20厘米。

按照公式计算出来的床单的规格是实际所需的尺寸，没有考虑缩水的因素。棉布的缩水率一般为5%~8%，购买床单时要考虑其缩水率。

（2）枕套。枕套是与枕芯配套使用的，因此，枕套的规格尺寸（见表2-6-1）要依据枕芯的规格尺寸来确定。一般要求枕套比枕芯宽2~5厘米，长20~23厘米。

表2-6-1　　　　　　　　　　　　床单与枕套规格　　　　　　　　　　单位：厘米

类　　型	参考尺寸
单人床单（床：100×190）	170×260
双人床单（床：150×200）	220×270
大号床单（床：165×205）	235×275
特大号床单（床：180×210）	250×280
普通枕套（枕：45×65）	50×85
大号枕套（枕：50×75）	55×95

（3）褥垫。褥垫是铺在床垫上起防护等作用的垫子，因此，褥垫的规格要与床垫的规格相适配，通常要求略小于床垫的长度与宽度，以四边不超出床垫滚边并紧贴滚边为宜。不能过大，也不能过小。

2. 客房卫生间毛巾的规格。客房卫生间的毛巾的规格要与饭店的档次相适应。参照饭店星级评定标准的有关要求，客房卫生间毛巾的规格如表2-6-2所示。

表2-6-2　　　　　　　　　　　　客房各种毛巾的规格

种类	尺寸（厘米×厘米）	质量（克）	饭店档次
大浴巾	120×60	400	一、二星级
	130×70	500	三星级
	140×80	600	四、五星级
小浴巾	100×34	125	无明确规定
面巾	55×30	110	一、二星级
	60×30	120	三星级
	70×35	140	四、五星级
地巾	65×35	280	一、二星级
	70×40	320	三星级
	75×45	350	四、五星级
方巾	30×30	45	三星级
	30×30	55	四、五星级
浴衣	大、中、小号	—	—

3. 餐巾与台布的规格。餐巾与台布均为正方形，台布的尺寸标准是：台布铺好后，边缘下面至座椅面即可。餐巾与台布规格见表2-6-3。

表2-6-3　　　　　　　　　　　餐巾与台布规格　　　　　　　　　单位：厘米

类　型	参考尺寸
大餐巾	54×54
中餐巾	51×51
大台布	235×235
中台布	180×180
小台布	137×137

4. 窗帘的规格。窗帘可分为标准窗帘和落地窗帘两种。

（1）标准窗帘。标准窗帘的尺寸（单位：厘米）为：

长度（高度）＝窗子的长度（高度）＋5×（15～20）

标准窗帘的上下两端均应超出窗户15～20厘米。如果窗子的高度为150厘米，那么窗帘的长度应为［150＋（30～40）］厘米，即为180～190厘米。

窗帘宽度与窗帘轨道的长度相等。轨道长度等于窗子宽度两边各加15～20厘米。如果窗户的宽度为250厘米，那么窗帘的宽度应为［250＋（30～40）］厘米，即为280～290厘米。

（2）落地窗帘。是否做成落地窗帘，一般取决于窗户的大小与墙面的比例、窗户离地面的距离及整体装潢效果。如果窗户面积与墙面面积之比大于2/3，则宜做落地窗帘；如果窗台离地面的距离小于45厘米，宜做落地窗帘；大于70厘米，宜做标准窗帘；介于45～70厘米，则视整体装潢效果和窗户面积与墙面面积的比例大小而定。落地窗帘的高度应为挂好后下端离地面2厘米，宽度则等于轨道长度。一般轨道长度等于墙面的宽度（星级饭店客房客用品质量与配备要求见于附件五）。

任务3　客用品管理

实训目标

了解客用品的管理原则；
能够制定客用品的消费定额；
掌握客用品的日常管理方法。
【实训方法】
教师示范；分组练习；考评测试。
【实训准备】
客用品。

知识探究

客用品消费额确定。

客房客用品是为客人使用方便而设的，这类物品数量大，品种多，消耗快，难以控制和掌握。加强对客房客用品的管理，确保客人需要，降低消耗是客房管理的一项重要工作。

一、客房客用品的选择原则

不同档次的饭店所提供的客房日用品是有差别的，客用品的消耗量也不相同。鉴于客房日用品种类繁多，在选择时应遵循以下几项原则：

（一）实用

客房客用品是为方便客人生活而提供的，因此，必须首先具有实用性。

（二）美观

客房客用品要具有观赏性，要体现饭店的档次，要与客房的装饰水准相协调。美观大方的客房客用品能使客人产生舒适悦目的感觉。

（三）适度

客房客用品的质量及配备的数量，应与客房的规格档次相适应。星级饭店必须按照我国旅游行业标准《星级饭店客房客用品配备与质量要求》配置客房用品。

（四）价格合理

客房客用品消耗量大，价格因素很重要，要在保证质量的前提下，尽可能控制好价格，以降低成本费用。

（五）环保

客房客用品品种多，使用的频率高，消耗大，而且这些一次性用品的成分多是塑料及其他化学物质，在自然界中降解速度非常缓慢，会对环境造成很大污染。这就需要饭店在采购日用品时要以环保性为原则。

【小链接】

多项措施创"绿色饭店"　出手："六小件"之外各显神通

据悉，目前上海的许多饭店在酝酿逐步减少或者撤销"六小件"的同时，正在采取其他的节能措施大力创建"绿色饭店"。上海饭店业目前已有20家饭店获得了ISO14000环境管理体系认证；高星级饭店中已有约83%的饭店在客房和卫生间内放置了"绿色环保卡"，提示客人可多次使用床单、毛巾等客房布草件，以减少客房布草件的洗涤次数；一些饭店在节约用水、用电等方面也采取了积极的措施。

紫金山大饭店：对大堂至四楼的自动扶梯进行变频改造，锅炉油改气，启动空调变频方案，减少客用品"六小件"的配备数量等。

王宝和大饭店：将客用的牙刷、木梳、拖鞋分为两种不同颜色，隔天不再发新的；对住两天以上的客人，只换床单，不换被套；礼宾部的"送报袋"用布料制作，可反复使用。

宝隆宾馆：对拖鞋等可重复使用的客用品进行回收，交厂方重新洗涤、消毒；对照明线路进行改造，采用节能灯代替白炽灯；加装变频节能装置；调整空调泵马达。

锦江国际集团：其所属的东亚、南京、闵行等饭店以及锦江之星长宁店、南京店、花木店、扬州店、绍兴店等17个单位已先后在部分照明电路系统中安装使用了 ANJN – SAVER 灯光智能节电器，平均节电率达到15%以上。

浦江饭店：将厨房的蒸箱、消毒箱等改造为直接使用煤气燃烧的设备。

扬子饭店：购置了一套餐饮废水处理器，使排水中油含量低于50mg/L，悬浮物含量低于100mg/L，达到了上海市内管排水标准。

威斯汀大饭店：将饭店及公寓的走道灯由原来的35W冷光灯全部换成20W。

香格里拉饭店：推行最佳操作规程的管理体系，将空调全部改造成变频自动控制系统；在饭店内设置不同的垃圾箱，分别处理可回收利用的垃圾和一般的垃圾；今年还新建了冰蓄冷系统，在用电低谷时制冰，然后在用电高峰时通过冰进行降温。

（资料来源：上海商报网，2005年7月25日，http：//www.shbiz.com.cn/Item/6837.aspx）

二、客用品消费定额制定

（一）一次性消耗品的消耗定额制定

一次性消耗品消耗定额的制定方法，是以单房配备量为基础，确定每天需要量，然后根据预测的年平均出租率来制定年度消耗定额。

计算公式为：

$$A = b \times x \times f \times 365$$

其中：A表示每项日用品的年度消耗定额；b为每间客房每天配备额；x为饭店客房总数；f为预测的年平均出租率。

例题：某饭店有客房300间，年平均出租率为80%，牙膏、圆珠笔的单间客房每天配备额为2支、1支。求该饭店牙膏、圆珠笔的年度消耗定额。

根据上述公式计算得：

牙膏的年度消耗定额 $= b \times x \times f \times 365 = 2$ 支 $\times 300$ 间 $\times 80\% \times 365 = 17.52$（万支）

圆珠笔的年度消耗定额 $= b \times x \times f \times 365 = 1$ 支 $\times 300$ 间 $\times 80\% \times 365 = 8.76$（万支）

（二）多次性消耗品的消耗定额制定

多次性消耗品定额的制定基于多次消耗品的年度更新率的确定。其定额的确定方法，应根据饭店的星级或档次规格，确定单房配备数量，然后确定其损耗率，即可制定消耗定额。

计算公式为：

$$A = B \times x \times f \times r$$

其中：A表示每项日用品的年度消耗定额；B为每间客房每天配备额；x为饭店客房总数；f为预测的年平均出租率；r为用品的损耗率。

例如：某饭店有客房400间，床单单房配备3套（每套4张）。预计客房平均出租率为75%。在更新周期内，床单的年度损耗率为35%，求其年度消耗定额。

根据上述公式计算得：

床单的年度消耗定额 $= B \times x \times f \times r = 3$ 套 $\times 400$ 间 $\times 75\% \times 35\% = 315$（套）

控制客用物品时，要做到内外有别，即客人使用的物品，要严格按有关标准配备，该补充的一定要补充，该更新的必须及时更新。内部员工的使用，要厉行节约，能修则修，能补则补，精打细算，在保证对客户服务质量的前提下尽可能节约。

三、客用品的日常管理

日常管理是客房客用物品消耗控制工作中最容易发生问题的一个环节，也是最重要的一个环节。

（一）专人领发，专人保管，责任到人

客房客用物品的领发应由专人负责，不能多人经手。如果必须多人经手，就要严格履行有关手续。储存和配置在各处的物品，要由专人保管。

（二）控制流失现象

在客房客用物品的日常管理中，造成客用品流失的原因主要有：一是客人拿走部分客用品；二是员工利用工作之便拿走客用品。针对上述情况，可以采取以下措施。

1. 加强对服务员的职业道德教育和纪律教育。
2. 要求服务员做好客用品的领取和使用记录，以便核对。

（三）合理使用

员工在工作中要有成本意识，注意回收有价值的物品，并进行再利用。另外，还要防止因使用不当而造成的损耗。

（四）避免库存积压，防止自然损耗

很多客房客用品尤其是客用消耗物品都有一定的保质期，如果库存太多，物品积压过期，难免会造成自然损耗。因此，饭店要根据市场货源供需关系确定库存数量，避免物品积压。

任务4　洗衣房设备的分类和保养

实训目标

认识洗衣设备及其保养；
掌握洗衣流程。

【实训方法】
教师示范；分组练习；考评测试。

【实训准备】
洗衣设备。

知识探究

洗衣房设备；洗衣房设备保养；洗衣工艺流程。

现代洗衣房设备不但具有很高的机械化程度，而且采用电脑控制，自动化程度越来越高。洗衣房设备按其功能可分为四类：水洗设备、干洗设备、熨烫设备和辅助设备。其中，水洗设备包括水洗机、脱水机和烘干机；熨烫设备包括自动熨平机、烫床、人像机和熨斗；辅助设备包括折叠机、抽湿机和打码机等。

一、洗衣房设备

（一）水洗机

水洗机是洗衣房最基本的洗衣设备，又称湿洗机，主要用于棉织品洗涤，有全自动、半自动和机械操作三种，容量大小50~140千克不等，洗衣房一般配备大小容量不同的水洗机，以根据洗涤量的多少按需要使用。

（二）自动洗衣脱水机

自动洗衣脱水机由可编程微电脑自动控制，自动化程度较高。缸体采用全悬浮结构，机体震动较小，具有安全稳定、抗震动性能好等优点。各种阀门采用气动控制，动作迅速可靠，方便维修。

洗完的布衣物含有大量水分，需要用脱水机除去水分，初步达到干燥作用。脱水机适用于客房床单、毛巾、地巾、窗帘布艺、餐厅台布、餐巾、厅房布艺、员工制服、服务清洁用布艺等的洗涤。

（三）自动干衣机

水洗后的衣物虽经离心脱水，但只是除去大部分的水分并不能使衣服彻底干燥，还应用烘干机将衣服烘干。

自动干衣机适用于洗涤脱水后的各类型布草、制服等织物。其特点：自动控制烘干时间，自动顺、倒运转烘干，可以自动停止并发出信号。配有较大的钢化视镜玻璃，可随时查看衣物烘干情况。自动干衣机多为立柜式，结构紧凑，占地面积较小。

（四）自动干洗机

自动干洗机是用一种叫四氯乙烯的干洗油来洗涤衣物的，因不用水洗，故称为干洗机。一些会缩水、变形和褪色的织物不适合水洗，而干洗油能除去衣物上的污渍，特别容易溶解衣物上的油污。适用于洗涤棉、毛、呢、绒、化纤（氯纶、人造革、金丝绒除外）、毛毯、裘皮及羽绒、皮毛等。

现今的自动干洗机均使用电脑控制，自动化程度较高。各种阀门大多采用气动或电动控制。可实行加液、循环过滤、排液、脱液、烘干等全过程的自动化。内部结构如干洗机缸体、滚筒等多用不锈钢制造。

（五）自动熨平机

自动烫平机主要用于床单、被套、枕套、桌布和餐巾的熨烫。其工作原理是：烫板由蒸汽加热，滚筒由电动机带动，被烫织物卷入滚筒和烫板之间，在一定的温度和压力下被烫干熨平，滚动熨烫的速度和压力都可以按被烫物质地的不同而调整。其特点：采用变频调速技术，有蒸汽和电加热两种功能。可根据不同织物的需要及熨平状况选用合适的熨烫速度及方式。具有抽湿装置及正向、逆向运转功能。

（六）烫床

烫床是一种根据不同服装而制成的，有较大面积的熨烫设备。其工作原理是：将所要熨烫的服装"穿"在烫床上，再用与烫床完全吻合的烫板压紧烫床上的服装，利用"热定型"方法使得服装平整挺括。烫床的种类有长裤烫床、恤衫烫床、制服烫床、立式烫床和万能烫床。

（七）人像机

人像机是做成人像形状的定型设备，主要用途是熨烫干洗后的上装。其工作原理是：将上装套在人像机上，打开蒸汽阀门，蒸汽使人像机的气袋鼓起来，将套在人像机上的服装撑开，达到定型的目的。

（八）去渍机

具有真空抽湿功能。采用蜗壳式风机，并配有去渍枪、水喷枪、空气喷枪、蒸汽喷枪等，以达到去除各种不同污渍的需要。

（九）夹烫机

用于羊毛、合成纤维及毛织料的裤缝、衣领等的定型熨烫加工，同时也可以烫平小面积台布、餐巾、手帕等物品，主要用于干洗后织物的熨烫处理。

（十）工衣夹机

用于纯棉、混纺织料的裤缝、衣领等的定型熨烫加工，同时也可以烫平小面积台布、餐巾、手帕等物品，主要用于水洗后织物的熨烫处理。

（十一）折叠机

折叠机是熨平机的配套设备，它可以将熨平的床单等按规定的要求折叠好，折叠机是用电脑控制的，可任意调整需要的折叠尺寸。与自动熨平机配套使用，适用于客房床单、被面、餐厅台布等，能极大地提高工作效率。

其特点：电脑控制，纵折和横折次数可按织物幅度、厚度自由编辑。具有自诊断功能，可双倍提高小型布草的烫平折叠能力，降低能耗。具有自诊断、安全保护、检测点自保养等功能。

（十二）抽湿机

蒸汽烫床在熨烫时喷出一定的蒸汽，若过多的蒸汽留在洗衣房内，不但会使湿度升高，还会出现冷凝水，因此，抽湿机的作用就是将蒸汽抽入管道排出室外。

（十三）打码机

打码机是专为洗涤客衣而设置的。原先的洗衣房都是用布条写上号码钉在衣服上，以防止衣服搞混，比较麻烦。打码机的工作原理是：将不干胶贴在衣服的领腰袖等处，不干胶上的数字可同时打印出来，无论干洗水洗都不会脱落，方便快捷。

除了以上的主要设备之外，洗衣房还有其他的设备，如洗衣水池、各种工作台、不锈钢挂衣推车、布草运输车、玻璃水推车等。大、小、中型洗衣房设备差别是很大，就是同样的洗衣设备，其型号也有很大差别。饭店应根据实际需要选择洗衣设备，合理预测洗衣房的洗衣容量，使洗衣设备不至于超负荷运转状态，也不至于使机器经常空闲。

二、洗衣房设备的正确使用与保养

洗衣房设备结构复杂、资金投入量大，正确的使用与保养，不仅能保证第一线的正常业务开展，而且可以延长机器使用寿命，减少维修次数，降低消耗成本，提高经济效益（如表2-6-4）。因此，饭店要掌握每天布草的洗涤数量及设备的工作状态，制定合理的操作和保养规范。

1. 对于上岗前的员工必须进行设备操作使用的培训；
2. 定人定机，每台机器都有专人使用与保养，增加员工责任心；

3. 每天开机前必须先行检查，不可以让有故障的机器运转；
4. 应注意观察设备各部分的运行状态、问题，如出现异常需及时关机检查；
5. 机器不允许超载运转，最好是每次装载量是洗衣量的80%；
6. 设备使用完毕，做好下班前的停机整理工作，并对设备进行日常保养，如切断电源、水泥、气源，清理内部杂质，擦拭外壳，转动连接部位加油，打扫周围场地等；
7. 定期对机器进行检查，防患于未然。

表 2-6-4　　　　　　　　　洗衣房设备调查表

（1）饭店每天布草量（洗衣房每天工作＿＿＿＿＿＿小时）

名　　称	数量/天	名　　称	数量/天
大毛巾	条	脸　巾	条
小方巾	条	床　单	张
泳　衣	件	浴　衣	件
客人衣服（干洗）	套	员工服	套

（2）洗衣房设备配置（请附上设备每天运行时间）

设备名称	型号规格及单位时间洗衣量	数量	耗蒸汽量
熨平机		台	kg/h
烘干机		台	kg/h
蒸汽熨斗		台	kg/h
干洗机		台	kg/h
洗衣机		台	kg/h
洗衣机		台	kg/h
合计：			kg/h

三、洗衣的工艺流程

（一）洗衣过程

洗衣过程大致分三个阶段。

1. 准备工作。包括脏衣和织品的收集、运输、点检、分类、标记、暂存、称重等各种洗衣的管理工作。
2. 洗衣。包括预清洗、洗涤、脱水、烘干、熨烫、压平、折叠等。是洗衣过程中的主要操作。
3. 储存和发送。包括洗衣后的检验、修补、整理、储存和发送。

（二）洗涤工艺

衣物的洗涤工艺有水洗和干洗两种，使用的设备也不同。水洗使用肥皂、洗涤剂等在水中洗涤，水洗衣物有床单、被单、毛巾、桌布、衬衫、工作服等棉麻织品；干洗是用挥发性溶剂在密闭容器（专用的干洗机）内洗衣的，干洗机一般具有自动洗净、烘干的功能，干洗的对象主要是一些绸缎、毛料、做工精细结构紧密的不宜水洗的衣物等。对于不同的被洗物应根据其特点采取相应的洗涤方法，才能获得良好的洗涤效果（详见图2-6-1）。

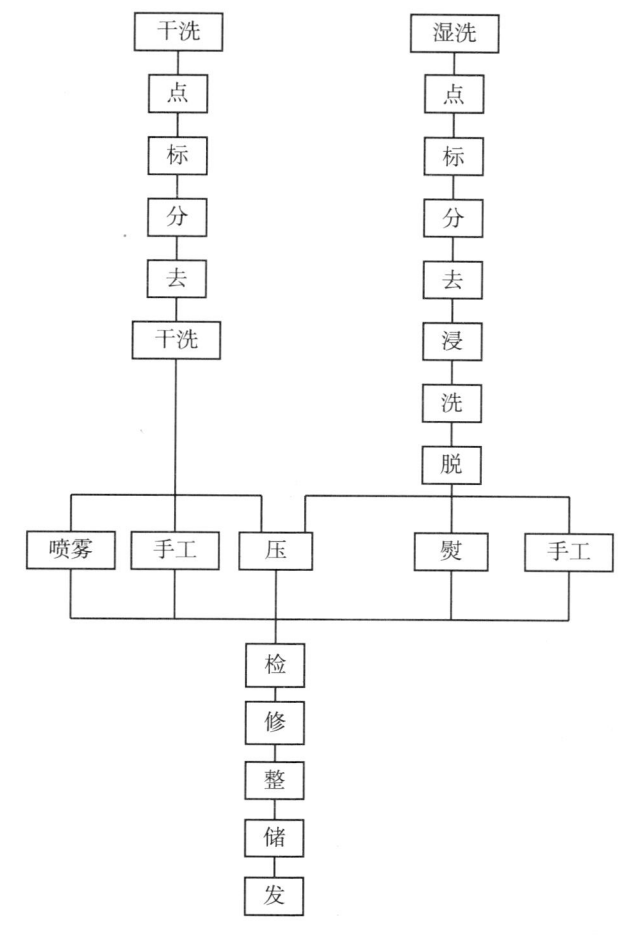

```
    干洗              湿洗
     │                │
     点                点
     │                │
     标                标
     │                │
     分                分
     │                │
     去                去
     │                │
     干洗              浸
                      │
                      洗
                      │
                      脱
     │                │
  ┌──┼──┬──────┬──┼──┐
 喷雾 手工 压    熨  手工
              │
              检
              │
              修
              │
              整
              │
              储
              │
              发
```

图2-6-1　干洗和水洗的工艺流程

【小拓展】

1. 普通衣物如一般的西服、裤子、裙子、短外套等，一般可根据其污垢情况，选用二次干洗法或加料干洗法进行处理。

2. 厚实毛料、大衣类衣物多在冬天穿着，颜色以深色居多，一般都穿一段时间才洗涤一次，污垢程度相对比较严重，因此对这类衣物一般采用加料干洗法洗涤。

3. 洗涤纯白色衣物需要干洗机内有一个绝对清洁的工作环境，即纤毛过滤器必须起作用，有关溶剂所经过的管道必须干净。只有这样，才能确保衣物洁白、不发灰，一般采取二次干洗法洗涤。

【项目小结】

1. 本项目介绍了客房设备的分类以及保养。
2. 客房布草用品管理在饭店客房中占有非常重要的作用。
3. 通过本项目学习，还应学会客房布草用品的消耗定额制定。

4. 掌握客房客用品的规格和数量对客用品的管理有着重大意义。

5. 认识洗衣房的各种设备并学会会操作和保养，熟悉洗衣的流程，才可以为客人提供更优质的服务，为饭店树立良好的形象。

实训测评

布草日常管理程序

实训步骤	实训主要内容	测评要点
布草存放要定点、定量	1. 尽量减少库存时间，否则会影响质量及其使用寿命，所以布草的使用应遵循"先进先出"的循环使用原则，以保证布草的使用和存放周期均等 2. 新布草应过水处理后再使用，这样有利于提高布草的强度 3. 洗涤好的布草应该先在货架上搁置一段时间，这样可以散热透气，延长布草使用寿命 4. 布草房不应堆放其他物品，特别是化学药品、食品等 5. 要经常清洁整理、定期安全检查，限制无关人员进入 6. 布草房要配置相应的货架、衣架等，分类存放 7. 切勿将布草随便乱放，以防污染和损坏布草。布草要用防护罩住，尤其是对一些长期不使用的布草，以防止积尘、变色	库房的温度以不超过20℃为佳，湿度不大于50%，最好在40%。布草房要通风透气，保持清洁。并放入干燥剂和防虫剂，以免变质，特别是在盛夏伏天进入雨季时
建立布草收发制度	1. 以脏换新制度：用脏布草换取干净布草，由楼层服务人员将脏布草送交洗衣房，或布草员工来收取再送往洗衣房 2. 超额领用需要申请，需填写借物申请表，获批后才可以领取布草 3. 在清点或叠放布草时，应将破损、有污迹的拣出，单独处理。破损或有污渍布草总数应该保持一致	要填写客房布草换洗单
建立布草报废和再利用制度	1. 对有破损、无法清除的污迹或使用年限已满的布草应定期、分批进行报废，以保持服务水准 2. 报废后的布草可由洗衣房根据具体情况进行改制，将其改用为枕套、洗衣袋、抹布、拖把等	要填写布草报废单，请有关部门审批
建立定期盘点制度	1. 布草需要定期全面盘点，一月一小盘，半年一大盘，到期盘点需会同财务部进行 2. 盘点时应停止布草在使用部门的周转，分门别类进行盘点	填写布草盘点表，布草总数应与起初周转的布草总数一致

学以致用

1. 客房日用品的分类和质量要求有哪些？
2. 客房日用品的数量和规格如何？
3. 某饭店有客房200间，年平均出租率为85%，每间客房每天茶杯、茶叶的配备额为2只、4包。该饭店茶杯、茶叶的年度消耗定额应多少？

4. 在认识洗衣房洗衣设备的基础上，还应该注意对洗衣房设备的哪些保养工作？
5. 案例分析：

上海一年丢弃 1814 吨

　　据有关机构调查表明，国内饭店业所配的一次性客房用品使用率不到 50%，虽然使用率这么低，但饭店却天天更换，如此累积，不仅浪费了社会资源，更造成环境污染。这些分量加起来还不到三两的"六小件"，其浪费程度却十分惊人，据上海环卫部门统计，上海一年所有丢弃的饭店"六小件"总重量竟达 1814 吨！上海环卫局有关负责人介绍，每年为了处置这些被饭店丢弃的"六小件"，环卫部门就要投入近百万元。更重要的是，被丢弃"六小件"的处理，成了环保专家们很头痛的难题。上海环卫局宣教中心有关人士向记者介绍，由于"六小件"中大多是以塑料为原料，因此当这些丢弃物品被填埋后，它们很难在土壤中被降解，成为城市中的新污染源，长期以后将对我们居住的环境和土壤产生影响。同时，这些只使用过一两次就被丢弃的洗浴用品，给社会造成了巨大的资源浪费。据上海某五星级饭店的相关负责人介绍，该饭店假如取消"六小件"供应的话，一年将节省支出 20 余万元。假如上海所有饭店取消"六小件"的话，那么一年将节省上千万元。

讨论：

（1）试分析饭店一次性用品在使用与管理过程中的利与弊。

（2）饭店撤出"六小件"后，应如何加强客房日用品的管理，以满足宾客的生活之需？

项目七 客房部安全管理

📋 案例导入

一切为您安全着想

夏日的一个上午，某大饭店客房部小郑和往日一样，整理完工作车，便开始了一天的工作。

小郑来到 408 房间打扫卫生，收拾床的时候，听到走廊内有人叫服务员，她便立即放下手中的工作，快步走出房间。

409 房门口站着一位先生，手里拎着很多东西。小郑微笑着迎上去问候客人并询问有什么事需要帮忙。站在 409 房门口的先生说，他的一位朋友住在 409，早上他打电话给我，让我把东西送过来，并在这里等他回来。

"先生，请问你的朋友贵姓？"小郑微笑着问客人。"怎么，不相信我？"客人用质疑的语气反问小郑，并把手里提的东西往地毯上一放，从上衣口袋里掏出他的证件，伸到小郑面前，是警官证。

小郑明白客人误解了自己的意思，但还是有礼貌地对客人笑着说："先生，您误会了，首先，我对您是肯定的信任，但是您的朋友住在我们饭店，这个房间目前的所有权归他，如果不经他本人同意，我们是无权为任何人开门的。您想，如果这个房间是您的，而在您不在的情况下，我们服务员……"

客人听完小郑的一席话后，脸上露出了温和的笑容。他拿手机拨通了朋友的电话，讲明情况后，客人把电话递给了小郑。客人在电话里说："小姐，谢谢你，我是 409 房间的客人，叫××，麻烦你把房间门打开，让我的朋友进去，我马上就回来。谢谢。"

挂断电话后，小郑对访客说："先生，对不起，请稍等，我去拿钥匙。"小郑借机打电话到总台，对 409 房间的情况再次进行了确认，并在最短的时间内来到了客人面前打开房门，帮客人把东西提进房间。

放好东西后，小郑礼貌地为客人沏了一杯茶。放到客人面前。来访的先生微笑着对她说："姑娘，你这样对工作认真负责的态度，我的朋友在这里住，还有什么不放心、不满意的，谢谢你。"小郑听到客人的赞赏，心里感到十分高兴，并对客人说："应该谢的是您，谢谢您对我们工作的支持和理解，耽误了您这么长的时间，实在抱歉，您先休息一下，喝点茶水，如有什么事情，可以拨我们电话，我们随时为您提供服务。"说完之后，小郑便退出房间，并帮客人带好房门，继续干自己的工作。

🔍 案例评析

这是一个语言技巧服务的典型案例，展现了语言艺术的重要性。在案例中，访客在小郑的耐心解释下，由不高兴到认可，再到最后的赞扬，说明小郑恰如其分地做到言之有"礼"、言之有"理"的语言艺术！

作为一名楼层服务人员，在某种程度上担负着客人安全保卫的职责，小郑在安全方面有着极高的警惕性,在对客人服务过程中很好地做到了这一点。

在通过访客电话确认后,小郑没有拿出随身佩带的万能钥匙给客人开门,而是礼貌地让客人稍等,并在最短时间内与总台联系,再次对409房情况进行确认,把工作做到最细处,不忽视每一个细节。

安全是外出旅游者最基本的要求,而饭店是人们外出期间临时的"家",因此饭店的安全是客人对饭店的最基本要求之一。饭店的安全质量管理不仅包括打击犯罪分子,保障客人的人身、财物安全,而且包括保障客人的心理安全及饭店财产的安全。客房部的业务工作涉及饭店的各个区域,安全状况是客房部质量管理的关键问题,是客房部的重要任务之一。

任务1 客房部安全管理概述

实训目标

熟悉客房安全的含义;
能够利用饭店安全设施设备加强客房安全。
【实训方法】
参观饭店;总结报告。
【实训准备】
纸;笔。

知识探究

客房部安全管理内容;客房安全设施设备。

一、客房安全的含义

客房安全是一个全方位的概念。它不仅仅是指入住饭店的客人的安全,还包括饭店的员工安全及整个饭店的安全。

(一) 客人安全

根据国际旅馆业的惯例,旅客一经住宿登记,饭店就要正式对旅客的安全承担责任。第一,保护客人的人身和财产安全,这是客房安全的首要工作;第二,保证客人的心理安全,即客人入住后对环境、设施和服务的信任感;第三,保障客人的合法权益,客人入住客房后,该客房就称为客人的私人场所,饭店的任何人员,在没有特殊情况下,都不得随便进入该客房,饭店员工有责任为客人保守秘密和隐私。

(二) 员工安全

客房安全不仅仅指客人安全,还包括员工的生命、财产安全和员工的职业安全。饭店应为员工提供一个健康的工作环境,制定安全操作程序,定期为员工检查身体。

(三) 客房安全

指饭店以及客房楼层本身的安全,主要指客房区域应处于没有危险的状态并对潜在危险因素的排除。

二、饭店安全设施设备的配备

安全设施设备是指一切能够预防、发现违法犯罪活动,保障客人和饭店、员工安全的技术装备,由一系列机械、仪表、仪器、器材等组合而成。客房部的工作范围几乎涉及饭店的各个区域,要做好安全工作,必须对整个饭店安全设施设备的配备情况有一个基本的了解。

(一) 电视监控系统

电视监控系统是由摄像机、录像机、手动图像切换、监视器等组成的。一般在饭店的出入口处、电梯内、客房走道及其他敏感部位安装摄像头,监视这些场所的活动,从中发现可疑人物或不正常现象,以便及时采取措施。这样可以减少安全部的巡逻人员,同时给饭店及客房区域的安全带来更有效的保证。

饭店监控系统对建立客房服务中心的饭店来讲,是必备的设施设备,其电视监控系统的摄像镜头主要分布在:

1. 大堂。前厅部的大堂是饭店客人出入和集散的重要场所,一般要安装大角度旋转的摄像头,以确保对饭店大堂客流情况的控制。违法犯罪分子要到饭店作案,绝大多数会在大堂的监视屏幕出现。一旦发现可疑情况,监控人员要及时通知楼层服务员进行监视,并立即向保安部报告。

2. 客用电梯。电梯升降时处于封闭状态。当电梯内有违法犯罪行为,如殴斗、凶杀或侵犯妇女的暴力行为等,被害人无法求援,保安人员也无法掌握和解救。因此,每个正常使用的客用电梯均要安装摄像头,只要发现可疑现象,即可定点录像取证和跟踪监控。当然,监视人员要正确判断图像,并防止不法分子用胶布或其他手段封住摄像头。

3. 楼层过道。这在实行客房服务中心管理的饭店尤其重要,因为楼层没有专职的台班服务员。客房区域的每个楼层过道都应配置摄像头,以保护住店客人的安全,防止盗贼及其他不法分子,或可疑人员在楼面进行不法活动或骚扰住客。

4. 公共娱乐场所。饭店的健身房、舞厅、游泳池等,属于公共娱乐场所,存在着打架斗殴,甚至贩卖毒品的可能性,有必要安装摄像系统,以防止、控制治安事件的发生。

5. 贵重财物集中场所。贵重财物集中场所,如贵重物品保险柜、收银处、仓库等处是犯罪分子窥视的地方,配备电视监控系统,可及时发现案情。同时,这些地方如果出现无关人员,监控人员应及时通知有关部门询问盘查。对形迹可疑、说不清来历意图的人,要请其到保安部,进一步查清情况和原因。

(二) 安全报警装置

饭店的一些重要部位,为防盗窃、抢劫、爆炸,必须安装安全报警装置,并将这些安全设备连接成网络系统,才能更有效地保护住店客人的生命财产安全和饭店及员工的安全,维护饭店的声誉。

1. 饭店常用的报警器种类。
(1) 微波报警器。
(2) 被动红外线报警器。
(3) 主动红外线报警器。
(4) 开关报警器。
(5) 超声波报警器。

饭店可根据报警器的不同性能和实际情况选择和配备防盗、防抢、防爆系统。

2. 安全报警器设置的部位。

（1）收存钱款的部位。财务部、收银处、保险柜等部位需要安装防盗、防抢装置。当白天发生抢劫时，工作人员可手动报警；夜间发生盗窃时会自动报警，以便保安部迅速采取紧急措施。

（2）贵重物品和财务集中的部位。珠宝柜、商场、仓库、展销厅常是犯罪分子夜间"光顾"的地方，因此这些部位的门窗应分别选择门磁开关、锁钥开关、红外微波探测器和玻璃破碎探测器等防盗报警器材。安全报警装置与电视监控系统配套使用，效果更佳。

（3）消防通道。饭店楼层的消防通道应是昼夜畅通的，客人一般不会从消防通道出入饭店或楼层，但不法分子却会利用通道无人看守之际，出入饭店作案。有的饭店为了防止这一漏洞，夜间采取上锁的办法，但这样做是违反消防安全管理规定的。要解决这一矛盾，最好的办法就是安装报警器和摄像头。

（三）通信联络系统

饭店的通信联络系统是指以安全监控中心为指挥枢纽，通过呼唤机和对讲机等无线电通信器材而形成的联络网络。这个通信网络使饭店的安全工作具有快速反应能力，对保障饭店的安全起着十分重要的作用。

（四）钥匙系统

钥匙系统是饭店最基本的安全设备。沿用了多年的金属和塑料门锁由于易损、易失窃和易仿造等缺陷，目前，越来越多的饭店采用了可编程电子钥卡系统，并与饭店其他系统协作或联网，使住店客人感到舒适、方便和安全。

新型门锁系统的核心是安装在房门中的微处理器，它可以单独使用，也可将饭店所有门房中的微处理器连接到一台主机上，形成集中统一的门锁系统。客人开门时不再使用普通钥匙，而是用一种内置有密码的磁卡，使用时只需将磁卡插入门上的磁卡阅读器，若两者密码符合就可将门打开。微处理器和磁卡中的密码都是在客人入住时配置，还可以随时根据需要更改。

电子门锁系统的优点，首先是便于控制，它可以在饭店需要其失效时失效。例如，客人只住宿一晚，门锁系统就可以预置为一天，客人第二天中午12时以后就无法打开房门。这种"钥匙"是其他人不能仿制的。其次，电子门锁系统还具有监控功能。客人和有关工作人员虽都有打开房门的磁卡，但号码不同，因此如果某客房发生失窃，管理人员只要检查门锁系统就可以得到一段时间内所有进入该客房的人员的记录。另外，如果将房门上的微处理器连接到主机上，与饭店其他系统配合，还可以提供更多的服务功能。例如，如果与能源管理系统联网，则客人在开门的同时，即可开通室内空调、照明等系统；如果与电视、电话等系统连接起来，服务人员就不能在客房内随意打电话，也不可以收看客人付费的电视节目，因为其磁卡上的密码与客人不同。还可将门锁系统与饭店物业管理系统连接，这时客人的磁卡在饭店中就如同信用卡一样，可以进行从入住登记到结账期间所有消费的结算。

除了已开始采用的电子门锁系统外，随着科技的发展，饭店还可以利用生物鉴别系统来保证客人的安全。这种系统是利用人的生理特征，如指纹、手掌等作为开启门锁的信息。由于这些生理特征比密码更具有唯一性和不可仿制性，因而可以使客人更方便、更安全。

【小链接】

饭店"一卡通"管理系统是将饭店管理系统与智能卡电子门禁系统结合起来，组成一个有机的整体，利用智能卡保密性强、数据存储量大的特点，将入住开房、交押金、娱乐消费、结账收银、员工食堂的功能集成到一张智能卡上，使持卡的客人在饭店内消费真正实现"畅通无阻"，客人在各消费点无须时时支付现金，大大提高了在各消费点及总台结账的效率。同时根据卡上的信息，可以准确判断客人是否为贵宾、打折幅度，无须客人出示其他消费卡，使饭店处处显示现代化气息。

任务2　客房防火与防盗工作

实训目标

了解防火和盗窃发生的原因和预防措施；
能够妥善处理火灾和盗窃事故。
【实训方法】
教师示范；分组练习；考评测试。
【实训准备】
饭店消防器材；饭店楼层监控系统；饭店消防安全管理手册。

知识探究

防火；防盗。

一、客房防火工作

饭店的客房作为客人的家外之"家"，必须是一个安全的场所。同时，安全同清洁、舒适、典雅诸因素一样，是构成客房优质服务的重要内容之一。饭店有义务和责任为客人提供安全保护，以满足客人对安全的期望。

饭店火灾的发生率虽然很低，但是后果极其严重。它不仅直接威胁店内人员的生命安全和饭店的建筑物和财产安全，而且会破坏饭店的声誉。客房区域的位置一般处在饭店的高楼层，人员多，扑救和疏散人员都比较困难。因此，饭店和客房部都必须制定一套完整的预防措施和处理程序，防止火灾发生。

（一）客房火灾发生的原因

火灾往往是人们粗心大意、马虎疏忽造成的。了解火灾发生的原因，可以防患于未然。

1. 客人睡觉前在床上吸烟，不慎或乱扔未熄灭的烟头和火柴梗，引起客房可燃物和易燃物起火。

2. 客人将各种易燃易爆物品带进客房，引起火灾。

3. 客人在房内使用电饭锅、电炉、电烫斗，不慎引起火灾。

4. 常住客人违反饭店规定，私自无限度地增加电器设备，使供电线超负荷运转，造成电源短路，引发火灾。

5. 客人醉酒后玩火或抽烟，引起火灾。

6. 客房内灯具的灯罩和灯泡贴在一起，引起灯罩燃烧，造成火灾。

7. 客房内电器设备因安装不良或一次性使用时间过长，导致短路或元件发热而起火。

8. 不按安全操作规程作业（如客房内明火作业），没有采取防火措施，造成火灾。

9. 将未熄灭的烟头倒入垃圾袋或吸入吸尘器引起火灾。

10. 防火安全系统不健全等。

【小拓展】

宾馆和饭店电气火灾原因

宾馆、饭店基本处于全天24小时营业状态，用电量相当大。经调查，该类场所发生电气火灾主要有以下几方面的原因：

1. 设计、施工不符合规范要求。经调查发现，宾馆、饭店等场所大多数是原有建筑改造而成，在建筑设计、施工、装潢过程中，违规操作，甚至使用伪劣电气产品，致使建筑物遗留下大量电气火灾隐患。另外，一些业主心存侥幸，对消防设施不愿投入、检修或更新，也是导致火灾的重要原因。如1999年4月9日，安徽省阜阳市百乐门大饭店因雨水渗入木质配电盘导致漏电短路引起火灾，造成直接经济损失67万余元；2001年5月17日，安徽省宣城市明珠大饭店因二楼大厅东墙铺设的电线漏电引燃软包起火，造成5人死亡、13人受伤。

2. 经营者对场所电气情况不熟悉，消防安全意识淡薄。由于各种原因，有些场所多次易主，新的经营者对电气线路设备情况不熟悉，对原有电气线路设备的额定电流功率及性能不检测、不计算，私拉乱接造成线路和设备过载、老化、接触不良和三相电流不平衡，以及临时线路受外力损坏漏电打火成灾。

3. 电气设备管理使用不当。经调查，电气设备使用管理不当引起火灾占电气火灾相当大的比例，如电视机、VCD音响等设备长时期处于带电工作状态，通风条件差，容易发热漏电打火。电热器、大功率照明灯距可燃物较近都有可能造成电气火灾。1998年1月3日，吉林通化市东珠宾馆因使用电暖器不当引起火灾，24人死亡、14人受伤（属该年度全国十大火灾之一）。

4. 违章检修。由于场所人员复杂，素质也参差不齐，对电气设备管理使用不当。一旦出现故障，尤其是保险装置熔断后，不找原因，临时用铜丝等代替保险丝通电维持经营，久而久之，桩头氧化受损，电阻增大，电线发热老化而引起火灾。

5. 雷电引起火灾。对宾馆、饭店的调查发现，大多数场所对建筑物避雷设施不进行定期检测维修，一些场所在建筑屋顶设露天酒吧、歌舞厅等，造成屋顶避雷设施损坏，且不及时维修，容易引起雷电火灾。因雷电引起的火灾，虽然比例不大，但对人员伤亡和建筑损坏程度巨大。

（二）火灾预防措施

客房部应结合本部门的具体情况，在饭店防火安全领导小组的指导下，成立客房部的防火组织，制定具体的火灾预防措施。

1. 在客房区域配置完整的防火设施设备，包括地毯、家具、床罩、墙面、房门等，都应选择具有阻燃性能的材料制作。

2. 房内安全须知中应有防火要点及需客人配合的具体要求。客房服务员在整理房间时，应注意检查安全隐患。加强对住客的防火宣传。

3. 安全通道处不准堆放任何物品，不准用锁关闭，保证通道畅通。

4. 配合保安部定期检查防火、灭火装置及用具，训练客房部员工掌握灭火设备的使用方法和技能。

5. 除办公室和指定的吸烟地点外,工作人员在其他场所一律不准吸烟。

6. 确保电梯口、过道等公共场所有足够的照明亮度;安全出口24小时都必须有红色照明指示灯;楼道内应有安全防火灯及疏散指示标志。

7. 制定客房部各岗位服务人员在防火、灭火中的任务和职责。

8. 制定火警时的应急疏散计划及程序。

(三) 消防和疏散

楼层客房一旦发生火灾,或饭店其他区域发出火警信号和疏散信号,客房部员工必须保持镇静,按照饭店和客房部制定的消防和疏散规则,迅速采取有效措施,保证客人的生命财产安全和饭店员工的安全,尽量减少损失。

1. 客房区域发生火灾的应对。

(1) 一旦发现起火,立即使用最近的报警装置。如立即打破手动报警器玻璃片,发出警报。

(2) 拨饭店规定的报警号码,通知话务员着火地点和燃烧的物质。

(3) 迅速利用附近适合火情的消防器材,如灭火机、水枪、灭火毯等控制火势或将其扑灭。

(4) 注意保护客人人身和财产的安全。

(5) 如发现客房门下有烟冒出,应先用手触摸此门,如果很热,千万不要打开房门。

(6) 如果火势已不能控制,则要立即离开火场。离开时应关闭沿路门和窗。在安全距离以外等候消防人员到场,并为他们提供必要的情况。

2. 疏散信号发出后的应对。

疏散信号表明饭店某处已发生火灾,要求客人和饭店全体工作人员立即撤离房间,赶到集合地点列队点名。该信号只能由在火场的消防部门指挥员发出。

(1) 迅速打开太平门、安全门,并组织工作人员有步骤地疏散客人。

(2) 客房部的工作人员应敲击和打开房门,帮助客人通过紧急出口离开房间,要特别注意帮助伤残、老、幼、孕住客。客人离开房间后要立即关好门。

(3) 各层楼梯口、路口都要有人指挥把守,方便为客人引路和避免大量客人涌向一个出口,造成挤伤、踩踏事故。

(4) 发生火灾后,要注意检查每一个房间内是否还有客人。

(5) 客房部经理应根据考勤记录在集合地点点名,保证每一个工作人员都点到。

(四) 客房灭火器材的使用

在饭店服务中,为了防止火灾的发生和扩大,配有各种消防剂和器材。这些消防器材不仅种类多,而且配置在饭店的各个区域、各个要害部位,一旦发生火灾,可以立即投入使用。客房部员工必须掌握这些消防器材和消防剂的性能、作用和使用方法,才能预防火灾和消灭事故苗头。客房区域常见的消防器材有两大类,即消防栓和便携式灭火器。

1. 水和消防栓。

(1) 水。水作为灭火器的主要作用是冷却,而且汽化后的水还可以排开空气中的氧气,使燃烧过程因缺氧而被控制。水呈中性、无腐蚀性、无毒性。水能导电,不能扑灭电力火灾,除非事先切断电源。水不能用于扑救不溶于水及比水轻的易燃液体引起的火灾,如苯、醚类。水也不能用于扑灭沸点低于80℃的易燃液体的失火,尤其不能用来扑救金属钾、电石、多卤化物、钠、发烟硫酸和氧化钠等引起的火灾。因为它们都能与水发生化学反应，产生易燃或有毒气体。

（2）消防栓。用水来扑灭火灾主要通过消防栓装置来进行，客房的每层楼都设置有安装消防栓的消防柜。消防栓出水口径一般为50～65毫米，其接口大多数是内口式，也有少数为压簧式。消防栓的使用方法是：打开消防柜，卸下出水口的堵头，安上消火栓的接扣，接上消防水带，注意接口要衔接牢固；然后将水带甩开，注意不要拧花和拐死弯；最后拧开闸门，水经消防水带输送到火场。使用完毕后，应首先关闸门，然后再把消防水带分解开，卸下接扣，把堵头装好。消防水带每次使用后要冲洗干净，晒干卷好，定期检查，如发现漏水要及时修好。

2. 便携式灭火器。水不能用来扑救B类火灾和C类火灾，即易燃液体和电的起火，所以，客房区域还需配备二氧化碳、干粉及干化学剂类灭火器。客房常用的为便携式灭火器。

（1）灭火剂及便携式的灭火器的使用。

表2-7-1为饭店客房常用的便携式灭火器的类别和使用方法。

表2-7-1　　　　　　　　　饭店客房常用的便携式灭火器

类　别	适用范围	使用方法	喷射时间与距离
二氧化碳灭火器	用于低压电气火灾、着火范围不大的易燃液体和可燃气体、精密设备、重要文件。注意不适用于A类火灾	1. 拔去保险锁或铝封 2. 压手柄或开阀门 3. 将喷射喇叭口对准火源的外部，由外向内喷射 4. 另一类是逆时针旋转顶部的手轮	1. 喷射时间不定 2. 有效射程2米
干粉灭火器	与二氧化碳灭火器的使用范围相同。但不适用于精密设备等贵重物品的灭火	1. 拔去保险锁 2. 按下手柄 3. 将干粉对着火源的外部，由外向内喷射	1. 喷射时间14～16秒 2. 有效射程4.5米
泡沫灭火器	用于一般固体物质或易燃液体起火。注意不适用于C类火灾	1. 将灭火器倒置握牢 2. 将泡沫液体从外向内射向火源	1. 喷射时间60～170秒 2. 有效射程8～13.5米
酸碱灭火器	适合扑灭一般固体物质火灾。切勿用于电走火、易燃液体火灾	1. 将灭火器倒置握牢 2. 将药液喷至火源根部	1. 喷射时间不定 2. 有效射程10～12米
1211、1202灭火器	用于电走火，易燃液体、精密设备、重要文件等的扑救。切勿用于扑救金属起火	1. 拔去保险锁 2. 打开阀门 3. 喷向火源根部	1. 喷射时间6～8秒 2. 有效射程3～5米

(2) 保管方法。
- 灭火器应安装在离太平门近、同时又远离易损伤物品的地方，这样使用起来比较方便；
- 防止喷嘴堵塞；
- 在冬季灭火器要防止冻结；
- 注意使用年限；
- 保存在通风干燥处，防止受潮、日晒；
- 严禁乱摆乱动。

(3) 检查与保养。
- 每月称一次灭火器的重量，看化学剂是否挥发；
- 每3年或5年，对灭火器进行流体静力检验，检查眼睛看不到的内部器械的腐蚀与伤害程度；
- 检测后，在每个灭火器上贴上标有检测日期，检测人员及检测项目的标签；
- 在灭火器喷射装置中盖上合格印章，以便于识别；
- 经常检查各个密封部位是否严密；
- 酸碱灭火器需每年更换一次药液。

【小链接】

发生火灾该怎么办

饭店一旦发生火灾，比较正确的做法是先报警。饭店应当使每一名职工明白，在一般情况下应当首先报警。有关人员在接到火灾报警后，应当立即抵达现场，组织扑救，并视火情通知消防队。是否通知消防队，应该由饭店主管消防的领导决定。有些比较小的火情，饭店能够在短时间内组织人员扑灭，可以不通知；如果火情较大，就必须通知消防部门。

饭店应当把报警分为两级。一级报警是饭店发生火灾时，只向消防中心报警，其他场所听不到铃声，这样不会造成整个饭店紧张气氛；二级报警是在消防中心确认店内已发生火灾的情况下，向全饭店报警。

1. 一旦发现起火，立即使用最近的报警装置。
2. 拨饭店规定的报警号码"9"，将着火地点和燃烧的物质通知话务员。
3. 迅速利用附近适合火情的消防器材，如灭火器、水枪、灭火毯等来控制火势。
4. 注意保护客人人身和财产的安全。
5. 如发现客房门下有烟冒出，应先用手触摸房门，如果很热，说明火势较大，此时千万不能打开房门，以免大量的空气涌入房间，助长火势。
6. 如果火势已不能控制，则要立即离开火场。离开时应关闭沿路的门窗，然后保持在安全距离以外等候消防人员到场，并为他们提供必要的情况。
7. 客房服务员听到火警信号，应立即查实火情是否发生在本区域。如本区域无特殊情况，客房服务员应该照常工作，保持镇静和警惕，随时待命；除指定人员外，任何人员在任何工作情况下都不得与总机房联系，要保证全部电话线路通畅无阻，准备发布紧急指示用。
8. 客房服务员听到疏散信号，应迅速打开安全通道，有步骤地疏散宾客。要特别注意协助老弱病残住客。客人离开房间后要立即关好门。各层楼梯口、路口都要有人指挥把守，以便为客人引路和疏导，同时可避免大量客人涌向一个出口，造成拥堵，出现不必要的伤亡。

9. 火灾发生后，要注意检查每个房间内是否有客人滞留，防止出现客人人身意外事故。

10. 客房部经理应根据考勤记录在集合处点名，保证每个工作人员都安全。

二、客房的防盗工作

饭店的客房财产和客人财物常是不法分子盗窃的目标，客人和内部员工中的少数不良分子也会趁机作案。为了保障客人、饭店和员工的财产不受损失，客房部必须严格执行各项安全规定，预防各种盗窃事件的发生。

（一）预防盗窃事故的措施

1. 配备必要的设施设备。为了有效防止失窃案件的发生，客房部除增强全体员工的安全意识外，首先要注意配备必要的防盗设施，如闭路电视监控系统、各种警报器及客房内安全装置。在有可能的情况下，应配备双向电子锁系统。

2. 加强对客人的管理。

（1）制定科学、具体的客人须知，明确告诉客人应尽的义务和注意事项。

（2）提醒客人不要随意将自己的房号告诉其他客人和陌生人。

（3）建立和健全来访客人的管理制度，明确规定接待来访客人的程序、手续及来访客人离店时间，严格控制无关人员进入楼层。

（4）切实做好验证工作和制定客人领用钥匙的规定。

（5）加强巡逻检查，发现可疑和异常情况及时处理。

（6）客房内一些物品会引起客人的兴趣，一些客人往往会将其作为纪念品带走。为了满足客人的这一需求，饭店应在商场出售这些物品，并在客房内明确告诉客人此为非赠品。客房内的一些贵重物品，在设计制作和安装布置时就要考虑防止客人中的个别不良分子偷盗，尽可能不要过分"刺激"客人，有可能成为客人中个别不良分子偷盗目标的物品则要做上饭店的标记，这有助于打消其偷盗的念头，或者使其无法带走。

（7）客人离店后，服务员或领班要及时查房。若有客人遗失物品，应登记上交；若发现有丢失和损坏的物品，应及时报告主管，并与有关部门取得联系。

3. 防止外来人员偷盗。饭店应采取下列措施，防止外来人员进入客房楼层偷盗。

（1）加强客房楼层出入口及通道的控制，防止外来人员进入客房楼层。

（2）对进入楼层的外来人员加强监视。

（3）不要随便为"客人"开门。由于服务员不易准确地判断识别客人，因此，当有客人要求服务员为其开门时，服务员必须非常谨慎，否则，容易被一些人利用。如果不能肯定要求开门的人确实是该房住客，最好请客人与总台联系。这样，只要服务员从维护客人利益的角度去向其解释，真正的客人是会理解和支持这种做法的，甚至会得到他们的赞赏。

（4）督促客人提高警惕，增强防盗意识。

（二）盗窃事故的处理

饭店客人的财物被盗以后，客人可能直接通知公安部门——报案；客人也可能向饭店反映丢失情况——报失。报案由当地公安部门受理，报失则由饭店处理。无论是报失还是报案，服务员和管理人员都应采取积极协助的态度，及时向有关部门和上级反映情况，把属于客房部范围的工作做好。下面是饭店处理客人报失的基本程序和方法：

1. 客人报失，管理人员要保持冷静，认真听取客人反映情况，不做任何结论性的意见，以免给以后的处理带来麻烦和困难。

2. 根据客人提供的线索，分析是否确实被盗，并及时将情况报告保安部及其他有关部门。如确属被盗案件，应详细问明丢失财物的经过，物品名称、数量、来源、来店前的数量和来店后的用途、数量。

3. 尽量帮助失主回忆，来店前后是否检查过、有无放错地方等，并应征得失主同意帮助其查找，切勿擅自到客人房间查找。

4. 询问失主是否要求向公安局报案，并认真记录，最后让客人签字；或要求客人写一份详细的报失经过。

5. 对确属被盗案件，还应立即报告给值班经理，经同意后向公安机关报告。

6. 如果被盗案件涉及某一服务人员，在未掌握确凿证据之前，管理人员不可妄下结论，也不可盲目相信客人的陈述，以免挫伤服务人员的自尊心。要坚持内紧外松的原则，细心查访和找寻。

7. 做好盗窃案件的发案和查破结果的材料整理和存档工作。

任务3　客房部意外事故的防范

实训目标

了解工伤事故的预防；
掌握其他意外事故的防范。
【实训方法】
教师示范；分组练习；考评测试。
【实训准备】
毛巾；垃圾桶。

知识探究

预防客房工伤事故；预防疾病；预防自然灾害；特殊情况的处理。

客房部员工工作期间的人身安全也是客房安全工作的重要内容。工伤事故中只有2%是由于自然灾害或一些不可避免的特殊情况而引发的，其余98%的事故是完全可以避免的。有关研究表明，通过正确的培训、严格的监督以及员工本人的自觉意识，至少93%的事故可以消除。

一、客房工伤事故的预防

(一) 客房员工工作中对工伤事故的预防

常见的员工工伤事故有:地板或浴室地面有水而滑倒;以不正确的姿势作业以致拉伤肌肉;高处取物时摔倒;使用化学物品时灼伤皮肤;被破碎的硬物割到手等。据统计,发生的所有事故中有78%是因为员工警惕性不高,甚至对于一些相当明显的征兆也未能及时发现。为了减少员工因为粗心大意而引发不必要的伤害,工作中必须注意以下几个方面:

1. 熟悉本岗位职责和客房安全守则。
2. 工作时必须正确着装,包括穿着合适的工作服,清洁时所需的保护手套、口罩等,以确保安全。
3. 员工长发必须整齐束在脑后,不应佩戴任何悬垂首饰或手链,避免首饰被钩住或卷入机器。
4. 熟悉各种设备的正确使用方法,不得为炫耀或省事而违规操作。
5. 及时报告有故障、有破损、有危险、有事故隐患以及不完整的设施设备或用品。
6. 工作时避免用手探视眼睛看不到的地方。针头、刀片、钉子及破碎玻璃很容易隐藏在一些隐蔽的地方。轻关轻开房门,关门时要握着门把手而不要扶着门框边缘。
7. 员工运载物品不得堆放过高,运载时必须使用袋子、篮子或手推车。

(二) 客房部对工伤事故的预防措施

为了有效地预防客房工作中的工伤事故,客房部可以采取下列措施。

1. 制定安全操作规程。客房部要根据客房工作的内容和特点,制定一套安全操作规程,对需要服务员在工作中遵守的规定、要求及方法进行说明对服务员进行培训。
2. 客房部要根据安全操作规程及各项工作的程序规范对服务员进行技术培训,如日常化学药品的安全操作培训、血液病毒与生物危害培训等,使服务员养成安全规范操作的良好习惯,掌握安全规范操作的技能。
3. 加强监督管理。客房部要加强检查,消除可能导致工伤事故的一切隐患,在工作时进行监督指导,确保服务员安全操作。
4. 配备劳保用品。配备必要的劳保用品,可以避免和减少发生工伤事故的可能性,如工作服、工作鞋、手套、口罩等。劳保用品要根据员工的岗位和职责来配发,注重实效。

二、客房部其他事故的防范

(一) 防疾病

1. 对客房内的设备用品进行严格杀菌消毒。
2. 消灭虫害。
3. 阻止客人将狗、猫等宠物带进饭店。
4. 患有传染病的服务员不能上班。
5. 如发现有住客患有传染病,可采取措施进行隔离,并对其客房及相关设备用品进行特别处理。
6. 请当地卫生防疫部门进行检查指导。

【小链接】

发现客人得了传染病时的处理程序

1. 要稳定客人情绪。
2. 宾客有病，服务员应主动关心和照顾，为客人请医生诊治。
3. 如发现得了传染病，应及时向部门经理汇报，并马上向防疫部门报告，将客人转送医院治疗。
4. 客人住过的房间、用过的家具和设备，要请防疫部门进行彻底消毒。
5. 有病客人用过的床单、毛巾、餐具等，要撤出单独进行严格消毒。
6. 经过消毒和处理的房间，要进行一次全面大扫除，才可入住新客。

（二）防止住客的违法行为

由于客房具有高度的私密性，一些人往往会利用这一点在客房内从事违法乱纪的活动，诸如吸毒、贩毒、走私、赌博等。为了防止这类事件的发生，饭店要做好下列几方面的工作：

1. 在"住客须知"上明确规定住客在客房内的哪些做法是被禁止的，以起到警示作用。
2. 加强监督。楼层工作人员既要对住客给予关心和帮助，又要进行监督和控制，发现问题及时报告。
3. 加强服务员的安全意识，提供服务员识别、判断和处理问题的能力。

（三）防止住客受到侵扰和伤害

防止住客在客房内受到侵扰，下列措施是非常必要的：

1. 加强电话的监控。住客在客房内可能会受到电话骚扰。针对这一点，饭店要加强对电话的控制，一是总机不要随便将外来电话转接进客房，也不得将住客的情况向他人透露；二是客房的电话机要具备免打扰功能。
2. 配备安全装置。客房内要配备一系列安全装置，以增强住客的防范能力。客房内的安全装置主要有：安全牢固的门锁、客房链、门镜（无遮挡视角不低于160°）。另外，除正门外，其他能进入客房的门窗部分要上闩或上锁。
3. 保证客房设备用品的安全性。住房的客房内遭受伤害大多与客房内的设备用品有关，一是因为设备用品本身有故障，二是因为住客使用不当。因此，需要采取下列预防措施：（1）所有电器无漏电危险；（2）家具稳固，无木制，无尖钉；（3）卫生间的地面、浴缸要防滑；（4）水杯不能有破裂和缺口；（5）冷热水龙头有标记；（6）告知客人如何正确使用客房内的设备；（7）饮用水必须达到规定的标准。

（四）防自然灾害

很多自然灾害都会给人类造成损害，如地震、台风、雷电等。尽管很多自然灾害目前人类无法阻止，但并非无法预测预报。饭店要把预防自然灾害作为工作的重要内容，并根据本饭店所处地域及可能遇到的自然灾害，制订相应的安全计划，以尽量减少自然灾害给饭店造成的损失。

除了以上介绍的安全保卫的内容外，饭店往往还会遇到很多意想不到的安全问题，如暴力、恐吓、诈骗等。尽管这些问题很少发生，但饭店还是应该有所防范，并能在遇到这些问题时妥善处理。在处理这些问题时，饭店除了要有自己的一套措施和一定的能力外，还必须充分相信和依靠社会上的支持和帮助，如公安、安全等部门。

(五) 暴力事件的处理程序

饭店可能发生的暴力事件,包括抢劫、暗杀、凶杀、枪杀、打架斗殴、流氓滋扰以及爆炸或发现可疑爆炸物品等。为了预防暴力事件,应做到:

1. 严格会客登记手续,密切注意可疑现象,发现问题及时报告有关部门。
2. 提高警惕,加强巡视检查。分工合作,定点负责。
3. 对可疑人员,可采用跟踪、观察、交谈等方式查清意图。
4. 事件一旦发生,应立即报告保安部,由保安员通过劝说、诱导、强制等方式制服来人,以免事态扩大;也可由保安员迅速将来人带入办公室或无客人区域,查明来人身份、目的、工作单位和住址。
5. 发现爆炸物或可疑爆炸物品,应及时报警,保持沉着冷静,不要轻易接近或移动爆炸物,听从指挥,坚守岗位,配合专业人员排除险情。

(六) 客人意外受伤的处理程序

1. 询问客人伤势情况,对客人进行安慰和帮助,如有必要马上电话通知饭店医生前来治疗。
2. 了解客人致伤原因,如果是饭店原因,应诚恳地向客人表示歉意,并立即向主管、经理汇报。
3. 对因饭店原因造成宾客伤害的,应在主管或经理带领下备上慰问品到房间探视问候,并向客人赔礼道歉。
4. 对受伤客人在服务上给予特殊照顾,视情况进行问候,征求客人在服务上的需要。
5. 如因设备原因给客人造成伤害,要马上通知维修部门对该设备进行检查维修。
6. 调查事发原因,吸取经验教训,并做好记录。

(七) 饭店突然停电

一旦遇上饭店停电时,我们可以按照以下程序进行操作。

1. 当被通知饭店突然停电时,应立即赶赴现场。
2. 检查应急灯是否正常。
3. 密切关注客人的动态和反应,稳定客人情绪。
4. 通知工程部维修。
5. 通知大堂副理和有关部门。
6. 保安部做好维持现场工作。
7. 检查电梯是否正常运行。
8. 检查各电器设备是否被破坏。
9. 如有客人投诉,要做好解释工作。
10. 做好记录,并呈报上级。

【项目小结】

1. 人身、财产安全是客人入住饭店需要考虑的一项重要因素。客房部必须在安全工作上加强管理,让客人住得放心,必须让全体员工加强安全意识。
2. 饭店应培训员工学会使用报警器和灭火器。
3. 客人入住饭店期间难免会发生一系列意外事故,饭店应掌握应对这些意外事故的措施。

实训测评

测评一　　火灾应急处理

实训步骤	实训主要内容	测评要点
接到火警	1. 接到火警通知，应立即赶赴现场，确认火灾后，马上调动保安部人员到场 2. 迅速通知接待处打印客房号 3. 报告总经理、副总经理 4. 通知值班医生	1. 及时赶到现场 2. 医生做好救护准备
疏散客人	1. 与保安经理携万能钥匙、紧急钥匙逐房巡查，疏导客人走消防通道 2. 确认无客人滞留后，通知楼层工作人员撤至广场空地 3. 做好安抚工作，回答询问时可答：情况正在调查中	确保每一个客人离开客房区
稳定秩序	1. 接到总指挥疏散返回饭店命令后，通知客人返房，由低开始逐层进行，指示客人走楼梯，并由客房部人员核对证件 2. 电告总机负责处理客人提出各种问题	1. 引导客人回房 2. 防止有人趁乱作案
处理过程	1. 有关当日房租酒水等问题请示上级作灵活处理 2. 与保安部经理返回现场拍摄照片 3. 如有人员伤亡，马上联系医院，做好送院准备	1. 灵活处理 2. 现场拍照
记录情况	1. 记录火警详情，包括地点、时间、参加扑救人员、报警人员、伤亡人员、被救人员等 2. 记录救援进展情况、起火原因、消防队到达时间及结果等	详细记录
填写报告	将书面报告呈交管理层	

测评二　　客人失窃处理

实训步骤	实训主要内容	测评要点
客人反映	向客人表示歉意，并记录发生地点和丢失物品	1. 正确记录 2. 恰当询问
采取措施	1. 通知保安部，并与保安部人员共同到达现场 2. 当客人与保安人员发生语言障碍时，负责翻译 3. 协助保安人员在丢失地点查找丢失物品 4. 若在工作现场未能找到丢失物品，请客人填写丢失报告并签字	协助相关部门咨询勘察现场
填写报告	1. 如客人在丢失报告中有指控饭店的内容，则不能签字 2. 如客人有要求，可将丢失报告复印交给客人保持，总经理、住店经理、财务总监、房务总监和保卫部门各送一份丢失报告复印件	应仔细推敲客人填写的丢失报告是否存在不利于饭店声誉的描述

续表

实训步骤	实训主要内容	测评要点
记录	记录整个事件过程	记录
联络	随时与保安部联系，了解事态进展状况，以便及时将结果通知客人	1. 向客人反馈信息及时 2. 做好解释工作
赔偿	1. 如客人离店丢失案件尚未查明，而客人坚持要求赔偿时，向客人解释在客人登记住房卡上，已注明饭店关于丢失赔偿的政策 2. 向房务总监报告、请示裁决方法 3. 赔偿办法。若客人仍在住店，可供选择：从客人在饭店消费中的数目上减去赔偿金额；将赔偿金额划到客人提供银行的账号上；现金赔偿 4. 若客人已经离店，可通过客人留下的地址进行联系，协商决定赔偿方法	1. 恪守饭店赔偿原则和程序 2. 对店客之间存在的赔偿矛盾进行解释 3. 饭店可作出合理让步 4. 处理过程有始有终

测评三　　　　　　　　　　住客醉酒处理

实训步骤	实训主要内容	测评要点
赶到现场	1. 接到报告后应迅速赶到现场 2. 密切注意其醉酒程度及行为	1. 必须在第一时间赶到现场（3分钟以内） 2. 观察客人，若有暴力或反常行为，请保卫人员强行制服
正确判断	1. 如果是深度醉酒，应立刻报告上级及保卫、医务部门 2. 如果是轻度醉酒，应劝客人回房休息	1. 深度醉酒者可考虑送去医院就诊 2. 客房服务员应在同事或保安人员帮助下搀扶客人回房
提供服务	应主动提供相应服务，将纸巾、热水瓶、茶杯、茶叶、垃圾箱等放在床边，方便客人取用	1. 可冲泡浓茶给客人 2. 不可随意给客人吃醒酒药等 3. 不可随便为其宽衣，以免发生误会
特别关注	1. 特别留意此房客人的动静 2. 将房间的火柴、打火机撤出，以防意外 3. 将可移动的门窗，尤其是阳台门等锁死	有必要可安排饭店工作人员（同性）看护
做好记录	1. 交接班时要做相应的记录 2. 对交接班人特别叮嘱	必须有记录报告

学以致用

1. 引起客房火灾的常见因素有哪些？怎样预防火灾？
2. 常见火灾报警器有哪些？烟感器的报警程序如何？

3. 到某一饭店参观，写一份关于该饭店安全设施设备配备的调查报告。
4. 怎样预防工伤事故的发生？
5. 怎样预防客人物件被盗窃？
6. 案例分析：

2003年10月的某天，住在A饭店的806房间的广州旅行团客人蔡先生和梁女士夫妇，向饭店保卫部报案称：3个小时前放在床上的索尼摄像机（价值1万元）丢失，怀疑是被服务员偷走，要求饭店向公安局报案。经现场察看，门窗完好无损，没有任何痕迹，用于摄像机充电的电源线还摆在写字台上。据失主和旅行团的其他客人反映，他们白天外出时还用摄像机拍摄了不少的景色，晚上19时才回饭店，将装有摄像机的背包放在床上，简单地洗漱一下后又于20时外出吃饭，而后看演出，23时才回到饭店，发现摄像机不见了。

讨论：
（1）如何确认客人将摄像机放在房间？服务员是否有作案的可能？
（2）饭店从上述案例中应吸取什么教训？

项目八　客房部人力资源管理

案例导入

在上海香格里拉饭店，员工被分为5个级别，1~3级都是中高层的管理人员，他们的面试分为3轮：第一轮的面试官是人力资源部，第二轮为部门主管，第三轮则由总经理亲自面试。"面试的时候，会给他们一些案例进行分析，主要是观察他们的反应能力。然后会通过电话求证其跳槽原因以及前老板对他的评价。香格里拉不希望拥有一个频繁跳槽和不忠诚的员工。"4~5级为基层员工，他们中除了厨房和客房人员外，其他各部门的员工必须熟练掌握英语。这些人员主要来自应届毕业生，由于考虑到招聘数量的巨大，上海地区可能无法满足，他们每年会去大连、沈阳、青岛等地招聘所需要的员工。一般是3月份，人力资源部会派同事去当地的大学或高职学校招聘学生，或是借用当地香格里拉饭店的场地举行一场招聘会，以此吸引更多的求职者来应聘。

此后的6~12月，这些人会被派往饭店的各部门进行实习，在此期间，会有专门的老师对他们进行带教和考核。每月或者每两个月，老师会将所有学员的表现向人力资源部作汇报。基本上80%的学员能够期满转正，然后正式进入饭店工作。通常，公司新进的每个员工，都会经过总经理的亲自审查，主要是通过交谈观察他们是否热情。集团愿意让员工看到他们在集团内的发展空间。职位出现空缺，优先考虑饭店内部员工，从内部调整或晋升。香格里拉中国90%的管理层都是通过饭店内部晋升或调动的。2005年香格里拉中国地区有109名管理层在饭店之间进行调动。本着公平公开的原则，合理进行合理的人员调配，达到"人尽其才，才适其位"的用人宗旨。

案例评析

这种内部晋升的做法，让员工看到了自己在集团内的职业生涯发展前景，使员工的工作充满了无穷的动力，对员工有着无穷的激励作用。

人力资源是饭店最基本、最重要、最宝贵的资源。只有人才能使用和控制饭店的其他资源——物资、资金、信息，从而形成饭店的接待能力，达到饭店的预期目标。饭店之间的竞争，实质上是人才的竞争。因此，人力资源管理不仅是饭店人力资源部门的主要工作，也是客房部的管理任务之一。

客房部的人力资源管理，就是运用科学的方法，合理选用、培训员工，不断提高员工素质，有效利用员工的聪明才智，科学组织客房商品生产，不断提高客房部的劳动效率。它不仅影响到客房部的经营效益，更关系到客房部员工队伍素质的提高与企业的发展。客房部人力资源管理主要包括合理调配使用员工，对员工进行全面培训，加强日常工作考核及激励员工等方面的工作。

任务1　客房人员编制

实训目标

了解如何分析客房部的工作及工作量的确定；
认识员工工作配额及劳动成本的控制；
能够为客房部合理配备员工数量。

【实训方法】
实地调查。

【实训准备】
纸；笔。

知识探究

客房部工作量的测算；客房部员工的工作定额；编制定员的方法；人员配备的计算；劳动成本的控制。

一、工作分析和工作量的测算

（一）工作分析

工作分析是工作量测算的基础。进行工作分析时应针对客房运转中实际的信息资料作为分析的依据。在分析的过程中，应该全局角度进行综合考虑，既要考虑到时间因素的影响，如淡旺季，还要考虑到与其他工作的联系，甚至需要考虑到其他部门的工作。对所掌握的资料进行详细的分析，在结合饭店类型、档次及客源对象等具体情况的前提下，努力寻求改进方法。

（二）工作量的测算

工作量的测算是人员配备工作中至关重要的一个环节。工作量的测算通常可以分为三类：

1. 固定工作量，指那些只要饭店营业就会有，而且必须按时去完成的日常例行事务。它在工作量的测算上变动成分很少，如客房部管辖范围内的计划卫生、定期保养工作、公共区域的日常清洁保养、保证内部正常运转所需要的岗位值勤等。它能反映出一个客房工作的基本水准，体现出饭店决策者的经营管理思想。

2. 变动工作量，是指一些随着客房部业务量等因素的变化而变化的工作量。主要包括一些随着客房出租率的变化而改变的工作量。如客房清扫、贵宾服务、洗衣房的工作量以及一些特殊情况的处理等。

3. 间断性工作量，指不需要每天进行或连续进行操作但必须定期进行的工作量，或者不是每天24小时都需要连续操作，但又必须定期进行的工作量。如地毯的清洗、玻璃的擦拭、公共区域的定期性清洁保养项目、客房计划卫生项目等。

其中，固定工作量的测算比较简单，而变动工作量和间断性工作量的测算则相对复杂，需要结合客房出租率、区域的使用状况等因素考虑，进而逐项进行分解和测试单项操作的标准时间，最终确定实际的工作量。

如：　　　　　全年的客房清扫量 = 客房间数 × 平均出租率 × 年天数

二、预测客房工作量

客房部员工占饭店员工的大多数，为了保证饭店正常营业并且降低人事成本，必须正确预算客房部的劳动需求量。因此，在确定了饭店的规模、档次和服务规格及服务模式和管理层次等要素之后，就必须对客房部的劳动需求量做出预测，以便制定客房部每个员工的工作定额与任务。

下面是楼层清洁组运用劳动力的预算公式：

$$劳动力需求量平均值（人）= \frac{饭店总房间数 × 平均入住率 ÷ 平均每员工每日可做房数}{有效开工率}$$

$$有效开工率 = \frac{全年可工作的天数}{全年总天数}$$

三、确定员工劳动定额

（一）影响工作定额的因素

1. 员工可能达到的素质水平。员工的素质水平与科学的制定劳动定额关系密切。客房部员工的年龄、文化程度、技术能力、专业训练水平的差异将影响工作定额的制定。需要了解和预测客房部员工未来可能达到的整体水平，是制定劳动定额的重要因素之一。

2. 工作环境。包括饭店布局设计的合理程度、连接是否顺畅以及楼层客房的分布情况、客房面积、设备用品的布置等工作场所的状况，也包括客人的生活习惯、劳动器具的配备情况等，都是确定工作定额时不可忽视的重要因素。

3. 工作标准。工作标准包括量和质两个方面，与工作定额的关系都很密切。在确定工作定额时，既要考虑岗位具体工作内容的多少，又要考虑各项工作标准的高低。在同等条件下，工作内容较多、工作量较大、规格标准高，工作定额就应定得低一些；反之，则应相对高一些。

4. 工作吸引力。确定工作定额，除涉及一些客观因素，还涉及员工是否愿意努力工作的主观因素。一般来说，只有员工对工作本身感兴趣时，工作能给员工带来成就感，对员工有吸引力时，员工才会愿意努力去实现更高的工作定额。工作性质、报酬、福利、劳保待遇、工作气氛、环境、人际关系、企业状况和为员工提供的发展机会等因素，都会影响到工作定额的确定。

5. 设备的配备。客房部工作设备的先进程度也是影响工作定额的重要因素，工作设备越现代化，劳动定额就越高，用人就越少；反之，劳动定额就应降低，用人就多。采用先进的工作设备不仅可以减轻员工的工作量也可以为客房部节省成本。

（二）确定工作定额的方法

客房部确定工作定额的方法主要是技术测定法和经验统计法。

1. 技术测定法是通过时间和动作研究，分析实际操作人员的操作技术，在挖掘潜力的基础上，对工作定额各部分的时间进行实际观察和计算来制定和修订工作定额。

2. 经验统计法是根据饭店已经达到或其他饭店实际达到的指标或行业平均水平为基础，结合现有的条件、经营管理水平和员工的素质等，并预计劳动效率可能提高的因素，然后经过综合的分析研究得出的定额。

（三）劳动定额的制定

劳动定额有两种表现形式：一是时间定额，即完成单位工作所必须消耗的时间。如：清扫一间离店房需要35~40分钟；二是工作量的定额，即在单位时间内按标准应完成的工作数量，如一个服务员每天应完成多少间客房的清扫任务。

工作定额定员法广泛应用于客房消扫员等操作性为主的基层岗位。其基本计算方法为：

$$定员人数 = \frac{工作量}{工作定额}$$

单项操作时间标准例表（见表2-8-1）。其中的标准时间没有包括操作前的准备及清洁设备和收拾工具等的工作时间。有了单项操作时间标准，可以规定楼层各班次服务员的房间清洁整理的工作量。当然，由于饭店本身的等级以及对清洁卫生的规格质量要求的不同，不同饭店的工作定额是有一定差异的。根据饭店的实际情况清扫房间定额（见表2-8-2）。在既定工作量的基础上分配人员。但应随时注意按空房和实房的交替情况对员工作出适当的调整，以避免工作量的分配不合理而影响房间的清洁质量和工作效率。

表2-8-1　　　　　　　　单项操作时间标准例表

工作项目	项目序号	基本时间（分钟）	间歇许可（%）	意外耽搁（%）	标准时间（分钟）
整理一张床	1	1.8	22.0	10	2.38
重做一张床	2	3.9	22.5	10	5.17
清洁一个脸盆	3	1.2	13.0	10	1.48
清洁一个浴缸	4	1.92	14.5	10	2.40
清洁一个淋浴器	5	1.0	13.0	10	1.23
清洁一个坐厕	6	0.94	16.0	10	1.18
擦净一张梳妆台	7	0.43	11.0	10	0.52
一张梳妆台的打蜡	8	0.85	13.0	10	1.05
清洁一个废纸桶	9	0.72	11.0	10	0.87
10平方米硬地吸尘	10	0.8	12.5	10	2.22

表2-8-2　　　　　　　　不同等级饭店清扫房间定额

饭店级别	豪华	中档	经济
职工定额	10~12间/人	14~16间/人	18间/人以上

至于客房部其他工作量的确定，只要参考上述的分析统计方法，就能得出较准确的劳动定额。如根据每做一间夜床约需5分钟，则中班服务员可负责40~50间客房的夜床服务，

晚班领班管辖区域应为白班领班的 1 倍。

四、确定员工配备数量

编制定员，是指饭店为完成规定的工作任务而进行的人员配备。客房部人员的配备，应根据饭店的经营房间、规模、服务内容、接待任务、员工的素质水平等实际情况，在建立岗位责任制的基础上，规定客房部各部门、各工种岗位必须配备的各类人员的数量。

（一）编制定员的方法

客房部的员工构成是十分复杂的，各区域、各环节的各类人员的工作性质和工作特点不同，确定定员的具体方法也就不同。客房部常用的编制定员方法有四种。

1. 按比例定员。根据饭店的档次、规模来定员，按全员量定工种岗位的人数。例如，客房部人数约占饭店总人数的 30%；设客房服务中心的饭店，楼层服务员人数与客房数的比例为 1∶5 左右；设楼层服务台的饭店，楼层服务员人数与客房数的比例则为 1∶3～1∶4。在计算定员时，还应考虑有效开工率，不可忽视节假日等因素的影响。这样，

$$年实际工作天数 = 年天数 - 休息日 - 固定节假日 - 年储日 - 病事假日$$
$$有效开工率 = 年实际工作天数 \div 年天数 \times 100\%$$

将劳动力平均日需求量除以有效开工率即可得到劳动力年需求量，用公式表示为：

$$劳动力年需求量 = 平均日需求量 \div 有效开工率$$

2. 按岗位定员。按客房部各岗位的工作特点、工作量、劳动效率、开工班次和出勤率来确定人员等，可以用于楼层服务员。

3. 按职责范围定员。根据客房部的组织机构、人员职责范围、业务分工、工作复杂程度定员，可以用于主管以上的管理人员。

4. 按劳动效率定员。按工作量、劳动定额和出勤率来定员，可以用于从事以操作为主的实行劳动定额管理的工种，如客房卫生班服务员等。其计算公式如下：

$$定员人数 = \frac{劳动任务（客房间数 \times 平均出租率）}{员工劳动效率 \times 出勤率}$$

（二）合理控制定员水平

合理控制定员水平的还要解决好三方面的问题：

1. 合理控制定员需要注意把握客房部各岗位之间的员工数量的平衡关系，尤其要注意前台与后台、基层服务人员与管理人员等各岗位之间的比例关系，这是从整体上保证定员合理的基本条件。

2. 控制好定员松紧，结合饭店的客源市场和发展状况，还需要从多个方面进行考虑：劳动力市场情况、客源变化幅度等。如果劳动力市场供大于求，那么在定员时可以稍紧一些；反之，宜松。客源变化幅度较大的情况常见于淡旺季特别明显的度假型饭店。如果饭店客源变化幅度特别大，不同时期对人员需求差距过大，定员时必须首先考虑到旺季时的人力需要，不可偏紧。

3. 使用临时工有利于控制正常编制，减少工资、福利费用，降低日常督导等管理压力，用工灵活。但同时也必须看到临时工因缺乏正规的培训，对工作的胜任能力相对较差，需要控制使用。首先，必须控制临时工所占的比例，确保临时工处于有效的管理控制范围之内而

不会对饭店服务质量造成较大的影响；其次，要控制使用范围，尽可能安排他们从事一些比较简单、技能要求不太高的工作。在工作中应重视对临时工的管理。管理人员应予以更多的培训和督导。为避免因使用临时工而带来的不利因素，管理人员还可以采用内部钟点工制度，在需要时通过让内部员工（包含本饭店其他部门员工）加班来保证人力。

（三）人员配备的计算

1. 计算的一般程序。

（1）根据客房部管辖范围将各职能区域分开；
（2）确定各职能区域所有的岗位或工种数量；
（3）确定每天所需班次；
（4）计算每班次的工作量；
（5）根据各工种和各区域的性质和任务，确定工作定额；
（6）编制客房部定员。

2. 人员配备计算实例。

例：某饭店有客房 240 间。卫生班服务员清扫定额为 12 间/人·天，分布在 3～12 层楼，其中 3～8 层楼配备早、晚台班服务员各 1 人/层，夜班客房服务员负责 48 间/人的夜床服务。所有员工实行 8 小时工作制。每周工作为 5.5 天。除固定的 7 天假日外，还可享受年旅游假 7 天。预计每位员工可能有 14 天病、事假/年。督导人员设主管 3 人、经理 1 人、经理助理 1 人。预测年平均客房出租率为 80%。求楼面所需人数。

解：根据已知条件计算如下：

（1）计算员工出勤率：

① 78 天（周休息日）+ 14 天（年假和旅游假）+ 14 天（病事假）= 106 天（不出工天数）

② 每个员工年实际工作日：365 天 – 106 天 = 259（天）

③ 员工每年的出勤率：259 天 ÷ 365 天 = 71%

（2）日班卫生班定员人数。

直接导入劳动效率定员公式：

日班卫生班定员人数 = $\dfrac{240 \times 80\%}{12 \text{间}/\text{人} \times 71\%}$ = 23（人）

（3）夜班服务员定员人数。

夜班定员数 = $\dfrac{240 \times 80\%}{48 \text{间}/\text{人} \times 71\%}$ = 6（人）

（4）台班服务员定员人数。

按岗位定员方法定员：

① 2 人 × 6 层楼 = 12（人）

② 实际需要人数：12 人 ÷ 71% = 17（人）

（5）领班定员人数。

该饭店客房区域共 10 层，每层 24 间，日班领班定额为 3 个楼层客房，夜班领班为 5 个楼层客房。

① 日班领班定员：10 ÷ 3 ÷ 0.71 = 5（人）

② 夜班领班定员：10÷5÷0.71＝3（人）

(6) 主管、经理人员。

3＋2＝5（人）

综上所述，该饭店客房楼层部分共需要人力总数为：23＋6＋17＋3＋5＋5＝59（人）

（注：凡小数点以下数据采用四舍五入的方法）。

五、劳动力安排及劳动力成本控制

（一）妥善安排劳动力

客房部员工数的计算公式如下：

客房部门所需员工数 ＝ 工作量预测 ÷ 工作定额 ÷ 出勤率

如某饭店有500间客房，预测出租率为80%，白班清扫服务员工作定额为10间，晚班清扫服务员工作定额为40间，每周实行5天工作制（暂不考虑其他节假），则客房部所需清扫服务员的人数可作如下计算：

白班清扫服务员 ＝ $\frac{500 \text{间} \times 80\%}{10 \text{间}} \div \frac{5}{7}$ ＝ 56（人）

晚班清扫服务员 ＝ $\frac{500 \text{间} \times 80\%}{40 \text{间}} \div \frac{5}{7}$ ＝ 14（人）

客房部所需清扫服务员＝白班清扫服务员＋晚班清扫服务员＝56＋14＝70（人）

虽然事先经过仔细的斟酌和计算，但由于种种原因，劳动力定额和实际需求之间通常不是自然吻合的，这就要求在实际工作安排中做好调节，使其具有"弹性"。

1. 根据劳动力市场的情况决定用工的性质和比例。如果劳动力较为饱和，则制定编制时应偏紧，以免开房率较低时造成窝工而影响工作氛围；而在旺季开房率较高时，可征招临时工缓解矛盾。反之，则要将编制做得充分些，以免在开房率较高时造成工作质量下降。

通常，为了控制正常编制，减少工资和福利开支，许多饭店愿意使用临时工来做一些程序比较简单、技能要求并不太高的工作。这对于增强人员编制的弹性、降低培训费用等较为有利。但这种编制弹性应限制在可控范围内，同时不能因此而放松对合同工的技能和观念的训练，以便掌握劳动力安排的主动权。

2. 了解客源市场动向，力求准确预测客情。客源情况是不断变化的，因而由客房部承担的那部分可变工作量也在不断地变动着，而掌握了客情的大致动向后就可以做好应对准备，以免到时措手不及。

客房部除了要做出年度及季度的人力预测外，更应做好近期的劳动力安排。这样，掌握客情预测资料就成为一个十分重要的工作。客情预测资料主要包括每周预测表、团队和会议预订报告、每日开房率及客房收入报表、住客报表和预计离店客人报表。

3. 制订弹性工作计划，控制员工出勤率。客房管理者必须通过制订工作计划来调节日常工作的节奏。如：计划卫生的周期性工作和培训的穿插进行等，做到客人少时仍有事可做，工作忙时又有条不紊。

控制员工出勤率的方法有许多，除了利用奖金差额来控制外，还可通过合理安排班次、休假等来减少缺勤数或避免窝工。对于一些特定的工种，可灵活安排工作时间，采用差额计件制等各项行之有效的方法。

（二）劳动力成本控制

关于客房部劳动力成本的控制除按上述定员方法进行科学合理的定员以外，还应注意以下几点：

1. 必须坚持以岗定人的原则。另外，在饭店的日常运转中，还应根据本饭店的星级档次和客源构成等情况，考虑对某些岗位是否能合并或取消。

2. 做好年出租率的预计工作。必须对饭店的年出租率情况有一个比较精确的预计，因为这是测定客房实际工作量的重要依据。

3. 做好有关的计划和研究工作。必须科学合理地制定工作程序，进行动作研究，以期达到提高工作效率、节约劳动力成本的目的。

4. 必须符合饭店所规定的员工数。应根据饭店人均营业收入或工资成本预算，制定科学的员工数，符合饭店的规模及经营现状。

5. 合理安排合同工与临时工的比例。根据饭店营业的淡、旺季，合理安排合同工与临时工的比例，做到忙时有人干，闲时无人余，并且在招聘临时工时一定要把好考核关，选取工作技术熟练的员工，这样可以尽快地适应工作。

6. 充分利用旅游职校的实习生。旅游职校的实习生具备了一定的理论知识，急需到实际工作中检验。尽管这会给饭店人力资源管理工作带来一些麻烦，但只要饭店和企业合作得好，仍不失为一种节约劳动力成本的好方法。

【案例】

某四星级饭店，为了控制人员劳务成本，规定客房部按照平均出租率80%的工作量来进行人员定编。为此客房部遇到了难题。因为当出租率低时，服务人员闲着的人多，而出租率达到100%时人员又显得很不够。为此客房部多次向人事部提出要求增加人员，但人事部以总经理下了死命令不许进人为由而加以拒绝。结果饭店在入住率高时只好招聘一些临时工，而临时工毕竟缺乏培训和经验，结果降低了服务质量，引起顾客不满。

【案例评析】

对人员进行固定的编制显然不能适应客人入住率的变化，而人事部不与各部门沟通，强行命令当然效果不好，不能满足服务的需要。这违反了标准"内部沟通"的有关规定。

正确的做法应该是在淡季时加强客房内部人员的交叉培训，例如PA（公共区域服务）人员接受楼层培训，而楼层人员也接受PA培训。这样在饭店旺季时可以将PA人员调配到楼层，解决人员短缺现象；而淡季时可以将楼层人员调到PA做计划卫生或其他设备保养工作。采用这种人员互补的方法可以解决人员定编的问题。

任务2　客房部员工招聘与培训

实训目标

了解客房部用人标准；
掌握客房部员工的招聘方法；
熟悉客房部员工培训的内涵。

【实训方法】

实地调查。

【实训准备】

纸；笔。

知识探究

客房部员工的用人标准；客房部员工的招聘；员工培训的种类和方法。

"一句话逗人笑，一句话惹人跳"，指的是语言表达技巧的不同，所产生的效果也就不一样。饭店对各个工种、各个岗位、各处层次的员工所使用的语言做出基本规定是必要的。然而在实际工作中，不论是一般的服务员、接待员，还是管理人员或者部门经理，往往容易因为使用"模式语言"欠灵活，接待客人或处理问题时，语言表达不够艺术，以至于惹得客人不愉快，甚至投诉。礼貌规范服务用语标志着一家饭店的服务水平，员工们不但要会讲，而且还要会灵活运用。可见语言的交际能力是每位服务应接人员应该具备的第一位工作要素。

一、客房部员工的用人标准

虽然饭店人力资源部是选择人员的专门机构，但如何才能选到适合客房部工作的人，却是要由客房部经理来掌握的。通常，人力资源部可根据饭店工作的一般要求对应征者进行初试或复试的筛选，然后由客房部经理按照本部门的实际需要把握好通往本部门各岗位的最后一道关——面试。这一工作可根据工作岗位的要求由经理本人或副经理来主持，并由经理来做决定。要做好这个工作，首先就必须制定出一个用人的标准。虽然客房部各岗位的工作要求各有差异，但从总体上来说应该有如下一些要求：

（一）要求待聘员工了解和乐于从事客房部的工作

兴趣是最好的老师，只有员工对所从事的工作全面认识并愿意从事工作才能更好更有效地完成任务。这对于稳定员工队伍、提高工作效率和降低各项开支是十分重要的。要做到这一点，首先，要求将饭店的概况和前景、客房部的工作性质和内容及客房部各岗位的职责说明详列出来；其次，要附有一份职务说明书；再次，要求面试主持人如实地介绍任职的环境和要求等，绝不可因求人心切而着意美化，否则入职员工会以为被欺骗而造成部门工作的被动。

（二）要求员工作风正派，为人诚实可靠，具有较高的自觉性

客房部的工作有许多是单独进行的，客房部的工作绝不是像有些人想象中的那样能抛头露面，它更多地属于一种幕后工作。因此，客房部的员工必须具有吃苦耐劳而又甘于寂寞的自我奉献精神。还需要员工具有高尚的道德情操，良好的个人素质，才可能独立完成各项工作。如果不具备以上各方面的个人素质，可能会造成不良的后果。

（三）要求员工性格稳定，责任心强并具有与同事进行良好沟通的能力

客房部具有直接为客人服务的工作特点，作为服务人员一定要具有服务精神和职业道德，把客人的合理需求作为服务的目标，可以认真地完成工作任务。虽然客房部各自的工作都有定额，但协作与互助应时时处处贯穿于工作的始终。

(四) 要求员工身体素质好，动手能力强，反应敏捷

客房部工作的体力消耗较大，而且从清洁到保养，事务繁杂，如果不具备良好的体质和勤劳的双手是做不好这份工作的。对于要独自操作并与客人接触的楼层服务员来说，当然要求更机敏和细致一些。良好的身体素质是做好工作的基本因素，这不仅需要员工本身的体质好还需要日常的锻炼。

(五) 要求员工具有较好的自我修养

处在饭店这一独特的环境之中，员工基本的个人卫生、礼节礼貌是必不可少的。只有员工有较好的自我修养才能够在处理各项工作时保持服务的态度，做好自己的工作，给客人带来愉悦。作为客房部经理来说，绝不可忽略了这一点。

客房部的用人标准可以有许多条，但以上所列应是有别于饭店其他部门或应予特别重视的几条。最后，对于客房部经理来说，一定要为本部门各岗位制定出一个既必要又实际的用人标准来，千万要避免一味追求高标准的做法。

二、客房部员工招聘

员工招聘是根据业务经营岗位的要求，寻找合适人选并对他们进行筛选的过程。这一过程包括通过恰当媒介公布补缺岗位，以及对候选人进行面试并做出核价以确定补缺人员。

在大型饭店中，人力资源部门帮助客房部经理寻找和录用最合适的人员。然而，许多住宿业企业并没有人力资源部门。这样，客房部经理经常得参与诸如先期面试、与候选人的推荐人联系及相关的选拔工作。所有饭店的客房部经理都应对本部门的最佳补缺人选进行面试。客房部经理或是直接录用候选人，或同位居饭店组织中第二层次的经理推荐人选，这取决于饭店的组织机构情况。

(一) 内部招聘

内部招聘对所有饭店的经理都是个有利的举措。它让客房部经理有机会接近那些已获得某种技能、熟悉饭店、为大家了解，并且已有业绩证明了自己的候选人。它同时也引起员工的很大兴趣。因为它给了员工在饭店内部晋级的机会。晋升机会能鼓舞员工的士气，提高员工生产力。

内部招聘的方法有：对员工作交叉培训、接替计划、在饭店内张贴空岗布告、对员工的良好业绩付给报酬，以及备存一份暂时停雇职工的名单。

1. 交叉培训。可能的话，所有员工都应该培训成多面手。每个未来的员工都应明白交叉培训对客房部各个岗位所起的作用。交叉培训使客房部经理能更容易地随时编制出完备的员工工作时间表，并对员工的休假与缺勤做好安排。员工们也发现交叉培训很诱人，它使他们获得不同技术的机会，使工作多样化，也提高了他们在经理眼中的价值，同时也给员工带来升迁的机会。

2. 接替计划。在实行接替计划中，客房部经理确定一个重要岗位，并指定一名日后填补此岗位的员工。客房部经理还决定该员工是否需要参加进一步培训，并保证员工得到必要的培训。该经理制订出计划，详细规划开始培训的时间，由谁进行培训以及何时让员工接任新岗。

3. 业绩酬劳。在员工通过交叉培训及自身努力取得更多经验后，他们应获得相应的薪酬。如果员工知道有个与他们有关的工资晋级计划，会对努力工作者与高劳动生产力者给予回报，他们工作劲头就会更足，并能超常发挥他们的能力。不看业绩好坏一视同仁加资的做

法令人泄气。

4. 张榜公布空缺岗位。内部张榜补缺的方法能在饭店范围内降低人员补缺比率，并产生一批为人熟悉的补缺候选人员。其他部门员工有可能对调入客房部工作有兴趣。客房部在职员工可能渴望在本部门得到晋升。对这些情况，经理们必须有所认识，即某项工作的高手并不一定是另一项工作的高手。实行内部晋级员工时，经理们必须确定该员工有担任"新"工作的技能，且有担负"旧"工作时的良好记录。

一旦正式确定补缺岗位，客房部经理或饭店招聘人员应将各个岗位张榜公示。各个岗位应首先面向内部职工，然后再考虑外部人选。要将这种告示张贴在显眼的地方，如员工休息室或厨房。将初级岗位张贴出来也有不错的效果，员工们可将这种招工信息传递给符合条件的朋友与熟人。

5. 保存一份暂时停雇职工的名单。所有客房部经理都明白，招聘是个无休止的过程。为有助于今后的招聘工作，经理们应保存一份暂时停雇职工或候选人的名单。名单上的人员具有专项技能和兴趣，或表达了对填补客房部某些岗位的兴趣。另外，保存一份昔日雇员后备人员（退休者或友好协议离职者）名单常常很有用，这些人在必要时会愿意加盟。

（二）外部招聘

客房部经理经常录用外部人员填补空岗。新来的雇员可带来新鲜的想法和新的工作方法。外部招聘活动包括建立联络网、传播信息及联络临时工与租用工介绍所。

1. 建立联络网。建立联络网涉及与朋友、熟人、同事、业务伙伴、教师及当地学校的顾问建立个人关系。这种联络网会带来人员介绍与推荐信息。向饭店提供服务或供应品的公司也会带来有用的信息。其他联络信息可来自行业协会成员、宗教领袖或志愿者协会。记住，有必要与联络网上的人员保持经常性的联系，让他们了解客房部与饭店总是关注录用称职的员工。

2. 临时就业机构。临时就业机构能为众多不同岗位提供填补人员。他们常常按照具体工作要求培训人员。临时工的计时工资很可能高于固定工的计时工资，但这些费用通常在其他方面得以抵消。比如，临时工机构能够快速提供熟练工，这有助于降低加班、招聘及录用的开支；雇用已经过筛选与培训的劳工；经常向临时工提供福利及全职职工的地位，以激发他们尽职尽力地工作；常能在必要时提供受管理的员工的整班人马。

从负面看，临时工往往训练不当或不符合饭店那一套程序，造成这些人员的劳动生产力不如饭店本身的员工，而且经常需要对他们进行更多的监管。多数饭店是在紧急情况下使用临时工，作为权宜之计，而非正常的操作实践。

3. 租用的员工。如果客房部需雇用工作时间较长的劳务人员，调查租用员工的情况是有益的。租用工介绍所雇用人员，然后将他们租给企业使用，并向这些企业收取雇用或租用员工的费用。一些企业甚至与员工租用公司签订合同。根据合同，企业将他们的员工"出售"给员工租用公司，后者再将员工租回给企业使用。企业在此获得的好处是，人员租用公司提供相同的工作服务，但它承担了付给员工福利的费用。员工租用公司也负责处理招聘、选拔、培训和工资发放等一切事宜。而员工从中得到的好处是，租用公司给他们更大的工作稳定感，并可得到小企业无法给予的福利待遇。在利用任何租用公司获得劳务人员时，客房部经理务必要对该公司的资质证书做彻底审查。

4. 课税扣除。有些政府的计划和方案，如美国联邦政府"指定工种课税扣除方案"，向雇用某些种类人员的雇主提供税额抵免优惠。适用此方案录用的员工，必须在获得其所在地就业委员会机构确认自己系指定工种人员的证明后，方可被饭店录用。为享受指定工种税额抵免优惠，饭店必须保证所雇员工系非饭店业主的亲属或受扶养者，并且该员工以前未在此饭店工作过。

5. 员工推介计划。客房部或饭店可采纳一种员工推介计划，以影响其员工去鼓励他们的朋友或熟人来饭店求职。对自己工作满意的员工中以成为饭店的最佳招聘员。确实，好员工往往将好的人员推荐进来。

员工推介计划一般对向公司推荐新雇员的员工进行奖励。管理部门应在一开始就制定出奖赏的额度，说明获得赏金的条件及如何将成功的推荐与推荐人挂上钩。

三、客房部员工的培训

旅游业不仅作为第三产业为经济创造了更大利益，同时，旅游业也解决了就业的问题。旅游业的迅猛发展对人才的需求越来越强烈，而作为饭店客房部对人才的需求量也在不断地攀升，除了对人才量的追求外更加对人才质的重视，要使客房部的员工工作更加专业化，服务技能得到不断的提高，最有效的办法就是培训。

（一）培训方法的沿革

1. 传统的培训方法一般是"以师带徒"，就是在服务中以老带新，言传身教。新员工入店后，基本上是以干代学。这种方法对于新员工在服务技能的掌握和业务水平的提高方面是极为有利的。据北京饭店的老师傅介绍，新中国成立前一名新员工进店后，首先要从杂工做起，比如先做门童、行李员工作，工作一段时间以后，领导会对新员工的工作情况进行检查，在领导认可的条件下可以调做服务员，或转到餐厅做传菜员，熟悉一段餐厅业务后，然后再转做盯桌服务工作（当时称招待），做一段餐厅服务以后，掌握了客人的普遍需要以后，视新员工的个人素质和技能再转做客房服务工作（当时称茶房或招待）。新中国成立后客房招待员的名称就是由"招待"发展而来。那时的客房招待员既能做客房服务工作，又能做餐厅服务工作，有时还要被抽调参加特定的大型宴会服务。

2. 20世纪50~60年代，地方各省市相继建立宾馆、饭店，需要培养服务员，一般送到北京的北京饭店、上海的锦江饭店、广州的羊城宾馆（现东方宾馆）进行培训。这时的培训仍是以干为主，学习理论为辅，由有经验的老师讲业务课，服务人员跟班服务。这样的培训方法使员工可以直接地参与到实践中，在当时也起到了一定的作用，有一定的效果。

3. 20世纪70年代，客房服务员的培训工作有了进一步的发展和提高。基本上采取集训班的方式进行，边劳动、边军训、边学习业务知识和外语，然后再进饭店实习，经过一段时间（三个月至半年）实习，很快就能按员工的工作水平分岗，参加服务工作。

4. 1985年以后，旅游事业大发展，全国各地，特别是沿海开放城市相继建起大批宾馆、饭店，因而需要大量服务人员。有些公办中学为了适应这种旅游业发展的需要，办起了服务职业高中。伴随着旅游业的迅猛发展，各高校并设了旅游管理、饭店管理等专业或建立旅游职业学院，学校会涉及多种学科的教育，不仅为旅游行业提供了素质更高的服务型人才，也为提供了管理型和研究型的人才。还有的饭店企业办服务职业学校，对学生进行定向培训，既为学生提供了就业机会，也为各宾馆、饭店培养了大量服务人才。

(二) 培训种类

1. 入职培训。入职培训是指对于新招收的员工在上岗前的教育和培训，需要使新员工理解所从事的工作的意义。特别是让他们懂得自己工作的职责、服务程序、服务标准、各项工作的操作程序以及从业人员应具备的条件和素质，然后向他们介绍饭店的概况，使其对自己工作的环境有一个初步的了解。以上内容一般由人力资源部采用讲课的形式用6~10天完成。

在初步了解了自己的工作环境及工作性质后，在考试和总结提高的基础上可转入下一阶段的培训。这一阶段主要进行具体的部门工作和服务程序、操作程序的培训，可采用讲与模拟训练的方法进行。其目的是使新员工掌握自己本职工作的技能技巧，使员工上岗后能尽快独立完成自己所担负的工作，为宾客提供快速敏捷的、热情周到的客房服务，培训一般需10~15天。培训内容大体如下：

(1) 开房、住宿登记手续及程序；
(2) 受理宾客代办服务的方法和程序；
(3) 办理宾客迁出结账的程序；
(4) 日常工作中的礼节礼貌；
(5) 常见的几种国际性礼节礼貌；
(6) 清扫客房卫生的程序和卫生标准；
(7) 各种清洁剂、清扫用具的使用；
(8) 晚间开夜床的操作方法和要求；
(9) 本店的服务设施、娱乐设施的位置，营业时间及基本概况；
(10) 服务工作中一般技能技巧的训练；
(11) 语言技巧，站、坐、行姿态训练；
(12) 如何处理宾客的遗失物品；
(13) 如何处理宾客一般性投诉；
(14) 介绍和实际观察客房日用品的知识（包括名称用途、摆放标准及要求）；
(15) 熟悉饭店环境。

2. 日常培训。日常培训为员工上岗后的培训，这是一项长期的工作，要比入职培训难度更大些。在培训中要根据不同年限、不同等级和不同水平的员工制定出各种不同的培训目标、程序及内容，培训主要有在职培训和脱产培训两种。

(1) 在职培训具有灵活性、选择性和针对性强等特点，因此不受时间、地点、人数的限制。其主导思想是以实际操作为主，通过实际操作，来达到使其掌握和提高业务技术的能力，同时加入一些理论知识。又可分为跟踪培训（主要对新上岗员工）、交替培训（培养多面手）、更换培训（对不能胜任某一岗位的员工进行其他工种的培训）、发展培训。培训的具体方法可采用专题讲座、座谈讨论、岗位练兵、技术比赛和业余教育等方式进行。

(2) 脱产培训是以提高员工理论知识为主要目的，以教学为主的培训方法。脱产培训学习时间集中、精力集中、人员集中、内容集中，能使员工在思想素质和业务素质方面有很大提高。脱产培训最好按服务员的不同等级分别进行，一般来讲是以工作年限为依据，或按业务技术水平的高低划分。可分为初、中、高三级培训。

3. 专题培训。客房部的工作要求高水平的服务，需要员工具有专业技能。这就有必要对员工进行有计划的专项训练，以便扩大员工的知识面和适应不断发展的新形势。专题培训的方式与内容可以是灵活多样的，它包括：

（1）业务竞赛，举办具有知识性和操作性的竞赛，从而激发员工自觉学习、训练和交流，使员工有自我提高意识；

（2）专题讲座或示范，可以选一个主题由客房部的优秀员工或其他专业人员来讲授或示范，如：客房日用品知识、清洁剂知识、机器的使用与保养、接听电话的技能、紧急救护、插花等；

（3）系列教程，涉外饭店的客人大多数是外国人，需要客房部员工具备高水平的外语能力，组织外语学习往往采用系列教程的方法，员工可根据已有的水平选择学习。

4. 轮岗培训。客房部的对客人的服务是个有机整体，环环相连。为了增加员工对客房服务的全面了解，更好地沟通，可以加强轮岗培训。让员工掌握相关岗位的知识和技能，有利于相互增进理解，在今后的工作中加强互助合作。当客人骤增，某一岗位工作压力过大时，还可以调动其他岗位员工增援。

5. 外派培训。选派员工到国内外有管理经验的著名饭店学习是一种很好的培训形式。许多饭店在开业之前就把骨干服务员和管理人员送到著名饭店进行培训，成效显著。经营运转后要继续对员工实施培训，不断加大对培训工作的资金投入，选派有发展潜力的员工到其他饭店或高校参观、考察、进修和业务培训。学习先进经验可以开阔员工视野，拓展经营思路，提高客房服务质量和管理水平。对于员工不仅仅是培训，也是一种激励的手段。同时，使饭店更容易聚拢人才。

（三）培训方法

1. 课堂教学。

（1）讲授法。首先要求教师要有较高的水平，不但业务知识要精通，而且还要具备教学的经验和能力，要能写好教案、掌握教学环节。这是传统的培训方法，被相当普遍地采用。但在客房部一线部门不适应长期用此法。

（2）声像教学法。在基层员工培训中，采用生动形象的录音录像教学方法效果很好，尤其是对员工进行礼貌礼仪、操作规范和外语培训时。购买的教学录音录像带因其语言、操作功作标准又可反复播放而颇受欢迎，自制的录像也效果独特。有的饭店在操作培训结束时录下服务员的操作即时播放，也有的是把服务员平时整理房的情形录制下来让大家评审。服务员对这种方法感兴趣，纠正错误、提高工效的劲头也增大。

2. 操作示范。

（1）角色扮演法。角色扮演法适用于直接服务于客人的服务人员。培训者将员工在工作中存在的有代表性的问题提出，让员工分别扮演有关人物，然后予以总结，指出问题。要让这种培训取得最佳效果的做法是角色互换，使员工能体会所扮演角色的感受与行为。改进自己原来的态度与行为。这种方法趣味性很强，也使员工有发挥想象力、创造力的余地，使员工能够站在他人的角度考虑问题。

（2）情景培训法。由培训者提出在服务中有代表性的问题，并假设几种解决方法，让员工讨论选择，并说明理由，最后由培训者做综合分析。如：访客到夜里24：00仍不肯离开房间怎么办？到12：00客房仍挂"请勿打扰"牌怎么办？用此种方法培训比单纯让员工记忆现成的答案效果更好，还可以集思广益，对原来不够合理的规定进行修正，更加形象，容易掌握。

（3）岗位见习。不管是服务员还是管理层人员，都应该注重培养其管理潜能，这样才可以调动员工的主人翁精神，同时也可以丰富管理者的经验。如果有员工具有一定的管理潜能，给他有机会做一下晋升前的热身运动是很有必要的。这不仅可以通过实践锻炼其能力，更可以给其带来信心。

【小拓展】

美国威斯汀饭店集团为其下属饭店的客房部经理人选制定的岗位培训方案包括如下岗位的见习：

（1）失物招领及文书档案管理。
（2）楼面晚班主管。
（3）服务中心夜班值勤。
（4）楼面早班主管。
（5）服务中心早班值勤。
（6）查房领班。
（7）夜间值班经理。
（8）排出班与培训主持人。
（9）制服控制。
（10）缝纫。
（11）早班副经理。

3. 研讨。由培训者提出讨论题，设定限制条件，引导员工讨论。适用于各层次各岗位的员工。如有的饭店在入职培训时组织学习更衣室制度。为了增强效果，先让员工分组制定制度，然后在大会上各自介绍。对分歧较大的问题重新回组里讨论，再集中。几经反复，各组方案基本一致。这时拿出原有制度，相差无几，员工也对此有了较好的记忆与理解。此方法运用得当，有利于开拓员工的思维能力，激发参与意识，活跃学习气氛，增强培训效果。

4. 辅助措施。有条件的饭店，可通过电影、录像、幻灯等有声有形的图像进行电化教学培训。要想让员工的工作达到既定的规格水准，严格的培训是一种必需而有效的手段，良好的培训不仅能解决员工的"入门"问题，而且还对提高工作效率、降低营业成本、提供安全保障和加强沟通改善管理都达到不可低估的作用。

（四）培训内容

1. 外事服务职高培训。外事服务职业高中或职业中专，学制一般为三年，有的学习理论知识和实习各占一半时间，有的两年学习理论知识，一年实习。多数学校设服务知识、外语、旅游心理学、客房管理、旅游地理、食品卫生和体育（包括形体）课等。

（1）业务知识课。是客房部的服务员的最主要的、最基础的课程，目的是让员工掌握服务员的工作职责；客房的服务设备、设施的使用与保养；客房布置；清理卫生的方法、程序与标准；服务工作的方法、程序与标准；各种工具的使用方法与保养；各种消毒的方法与配量；消防器材的使用与保养；饭店的制度与纪律；文明服务的一般礼仪等。

（2）外语课。外语水平已经是进入21世纪后必修的一种技能，有的学校每周安排16~20个课时学习外语，设基础英语、饭店应用英语、英语听力、英语写作等课程，还通过英语演讲、英语辩论、英语话剧等理论与实践结合的方式，提高学员的外语对话能力。这对以接待欧美客人为主的饭店尤为重要。有的学校还开设日语、韩语、法语及小语种的语言教育,以提高学生的语言应用能力,更适应人才市场的需求。

2. 岗位培训。这是经常的大量的培训工作。不间断的岗位培训是饭店服务质量不断提高的保证。岗前培训只是一个职工取得工作资格的基本条件,而一个职工的成熟,则来自岗位培训。客房部的管理人员应是岗位培训的承担者。视员工素质情况,用什么学什么,缺什么补什么。但主要任务是在使专业知识、业务技巧和外语水平方面都有所提高。部门管理人员应成为兼职培训老师,必须具备培养自己职工的讲解能力、示范能力、指导操作能力和对自己职工进行评估的能力。

(五) 培训的意义

员工要达到既定的规格标准,必须经过严格的培训,只有通过培训学习才能让员工为客人带来更优质的服务。良好的培训不仅能解决员工的"入门"问题,而且还具有以下几方面的积极意义:

1. 提高工作效率。有效的培训可以使员工更熟练掌握工作技能和服务技巧,减少差错率,降低损耗浪费。所讲授或示范的工作方法和要领,都是经过多次的实践总结出来的。因而,它不仅可以节省时间和体力,而且有利于提高工作质量,达到事半功倍的效果。

2. 降低工作成本。除了人力与时间的节省之外,正确的工作方法能减少用品浪费、降低物件磨损,达到低投入、高产出的目的。

3. 提高安全保障。培训得法可以让员工对本职工作的操作方法、步骤等有更深入全面的理解,增强安全防范意识,以便防患于未然。学会安全操作,加强对紧急事物的应变能力。此外,有效的培训还可以提高员工全面的安全意识和加强紧急应变的能力。

4. 加强凝聚力,改善管理。灵活多样的培训方式对于活跃气氛、交流思想、搞好合作显然是十分有益的。培训也会使管理者提高管理水平,掌握领导艺术,与员工缩短感情距离。还可以帮助我们避免平时发生的许多工作上的摩擦,加强集体的凝聚力,促进服务和管理的改善。

5. 增强饭店的市场竞争力。培训可以提高工作效率、保障客房的安全、巩固团队精神,具备了这些要素,才能为客人提供质量更高的客房商品,促进文明服务。才能使饭店的良好口碑在客人中流传,使饭店在市场竞争占据有利的地位。

任务3 客房部员工业绩考核与评估

实训目标

掌握如何对客房部员工进行考核和激励。

【实训方法】

实地调查。

【实训准备】

纸;笔。

知识探究

客房部员工的业绩考核的作用和意义；客房部员工评估的内容、方法与程序；员工激励的方法。

一、客房员工的业绩考核

（一）考核的目的与类型

1. 考核的目的。
（1）让下级管理者或员工正式了解上级对自己最近工作表现的评价；
（2）指出该受表扬的部分；
（3）指出应进一步学习改进之处；
（4）作为升降的依据之一，给人力资源管理部门提供参考。

2. 考核的类型。分为非正式的和正式的两种。

非正式考核以日常服务工作为基础。经理及其他管理人员主动评价下级的某项服务的好坏，或下级到经理办公室汇报工作完成情况。

正式考核又称系统鉴定，有些饭店根据淡旺季半年进行一次，多数定期在年底举行。其类型有：（1）上级考核下级；（2）同级互相考核，多采用表格法；（3）下级考核上级，这在饭店应用不普遍，实际上很有必要。

（二）考核的作用与意义

1. 考核是确定奖惩的重要依据。客房部员工都希望自己的劳动能得到承认，希望饭店能公正地评价自己的工作表现和工作能力，以获取相应的物质待遇和职位安排。管理者也必须通过考核了解员工的表现和成绩，可以适时给予应有的奖励。

2. 考核为发掘和合理使用人才提供可靠依据。员工入职时，客房部常常是根据学历、资历来确定工作岗位，容易造成"才非所用"。学历和资历只能表示受过什么教育，从事过什么工作，不能完全作为能力大小的依据。利用考核，可以全面了解员工的长处、短处，综合评价员工现实和潜在的能力，为培养、调动和合理使用人才提供可靠依据。所以工作考核才是发掘与合理使用内部人才的依据。

3. 考核是制定有效培训计划的参考依据。通过考核发现了员工素质能力与工作岗位需求的差距，需要通过培训缩小或弥补差距。这样必然增加培训的针对性，也提高了培训的效果。

4. 考核是激励员工奋发向上的重要手段。岗位责任制、考核制度和奖惩制度是相互联系的，三者互相依存、互相制约。考核为员工指出了工作现状和努力方向，加强了员工趋向组织目标的积极性。考核标准适当和考核结果公正、奖惩适度，可以使员工更加清楚地认识到自己的工作情况和工作质量，激发员工奋发向上的积极性和更高的工作热情，在工作中不断提高自身素质，改进工作中的不足。

5. 考核有助于完善饭店的人力资源管理。员工工作考核可以为饭店员工的提升、换岗、培训等人力资源工作提供可靠的参考依据，饭店可以根据考核情况进行许多工作，如分析培训需求情况，制订人员替补和管理人员培训方案，可以利用考核结果作为工资核审的客观依据。因此，员工工作考核是推动人力资源部门工作管理合理化、科学化的重要措施。

（三）考核的注意事项

1. 考核必须客观、公正。考核者必须对考核工作严肃认真、客观公正，应以日常考核和员工的工作表现为依据，绝不能主观臆断，凭印象或个人好恶进行。

2. 克服平均主义。负责考核的人员在考核工作中，经常会出现平均主义。这种情况最容易发生在对管理人员的考核上，使考核结果最终分不出好坏来。

3. 考核标准应尽量明确。能定量的尽可能定量，以减少主观性的干扰。

4. 选择好考核时间。两次考核间隔时间不能太短，也不宜太长。间隔太短，不能使员工的优缺点得到充分表现，也容易使员工对考核工作产生厌烦。间隔时间太长，不利于及时纠正错误的不符合要求的行为。

5. 认真挑选、培训考核人员。负责考核的人要具有一定的业务素质，能公正地考核每一位员工。同时，也可以根据实际情况扩大考核人员的范围。

二、员工工作评估内容与方法

（一）评估内容

1. 基本素质。员工的基本素质在日常的工作中会充分地显现出来，如服务员的服务质量，领班的指挥才能与组织能力等。

2. 工作指标。即根据客房部制订的劳动定额和工作目标，对被评估者完成工作指标或特定的成绩标准程度进行考核，如每日平均清理房间数等。

3. 工作行为和工作态度。主要指对客人的服务态度、对管理者正确批评的反应以及有无重大失误或安全事故等。

（二）评估程序和方法

1. 观察与考核记录。这是评估的基础，客房部各级管理人员应注意观察下属的工作并听取其他人员的反映，做好考核记录。

员工的工作表现记录包括：考勤记录、服从与合作态度、工作责任感、礼貌及忠诚、仪表、言谈举止、对宾馆饭店财物的态度以及工作表现等。

2. 填写考评表格。年度考核表一般由宾馆饭店统一制定和印制。评估表通常由经理或考核主管填写（如表2-8-3所示）。

3. 评估面谈。书面评估完成后，客房部经理或主管需要同被评估者见面，主管应根据考评表上所列的各项评估指标，就评语与评分逐条向被评估的员工解释与说明。被评估者可以在面谈时对评估意见提出不同看法，并与评估者进行深入的讨论。面谈讨论后，仍不能取得一致意见时，可由人力资源部约见该员工，听取他的意见，并做适当的处理。

评估的结果通常分为五个等级：A—优秀、B—很好、C—好、D——般、E—差。

评估结果由总经理和部门经理共同签注。上一级管理人员负责下一级员工的评估工作，领班的评估由部门经理或副经理执行，而一般员工的评估则由领班负责。

评估工作中很重要的一点是必须公平合理，客观地反映一个人的工作表现。通常评估者最常用的人选是被评估者的直属主管人。面谈评估要充分准备并要选择好地点，鼓励相互对话，切忌"秋后算账"。

表 2-8-3　　　　　　　　**饭店员工评估表**
　　　　　　　　　　　　　　工作表现评估

姓名_____　工号号码_____　　部门_____
职位核估期间_____至_____

	得分	A	B	C
A. 评估项目	A			
1. 专业知识	1			
2. 理解能力	2			
3. 语言能力	3			
4. 工作表现及效率	4			
（1）质量	（1）			
（2）数量	（2）			
5. 学习能力	5			
6. 责任感	6			
7. 自觉性	7			
8. 独立能力	8			
9. 礼貌与得体	9			
10. 与上司之关系	10			
11. 与同事之关系	11			
12. 与顾客之关系	12			
13. 仪容仪表	13			
14. 一般品行	14			
15. 考勤及守时	15			

B. 总体评估
C. 详释以上评估_____
D. 晋升潜能
a) 适合晋升_____
b) 较适合现时之职位_____
c) 其他（请说明）_____
评语：_____
E. 所需之训练（请详述所需之项目）：
对现时职位_____
对未来发展_____

评估人_____　　　职位_____　　　日期_____
员工签名_____　　　　　　　　　　　　日期_____
部门主管审阅_____　　　　　　　　　　日期_____
　　　等级：A—3　B—2　C—1　　　正本：部门主管
　　　　　　　　　　　　　　　　　　副本：个人档案

月度奖金评比表

姓名_____ 部门__客房部__ 区域__公共区域__ 职务_____

项 目	100	月 份											
		1	2	3	4	5	6	7	8	9	10	11	12
巡查四周清洁	10												
经常彻底地清扫环境卫生	15												
保持机器效能	10												
不浪费清洁用品	10												
自觉性	5												
守时，不缺勤	10												
仪容仪表	10												
负责饭店环境美化工作	10												
饭店规章制度	10												
与其他员工的合作性	10												
总分	100												

月份	奖金标准	得分率（%）	实付奖金	批准	批准	签收
1						
2						
3						
4						
5						
6						
7						
8						
9						
10						
11						
12						
总额						

表中项目须逐一仔细评估　　表中项目内容可随时修改
员工得分须经两名直接主管批准　　交表日期：每月7日

三、客房员工激励

采用合适的激励员工的方式才能有效地调动员工劳动积极性，促进员工为取得成绩而努力工作的过程。员工激励是保持和吸引优秀的客房部员工、降低员工不正常流动率的重要措施。同时，激励使员工对自己的工作更加的热爱。

（一）员工激励的作用

员工激励是现代管理学的核心。在企业人力资源开发管理中具有特殊意义。客房部管理人员正确运用激励手段，可以充分发挥客房员工内在的潜能，从根本上调动员工积极性，保证客房员工队伍的稳定性，从而创造高质量、高效率的工作成绩。

（二）员工激励的方法

1. 目标激励。目标激励就是通过确立工作目标来激励员工。正确而有吸引力的目标，能够激发员工奋发向上、勇往直前的斗志。应用目标激励方法需要注意目标价值与期望值。

$$目标的激励作用 = 目标价值 \times 期望值$$

一方面，目标价值越大，就越能鼓舞人心，激励作用就越强；另一方面，目标的期望值越大，使员工感到不是"可望而不可即"，才会使员工感到越有奔头，激励作用也就越强。

2. 物质激励。物质激励就是通过满足个人的物质利益需求，来调动个人完成饭店工作任务的积极性和主动性。客房部管理人员在对员工进行物质激励时，一定要注意公平原则，否则，不但起不到激励作用，反而会挫伤员工的积极性，甚至造成矛盾，影响团结。当然，物质激励不是万能的，其作用总是有一定限度的。客房管理者要注意将物质激励和其他激励方法配合起来运用起到相得益彰的作用。

3. 角色激励。角色激励就是让员工认识并担负起应负的责任，激发其为扮演的角色而努力工作的精神，满足其成就感。一个人有没有责任激励是大不一样的。如果人没有责任驱动，生活节拍就会放慢；反之，一旦"重任在肩"就会废寝忘食，孜孜不倦地工作。

4. 竞争激励。竞争激励实际上就是荣誉激励。客房员工中主要是青年人，他们争强好胜，上进心强，对荣誉有强烈的要求，这是开展竞赛活动的心理基础。根据客房部的特点，客房部可以开展一些英语口语竞赛、客房服务知识竞赛、西式铺床竞赛、消防知识竞赛等。通过组织这些竞赛，不仅可以调动员工的积极性，而且还可以提高员工的素质。

5. 信息激励。一个人与外界接触，闭目塞听，孤陋寡闻，必然自以为是，心安理得，缺乏进取精神。如果能经常得到新的信息，看到或听到别人的新进步、新成就，就能发觉自己落后，激发奋起直追的热情，就会起到强大的激励作用。因此，客房部管理人员有条件时，应组织本部门员工去其他好的部门或饭店参观学习，或向员工传递这方面的信息。

6. 奖惩激励。在管理工作中，奖励是一种"正强化"，是对员工某种行为给予肯定和奖励，使之得以巩固保持。惩罚则是一种"负强化"，是对员工某种行为给予否定和惩罚，使之减弱、消退。恰如其分的惩罚不仅能消除消极因素，还能变消极因素为积极因素。奖励和惩罚都能对员工起到激励作用，二者相结合，则效果更佳。

7. 情感激励。在一个部门，如果大家情投意合、互相关心、互相爱护、互相帮助，就一定会形成一个强有力的战斗集体，工作积极性会高涨，客房部管理人员必须重视"感情投资"。运用情感激励的关键是管理人员必须用自己真诚的感情去感动和激励员工，尊重、信任和关怀员工，从感情上赢得全体员工的信赖，而不是居高临下的恩赐或怜悯。

8. 榜样激励。"榜样的力量是无穷的"。客房部管理人员要以身作则，以自己的工作热情、干劲去影响和激励下属员工。要时刻不忘为员工树立好的榜样，这样才会在以后的管理工作中有号召力。

9. 参与激励。参与激励就是在客房管理中，给予员工发表意见的机会，尊重他们的意见和建议，实现良好的沟通，从而达到激励的作用。

10. 晋升与调职激励。人人都有上进心，客房部管理人员应利用员工的上进心，给予员工职位上的晋升，这无疑是一种极为有效的激励方法。此外，除对工作表现好的员工晋升以外，还可以通过在部门或饭店内部调换员工的工作岗位，使其充分发挥个人专长和才干，调动员工的工作积极性。

（三）员工激励应注意的问题

1. 要尊重、理解和关心员工。客房管理人员在工作上要严格要求员工，但在生活上则应关心员工、尊重员工，以"情"动人。只有员工真正意识到自己受到了尊重，才会以主人翁的精神积极工作。

2. 要经常为员工"理气"，使其"顺气"。有些员工之所以缺乏工作热情，"不求有功，但求无过"，主要是因为"气不顺"，因为分配不公，因为管理人员高高在上。对此，客房部管理人员应根据实际情况，认真分析，采取有效的改进措施，为员工"理气"。

3. 要正确对待员工的过错。每个员工都有上进心，都不愿出现差错。但由于主、客观的原因出现差错时，作为管理者绝不能过多地指责和训斥，甚至暴跳如雷，而应冷静分析，根据过错的性质，给予必要的指导、帮助、处罚。即使批评员工，也不应该在公开场合，特别是在客人、异性面前斥责员工，也不能在其他的员工面前讲员工的错误。更不能有意无意抬高自己，这样会使员工产生逆反心理，造成感情的隔阂。

4. 慎用"惩罚"。虽然惩罚是一种"负强化"的激励手段，在一定条件下能够起到一定的积极作用，但是，管理人员应当记住，惩罚只是一种手段而非目的，不能滥用。否则，不仅起不到激励作用，反而会引起对抗情绪，造成怨声载道，不利于团队精神的形成。

5. 正确处理物质激励与精神激励的关系。物质激励与精神激励是相辅相成的关系。物质激励主要满足员工的基本生活需求，而精神激励主要满足员工"自我实现"等高需求，物质激励中也包括有精神激励的因素。客房部管理人员应当正确认识二者的作用，正确处理二者之间的关系，不能厚此薄彼。

【项目小结】

1. 合理的人员配备编制是饭店人力资源管理的重要前提和保障。

2. 加强对员工的培训的工作对提高员工素质和技能非常重要，从而提高了饭店在人才方面的竞争实力。

3. 正确地对员工的工作状况进行考核和评估，才能不断地提高员工技能；并通过激励的方式提高员工工作的积极性。

实训测评

了解饭店的人力资源部和客房部

测评形式	测评要点
饭店人力资源部和客房部调查报告	1. 饭店客房部员工的基本情况：学历、年龄、籍贯等 2. 饭店客房部员工薪酬水平 3. 饭店客房部员工满意度 4. 客房部员工的招聘和培训形式和主要内容 5. 客房部员工的考核形式和内容

学以致用

1. 工作量测算考虑哪些方面？
2. 编制人员定额的方法有哪些？
3. 客房部员工的招聘包括哪些方面？
4. 简述客房部员工的培训方法、培训内容及培训意义。
5. 客房部员工工作评估的程序和方法是什么？
6. 简述员工激励的方法。
7. 案例分析：

陈女士的经历

陈女士12年前开始效力于B市喜来登饭店。众所周知，喜来登是国际上颇有名望的饭店管理集团，经擅长员工培训、注重人力资源发展著称，陈女士仅用5年时间就完成了从一名普通服务员到一名出色的餐厅经理的历程，包括领导技能、培训员工的技能、沟通与展示、激励下属员工、餐饮管理等专题课等等。几年中，陈女士深知"没有不好的员工，只有不合格的管理者"这个道理，顾客在她和员工们周到而热情的服务下，不断地光顾饭店。

毫无疑问，陈女士是相当成功的，饭店领导也积极地肯定了她的业绩，并开始寻求陈女士的进一步发展机会。

20世纪90年代初，旅游业的发展为她提供了机会，南方A市某四星级G饭店向陈女士所在的饭店发出了需要管理人员的求助信函，陈女士和另外4位其他部门的优秀者成了第一批外派人员，陈女士任G饭店中餐及多功能厅经理。

南方迷人的风景更振奋了陈女士的工作热情，在新的环境里，她要求自己更加努力地工作。但是，上任的第一天，当她在人事部经理陪同下走进能容纳400人进餐的中餐厅时，面对的情景令她非常吃惊，近20个服务员（也有着黑色西服的领班），在刚刚结束早餐服务的餐厅里尽情享用本该是客人享用的食品，餐厅开餐后的狼藉尽收眼底。尽管如此，陈女士深知这些行为可能是前任经理培训与管理不够所致。在当天的餐厅例会上，陈女士做了20分钟的就职演说，她讲得诚恳而富有专业性，可以说，初次亮相使员工们对她产生了好感，但是，关于上午餐厅不该出现的事情，陈女士只字未提，这又令员工们打了个问号。

陈女士自有方略，在3天后的第一次员工培训中，陈女士用培训方式重申了饭店的纪律，但仍然没有对员工做任何批评，她相信员工都是有觉悟的，不必使用强硬的管理手段，惩罚只会伤害员工的自尊心，她想用管理原饭店的方法来处理这些问题。

　　然而，随着时间的推移，员工不断发生纪律问题及怠慢客人的问题，令陈女士越来越失望。于是，她加强了培训的工作，从一周一次更改为一周三次。陈女士具有良好的培训技能，她讲的一切使员工都能认同，每次培训后也能略有成效，但毕竟不能解决根本问题。2个月后，饭店领导终于对陈女士提出了批评，认为她过于软弱，迁就员工，没有达到饭店的期望。

　　面对饭店领导和批评，陈女士开始了反思……

　　讨论：

　　你认为陈女士的做法对吗？请结合所学知识分析此案例。

附　　录

附录一

与客账账户相关的常用术语

1. 立账。客人入住时，总台收银员根据宾客住店通知单的要求而设立的客账账户。设立客账账户应注意八个要素：客人姓名（团队名称）；房间号码；房间单价；用房间数；住店日期；离店日期；住店人数；结账方式。

2. 外客账。已退房但尚未结账的住店客人的客账。外客账一般是由饭店财务部与旅行社或委托单位进行结算。

3. 寓客账。尚未退房的住店客人的客账。

4. 滚账。总台收银员根据住店客人当日消费的各类账单，分别记入客账，并计算出当日的累计消费金额。

5. 催账。当住店客人的消费总额超出饭店信贷政策规定的限额时，总台收银员应开具催款通知单提醒客人及时办理续住手续或结账。一般来说，催款通知单由客房部服务员送交住店客人。

6. 结账。住店客人离店时，将其住店期间发生的所有费用一次付清。结账方式通常有以下五种：现金；支票；信用卡；记账凭证；转账。

7. 记账凭证。为方便客人在饭店内进行各项消费活动，客人预先付给饭店一笔资金，饭店为客人提供的消费凭证。客人在本饭店内的各项消费凭证记账，用完为止。

8. 转账。将住店客人在饭店内不同时间、不同消费点发生的各项费用统一结账，这是旅游饭店为方便客人结账提供的一种特殊服务。转账大致有两种：

（1）店内转账。为方便住店客人的各项消费活动，客人在店内所有消费账单均由其签字认可，并注明房号，转到总台收银处统一结账。

（2）转外客账。根据客人要求，客人在饭店内有关消费项目，均由旅行社（或委托单位）统一结算。在办理转外客账时，应该注明单位名称、地址、电话号码、邮政编码经办人姓名等有关内容。

9. 停账。应住店客人的要求，客人因临时外出几天，暂时退房，但不结账，回来后续住本饭店，前后的房账一并结算。这种账务处理方法仅适用于那些信誉较好、或有担保单位及担保人的客人。

10. 逃账。指个别具有劣根性的客人不付房费而悄悄离店。各饭店都将这些客人登记在册，因而登记册也称为"黑名单"。

11. 宕账。因客人发生逃账等原因而暂时无法结算的账称为宕账。对于宕账，我们要及时弄清原因，根据不同情况进行处理或催收，避免坏账。

12. 预收账款。客人入住时，应预先付给饭店的住房保证金。一般来说，收取客人住房定金的标准掌握在房金的1.5倍左右。客人退房时，凭预收款的单据到总台客账处结账，多退少补。

13. 应收制。凡在本期内实际发生，应属本期的收益，虽然还没有收到现款，但也应该作为本期的营业收入入账。

14. 实收制。以实际收到现款为准而计入当期的营业收入。实收制的核算方法在旅游饭店不能使用，因客人住店期间所发生的客房等费用是赊账行为，用实收制无法对客账进行正确的会计核算。

15. 混合制。即混合核算制，就是将应收制、实收制这两种核算制的会计方法混合使用。饭店业现今通用的寓客账会计核算方法就是混合制，同样无法对客账进行正确的会计核算。

16. "当日余额对账法"。即应收制的会计核算方法。是根据客房营业收入日报表对当日的营业收入以及当日的收回数按应收制进行账务处理，确保总台客账和财务客账的当日余额相符。"当日余额对账法"忠实地执行了权责发生制的原则，完全符合应收制会计核算方法之定义，将重要的会计公式贯穿于客账会计核算的始终，使各个平衡式之间的相互关系保持恒等，此方法完善了客账会计核算体系。

17. 客账日报表。包括反映住店客人的房费及其他消费金额的发生数和收回数，以及本日的余额数。客账日报表至少要反映以下三个内容：

（1）四个金额要素：①上日余额；②本日发生；③本日收回；④本日余额。这四个金额要素的计算公式为：本日余额＝上日余额＋本日发生－本日收回。

（2）结账方式：具体反映当天现金、支票等各种结算方式收到的款项，其合计数与本日收回数必须相等。

（3）店外转账：与各旅行社、委托单位结算的账目清单。店外转账清单金额的合计数必须与转外客账的金额相等。

18. 结账方式。具体反映当天现金、支票等各种结算方式收到的款项，其合计数与本日收回数必须相等。

19. 店外转账。与各旅行社、委托单位结算的账目清单。店外转账清单金额的合计数必须与转外客账的金额相等。

20. 缴款单。这是收银员的缴款凭证，此单据应当注明当天收到的现金、支票金额以及相关的发票号码（注意：这不是当天营业收入的发生额，而不少饭店却将缴款单的金额作为当天的营业收入入账，是严重的技术性错误）。

附录二

前厅服务常用英文专业术语解释

1. Accommodation 特指留宿的有关房间的种类及位置
2. Adjoining room（邻近房）指两间房间连在一起
3. Advance deposit（订金）客人为了确保能有房间而提前预缴给饭店的一笔押金
4. Advance payment 按照饭店财务规定和有关规定，要求客人预先支付房费和可能的其他费用
5. Amenity 饭店接待礼仪，免费向住店客人提供的一些礼品，如水果、鲜花或饮品等
6. Arrival 指客人入住饭店的抵达日期
7. Average room rate 指所有住房的平均价格，它是前台的一个常用术语即 ARR
8. Banquet 指大型的、正式的宴会
9. Billing instruction（付费方式）指非常详细地向客人收款的指令，如房费怎样付
10. Block（预先锁房）指为了把某间房能够保留下来，而提前把此房间在某日锁起来
11. Cancellation（取消）指客人取消订房
12. Check in 指客人登记入住饭店
13. Check out 指客人结账离开饭店
14. City ledger（挂账）指客人使用完饭店各种设施，但并不直接付款，而通过记账以后一起计算
15. Collect call（对方付费电话）指由受话人付款的一种形式
16. Connecting（连接房）指两间房中有一扇门连通起来的房间
17. Confirmation（确认）指饭店发给客人的一种十分详细的订房书面协议，承认客人在将来的某一天有权居住在本饭店
18. Concierge（委托代办服务）又称"金钥匙"
19. Corporate rate/ Commercial rate（公司合同价/商务房价）指与饭店有协议而提供给公司的客人的房间价格，这类价格通常为特别价，且保密
20. Coupon（凭证）指客人已支付费用的住宿凭证
21. Credit card（信用卡）指由银行签发一种可以作为交易的卡片，代替现金支付的凭证
22. Day use（白天使用的房）指客人使用不超过 6：00PM
23. Departure 指客人结账离开的日期
24. Discount（折扣）指为争取更多的客人而给予的折扣
25. DND（请勿打扰）即 Do not disturb，指客人不希望别人打扰
26. Double bed room（双人房）有一张大床的房间

27. Double lock（双锁）给双重锁住，使一般钥匙不能打开
28. Double sale/Double check in（双重出售）指两个没有关系的客人，被错误地安排入住同一房间
29. Drop off service（送机/车服务）饭店在客人离店时派车送客人到车站、机场、码头
30. Due out（该走未走，延迟退房）指某个房间应该是空房，但到了 12：00 以后，客人仍没退租
31. Early arrival（提前抵达）在 14：00 以前到达饭店办理入住手续的客人
32. ETA（估计的到达时间）即 Estimated time of arrival
33. ETD（估计的离店时间）即 Estimated time of departure
34. Executive floor（行政楼层）也叫商务楼层
35. Extension（续住）经过批准后的客人延长居住
36. Extention bed（加床）一般应收费
37. FIT（散客）即 Free independent traveler
38. Forcast（预报）预先计算日后某一段时间的住房或其他计划
39. Foreign currency exchange（外币兑换）指设立在前台进行人民币与外币兑换的银行服务
40. GIT（团队客人）即 Group independent travelers
41. Guarantied（保证）指客人以预付定金或本公司函电确认订房，无论客人是否到店都要保留订房，而无论是否入住都要付房费
42. Guaranteed booking（保证订房）
43. Guest folio（客人账单）指客人在饭店内消费的详细反映
44. Guest history（客史档案）
45. Handicap facilities（残疾人设施）指专为残疾客人设计的具有特殊接待功能的设施
46. House use room（饭店自用房）它通常包括三方面的内容：内部员工短期或长期使用客房、客房短期用作仓库、客房用作办公室
47. Housekeeping（客房部）指负责清扫公共区域和客人房间卫生的部门
48. Housekeeping report（客房部报表）指由客房部员工所做的人工检查出来的有关客房使用状态的报告，通常一天做三次
49. IDD（国际直拨长途电话）INTERNATIONAL DIRECT DIAL 的缩写
50. Join in 指该房已有一个居住，后来又加进一个
51. Late arrival（迟到）指客人超过 6：00PM 还没有到达的客人
52. Late charge 指那些客人离店后才发现未付的各种必须收的钱
53. Late check out 指客人要求延迟退房时间，一般会加收半日房租
54. Link with 指几间房同为一个集体的客人，相互之间有联系
55. Log book（记事本）指本部门之间员工沟通的记录本，记录一天来任何需要通知的各种事情
56. Lost& Found（失物招领）通指客房部员工负责保管的所有住店客人遗留下来的各种物品
57. Master accounts（总账）特指为团体客人而设的账单

58. Message（留言服务）它是一项饭店帮助客人传递口信的服务
59. Morning call（叫早）指清晨的叫醒服务
60. MTD（当月累计总数）即 Month to date
61. Net rate（净价）指不含服务费的各种价格
62. Night audit（夜间稽核）主要负责复核各营业点的营业收入报表、单据、客人房租是否正确，各类特殊价格的审批是否符合规定，发现错误立即更改，以保证宾馆营业收入账目的准确
63. No – show（没到客人）指确认好的订房没有经过取消而没来
64. Out of order（坏房）指因需要装修或进行大装修而不能出售的房间
65. Over booking（超额预订）
66. Package（包价）指一种包含房费、餐费或其他费用的价格
67. Pay by 指一间房的房费或其他费用由外房间客人支付
68. Pay for 指一间房的客人付另外房间客人的房费或其他费用
69. Paid in advance（预付金）指客人在入住登记时已预先支付了其房费
70. Permanent room（长包房）有两方面的含义：客人长期居住；客人用作长期办公室
71. Pick up service（接车服务）饭店派人和车到车站、机场、码头，把客人接回饭店
72. Rack rate（门市价）饭店公开的门市价（指房间）
73. Register（登记）指把一个客人变成为住店客人的过程
74. Registration card（登记卡）指客人入住饭店所必须填写的表格，通常包含以下内容：名字、入住日期、房价等
75. Room change（转房）指客人从一个房间搬到另一个房间
76. Room rate 指饭店客房的收费标准
77. Room service（送餐服务）是指饭店为客人提供的在房间就餐的服务
78. Room status（房态）指客房部规定的关于房间使用状况的含义

VC—Vacant & Clean 打扫干净待出租房

OC—Occupied & Clean 已打扫干净出租房

OD—Occupied & Dirty 未打扫出租房

79. Room type（房间种类）
80. Safe deposit box（保险箱）是指饭店为客人提供的贵重物品寄存服务
81. Settlement（付账或清账）指将赊欠饭店的款项付清或签报
82. Share with（同住）指两个客人同住一间房
83. Skipper（逃账）指客人没有付账就离开饭店
84. Suite（套房）指由两个以上房间组成的房间
85. Transfer（转账）指一个账号的部分或全部费用转到另外一个账号之中
86. Travel agent（旅行社）指专门负责代办客人旅游，住房的机构
87. Turn – down service 指由客房部员工为每个住房而做的开床服务
88. Twin bed room（双人房）指一个房间有两张小床
89. Upgrade（升级）指基于某些方面的原因，公司安排客人住高一档价格的房间，而仅收原来的价格

90. Vacant room（空房）可供出租的空房
91. VIP（贵宾）即 Very important person，由饭店规定的给予特别照顾的客人
92. Voucher（凭证）通常指由旅行社发出的用于支付房间费用的收款凭证
93. Waiting list（等候名单）当饭店房间已满，仍有客人要求订房或入住，可做等候名单
94. Walk-in（"无预订散客"或"步入散客"）指客人进入饭店要求住房，但没有预订

附录三

饭店客房常用英语

1. May/Can I help you? 我可以帮你吗?
2. What else can I help you? 还有什么可以为你效劳的吗?
3. May I have your room key /number, please? 请问你的房卡/号?
4. I'm glad to meet you! 很高兴见到你!
5. Just moment, please. 请稍等。
6. Good bye. Have a nice /good day! 再见。祝你愉快!
7. Good morning /afternoon! May I do/make up your room now? 早上/下午好,我现在可以清理您的房间吗?
8. Would you have some laundry today? 请问您今天要洗衣服吗?
9. I'm sorry. May I come to your room and have a look? 对不起,我能去您房间看一下吗?
10. Welcome to our hotel! 欢迎到我们饭店。
11. Just a minute. I'll bring it to you. 请稍等,我马上为您送来。
12. We hope service to you again. Good bye. 希望能再次为你服务。再见。
13. They will be back within 4 hours. 4小时之内会送来。
14. It's free of charge. 这是免费的。
15. We'll send it to you right away. 我会马上送来。
16. Good bye and have a good day. 再见!愿您今天开心。
17. I'm sorry. I'm afraid I can't understand about that. May I call duty manage. 请原谅,我恐怕不是很明白您的意思。我可以让值班经理回复你吗?
18. You're welcome and I hope you have a good dream. 不用谢,祝您有个好梦。
19. I'm afraid your room will be ready in a few minutes. We are sorry for the inconvenience. 您的房间还需要几分钟才能收拾好,给您带来的不便我们表示歉意。
20. Let me adjust the air conditioner for you. 让我为您调节空调。
21. If we have we send it to you right away. 如果我们有,我会马上送来。
22. If there is anything I can do for you. Just let me know. 如果有什么能够帮上您的,尽管告诉我。
23. Here is a telegram for you. 这儿有一封您的电报。
24. If you have anything else, please dial the extension number "7700". 如果您还需要其他服务,拨内线"7700"。
25. We are very glad to service for you. 我们非常乐意为您服务。
26. Sir, your room is at the end of the corridor. 先生,您的房间在走廊的那一边。

27. I can contact the reception desk to arrange it for you. 我会联系前台来为您安排。

28. There is some repair work on the upper floor. But it will stop during the rest time, I hope you can understand. 上面楼层在维修，但在休息时会停止，我希望您能理解。

29. Is there anything else I can do for you? 您还需要我再做些什么吗？

30. I'm afraid we don't have this kind of service. 我恐怕不能提供这种服务。

31. If you need to clean your room. Put the clean card on door. 如果你需要清理房间，把"清洁牌"挂门外。

32. Our guest are always pleased by the our Housekeeping. 我们的客人对我们的服务感到满意。

33. Our hotel has very good Housekeeping service. 我们饭店有很好的客房服务。

34. I'll report it to my supervisor immediately, we'll let you know as soon as possible. 我会马上报告我们主任，找到就通知您。

35. I'm sorry we have to charge you for the sewage according to the hotel's regulation. 根据饭店规定，我们必须收一定的钱。

36. Please wait a minute I'll let you know as soon as possible. 请稍等，我会马上让您知道。

37. I'm sorry for security reasons we can't open the door. 很抱歉，为了安全理由，我们不能开门。

38. I'd like to have my clothes here. I'll pick them up later. 我想把衣服留在这里，我以后再来拿。

39. It's probably the satellite signal. It's cloudy today. Something when the weather's bad the signal's not clear. 可能是卫星信号的关系，今天有云，有时当天气不好的时候，信号就不好。

40. May I come in and check the housekeeper's work? 我能进您房间检查一下服务员清理房间的情况吗？

41. Good morning, sir. I am an attendant. Would you please show me your room card? 先生你早。我是服务员，请把房卡给我看一下。

All right. Here it is. 好的，给你。

42. Your room number is 624. Let me take you there. 你的房号是624，我来陪你去。

43. Let me carry your luggage. 我来帮你提行李。

I'm sorry to trouble you. 麻烦你了。

44. Here we are. This is your room. 我们到了。这就是您的房间。

45. Let me introduce our hotel briefly to you. 我简单地介绍一下饭店的情况。

That's very nice. 那太好了。

46. The Barber's, the Shop, Post and Cable Service, Billiards and Table Tennis Room are all on the ground floor. The visitors can do their shopping and have amusements there. The dining-hall is on the seventh floor. Both Chinese and Western food are served. And on every floor there is a dining-room. Service hours are: Breakfast, 7:00 to 9:00a. m.; Lunch, 12:00 to 2:00p. m.; Supper; 6:00 to 8:00p. m. The Bar is on the first floor, and the cafe on the second floor. They are open round the clock. The China International Travel Service has an office in the Hotel. 饭店的底层设有理发室、卖品部、邮电服务处、弹子房、乒乓室，客人们可以任意选购

物品，进行娱乐活动。大餐厅设在 8 楼，中西餐都有。此外，每一楼层都有自己的餐厅。开饭时间是：早饭 7：00～9：00；午饭 12：00～14：00；晚饭 18：00～20：00。酒吧间和咖啡厅分别设在 2 层和 3 层，昼夜营业。中国国际旅行社在饭店里设有办公室。

47. Get a taxi at the reception desk when you get one. 如果你要出租汽车对服务台说一下就成了。

48. May I have breakfast in my room? 我可以在房间里用早餐吗？
Of course. We can send three meals to your room if you like. 当然可以。如果你愿意可以三餐都在房间里吃。

49. It's very kind of you. Thanks for your information. 你想得真周到，谢谢你的介绍。
This is what I should do. 这是我应该做的。

50. By the way, I have two trunks on the ground floor. Will you please send them up? 顺便说一声，我有两只箱子在楼下，请你把它们送来可以吗？
Certainly. I have them brought up at once. 当然可以。我马上把它们送上来。

51. All your luggage is here. Seven in all. 你的行李都在这里，共七件。

52. This piece is not mine. 这件不是我的。

53. One piece is missing. 我少了一件行李。
Let me check it. 我帮你查一查。

54. Why hasn't my luggage been sent here yet? 为什么我的行李到现在还没送来？

55. Don't worry. I'll inquire of the China International Travel Service about it? 别着急，我向旅行社问一问。

56. Is this piece of luggage yours? 这件行李是你的吗？
Yes, this one is just mine. 是的，就是这件。

57. Here is the key to the room. Please leave it at the service desk when you go out. 这是房间的钥匙。你出去的时候把它交服务台保管。

58. If you need anything, just ring us up. 你有事找服务员可按电铃。

附录四

不同星级饭店客房的基本要求

根据《旅游饭店星级的划分与评定》（GB/T14308—2003）的相关规定，不同星级饭店的客房必须满足以下基本要求。

（一）一星级

1. 至少有 15 间（套）可供出租的客房。
2. 门锁为暗锁，有防盗装置，显著位置张贴应急疏散图及相关说明。
3. 装修良好，有软垫床、桌、椅、床头柜等配套家具。
4. 至少 75% 的客房有卫生间，装有抽水恭桶、面盆、淋浴或浴缸（配有浴帘），客房中没有卫生间的楼层设有男女分设、间隔式公用卫生间以及专供客人使用的男女分设、间隔式公共浴室，配有浴帘，采取有效的防滑措施，24 小时供应冷水，16 小时供应热水。
5. 照明充足，有遮光窗帘。
6. 备有饭店服务指南、价目表、住宿须知。
7. 客房、卫生间每天全面整理一次，隔日或应客人要求更换床单、被单及枕套，并做到每客必换。
8. 16 小时提供冷热饮用水。

（二）二星级

1. 至少有 20 间（套）可供出租的客房。
2. 门锁为暗锁，有防盗装置，显著位置张贴应急疏散图及相关说明。
3. 装修良好，有软垫床、桌、椅、床头柜等配套家具，照明良好。
4. 至少 75% 的客房有卫生间，装有抽水恭桶、面盆、淋浴或浴缸（配有浴帘），客房中没有卫生间的楼层设有男女分设、间隔式公用卫生间以及专供客人使用的男女分设、间隔式公共浴室，配有浴帘，采取有效的防滑措施，24 小时供应冷水，18 小时供应热水。
5. 照明充足，有遮光窗帘。
6. 有方便使用的电话机，可以拨通或使用预付费电信卡拨打国际、国内长途电话，并配有使用说明。
7. 有彩色电视机，画面音质清晰。
8. 具备防噪音及隔音措施。
9. 备有饭店服务指南、价目表、宾客须知。
10. 设有至少两种规格的电源插座。
11. 客房、卫生间每天全面整理一次，每日或应客人要求更换床单、被单及枕套。
12. 提供洗衣服务。
13. 24 小时提供冷热饮用水。

（三）三星级

1. 至少有 30 间（套）可供出租的客房。

2. 有门窥镜和防盗装置，在显著位置张贴应急疏散图及相关说明。

3. 装修良好、美观，有软垫床、梳妆台或写字台、衣橱及衣架、座椅或简易沙发、床头柜、床头灯及行李架等配套家具，室内满铺地毯、木地板或其他较高档材料。室内采用区域照明且目的物照明度良好。

4. 有卫生间，装有抽水恭桶、梳妆台（配备面盆、梳妆镜和必要的盥洗用品）、浴缸或淋浴间。浴缸配有浴帘、淋浴喷头（另有单独淋浴间的可以不带淋浴喷头），采取有效的防滑措施，采用较高级建筑材料装修地面、墙面和天花，色调柔和，目的物照明度良好，有良好的排风系统或排风器，温湿度与客房适宜，有 110/220V 不间断电源插座，24 小时供应冷、热水。

5. 有方便使用的电话机，可以直接拨通或使用预付费电信卡拨打国际、国内长途的电话，并配有使用说明。

6. 可以提供国际互联网接入服务，并有使用说明。

7. 有彩色电视机，播放频道不少于 16 个，画面和音质清晰，备有频道指示说明，播放内容应符合中国政府规定。

8. 具备有效的防噪音及隔音措施。

9. 有至少两种规格的电源插座，并提供插座转换器。

10. 有遮光窗帘。

11. 有单人间。

12. 有套房。

13. 有与本星级相适应的文具用品，有服务指南、价目表、住宿须知、所在地旅游景点介绍和旅游交通图，应客人要求提供相应的报刊。

14. 客房、卫生间每天全面整理 1 次，每日或应客人要求更换床单、被单及枕套，客用品和消耗品补充齐全。

15. 提供开夜床服务，放置晚安致意卡。

16. 床上用棉织品（床单、枕芯、枕套、棉被及被单等）及卫生间针织用品（浴衣、浴巾、毛巾等）材质良好、工艺讲究、柔软舒适。

17. 24 小时提供冷热饮用水，免费提供茶叶或咖啡。

18. 70% 客房有小冰箱，提供适量酒和饮料，备有饮用器具和价目单。

19. 客人在房间会客，可应要求提供加椅和茶水服务。

20. 提供留言和叫醒服务。

21. 提供衣装湿洗、干洗和熨烫服务。

22. 有送餐菜单和饮料单，18 小时提供送餐服务，有可挂置门外的送餐牌。

23. 提供擦鞋服务。

（四）四星级

1. 至少有 40 间（套）可供出租的客房。

2. 70% 客房的面积（不含卫生间）不小于 20 平方米。

3. 装修豪华，有高档软垫床、写字台、衣橱及衣架、茶几、座椅或沙发、床头柜、床头灯、台灯、落地灯、全身镜、行李架等高级配套家具，室内满铺高级地毯或优质木地板或其他高档地面材料，采用区域照明且目的物照明度良好。

4. 客房门能自动闭合，有门窥镜、门铃及防盗装置，显著位置张贴应急疏散图及相关说明。

5. 有卫生间，装有高级抽水恭桶、梳妆台（配备面盆、梳妆镜和必要的盥洗用品）、浴缸并带淋浴喷头（有单独淋浴间的可以不带淋浴喷头），配有浴帘。水龙头冷热标识清晰，采取有效的防滑措施，采用高档建筑材料装修地面、墙面和天花，色调高雅柔和，采用分区照明且目的物照明度良好。有良好的低噪音排风系统，温湿度与客房适宜；有110/220V不间断电源插座、电话副机，配有吹风机，24小时供应冷、热水。

6. 有方便使用的电话机，可以直接拨通或使用预付费电信卡拨打国际、国内长途电话，并备有电话使用说明和所在地主要电话指南。

7. 提供国际互联网接入服务，并有使用说明。

8. 有彩色电视机，播放频道不少于16个，画面和音质良好，备有频道指示说明；播放内容应符合中国政府规定。

9. 有客人可以调控且音质良好的音响装置。

10. 有防噪音及隔音措施，效果良好。

11. 有至少两种规格的电源插座，方便客人使用，并提供插座转换器。

12. 有内窗帘及外层遮光窗帘。

13. 有单人间。

14. 有套房。

15. 有至少3个开间的豪华套房。

16. 有与本星级相适应的文具用品，有服务指南、价目表、住宿须知、所在地旅游景点介绍和旅游交通图、与住店客人相适应的报刊。

17. 客房、卫生间每天全面整理1次，每日或应客人要求更换床单、被单及枕套，客用品和消耗品补充齐全，并应客人要求随时进房清扫整理，补充客用品和消耗品。

18. 床上用棉织品（床单、枕芯、枕套、棉被及被衬等）及卫生间针织用品（浴巾、浴衣、毛巾等）材质良好、工艺讲究、柔软舒适。

19. 提供开夜床服务，放置晚安致意品。

20. 24小时提供冷热饮用水及冰块，并免费提供茶叶或咖啡。

21. 客房内设微型酒吧（包括小冰箱），提供适量酒和饮料，备有饮用器具和价目单。

22. 提供留言及叫醒服务。

23. 客人在房间会客，可应要求提供加椅和茶水服务。

24. 提供衣装干洗、湿洗、熨烫及缝补服务，可在24小时内交还客人，16小时提供加急服务。

25. 有送餐菜单和饮料单，24小时提供中西式送餐服务，送餐菜式品种不少于8种，饮料品种不少于4种，甜食品种不少于4种，有可挂置门外的送餐牌。

26. 提供擦鞋服务。

（五）五星级

1. 至少有40间（套）可供出租的客房。

2. 70%客房的面积（不含卫生间和门廊）不小于 20 平方米。

3. 装修豪华，具有文化氛围，有舒适的床垫、写字台、衣橱及衣架、茶几、座椅或沙发、床头柜、床头灯、台灯、落地灯、全身镜、行李架等高级配套家具，室内满铺高级地毯，或用优质木地板或其他高档材料装饰，采用区域照明且目的物照明度良好。

5. 客房门能自动闭合，有门窥镜、门铃及防盗装置。显著位置张贴应急疏散图及相关说明。

6. 有面积宽敞的卫生间，装有高级抽水恭桶、梳妆台（配备面盆、梳妆镜和必要的盥洗用品）、浴缸并带淋浴喷头（另有单独淋浴间的可以不带淋浴喷头），配有浴帘，采取有效的防滑措施。采用豪华建筑材料装修地面、墙面和天花，色调高雅柔和，采用分区照明且目的物照明度良好，有良好的无明显噪音的排风系统，温度与客房无明显差异，有 110/220V 不间断电源插座、电话副机，配有吹风机，24 小时供应冷、热水。

7. 有方便使用的电话机，可以直接拨通或使用预付费电信卡拨打国际、国内长途电话，并备有电话使用说明和所在地主要电话指南。

8. 提供互联网接入服务，并备有使用说明。

9. 有彩色电视机，播放频道不少于 16 个，画面和音质优良，备有频道指示说明，播放内容应符合中国政府规定。

10. 有可由客人调控且音质良好的音响装置。

11. 有防噪音及隔音措施，效果良好。

12. 有至少两种规格的电源插座，方便客人使用，并提供插座转换器。

13. 有纱帘及遮光窗帘。

14. 有单人间。

15. 有套房。

16. 有至少 4 个开间的豪华套房。

17. 有与本星级相适应的文具用品，有服务指南、价目表、住宿须知、所在地旅游景区（点）介绍和旅游交通图、与住店客人相适应的报刊。

18. 客房、卫生间每天全面清理 1 次，每日或应客人要求更换床单、被单及枕套，客用品和消耗品补充齐全，并应客人要求随时进房清理，补充客用品和消耗品。

19. 床上用棉织品（床单、枕芯、枕套、棉被及被衬等）及卫生间针织用品（浴巾、浴衣、毛巾等）材质良好、工艺讲究、柔软舒适。

20. 提供开夜床服务，放置晚安致意品。

21. 24 小时提供冷热饮用水及冰块，并免费提供茶叶或咖啡。

22. 客房内设微型酒吧（包括小冰箱），提供适量酒和饮料，备有饮用器具和价目单。

23. 客人在房间会客，可应要求提供加椅和茶水服务。

24. 提供叫醒、留言及语音信箱服务。

25. 提供衣装干洗、湿洗、熨烫及修补服务，可在 24 小时内交还客人，18 小时提供加急服务。

26. 有送餐菜单和饮料单，24 小时提供中西式送餐服务，送餐菜式品种不少于 8 种，饮料品种不少于 4 种，甜食品种不少于 4 种，有可挂置门外的送餐牌。

27. 提供擦鞋服务。

附录五

星级饭店客房客用品质量与配备要求

前 言

为确保星级饭店客房客用品的数量配备和质量水平与饭店星级相适应，进一步提高星级饭店服务质量而制定本标准。

本标准以 GB/T 14308—1993《旅游涉外饭店星级的划分及评定》为依据，对客房客用品的要求进行了细化和个别调整补充，同时按照饭店的星级又分档次提出了客房客用品的数量和质量基本要求。本标准作为旅游涉外饭店星级评定与复核的配套标准，是星级饭店应当达到的最低要求。

本标准的技术内容，主要针对星级饭店具有代表性的标准间（普通双人间）客用品提出。星级饭店中其他类型的客房（如总统套间、豪华套间、单人间、三人间等）的客用品可参照本标准执行。

本标准的附录 A 是标准的附录。

本标准由全国旅游涉外饭店星级评定委员会提出。

本标准由全国旅游标准化技术委员会归口并负责解释。

本标准负责起草单位：上海社会科学院旅游研究中心。

本标准参加起草单位：广州亨咏旅游制品有限公司、宁波天马旅游用品有限公司、上海庄臣有限公司、广东新西方饭店用品有限公司、南通纺织装饰品公司。

本标准主要起草人：王大悟、刘京平、胡巍、毕吕贵、翁国伟、汪慰曾、王纬。

中华人民共和国旅游行业标准星级饭店客房客用品质量与配备要求

LB/T 003—1996 Quality & quantity requisition of guestroom supplies and amenities in star-rated hotel

1. 范围

本标准提出了星级饭店客房客用品的品种、数量、规格、包装、标志和技术指标。

本标准适用于我国各档次、类别的星级饭店。尚未评定星级的旅游涉外饭店可参照本标准执行。

2. 引用标准

见附录 A（标准的附录）。

3. 定义

本标准采用下列定义。

3.1 星级饭店 star-rated hotel

经旅游行政管理部门依照 GB/T 14308 进行评定，获得星级的旅游涉外饭店。

3.2　客房客用品　guestroom supplies and amenities

客房中配备的，与宾客生活、安全密切相关的各种日用品和提示用品。其中日用品的基本特征是一次性、一客一用或一天一换。

4. 一、二星级饭店的配备要求

4.1　毛巾

4.1.1　浴巾　每房二条。

4.1.2　面巾　每房二条。

4.1.3　地巾　每房一条。

4.2　软垫　每床一只。

4.3　床上用品

4.3.1　床单　每床二条。

4.3.2　枕芯　每床二个。

4.3.3　枕套　每床二只。

4.3.4　毛毯　每床一条。

4.3.5　床罩　每床一条。

4.3.6　备用薄棉被（或备用毛毯）　每床宜备一条。

　　　注：视地区而定。

4.3.7　衬垫　每床可备一条。

4.4　卫生用品

4.4.1　香皂　每房不少于二块，每块净重不低于18g。

4.4.2　浴液、洗发液　每房二套，每件净重不低于20g。

4.4.3　牙刷　每房二把。

4.4.4　牙膏　每房二支，每支净重不低于6g。

4.4.5　漱口杯　每房二只。

4.4.6　浴帽　每房二只。

4.4.7　卫生纸　每房一卷。

4.4.8　卫生袋　每房一只。

4.4.9　拖鞋　每房二双。

4.4.10　污物桶　每房一只，放于卫生间内。

4.4.11　梳子　每房宜备二把。

4.4.12　浴帘　每房一条。

4.4.13　洗衣袋　二星级每房二只。

4.5　文具用品

4.5.1　文具夹（架）　每房一只。

4.5.2　信封　每房普通信封、航空信封各不少于二个。

4.5.3　信纸、便笺　每房各不少于三张。

4.5.4　圆珠笔　每房一支。

4.6　服务提示用品

4.6.1　服务指南、电话使用说明、住宿须知　每房各一份。

4.6.2 电视节目表、价目表、宾客意见表、防火指南　　每房各一份。
4.6.3 提示牌、挂牌　　应分别有"请勿打扰"、"请打扫房间"、"请勿在床上吸烟"的说明或标识。
4.6.4 洗衣单　　　　二星级每房备二份。
4.7 饮品、饮具
4.7.1 茶叶　　　　每房可备袋装茶四小袋，也可用容器盛装。
4.7.2 茶杯（热水杯）　每房二只。
4.7.3 暖水瓶　　每房不少于一个。
4.7.4 凉水瓶、凉水杯　每房可备一套。
　　　 注：视地区而定。
4.8 其他
4.8.1 衣架　　每房不少于八个。
4.8.2 烟灰缸　每房二只。
4.8.3 火柴　　每房二盒。
4.8.4 擦鞋用具　以擦鞋纸为主，每房二份。
4.8.5 纸篓　　每房一只，放于卧室内。
4.8.6 针线包　每房一套。
5. 三星级饭店的配备要求
5.1 毛巾
5.1.1 浴巾　　每房二条。
5.1.2 面巾　　每房二条。
5.1.3 地巾　　每房一条。
5.1.4 方巾　　每房二条。
5.2 软垫　　每床一只。
5.3 床上用品
5.3.1 床单　　每床不少于二条。
5.3.2 枕芯　　每床二个。
5.3.3 枕套　　每床二只。
5.3.4 毛毯　　每床一条。
5.3.5 床罩　　每床一条。
5.3.6 备用薄棉被（或备用毛毯）　每床备一条。
　　　 注：视地区而定。
5.3.7 衬垫　　每床一条。
5.4 卫生用品
5.4.1 香皂　　每房不少于二块，每块净重不低于25g，其中至少一块不低于35g。
5.4.2 浴液、洗发液、护发素　每房二套，每件净重不低于25g。
5.4.3 牙刷　　每房二把。
5.4.4 牙膏　　每房二支，每支净重不低于8g。
5.4.5 漱口杯　每房二只。

5.4.6　浴帽　　每房二只。

5.4.7　卫生纸　每房一卷。

5.4.8　卫生袋　每房一只。

5.4.9　拖鞋　　每房二双。

5.4.10　污物桶　每房一只，放于卫生间内。

5.4.11　梳子　　每房二把。

5.4.12　浴帘　　每房一条。

5.4.13　防滑垫（若已采取其他防滑措施可不备）　每房一块。

5.4.14　洗衣袋　每房二只。

5.4.15　面巾纸　每房可备一盒。

5.5　文具用品

5.5.1　文具夹（架）　每房一只。

5.5.2　信封、明信片　每房普通信封、航空信封和国际信封各不少于二只。明信片二张。

5.5.3　信纸、便笺、传真纸　每房信纸、便笺各不少于三张，传真纸宜备二张。

5.5.4　圆珠笔　每房不少于一支。

5.5.5　铅笔　每房宜备一支，与便笺夹配套。

5.5.6　便笺夹　每房一只。

5.6　服务提示用品

5.6.1　服务指南、电话使用说明、住宿须知、送餐菜单　每房各一份。

5.6.2　电视节目表、价目表、宾客意见表、防火指南　每房各一份。

5.6.3　提示牌、挂牌　应分别有"请勿打扰"、"请打扫房间"、"请勿在床上吸烟"、"送餐服务"的说明或标识。

5.6.4　洗衣单、酒水单　每房备洗衣单二份，酒水单一份。

5.7　饮品、饮具

5.7.1　茶叶　每房备两种茶叶，每种不少于二小袋，也可用容器盛放。

5.7.2　茶杯（热水杯）　每房二只。

5.7.3　暖水瓶　每房不少于一只。

5.7.4　凉水瓶、凉水杯　每房备一套。

　　　　注：视地区而定。

5.7.5　小酒吧　烈性酒不少于三种，软饮料不少于五种。

5.7.6　酒杯　每房不少于二只，配调酒棒。

5.8　其他

5.8.1　衣架　每房西服架四只、裤架四只、裙架四只。

5.8.2　烟灰缸　每房不少于二只。

5.8.3　火柴　每房不少于二盒。

5.8.4　擦鞋用具　以亮鞋器为主，每房二件。

5.8.5　纸篓　每房一只，放于卧室内。

5.8.6　针线包　每房一套。

5.8.7　杯垫　小酒吧必备，其他场合，酌情使用。

5.8.8　礼品袋　每房备二只。

5.8.9　标贴　每房可备二只。

5.8.10　晚安卡　每房一卡。

6. 四、五星级饭店的配备要求

6.1　毛巾

6.1.1　浴巾　每房二条。

6.1.2　面巾　每房二条。

6.1.3　地巾　每房一条。

6.1.4　方巾　每房不少于二条。

6.1.5　浴衣　每床一件。

6.2　软垫　每床一只。

6.3　床上用品

6.3.1　床单　每床不少于二条。

6.3.2　枕芯　每床不少于二只。

6.3.3　枕套　每床不少于二只。

6.3.4　毛毯　每床一条。

6.3.5　床罩　每床一条。

6.3.6　备用薄棉被（或备用毛毯）　每床备一条。
　　　　注：视地区而定。

6.3.7　衬垫　每床一条。

6.4　卫生用品

6.4.1　香皂　每房不少于二块，备皂碟，每块净重不低于30g，其中至少一块净重不低于45g。

6.4.2　浴液、洗发液、护发素、润肤露　每房二套，每件净重不低于35g。

6.4.3　牙刷　每房二把。

6.4.4　牙膏　每房二支，每支净重不低于10g。

6.4.5　漱口杯　每房二只。

6.4.6　浴帽　每房二只。

6.4.7　卫生纸　每房二卷。

6.4.8　卫生袋　每房一只。

6.4.9　拖鞋　每房二双。

6.4.10　污物桶　每房一只，放于卫生间内。

6.4.11　梳子　每房二把。

6.4.12　浴帘　每房一条。

6.4.13　防滑垫（若采取其他防滑措施可不放）　每房一块。

6.4.14　洗衣袋　每房二只。

6.4.15　面巾纸　每房一盒。

6.4.16　剃须刀　每房可备二把。可配备须膏。

6.4.17 指甲锉　　每房可备一把。

6.4.18 棉花球、棉签　　每房宜备一套。

6.4.19 浴盐（泡沫剂、苏打盐）　　五星级可配备。

6.5 文具用品

6.5.1 文具夹（架）　　每房一只。

6.5.2 信封、明信片　　每房普通信封、航空信封和国际信封各不少于二只，明信片二张。

6.5.3 信纸、便笺、传真纸　　每房信纸、便笺各不少于四张，传真纸不少于二张。

6.5.4 圆珠笔　　每房不少于一支。

6.5.5 铅笔　　每房宜备一支，与便笺夹配套。

6.5.6 便笺夹　　每房一只。

6.6 服务提示用品

6.6.1 服务指南、电话使用说明、住宿须知、送餐菜单　　每房各一份。

6.6.2 电视节目表、价目表、宾客意见表、防火指南　　每房各一份。

6.6.3 提示牌、挂牌　　每房备"请勿打扰"、"请打扫房间"、"请勿在床上吸烟"、"送餐服务"各一份，正反面内容宜一致。

6.6.4 洗衣单、酒水单　　每房备洗衣单二分，酒水单一份。

6.7 饮品、饮具

6.7.1 茶叶　　每房备两种茶叶，每种不少于二小袋，也可用容器盛放。

6.7.2 茶杯（热水杯）　　每房二只。

6.7.3 暖水瓶　　每房不少于一只。

6.7.4 凉水瓶、凉水杯　　每房一套。

　　注：视地区和客源需要而定。

6.7.5 小酒吧　　烈性酒不少于五种，软饮料不少于八种。

6.7.6 酒杯　　不同类型的酒杯每房不少于四只，配调酒棒、吸管和餐巾纸。

6.7.7 咖啡　　五星级宜备咖啡二小盒及相应的调配物，也可用容器盛放。

5.7.8 冰桶　　每房一只，配冰夹。

5.7.9 电热水壶　　五星级宜备。

6.8 其他

6.8.1 衣架　　优质木制品为主，每房西服架、裤架、裙架各不少于四只。五星级另可配备少量缎面衣架或 落地衣架。

6.8.2 烟灰缸　　每房不少于二只。

6.8.3 火柴　　每房不少于二盒。

6.8.4 擦鞋用具　　以亮鞋器为主，每房二件，宜配鞋拔和擦鞋筐。

6.8.5 纸篓　　每房一只，放于卧室内。

6.8.6 针线包　　每房一套。

6.8.7 杯垫　　每杯配备一只。

6.8.8 礼品袋　　每房配备二只。

6.8.9 标贴（或标牌）　　每房不少于二只。

6.8.10　晚安卡　　每床一卡

7. 基本质量要求

7.1　毛巾

全棉，白色为主，素色以不褪色为准，无色花，无色差，手感柔软，吸水性能好，无污渍，无明显破损性疵点。符合 FZ/T 62006 的规定。普通毛巾纱支：地经纱 21s/2，毛经纱 21s/2，纬纱 21s；优质毛巾纱支：地经纱 32s/2，毛经纱 32s/2，纬纱 32s。

注：21s = 29tex，32s = 18tex。

7.1.1　浴巾

一、二星级规格：不小于 1 200mm × 600mm，重量不低于 400g。

三星级规格：不小于 1 300mm × 700mm，重量不低于 500g。

四、五星级规格：不小于 1 400mm × 800mm，重量不低于 600g。

7.1.2　面巾

一、二星级规格：不小于 550mm × 300mm，重量不低于 110g。

三星级规格：不小于 600mm × 300mm，重量不低于 120g。

四、五星级规格：不小于 700mm × 350mm，重量不低于 140g。

7.1.3　地巾

一、二星级规格：不小于 650mm × 350mm，重量不低于 280g。

三星级规格：不小于 700mm × 400mm，重量不低于 320g。

四、五星级规格：不小于 750mm × 450mm，重量不低于 350g。

7.1.4　方巾

三星级规格：不小于 300mm × 300mm，重量不低于 45g。

四、五星级规格：不小于 320mm × 320mm，重量不低于 55g。

7.1.5　浴衣

棉制品或丝绸制品。柔软舒适，保暖。

7.2　软垫

平整，弹性适宜，无污损。

7.2.1　一、二星级

规格：不小于 1 900mm × 900mm。

7.2.2　三星级

规格：不小于 2 000mm × 1 000mm。

7.2.3　四、五星级

规格：不小于 2 000mm × 1 100mm。

7.3　床上用品

7.3.1　床单

全棉，白色为主，布面光洁，透气性能良好，无疵点，无污渍。应符合 FZ/T 62007 的规定。

一、二星级：纱支不低于 20s，经纬密度不低于 6060，长度和宽度宜大于软垫 600mm。

三星级：纱支 20s 以上，经纬密度不低于 6060，长度和宽度宜大于软垫 700mm。

四、五星级：纱支不低于 32s，经纬密度不低于 6080，长度和宽度宜大于软垫 700mm。

注：20s = 29tex，32s = 18tex。6060 = 236/236，6080 = 236/318.5。

7.3.2 枕芯

松软舒适，有弹性，无异味。

一、二星级：规格不小于 650mm × 350mm。

三星级：规格不小于 700mm × 400mm。

四、五星级：规格不小于 750mm × 450mm。

7.3.3 枕套

全棉，白色为主，布面光洁，无明显疵点，无污损，规格与枕芯相配。

一、二星级：纱支不低于 20s，经纬密度不低于 6060。

三星级：纱支 20s 以上，经纬密度 6060 以上。

四、五星级：纱支不低于 32s，经纬密度不低于 6080。

7.3.4 毛毯

素色为主，手感柔软，保暖性能良好，经过阻燃、防蛀处理，无污损。规格尺寸与床单相配。应符合 FZ 61001 的规定。

一、二星级：毛混纺或纯毛制品。

三星级：纯毛制品为主。

四、五星级：精纺纯毛制品。

7.3.5 床罩

外观整洁，线型均匀，边缝整齐，无断线，不起毛球，无污损，不褪色，经过阻燃处理，夹层可使用定型棉或中空棉。

一、二星级：装饰布面料为主。

三星级：优质装饰布面料为主。

四、五星级：高档面料，以优质装饰布或丝绸面料为主。

7.3.6 备用薄棉被（或备用毛毯）

优质被芯，柔软舒适，保暖性能好，无污损。

7.3.7 衬垫

吸水性能好，能有效防止污染物质的渗透，能与软垫固定吻合，可使用定型棉或中空棉。

一、二星级：规格不小于 1900mm × 900mm。

三星级：规格不小于 2000mm × 1000mm。

四、五星级：规格不小于 2000mm × 1100mm。

7.4 卫生用品

7.4.1 香皂

香味纯正，组织均匀，色泽一致，图案、字迹清晰，无粉末颗粒，无软化腐败现象，保质期内。应符合 GB 8113 的规定。

一、二星级：简易包装。

三星级：精制包装，印有中英文店名及店标，或用精致皂盒盛放。

四、五星级：豪华包装，印有中英文店名及店标，或用豪华皂盒盛放。

7.4.2 浴液、洗发液、护发素、润肤露

黏度适中，无异味，包装完好，不溢漏，印有中英文店名及店标，保质期内。应符合 GB 11432、ZBY 42003、GB 11431 的规定。

一、二星级：简易包装或简易容器盛放。

三星级：精致包装或精致容器盛放。

四、五星级：豪华包装或豪华容器盛放。

7.4.3 牙刷

刷毛以尼龙丝为主，不得使用对人体有害的材料，如聚丙丝。刷毛洁净柔软、齐整，毛束空满适宜；刷头、刷柄光滑，手感舒适，有一定的抗弯性能。标志清晰，密封包装，印有中英文店名及店标。其他技术指标应符合 QB 1659 的规定。

一、二星级：简易包装。

三星级：优质牙刷，精致包装。

四、五星级：优质牙刷，豪华包装。

注：三星级（含三星级）以上的饭店不宜使用装配式牙刷。

7.4.4 牙膏

香味纯正，膏体湿润、均匀、细腻，色泽一致，使用的香精、色素必须符合 GB 8372 及其他有关规定。图案、文字清晰，无挤压变形，无渗漏污损。保质期内。

7.4.5 漱口杯

玻璃制品或陶瓷制品，形体美观端正，杯口圆润，内壁平整。每日清洗消毒。

7.4.6 浴帽

以塑料薄膜制品为主，洁净，无破损，帽檐松紧适宜，耐热性好，不渗水。

一、二星级：简易包装。

三星级：纸盒包装为主，宜印有中英文店名及店标。

四、五星级：精致盒装，印有中英文店名及店标。

7.4.7 卫生纸

白色，纸质柔软，纤维均匀，吸水性能良好，无杂质，无破损，采用 ZBY 39001 中的 A 级和 A 级以上的卫生纸。

7.4.8 卫生袋

不透明塑料制品或防水纸制品，洁净，不易破损，标志清晰。

7.4.9 拖鞋

穿着舒适，行走方便，具有较好的防滑性能，至少印有店标。

一、二星级：一次性简易拖鞋，有一定的牢度。

三星级：以纺织品为主，视原材料质地，一日一换或一客一换。

四、五星级：高级优质拖鞋，一客一用。

7.4.10 污物桶

用于放置垃圾杂物，污物不泄漏，材料应有阻燃性能。

7.4.11 梳子

梳身完整、平滑，厚薄均匀，齿头光滑，不宜过尖。梳柄印有中英文店名及店标。

一、二星级：简易包装。

三星级：精致密封包装。

四、五星级：豪华包装。五星级可分粗、细梳齿。五星级宜使用木质梳子。

7.4.12 浴帘

以塑料薄膜或伞面绸为主，无污损，无霉斑。

7.4.13 防滑垫

橡胶制品为主，摩擦力大，防滑性能良好。

7.4.14 洗衣袋

塑料制品或棉麻制品为主，洁净，无破损，印有中英文店名及店标。

7.4.15 面巾纸

白色为主，纸质轻柔，取用方便，采用 ZBY 32032 中的 A 等品。

7.4.16 剃须刀

刀口锋快平整，剃刮舒适、安全，密封包装，印有中英文店名及店标。

7.4.17 指甲锉

砂面均匀，颗粒细腻，无脱砂现象，有套或套封。

7.4.18 棉花球、棉签

棉花经过消毒处理，棉头包裹紧密，密封包装。

7.4.19 浴盐（泡沫剂、苏打盐）

香味淡雅，含矿物质，发泡丰富。

7.5 文具用品

7.5.1 文具夹（架）

完好无损，物品显示醒目，取放方便，印有中英文店名及店标。

一、二星级：普通材料。

三星级：优质材料。

四、五星级：高级材料。

7.5.2 信封、明信片

信封应符合 GB/T 1416 的规定。印有店标及中英文店名、地址、邮政编码、电话号码、传真号码。明信片宜有旅游宣传促销意义。

7.5.3 信纸、便笺

纸质均匀，切边整齐，不洇渗墨迹，印有店标及中英文店名、地址、邮政编码、电话号码、传真号码。

一、二星级：纸质不低于 50g 纸。

三星级：纸质不低于 60g 纸。

四、五星级：纸质不低于 70g 纸。

7.5.4 圆珠笔

书写流畅，不漏油，笔杆印有店名及店标。

7.5.5 铅笔

石墨铅笔，笔芯以 HB 为宜，卷削后供宾客使用。

7.5.6 便笺夹

完好无损，平整，使用方便，可印有中英文店名及店标。

7.6 服务提示用品

7.6.1　服务指南、电话使用说明、住宿须知、送餐菜单
印刷美观，指示明了，内容准确，中英文对照。五星级宜备城市地图。
7.6.2　电视节目表、价目表、宾客意见表、防火指南
栏目编排清楚完整，中英文对照。
7.6.3　提示牌、挂牌
印刷精美，字迹醒目，说明清晰，悬挂方便，中英文对照。
7.6.4　洗衣单、酒水单
无碳复写，栏目清晰，内容准确，明码标价，中英文对照。

7.7　饮品、饮具

7.7.1　茶叶
干燥洁净，无异味，须有包装或容器盛放，标明茶叶品类。
7.7.2　茶杯（热水杯）
以玻璃制品和陶瓷制品为主，形体美观，杯口圆润，内壁平滑。
7.7.3　暖水瓶
公称容量不少于1.6L，应符合GB 11416中的优等品的质量规定。
注：标题名称与GB/T14308一致。
7.7.4　凉水瓶、凉水杯
凉水瓶须有盖，无水垢，内存饮用水。凉水杯按7.7.2。
7.7.5　小酒吧
酒和饮料封口完好，软饮料须在保质期内。
7.7.6　酒杯
玻璃制品为主，杯口圆滑，内壁平滑，应与不同的酒类相配。
7.7.7　咖啡
以速溶咖啡为主，干燥洁净，包装完好。
7.7.8　冰桶
洁净，取用方便，保温性能良好。
7.7.9　电热水壶
绝缘性能良好，公称容量不宜大于1.7L，须配备使用说明。应符合JB 4189的规定。
注：标题名称与GB/T 14308一致。

7.8　其他

7.8.1　衣架
塑料制品或木制品为主，无毛刺，光滑。
7.8.2　烟灰缸
安全型。非吸烟楼层不放置。
7.8.3　火柴
采用GB/T 393中的MG-A型木梗火柴，以优质纸盒或木盒为主，印有中英文店名及店标。火柴梗支、药头平均长度和火柴盒尺寸由饭店自行决定。非吸烟楼层不配备。
7.8.4　擦鞋用具
含亮鞋器、擦鞋皮、擦鞋布、擦鞋纸等，使用后起到鞋面光亮洁净的效果。

7.8.5 纸篓
存放非液体性杂物。

7.8.6 针线包
配有线、纽扣、缝衣针，搭配合理，封口包装。

7.8.7 杯垫
精致、美观，应起到隔热作用，可印有店标。

7.8.8 礼品袋
塑料制品或优质纸制品为主，无破损，印有中英文店名及店标。

7.8.9 标贴（或标牌）
标贴为不干胶制品，标牌为纸制品或塑料制品。精致美观，富有艺术性，可印有店标。

7.8.10 晚安卡
印制精致，字迹醒目，中英文对照。

主要参考文献

[1] 蔡万坤. 前厅与客房管理 [M]. 北京：北京大学出版社，2006.
[2] 丁林. 饭店管理原理与实务 [M]. 北京：经济科学出版社，2004.
[3] 黄永昌. 前厅服务与管理 [M]. 北京：北京邮电大学出版社，2007.
[4] 孔永生. 前厅与客房细微服务 [M]. 北京：中国旅游出版社，2007.
[5] 刘伟. 前厅与客房管理 [M]. 北京：高等教育出版社，2007.
[6] 孟庆杰，唐飞. 前厅客房服务与管理 [M]. 大连：东北财经大学出版社，2002.
[7] 宋健强. 前厅服务与管理 [M]. 北京：经济科学出版社，2008.
[8] 苏北春. 前厅客房服务于管理工作实训手册 [M]. 北京：人民邮电出版社，2006.
[9] 吴军卫等. 旅游饭店前厅与客房管理 [M]. 北京：北京大学出版社，2006.
[10] 吴梅. 前厅服务与管理 [M]. 北京：高等教育出版社，2002.
[11] 徐栖玲. 饭店服务案例心理解析 [M]. 广州：广东旅游出版社，2003.
[12] 严金明，徐文苑. 旅游与饭店管理案例 [M]. 北京：清华大学出版社，北京交通大学出版社，2004.
[13] 张延. 饭店个性化服务与管理 [M]. 北京：旅游教育出版社，2008.
[14] 谭金凤，唐继旺. 前厅与客房服务实训教程 [M]. 北京：北京师范大学出版社，2011.
[15] 秦承敏，王常红. 前厅客房服务与管理 [M]. 大连：东北财经大学出版社，2011.
[16] 何丽芳. 饭店服务与管理案例分析 [M]. 广州：广东经济出版社，2005.
[17] 张青. 前厅客房服务与管理实训教程 [M]. 济南：山东科学技术出版社，2008.
[18] 唐羽，郑新娜. 前厅客房服务与管理实训教程 [M]. 北京：北京交通大学出版社，2012.
[19] 郭一新. 饭店前厅客房服务与管理实务教程 [M]. 武汉：华中科技大学出版社，2010.
[20] 王瑞，吴有怀. 饭店基础与实务 [M]. 北京：化学工业出版社，2010.
[21] 欧阳驹，沈永青. 前厅、客房服务与管理 [M]. 武汉：武汉理工大学出版社，2011.
[22] 费寅. 前厅客房服务与管理实训教程 [M]. 北京：中国财政经济出版社，2008.
[23] 希尔顿饭店网站 http：//www1.hilton.com.
[24] 最佳东方网 http：//www.veryeast.cn.
[25] 中国旅游网 http：//www.cnta.gov.cn.
[26] 中国饭店人才在线网 http：//www.jdrc365.com.

［27］北京饭店网 http：//www.bjhotel.cn.
［28］开元旅业集团网站 http：//www.kaiyuangroup.com.
［29］我爱饭店网 http：//www.hotel520.com.